Comte A. de La Garde-Chambonas

SOUVENIRS

DU

CONGRÈS DE VIENNE

1814 - 1815

PUBLIÉS AVEC INTRODUCTION ET NOTES

PAR

Le Comte FLEURY

Trois Gravures

PARIS

LIBRAIRIE HISTORIQUE ET MILITAIRE

HENRI VIVIEN

51, RUE BLANCHE, 51

1901

SOUVENIRS

DU

CONGRÈS DE VIENNE

1814 - 1815

Cet ouvrage a été déposé au Ministère de l'Intérieur le 25 Janvier 1901
TOUS DROITS RÉSERVÉS

PUBLICATIONS DU COMTE FLEURY

A LA LIBRAIRIE PLON

CARRIER A NANTES, 1897, in-8°, 2ᵉ édition. **4 fr.**

LOUIS XV INTIME et les PETITES MAITRESSES, avec gravures, 2ᵉ édition. Prix. . . . . **6 fr.**

A LA LIBRAIRIE VIVIEN

LES GRANDES DAMES pendant la Révolution et sous l'Empire, 1900, in-8°. Prix . . . . **5 fr.**
(2ᵉ édition sous presse.)

SOUVENIRS ANECDOTIQUES ET MILITAIRES DU COLONEL BIOT (d'après le manuscrit de M. E. Froberger), 1901, in-8°. Prix . . . **7 fr. 50**

LE ROI ARTHUR ET LA LÉGENDE DU SAINT-GRAAL, in-8°. Prix. . . . . **5 fr.**

LE CARNET HISTORIQUE ET LITTÉRAIRE

REVUE MENSUELLE — 4ᵉ ANNÉE

Mémoires — Correspondances — Nouvelles — Récits de Voyages
Documents inédits

Abonnements : France, **22** *fr.* — *Étranger,* **25** *fr.*

LE COMTE AUGUSTE DE LA GARDE-CHAMBONAS
(*D'après un dessin de C. Carbonnier*)

Comte A. de La Garde-Chambonas

SOUVENIRS

DU

CONGRÈS DE VIENNE

1814 - 1815

PUBLIÉS AVEC INTRODUCTION ET NOTES

PAR

LE COMTE FLEURY

Trois Gravures

PARIS
LIBRAIRIE HISTORIQUE ET MILITAIRE
HENRI VIVIEN
51, RUE BLANCHE, 51

1901

A M. LE MARQUIS DE CHAMBONAS

Hommage de l'Éditeur.

F.

NOTICE

SUR LE

Comte Auguste de LA GARDE-CHAMBONAS

Auguste-Louis-Charles de La Garde, littérateur et poète estimé en son temps, naquit à Paris en 1783. Son acte de baptême est ainsi conçu :

ANCIENNE PAROISSE SAINT-EUSTACHE — Année 1783 — (GREFFE DE PARIS) —	Le mercredi cinq mars mille sept cent quatre-vingt-trois, a été baptisé Auguste-Louis - Charles, né d'avant hier, fils de Messire le comte Scipion-Charles-Auguste de La Garde, Chevalier, Capitaine de Dragons, et de dame Catherine-Françoise Voudu, son épouse, demeurant rue de Richelieu. Le Parrain Messire Jean de la Croix, Capitaine de Dragons, — la Marraine, dame Elisabeth Vingtrinien, femme de M. Etienne-Antoine Barryals, Bourgeois de Paris.

Sa mère mourut en lui donnant le jour ; son père ne survécut que peu de temps à sa jeune femme qu'il adorait.

À son lit de mort, M. de La Garde confiait l'orphelin au chef de sa famille, le marquis de Chambonas

(Scipion-Charles-Victor-Auguste de La Garde), maréchal de camp, plus tard ministre de Louis XVI (1).

M. de Chambonas prit la charge de l'enfant, le considérant comme son second fils et lui témoignant la plus constante affection. Aussi, dans tous ses ouvrages et dans ses *Notes inédites,* Auguste de La Garde donne-t-il toujours le nom de « père » à celui qui avait remplacé ses parents disparus (2).

Pendant sa petite enfance, il fut souvent confié à sa marraine, Mme de Villers; celle-ci était l'amie intime de Mme Bernard, femme du banquier lyonnais dont la fille, Juliette, devait devenir si célèbre sous le nom de Mme Récamier. Élevés pour ainsi dire ensemble, ces deux enfants conçurent l'un pour l'autre une sincère affection qui, malgré l'éloignement, ne se démentit jamais. Lorsqu'au retour de l'étranger, Auguste de la Garde vint à Paris en 1801, c'est chez Mme Récamier qu'il trouva l'asile d'abord, puis l'appui si nécessaire à

---

(1) Le marquisat avait été érigé en 1663 et enregistré au Parlement de Languedoc en faveur de Louis-François de La Garde, chevalier, seigneur de Chambonas, fils d'Antoine de La Garde, marié à Charlotte de la Baume de Suze. Le titre passa à son neveu, Scipion-Louis-Joseph, brigadier des armées du Roi, en 1744, mort le 25 février 1765, qui épousa : 1º Claire-Marie, princesse de Ligne ; 2º Louise-Victoire-Marie de Grimoard de Beauvoir du Roure, fille du comte du Roure, lieutenant général des armées du Roi, et de Marie-Antoinette-Victoire de Gontaut-Biron. Du second lit vinrent deux garçons, dont Scipion-Charles-Victor-Auguste, marquis de Chambonas, baron de Saint-Félix et d'Anberque, comte de Saint-Julien, marié le 26 avril 1774 à Mlle de Lespinasse de Langeac. (Archives administr. du Dépôt de la Guerre, et La Chesnaye des Bois, 3º édition, article La Garde.)

(2) Dans les quelques passages des *Souvenirs du Congrès de Vienne,* où l'auteur parle de son enfance et de sa famille, il laisse sur ces sujets régner une obscurité voulue ; sans les *Notes inédites* dont le chef actuel de la famille, M. le marquis de Chambonas, a bien voulu nous communiquer les pages qui intéressaient notre publication, nous ne serions jamais parvenu à déchirer les nuages qui entourent certaines parties de la vie de notre écrivain.

sa jeunesse errante et dénuée de ressources. Aussi ne s'étonnera-t-on pas, dans ces *Souvenirs du Congrès de Vienne*, de rencontrer des pages reconnaissantes à l'adresse de Mme Récamier.

Le jeune de La Garde commença ses études sous la direction de l'abbé B..., puis fut envoyé au collège de Sens. (Son « père » avait été gouverneur de la ville en 1789 et maire en 1791.) M. de Chambonas, après avoir un instant commandé la 17ᵉ division de l'armée de Paris, avait été appelé au Ministère des Affaires étrangères le 17 juin 1792, en remplacement de Dumouriez, démissionnaire. Son passage aux affaires fut de courte durée ; dénoncé à la tribune comme ayant dissimulé la marche des troupes prussiennes, bientôt suspect, il se hâta de donner sa démission.

Au Dix août, il fut de ceux qui essayèrent de défendre les Tuileries ; blessé, il fut même laissé pour mort. A la fin de l'année 1792 seulement, M. de Chambonas se décida à quitter Paris ; il n'émigra pas, mais gagna Sens où, dans une retraite bien cachée, il put passer sans être molesté, les années de la Terreur. Il avait emmené avec lui son fils (1), (grand-père de M. de Chambonas actuel), et son fils d'adoption.

Comment l'ancien ministre de Louis XVI put-il traverser la Terreur sans être réellement inquiété ? Ceci paraît invraisemblable. C'est là une des exceptions dont les *Mémoires* récemment mis au jour nous révèlent la trace (2). Sous le Directoire, M. de Chambonas

(1) Qui épousera plus tard à Sens Mlle de la Vernade.
(2) Je prépare la publication des *Mémoires du général marquis d'Hautpoul*, qui passa toute son enfance, en pleine Terreur, aux environs de Versailles avec sa famille, dont son père, ancien colonel. Il est vrai qu'un conventionnel les avait fait se dissimuler sous des habits de jardiniers.

revint même tout à fait sur l'eau et l'on songea un instant à l'envoyer en Espagne comme ambassadeur. Le projet n'eut pas de suite, et, ne se sentant plus en sûreté après le Dix-huit Fructidor, M. de Chambonas quitta précipitamment Paris pour ne pas être arrêté.

Voilà les voyageurs à Hambourg, puis en Suède et en Danemark; Auguste de la Garde, de sa muse un peu « brodeuse », nous contera des anecdotes amusantes; en revanche, le bombardement de Copenhague par la flotte anglaise, en 1801, lui laissera un douloureux souvenir.

Peu après, l'enfant, devenu un adolescent de dix-huit ans, est envoyé en France par M. de Chambonas pour obtenir sa radiation de la liste des émigrés (pendant qu'il vivait « terré » à Sens, on le considérait comme émigré), et répéter les biens que la Nation lui avait confisqués. Auguste de la Garde est recueilli par Mme Récamier qui, tout en prenant en main les intérêts du « père », s'occupe de perfectionner l'éducation du fils. Grâce à elle, le jeune homme est mis à même de recevoir les conseils de La Harpe et les leçons des meilleurs professeurs. Quant aux biens dont son « père », établi en Angleterre (1), réclamait la restitution, il n'y fallait pas songer, et force fut au jeune de La Garde, mûri par l'exil, de songer à se créer une situation indépendante.

(1) A partir de ce moment, M. de La Garde nous renseigne fort mal sur le marquis de Chambonas. Dans ses *Notes inédites*, il adresse bien à son « père » une phrase de gratitude, mais c'est tout. Quelles difficultés de caractère les séparèrent pour jamais? on ne sait. Tout ce que l'on connaît de M. de Chambonas est tiré de son Dossier du Dépôt de la Guerre. Il semble s'être définitivement établi en Angleterre; malade et même paralysé, c'est de là qu'il pétitionne en 1816. Finalement il obtint une modique pension avec le grade supérieur de lieutenant général. Il mourut à Paris, non pas en 1807, comme le dit une biographie, mais en février 1830.

Son charme personnel, les dons dont la nature l'avait doué, enfin et surtout les amitiés utiles qu'il parvint rapidement à se créer, lui procurèrent bientôt occupations et levier d'existence. Par le prince Eugène d'abord, il obtenait des missions en Italie, auprès de Marmont en Dalmatie, à Naples ensuite à la cour du roi Joseph, enfin à Rome où la famille de Lucien Bonaparte l'accueillit avec faveur. A lire, soit dans ses *Notes inédites,* soit dans les *Souvenirs du Congrès de Vienne,* les pages consacrées à ses premiers bienfaiteurs, on ne saurait taxer le narrateur d'ingratitude, car il dépense pour eux toutes les fleurs de sa rhétorique : presque toutes du moins, car l'abondance de sa reconnaissance va surtout au feld-maréchal prince de Ligne, qui fut son protecteur, son parent bienveillant et... fort utile (un Chambonas, nous l'avons dit, avait épousé une princesse de Ligne).

La Garde a rencontré le prince de Ligne dans la Ville éternelle ; admis dans son intimité, il recevait de ce Mécène généreux une invitation pressante à venir s'installer auprès de lui à Vienne. Le jeune homme ne se déroba pas à des instances qui lui assuraient le bien-être et une existence régulière après des années d'incertitude. Il s'établit donc à Vienne auprès de son bienfaiteur, subissant du reste le charme de cet homme supérieur, lui vouant une affectueuse vénération qui ne fit que croître avec les années. Toute la première partie des *Souvenirs* s'offre en témoignage indiscutable d'une reconnaissance sans bornes ; si cet ouvrage forme le plus beau fleuron de la couronne littéraire de notre auteur, il constitue en même temps le plus complet panégyrique du prince devenu « son idole ».

De Vienne, le comte de La Garde passa en Russie,

où la société élégante de Saint-Pétersbourg l'accueillit cordialement. En 1810, il y faisait paraître un livre de poésies qui obtint le plus grand succès. Appelé ensuite en Pologne par le comte Félix Potocki, il y recevait une hospitalité généreuse qui lui permit de se livrer à de nombreux travaux littéraires ; dans le but de témoigner sa reconnaissance à ses hôtes, il traduisit en vers français le poème que Trembecki avait dédié à l'épouse bien-aimée du comte, la célèbre Sophie Potocka.

De la superbe Sophie, née dans le faubourg du Fanar, à Constantinople, et qui eut une singulière « carrière de beauté », il est souvent question dans les *Souvenirs du Congrès de Vienne*. Elle épousa d'abord le comte de Witt (de la famille du Grand Pensionnaire de Hollande et au service de Russie), qui l'enleva à un secrétaire de l'ambassade de France à Constantinople ; le comte Félix Potocki l'enleva à son tour à M. de Witt et l'épousa, grâce à une annulation complaisante du premier mariage. La comtesse Sophie, célèbre dans toute l'Europe — elle avait fait admirer ses beaux yeux à Versailles — menait un train royal dans ses terres de Tulczim, et y recevait les émigrés français avec un faste qui éblouit plusieurs d'entre eux. (Voir notamment les *Mémoires* du général comte de Rochechouart et les présents *Souvenirs*). Le succès de *Sophiowka* fut tel que l'auteur fut proclamé à la fois membre des Académies de Varsovie, Cracovie, Munich, Londres et Naples.

Un autre témoignage flatteur devait être donné plus tard au comte de La Garde en Pologne : quand parut son poème sur les *Funérailles de Kosciusko* (1), dont plusieurs éditions n'avaient pas ralenti le succès, le

(1) Paris, 1830, chez Treuttel et Würtz.

Sénat de la République de Cracovie le déclara citoyen polonais, cependant que les rois de Bavière, de Prusse et de Saxe le félicitaient par lettres autographes.

Auteur de nombreuses romances que se disputaient les compositeurs les plus renommés de l'époque, il en dédia un grand nombre à la reine Hortense qu'il connut à Augsbourg en 1819. Ainsi M. de La Garde se trouve-t-il avoir collaboré à *Loi d'exil* et à *Partant pour la Syrie* — qui devint sous le second empire l'air national. En 1853 parut l'*Album artistique de la reine Hortense*, recueil précieux qui contient les romances alors inédites du comte de La Garde, avec la musique de la Reine et de charmantes reproductions de petites peintures émanant également d'elle. (1)

Ce fut la dernière fois que le nom du comte de La Garde paraissait sur une feuille typographique. Peu de temps après, il terminait sa vie errante à Paris (il habitait tantôt Angers et tantôt Paris dans ses dernières années). « Ma vie est un combat », avait-il pris pour devise ; on aurait pu ajouter : « et un éternel voyage », car Auguste de La Garde ne pouvait se fixer nulle part. Il ne s'était jamais marié ; le peu de papiers qu'il possédait, quelques souvenirs à défaut de fortune furent légués à son cousin M. de la Garde, marquis de Chambonas.

Indépendamment des œuvres mentionnées jusqu'ici, et des *Fêtes et Souvenirs du Congrès de Vienne,* parus en 1820 à Paris, on possède du comte de la Garde :

---

(1) Cet *Album* contient en outre une courte biographie de la reine, des lettres d'elle adressées à M. de la Garde, un fac simile de son écriture, le tout sur papier velin encadré d'ornements d'or. Ce livre est devenu fort rare. M. le marquis de Chambonas en tient un de son oncle. J'ai la bonne fortune d'en posséder un.

Une traduction de Dmitri-Douskoy (Moskou, 1811);

Coup d'œil sur le Royaume de Pologne (Varsovie, 1818);

Coup d'œil sur Alexandre Bade (Bavière, 1819);

Laure Bourg, roman dédié au roi de Bavière (Munich, 1820);

Les Monuments grecs de la Sicile (Munich, 1820);

Traduction des Mélodies de Thomas Moore (Londres, 1826);

Voyage dans quelques parties de l'Europe (Londres, 1828);

Brighton, Voyage en Angleterre (1830);

Tableau de Bruxelles (prose et vers), dédié à la Reine;

Projet pour la formation d'une colonie belge à la Nouvelle-Zélande, etc.

Dans toutes ses œuvres, et principalement dans les plus importantes, *Brighton, Voyage en Angleterre*, et les *Souvenirs du Congrès de Vienne*, M. de La Garde fait preuve d'observation et de savoir-faire ; on peut regretter que sa bienveillance sans seconde ne permette pas à la note critique de rompre parfois la gamme louangeuse.

Dans ces *Souvenirs*, ne cherchons pas de révélations capitales sur les conférences diplomatiques qui départagèrent l'Europe en 1815, mais de charmantes anecdotes, des portraits de grandes dames, de souverains et de hauts personnages : bien des figures oubliées ou méconnues nous apparaîtront en silhouette et nous sembleront dignes de remarque. Apportons à les lire la qualité qui présida à leur rédaction, et pour cet homme aimable et indulgent, soyons bienveillants.

Depuis leur apparition en 1820, ces *Souvenirs* étaient

parfaitement oubliés. Il nous a semblé, il a semblé aussi à M. le marquis de Chambonas-La Garde, à qui nous devons les éléments principaux de cette notice, comme les portraits dont nous avons orné notre volume, que ces chapitres, où l'anecdote mondaine se marie à l'imprévu des dessous politiques, méritaient de sortir de l'ombre. Tout en allégeant ces *Souvenirs* de quelques dissertations un peu surannées ou sans intérêt aujourd'hui, nous avons constamment respecté et la pensée et le style de l'auteur, ajoutant seulement au récit les notes nécessaires sur les principaux personnages de l'action.

F.

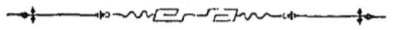

SOUVENIRS ANECDOTIQUES

DU

CONGRÈS DE VIENNE

CHAPITRE PRÉLIMINAIRE

Introduction. — Coup d'œil sur le congrès. — Entrée des souverains. La première nuit à Vienne.

Le congrès de Vienne, considéré comme assemblée politique, n'a pas manqué d'historiens. Mais dans leurs préoccupations de haute politique, aucun d'eux n'a cru devoir présenter le côté piquant et pour ainsi dire intime de cette mémorable assemblée.

Sans doute ils ont craint que la futilité des détails ne vînt nuire à l'ensemble d'un tableau aussi imposant ; ils se sont contentés d'en reproduire et d'en juger les résultats, sans vouloir retracer les scènes diverses et pourtant si animées où ils avaient été obtenus. Il eût été curieux cependant de pénétrer dans la vie privée des acteurs appelés ainsi à décider des intérêts à venir de l'Europe. Des cœurs jusque-là fermés et impénétrables se montraient souvent à nu : là, dans cette confusion de tous les rangs, leurs nuances les plus fugitives se trahissaient, se laissaient saisir, comme étourdies par un tourbillon irrésistible de plaisirs continus.

Jamais sans doute intérêts plus graves et plus compliqués ne s'étaient discutés au sein de tant de fêtes. Un royaume se morcelait ou s'agrandissait dans un bal ; une indemnité s'accordait dans un dîner ; une constitution se projetait dans une chasse ; parfois un bon mot, un heureux à-propos cimentaient un traité, dont les conférences multipliées et les correspondances actives n'eussent que péniblement amené la conclusion. A la sécheresse, à l'acrimonie des discussions avaient succédé comme par enchantement, dans toutes les transactions, les formes les plus polies, et cette promptitude, qui est aussi une politesse plus importante et malheureusement trop négligée.

Le congrès avait pris le caractère d'une grande fête donnée en l'honneur de la pacification générale, fête du repos préparée pour tout ce que le mouvement peut offrir de varié. Sans doute, la réunion de ces rois, ministres, généraux, qui, pendant un quart de siècle, avaient été les acteurs d'un grand drame qui venait de se jouer, tout dans ce spectacle unique disait qu'on était là pour s'occuper de la destinée des nations. Dominé par la gravité des circonstances, l'esprit ne pouvait se défendre de quelques pensées sérieuses qui, de temps à autre, venaient l'assaillir. Mais aussitôt, le bruit de la joie universelle lui apportait une séduisante distraction. Le plaisir absorbait tout. L'amour aussi planait au milieu de ce sénat de rois : il prolongeait cet abandon, cette incurie vraiment inconcevables en présence de bouleversements palpitants encore, et à la veille du coup de tonnerre qui devait bientôt procurer un singulier réveil. Les peuples eux-mêmes oubliant que, quand leurs maîtres s'amusent, il faut, bientôt après, payer ces royales folies, se bornaient à leur savoir gré de faiblesses qui les rapprochaient d'eux.

Cependant l'homme aux grandes catastrophes n'était pas loin. Napoléon s'élance pour tout embraser encore ; il vient couper court à tous ces rêves, donner un tout autre aspect à ces scènes voluptueuses, que leur diversité même n'allait plus sauver des langueurs de la satiété (1).

---

(1) On sait que les premières paroles prononcées par Napoléon en touchant le sol français en 1815 furent : « Le congrès est dissous. »
(Note de l'Auteur.)

Le congrès indiqué depuis plusieurs mois n'était pas encore officiellement ouvert, mais déjà les fêtes avaient commencé, quand j'arrivai à Vienne, vers les derniers jours du mois de septembre 1814. Dans le principe, on avait dit que les conférences seraient de fort courte durée. Mais les affaires, selon les uns, les plaisirs, selon les autres, et probablement ces deux causes réunies, en ordonnèrent autrement. Plusieurs semaines, plusieurs mois s'écoulèrent avant qu'on ne songeât à les dissoudre. Traitant de frères à frères, les souverains, ainsi que l'avait souhaité Catherine *le Grand*, arrangeaient amicalement et sans se presser les intérêts de *leurs petits ménages* ; on eût dit qu'ils voulaient réaliser le rêve philosophique de l'abbé de Saint-Pierre.

On évaluait à près de cent mille le nombre des étrangers que le congrès avait attirés à Vienne. Il faut aussi convenir qu'aucune autre ville ne pouvait être plus heureusement choisie pour ce mémorable rendez-vous : Vienne est en réalité le centre de l'Europe, elle en était alors la capitale. Un Viennois, qui l'eût quittée quelques mois auparavant, aurait eu peine à se reconnaître au milieu de cette nouvelle population dorée et titrée qui s'y pressait à l'époque du congrès. Tous les souverains du Nord s'y étaient rendus ; l'Ouest et le Midi avaient envoyé leurs notabilités les plus importantes. L'empereur Alexandre, encore jeune et brillant, l'impératrice Élisabeth, à la grâce mélancolique et touchante, et le grand-duc Constantin représentaient la Russie. Derrière eux se groupait une foule de ministres, de princes, de généraux parmi lesquels se distinguaient les comtes de Nesselrode, Capo d'Istria, Pozzo di Borgo (1), Stackelberg, appelés dès lors à jouer un si grand rôle dans les débats de l'Europe. Je ne dirai rien de ces hommes d'État ; mais je ne puis passer sous silence les amis que je retrouvais là, et qui, dans mon pèlerinage en Allemagne, en Pologne et en Russie, m'avaient accueilli avec tant d'affection : Tettenborn,

(1) Voir *infrà* des notices biographiques sur ces différents personnages.

que je viens de revoir après vingt-cinq ans toujours ami dévoué et chaleureux, le comte de Witt, le prince Koslowski, enlevés tous deux par une mort prématurée, et Alexandre Ypsilanti, si ardent, si généreux, et destiné, hélas ! à une fin si cruelle dans les prisons de Montgatz et de Theresienstadt.

Le roi de Prusse était accompagné des princes Guillaume et Auguste. Le baron de Humboldt (1) et le prince de Hardenberg dirigeaient ses conseils. La belle reine, qui, dans les négociations de 1807, avait vu toutes les séductions de sa grâce et de son esprit échouer contre la volonté de Napoléon, n'était plus. Le fils de l'infortunée Caroline Mathilde (2), le roi de Danemark, Frédéric VI, s'était aussi rendu à ce congrès qu'il devait quitter, trop heureux que ses modestes possessions n'eussent pas excité la convoitise de quelque ambitieux voisin.

Les rois de Bavière, de Wurtemberg, les ducs de Saxe-Cobourg, de Hesse-Darmstadt, de Hesse-Cassel, tous les princes et chefs de maisons régnantes d'Allemagne, étaient là pour prendre part, eux aussi, à ce festival politique, et pour connaître de quelle manière le tribunal suprême taillerait et rognerait les limites de leurs petits États.

Le roi de Saxe, ce monarque adoré de ses sujets, était alors retiré en Prusse, pendant que les armées alliées occupaient son royaume. Cet excellent prince, *le plus honnête homme qui ait occupé le trône!* disait Napoléon, ne figura au congrès que par ses plénipotentiaires.

La France était représentée par le duc de Dalberg, le

---

(1) Baron Alexandre de Humboldt, diplomate et homme d'État de valeur, philologue célèbre, né à Potsdam, en 1767, mort en 1835. Il prit part aux Conférences de Prague, de Châtillon, de Paris, de Vienne ; il a laissé des ouvrages estimés sur les habitants primitifs de l'Espagne, sur la langue chinoise (lettres écrites en français à M. A. de Rémusat), des études esthétiques, etc., 6 volumes, Berlin, 1841-1848.

(2) Sœur du roi George III, d'Angleterre. Elle aima Struensée devenu premier ministre et, tandis que son amant était décapité, elle était condamnée comme adultère au divorce et à l'exil.

comte Alexis de Noailles, M. de la Tour-du-Pin et le prince de Talleyrand qui, dans cette circonstance difficile, soutint dignement sa haute réputation, et aux talents, aux efforts duquel on n'a peut-être pas rendu une assez éclatante justice. Les plénipotentiaires anglais étaient les lords Clancarthy, Stewart et le vicomte de Castlereagh.

Parmi toutes ces illustrations, je serais ingrat si je ne plaçais et le prince de Ligne, dont il sera souvent parlé dans ces souvenirs, et le landgrave actuellement régnant Philippe de Hesse-Hombourg. Brave soldat, ce prince a conquis sur les champs de bataille son grade de feld-maréchal; et il prouve ses talents d'habile administrateur, en faisant le bonheur de ses sujets.

Toute cette royale compagnie avait trouvé dans la capitale de l'Autriche une hospitalité digne d'elle, digne aussi de cette mémorable réunion. Les rois de Wurtemberg et de Danemark étaient arrivés les premiers. L'empereur François s'était rendu pour recevoir chacun d'eux jusqu'à la résidence de Schœnbrunn. L'entrevue de ces princes avait été pleine de franchise et de cordialité. Mais la cérémonie qui, par sa pompe et son éclat, sembla inaugurer cette série de merveilles du congrès, fut l'entrée solennelle d'Alexandre et du roi de Prusse.

De nombreux détachements d'honneur avaient été échelonnés sur la route que ces deux monarques devaient parcourir. Toutes les troupes sous les armes garnissaient les abords de la ville. L'empereur, accompagné de ses grands officiers, des princes, des archiducs, s'était porté au-devant de ses hôtes. La rencontre eut lieu sur la rive gauche du Danube, à l'extrémité du pont du Tabor. Les témoignages les plus affectueux, et en apparence les plus sincères, furent échangés, et tous trois se prirent par la main.

Une foule immense inondait les bords du fleuve et faisait retentir l'air de ses acclamations. C'était sans doute un spectacle aussi remarquable qu'inouï que cette réunion de souverains, éprouvés vingt ans par la fortune, et qui maintenant, vainqueurs de celui qui avait été si longtemps victorieux, paraissaient étonnés d'un triomphe si chèrement acheté, si inopinément obtenu.

Cependant les trois monarques, en grand uniforme, montèrent à cheval au bruit de l'artillerie et se mirent en marche. Le nombre infini des généraux, appartenant à toutes les nations de l'Europe, venant à leur suite, les brillants costumes étincelant aux rayons du soleil, les cris joyeux de la foule, le son des cloches de toutes les églises, l'air retentissant de plus de mille coups de canon, l'aspect en un mot de cette population saluant de ses acclamations le retour de la paix, tout, jusqu'à l'intimité de ces souverains, offrait le spectacle le plus expressif et le plus pompeux.

L'entrée de l'impératrice de Russie, qui eut lieu le lendemain, fut marquée par des fêtes d'un genre plus gracieux. L'impératrice d'Autriche partit avec toute sa cour et se rendit à une grande distance au-devant d'elle. Peu de temps après, les empereurs allèrent également à leur rencontre. Près de l'église de Maria-Brunn, les deux cortèges se réunirent. Une calèche découverte attendait les deux impératrices : leurs augustes époux y montèrent avec elles. Un détachement de la garde hongroise, un autre de uhlans, une foule de pages à cheval les entouraient. Arrivées à la porte de la cour, des jeunes filles vêtues de blanc vinrent présenter des corbeilles de fleurs. Une multitude immense remplissait les avenues du palais, et chacun admirait cette cordialité sans apprêts, cette bienveillance sans étiquette qui brillaient sur les traits de ces personnages si peu façonnés à des habitudes d'égalité.

Vienne prit dès lors un aspect aussi riant qu'animé. Une foule d'équipages magnifiques parcouraient les rues en tous sens, et se reproduisaient incessamment, vu l'exiguïté de la ville. La plupart étaient devancés par ces coureurs si lestes, si brillamment vêtus, qu'on ne trouve plus qu'à Vienne, et qui, la canne à grosse pomme d'argent à la main, semblent voltiger devant les chevaux qu'ils précèdent. Dans les promenades, sur les places publiques, c'était un nombre infini de militaires de tous grades, à pied, à cheval, revêtus des uniformes variés de toutes les armées européennes. Qu'on y ajoute une nuée de valets, étalant le clinquant de leurs livrées aristocratiques; puis le peuple se pressant en foule pour voir un moment toutes ces célébrités guerrières, souveraines et diplomatiques qui venaient s'encadrer dans ce tableau général; puis, quand arrivait la nuit, les théâtres, les cafés, les lieux publics remplis d'une foule animée et ne respirant que le plaisir; qu'on se figure les somptueux équipages éclairés par des torches que portaient des laquais montés derrière, ou précédés par ces coureurs qui maintenant ont échangé leur lourde canne contre un flambeau ; dans toutes les rues, le son des instruments faisant retentir l'air de joyeuses mélodies, partout et toujours du bruit, du mouvement : tel était le tableau qu'offrit cette ville pendant plus de cinq mois, et dont pourtant ces traits ne peuvent donner qu'une bien faible idée.

Ce nombre prodigieux d'étrangers eut bientôt envahi tous les logements disponibles. Beaucoup de notabilités étaient obligées d'habiter dans les faubourgs. Les prix étaient exorbitants : pour qu'on en puisse juger, il suffira de rappeler que lord Castlereagh louait un appartement cinq cent livres sterling par mois; ce qui est inouï pour Vienne. Aussi calculait-on que, si le congrès durait seulement quatre mois, la valeur de beaucoup de maisons serait payée aux propriétaires par le seul prix de la location.

J'aurais peut-être été privé d'assister à cette scène qu'un enchaînement de circonstances extraordinaires avait seul pu former, et que plusieurs siècles peut-être ne verront pas se renouveler. Mais mon ami intime, M. Jules Griffith, résidait depuis quelques années à Vienne; il m'attendait, et je trouvai dans sa magnifique maison du Jaeger-Zeill tout le *comfort* dont il avait rapporté de son pays le mot aussi bien que la chose, alors peu connus du reste de l'Europe.

M. Griffith, un des hommes les plus instruits de l'Angleterre, s'est fait connaître dans le monde littéraire par des productions d'un mérite avoué. Il a parcouru le globe dans toutes les directions, et il a mérité d'être proclamé le plus grand voyageur de son époque. Il est un des hommes dont les qualités sociales et les sentiments élevés ont le plus honoré le caractère anglais hors de sa patrie. Son amitié a été pendant longtemps la source de mon bonheur le plus doux. Je me plais à dire avec reconnaissance qu'il m'a convaincu de la fausseté de ce précepte : qu'il ne faut pas éprouver ses amis si l'on veut les conserver.

Après les premières expansions d'une sincère amitié, ce dont j'avais le plus besoin, c'était le calme. Je ne ressemblais donc guère, en ce moment, au voyageur *inquisiteur* dont parle Sterne, et je me retirai pour goûter le repos, jouissant, dans toute sa plénitude, du bonheur d'être au port. Cependant mon insomnie fut complète, assailli que j'étais de mille pensées diverses, partagé entre le plaisir de retrouver un ami aussi cher et plusieurs autres non moins précieux pour moi, et l'espérance d'être le spectateur d'une scène qui n'offrait encore point de modèle. Si j'avais le talent avec lequel Dupaty a décrit sa *Première nuit à Rome,* je peindrais les plus vives émotions de cette *première nuit* à Vienne.

Un volume de Shakespeare était près de moi ; je l'ouvris au hasard, et je lus :

« Vous qui n'avez pas vu ces fêtes, vous avez perdu ce qu'il y a d'éclatant dans la gloire terrestre. Ces magnificences accomplies dépassaient tout ce que l'imagination peut inventer ; chaque jour s'élevait au-dessus du jour écoulé ; chaque lendemain faisait honte à la pompe de la veille. Aujourd'hui, ces demi-dieux terrestres, étincelants de pierreries, tout or, tout soie ; demain, cette même pompe plus orientale que l'Orient même. Il fallait voir chaque maître du monde briller comme une statue d'or, et les courtisans resplendir comme leurs maîtres ; et ces dames, si délicates et si mignonnes, ployer sous le double faix de leur orgueil et de leurs parures ; ces souverains, astres égaux, confondre leurs rayons par leur présence. Il n'y avait pas de langue calomniatrice qui osât remuer, pas d'œil qui ne fût ébloui de ces spectacles. Puis il fallait voir le tournoi et les hérauts d'armes, et les prouesses de chevalerie qui furent faites. La vieille histoire de nos romanciers a cessé d'être fabuleuse. Oui, je croirai désormais tout ce que les conteurs nous rapportent. »

Ces lignes d'un poète immortel, je les lues plusieurs fois ; et, sous l'empire de ces puissantes impressions, je leur dus l'idée de noter mes souvenirs, persuadé que, plus tard, je les retrouverais avec charme, à une époque que j'avais le courage de prévoir, et où ils seraient devenus l'unique aliment de ma pensée.

CHAPITRE PREMIER

Le prince de Ligne. — Son esprit et son urbanité. — Robinson Crusoé. — Le bal masqué de la Redoute. — Les souverains en dominos. — L'empereur de Russie et le prince Eugène. — Les rois et les princes. — Zibin. — Le général Tettenborn. — Coup d'œil sur sa vie militaire. — Grande fête militaire de la paix. — Intimité des souverains au congrès. — Le palais impérial. — Mort de la reine Marie-Caroline de Naples. — L'empereur Alexandre. — Anecdotes. — Cadeaux des souverains. — Politique et diplomatie. — La grande redoute. — La valse.

Le célèbre Johnson a dit quelque part, en parlant de la grande muraille de la Chine, que le petit-fils d'un homme qui l'aurait vue pourrait encore en tirer vanité. Cette exagération, orientale comme le sujet, me paraîtrait excusable si le propos se fût appliqué, non pas à un monument qui brave les siècles, mais à un de ces hommes qui apparaissent de loin en loin, ou à des événements qui changent la face du monde. Pour moi, j'ai conservé, je l'avoue, quelque orgueil de ma présence au congrès de Vienne et du privilège d'y avoir vu réunis tant de personnages célèbres. Mais le souvenir le plus flatteur et le plus doux pour mon cœur est celui de la bienveillance dont le prince de Ligne ne cessa de m'honorer. Pendant plus de deux mois, j'ai été assez heureux pour vivre dans son intimité, le voyant tous les jours, à toute heure, recueillant de sa bouche ces mots heureux, ces saillies imprévues dont il était si prodigue. Aujourd'hui, après un quart de siècle, l'impression toujours ineffaçable de sa personne vient animer mes souvenirs et donner la vie aux tableaux que j'essaie de reproduire.

Le prince de Ligne (1) était alors dans sa quatre-

(1) Charles Joseph, prince de Ligne, dont le comte de La Garde parle abondamment et avec vénération fut en effet une grande figure. Né à Bruxelles en 1735, il entra au service de l'Autriche et se distingua pendant la guerre de Sept ans. Général major en 1766, lieutenant

vingtième année ; mais on peut dire qu'en dépit du temps il était resté jeune. Il avait conservé ce caractère aimable, cette urbanité séduisante qui toujours avaient prêté tant de charme à sa société. Aussi, d'une voix unanime, le nommait-on « le dernier des chevaliers français ».

A cette époque, tous les étrangers les plus célèbres par leur rang et leur esprit, les souverains eux-mêmes se faisaient comme un devoir de lui rendre hommage. On retrouvait encore en lui cette fraîcheur d'imagination, cette gaieté intarissable et de bon goût qui n'avaient pas cessé de le distinguer. Sa verve, innocemment satirique, s'exerçait principalement sur l'allure vraiment étrange que prenait le congrès, où le plaisir semblait être la seule affaire importante. Dans cet enivrement général, dans cette succession non interrompue de fêtes, de festins, de bals, ce n'était pas le contraste le moins curieux, le moins intéressant que la figure imposante de ce vieux maréchal, recherché partout, quoique sans aucun caractère officiel, et peignant souvent la situation, d'un trait, d'un à-propos, qu'on s'empressait de répéter.

Les Français surtout le recherchaient et étaient cer-

---

général en 1771, la campagne de 1778 ajouta à sa réputation militaire. Il voyagea ensuite en Italie, en Suisse et en France ; à Versailles, il fut apprécié comme grand seigneur aimable et plein d'esprit. En Russie, où l'appelait une mission en 1782, il gagnait les bonnes grâces de Catherine, qui lui fit don d'une terre en Crimée. Comme général d'artillerie, il assista au siège d'Otchakoff, que dirigeait Potemkin, et à la prise de Laudon, 1789. Par suite du parti pris par son fils dans l'insurrection des Pays-Bas contre l'Autriche, il fut écarté des affaires, et bien que feld-maréchal en 1808, il ne reçut plus de commandement. Le prince de Ligne était un tacticien habile et profond. Il a laissé un très grand nombre d'écrits en allemand et en français ; ils sont remplis d'esprit et de piquant, mais le style est incorrect et prolixe. Sous le titre de *Mélanges militaires littéraires et sentimentaires*, on a publié 30 volumes (1798-1809). Son *Journal des Guerres* et l'*Essai sur les Jardins* sont à retenir. De plus, il publia en 1809 une *Vie du prince Eugène de Savoie*. Mme de Staël, Malte-Brun, Lacroix, ont publié des *Lettres* ou *Fragments* qui méritaient d'être conservés et qui sont devenus classiques. Ses *Lettres de Russie à la Marquise de Coigny* ont été publiées par Lescure, Librairie des Bibliophiles. M. Lucien Perey vient de donner ses *Lettres à Catherine II*.

tains de trouver auprès de lui l'accueil le plus affectueux. Depuis son voyage à la cour de France, peu d'années avant la Révolution, il avait remporté de ce pays le plus touchant souvenir. C'est principalement dans les lettres qu'il écrivit à cette époque à la marquise de Coigny (1) qu'on trouve, à chaque ligne, l'expression de son regret de vivre éloigné d'un pays et d'un peuple qui lui avaient inspiré une si vive sympathie. En un mot, le prince de Ligne appartenait à la France par la nature de sa valeur comme par celle de son esprit.

Ma famille ayant l'honneur d'être alliée à celle de cet homme célèbre, en 1807, quand j'étais venu pour la première fois à Vienne, le prince de Ligne m'avait accueilli et présenté à la cour et partout comme son cousin. A toutes les époques qui, depuis lors, m'avaient ramené en Autriche, jusqu'à celle de sa mort, sa courtoisie et sa bienveillance ne se démentirent jamais. Je ne me lassais point de l'entendre, surtout quand sa pensée rétrogradait vers les anciens temps qu'il avait tant vus et si bien vus. Il prenait plaisir à enrichir mon esprit des trésors du sien, à éclairer ma jeunesse des conseils et des fruits de sa longue expérience. Aussi, parler du prince de Ligne, c'est pour moi acquitter la dette de la reconnaissance.

Ma première visite lui était due. Le lendemain de mon arrivée, je courus me présenter chez lui.

« Vous arrivez à point, me dit-il, pour voir de grandes choses. L'Europe est à Vienne. Le tissu de la politique est tout brodé de fêtes. A votre âge on aime les réunions joyeuses, les bals, les plaisirs, je vous réponds que vous n'en chômerez pas ; car le congrès ne marche pas, il danse. C'est une cohue royale. De toutes parts on crie : paix, justice, équilibre, indemnité, *légitimité,* mot que votre prince de Bénévent vient d'ajouter

---

(1) Née de Conflans d'Armentières, celle qui fut aimée, *peut-être* platoniquement, de Lauzun. Paul Lacroix a publié ses lettres (à cent exemplaires). Sa fille, mariée au général, depuis maréchal Sebastiani, mourut en couches de celle qui devint l'infortunée duchesse de Praslin.

au dictionnaire diplomatique. Qui va débrouiller ce chaos et poser des digues à ce torrent de prétentions? Quant à moi, spectateur bénévole, je n'y réclamerai qu'un chapeau, usant le mien à saluer les souverains qu'on rencontre à chaque coin de rue. Mais enfin, en dépit de Robinson Crusoé (1), une paix générale et durable va sans doute se conclure. La concorde a enfin réuni les peuples, si longtemps ennemis : leurs plus illustres représentants en donnent déjà l'exemple. Chose qu'on voit ici pour la première fois, le plaisir va conquérir la paix. »

Il me fit ensuite, avec la vivacité d'un jeune homme, sur Paris, ma famille, mes voyages et mes projets, une foule de questions qu'on vint interrompre en lui annonçant que sa voiture l'attendait.

« A dîner demain chez moi, me dit-il ; de là nous irons au bal de la Redoute : c'est la folie de la raison. Je vous y expliquerai en peu d'instants les curiosités de cette grande tapisserie à personnages. »

Le prince avait conservé l'habitude de dîner de bonne heure ; je me rendis à quatre heures dans sa jolie maison sur le bastion. Elle n'avait qu'une pièce par étage ; aussi la nommait-il, en riant, son bâton de perroquet ; par antiphrase on l'appelait *l'hôtel de Ligne*. Peu de temps après, il se mit à table, entouré de sa charmante famille (2). Le repas, à vrai dire, ainsi que les soupers si connus de Mme de Maintenon lorsqu'elle n'était encore que la veuve Scarron, avait besoin de la magie de sa conversation pour ne pas paraître plus qu'exigu. Et cependant, quoiqu'il mangeât presque à lui seul les petits plats qu'on lui servait, il tenait l'esprit de ses

---

(1) C'est ainsi que le prince de Ligne appelait Napoléon, par allusion à son séjour à l'île d'Elbe, et non par dédain, car personne ne professait une plus haute admiration et une sympathie plus vraie pour la plus grande gloire et la plus grande infortune des temps modernes.
(*N. du Cte de La Garde.*)

(2) Le prince de Ligne avait trois filles, la princesse Clary, la comtesse Pallfy, la baronne Spiegel ; ses fils : Charles qui avait épousé la délicieuse Hélène Massalska, et le prince Louis, tige des princes de Ligne actuels, étaient morts prématurément.

convives tellement attentif et charmé que ce n'était qu'au sortir de table que l'estomac s'apercevait de toute la spiritualité du festin.

Au salon, nous trouvâmes quelques personnes venues en visite; c'étaient des étrangers de distinction qui, appelés à Vienne de tous les coins de l'Europe, s'étaient fait présenter à cette vivante merveille du dernier siècle; c'étaient aussi quelques-uns de ces curieux importuns qui affluaient chez lui, n'eût-ce été que pour dire : J'ai vu le prince de Ligne, ou pour frotter leur esprit au sien, quêtant ses anecdotes, ses saillies, qu'ils allaient ensuite colporter, défigurées, dans les salons.

Il eût bientôt dit quelques mots polis ou spirituels à chacun de ces groupes. Puis, s'en éloignant, comme si sa tâche eût été remplie, il s'approche de son petit-fils, le comte de Clary, avec lequel je causais alors :

« Je me rappelle, nous dit-il, avoir commencé une de mes lettres à Jean-Jacques Rousseau par ces mots : « Comme vous n'aimez, monsieur, ni les empressés ni les empressements... » Il y aurait bien quelques billets de ce genre à écrire à certaines sommités ici présentes; mais elles sont tellement infatuées de leur mérite qu'elles n'y liraient pas leur adresse. Comme cette sorte de gens est d'ordinaire têtue et tenace, allons en voir d'autres, un peu plus au large. Le bal nous attend. Suivez-moi, mes enfants; je veux vous enseigner à prendre congé à la française. »

Et cet homme, extraordinaire en tout, s'envolant avec la légèreté d'un page, s'esquive et se précipite dans sa voiture, riant de cette espièglerie d'écolier et du désappointement de tous ces parleurs insipides qui allaient le chercher pour en être écoutés.

Nous arrivâmes à neuf heures au palais impérial appelé le Burg.

C'est dans cette antique résidence que se donnaient ces ingénieux *momons*, mascarades de caractère, où sous l'immobilité du domino se cachaient souvent des combinaisons politiques, chefs-d'œuvre d'intrigues ou de conceptions. La salle principale était magnifiquement éclairée et entourée d'une galerie circulaire donnant entrée dans de vastes salons disposés pour le souper. Sur des banquettes élevées en amphithéâtre étaient assises une foule de dames, quelques-unes en dominos, le plus grand nombre en costumes de caractère. Rien de plus éblouissant que cette réunion de femmes, toutes jeunes et belles, et chacune dans une parure en harmonie avec son genre de beauté. Tous les siècles, tous les pays semblaient s'être donné rendez-vous dans ce cercle gracieux.

A des intervalles égaux, des orchestres exécutaient tour à tour des polonaises et des valses ; dans les salles contiguës on dansait des menuets avec toute la gravité allemande, ce qui n'était pas la partie la moins comique du tableau.

Le prince m'avait dit vrai : Vienne offrait alors un abrégé de l'Europe, et cette Redoute un abrégé de Vienne. Rien de plus bizarre que ces gens masqués ou non masqués, parmi lesquels circulaient sans la moindre distinction et confondus dans la foule, tous les souverains réunis en ce moment au congrès.

« Sur chacun, le prince de Ligne contait une anecdote : « Voici l'empereur Alexandre. Il donne le bras au prince Eugène Beauharnais auquel il a voué une sincère affection. Quand Eugène est arrivé ici avec le roi de Bavière, son beau-père, la cour d'Autriche hésitait sur le rang qui lui serait accordé. L'empereur de Russie s'est prononcé d'une manière si positive qu'il a été traité avec les honneurs dus à son généreux caractère : Alexandre, vous le savez, est digne d'inspirer et de connaître l'amitié.

« Savez-vous quel est le personnage dont cette belle Napolitaine enlace, de ses bras arrondis, la taille noble et élevée ? C'est le roi de Prusse, dont la figure grave n'en paraît pas plus émue. Et cependant ce malin masque est peut-être une impératrice, peut-être aussi une grisette ?

« Cette forme colossale, dont un domino noir ne déguise ni ne diminue l'ampleur, c'est le roi de Wurtemberg (1). Près de lui est son fils, le prince royal. L'amour de ce dernier pour la grande-duchesse d'Oldembourg, sœur de l'empereur Alexandre, le retient au congrès et l'occupe bien plus que les graves intérêts qui seront un jour les siens. C'est un roman dont nous verrons bientôt le dénoûment.

« Ces deux jeunes gens qui viennent de nous coudoyer sont le prince royal de Bavière et son frère le prince Charles (2). La figure de celui-ci le disputerait à celle d'Antinoüs. Cette foule de gens, d'espèces et de mises diverses, que vous voyez s'agiter en tous sens, ce sont des princes régnants, ou des archiducs, ou les grands dignitaires des différents empires. Car, excepté quelques Anglais qu'on reconnaît à la recherche de leur toilette, je ne crois pas qu'il y ait un seul individu qui n'ait un titre à ajouter à son nom.

« Dans cette salle, mon enfant, vous ne voyez que l'image du plaisir.... »

A peine le prince m'eut-il quitté, que je me mis à parcourir cette salle où, ainsi qu'à un rendez-vous général, je retrouvai peu à peu les personnes que j'avais connues depuis Naples jusqu'à Pétersbourg, et de Stockholm à Constantinople. Quelle variété de costumes et de langages ! Il me semblait voir un bazar de toutes les nations du monde. J'éprouvai, je l'avoue, comme la première fois, tout l'enivrement du bal masqué. Cette musique continue, ce mystère du déguisement, ces intrigues dont j'étais entouré, cet incognito général, cette gaicté sans frein et sans mesure, cet assemblage de circonstances et de séductions, la magie, en un mot, de ce vaste tableau, me tournaient la tête : de plus vieilles et de plus fortes que la mienne n'y résistaient pas non plus.

(1) Frédéric II, duc, puis roi de Würtemberg, s'allia en 1805 avec Napoléon, qui le créa roi et le fit entrer dans la Confédération du Rhin. En 1813, il s'unit aux alliés contre la France. Après avoir régné assez despotiquement, il accorda à ses sujets, en 1815, une charte constitutionnelle. Une de ses filles, Catherine, épousa Jérôme, roi de Westphalie, et donna l'exemple de toutes les vertus et de tous les courages.

(2) Voir *infra* des notes biographiques sur ces princes.

Mes amis furent bientôt groupés autour de moi.

Profitant d'un moment où le prince de Ligne était moins entouré, je le priai de ne plus s'inquiéter de moi pour cette soirée, et je fus me livrer à ce délire de gaieté, d'insouciance et de bonheur qui semblait planer au milieu d'une réunion si extraordinaire.

Je rencontrai encore quelques amis avec lesquels nous employâmes de notre mieux les deux heures qui devaient précéder le souper. Puis, nous allâmes nous asseoir au milieu d'une vingtaine de convives pour achever ensemble cette joyeuse soirée.

« Comment, vous voilà !... D'où venez-vous donc ?... Qu'avez-vous fait depuis que nous nous sommes quittés ?... Toutes ces questions obligées ne cessèrent de m'être adressées pendant la première partie du repas. Je n'étais pas moins impatient de questionner les questionneurs : tel, que j'avais quitté sous-lieutenant et que je retrouvais général ; tel autre, jadis attaché à une ambassade, et maintenant lui-même ambassadeur ; la plupart couverts de décorations dues à leur courage ou à leur talent. Puis, dans l'effervescence de la gaieté et du vin de Champagne, ils se prirent à conter, à bâtons rompus, les circonstances heureuses qui les avaient si rapidement élevés.

Mais entre toutes ces destinées si rapides et si brillantes, aucune ne me surprenait plus que celle de Zibin. En 1812, lorsque, pressé par le besoin de voyager, je quittai Moscou pour aller visiter la Crimée, l'Ukraine et la Turquie (1), Zibin avait été mon compagnon de route. Dans cette longue course au travers des steppes de la Russie, sa gaieté, ses saillies dissipaient les ennuis et ranimaient mon courage. Dix-huit mois s'étaient à peine écoulés depuis qu'au retour de notre excursion en Tauride, nous nous étions séparés à Tulczim : lui, pour suivre la comtesse Potocka (2) à Pétersbourg, moi, pour

---

(1) M. de La Garde a publié un récit de ce voyage.

(2) La comtesse Sophie Potocka dont il sera reparlé ultérieurement et dont M. de La Garde a célébré les jardins de Sophiowka ; grecque d'origine et née à Constantinople, elle était d'une rare beauté. Elle

me rendre auprès du duc de Richelieu à Odessa et de là à Constantinople. Zibin alors n'était pas encore au service, et cependant je le retrouvais aujourd'hui lieutenant-colonel, aide de camp du général Ojarowski, et décoré de plusieurs ordres.

A peine arrivé à Pétersbourg, Zibin s'aperçoit bientôt que l'oisiveté des salons ne le conduirait ni à la considération ni à la gloire. Il échange son uniforme de gentilhomme de la chambre contre celui de sous-officier de hussards : à l'entrée de la campagne, il est fait enseigne, puis, quelque temps après capitaine.

Un jour, son général lui ordonne d'aller avec cinquante cosaques faire une reconnaissance et ramener quelques traînards. Zibin part : à une lieue du camp, un de ses hommes aperçoit quelque chose de noir, embusqué au milieu des roseaux. On accourt : c'étaient des canons que l'ennemi en retraite avait abandonnés là. Il y en avait seize. La troupe met pied à terre ; les chevaux sont attelés aux affûts, et quelques heures après le capitaine Zibin rentrait au camp, maître d'un parc d'artillerie complet conquis sur la vase du marais.

L'empereur n'était pas loin, Zibin est chargé de lui porter cette nouvelle. Alexandre lit le rapport, et attribuant au jeune hussard le mérite d'un succès dû uniquement à Sa Majesté le hasard, il donne sur-le-champ à Zibin le grade de major, détache sa propre croix de Saint-George et la passe à la boutonnière du nouvel officier supérieur. Le reste avait été la conséquence de ce premier pas ; les autres décorations s'étaient succédé, et, comme si toutes les fortunes avaient résolu de le combler à la fois, dans l'oisiveté des camps, Zibin avait joué et n'avait pas gagné moins de quatre cent mille roubles. Le prince de Ligne avait bien raison de dire que la gloire est une courtisane qui s'attaque souvent à vous au moment où vous y pensez le moins.

avait épousé en premières noces, le comte de Witt, dont elle a eu un fils, ami de La Garde. Voir chapitre xx et *Mémoires du Général Comte de Rochechouart*, page 140 et suivantes.

Vers la fin de la soirée, un heureux hasard me fit rencontrer mon excellent ami, le général Tettenborn.

« Nous avons bien à causer ensemble, me dit-il ; ce n'est pas ici le lieu de commencer. Demain allons dîner tête à tête à l'*Augarten*, c'est le moyen de ne pas être interrompus. » J'acceptai.

Tettenborn fut exact au rendez-vous.

« Quoique l'on dîne rarement bien chez les restaurateurs viennois, me dit-il, comme depuis beaucoup d'années mon nom est assez en crédit chez celui-ci, Jann m'a promis de faire de son mieux. »

Effectivement, la quantité suppléa à la qualité, et lorsqu'au dessert on eut apporté le vin de Tokai, mon ami commença en ces termes son intéressant récit :

« Depuis que je ne vous ai vu, les événements de ma vie ont été aussi rapides que les circonstances qui les ont fait naître. J'avais suivi, vous le savez, le prince de Schwartzemberg dans son ambassade à Paris. J'y étais encore lors de la naissance du roi de Rome, et je fus, à cette époque, expédié en courrier pour en porter la nouvelle à notre empereur.

— Oui, lui dis-je, et je lus dans les gazettes que vous fîtes ce trajet de trois cent vingt lieues en quatre jours et demi.

— Cette rapidité peut facilement s'expliquer : jusqu'à Strasbourg, j'eus les chevaux de course du prince, et, depuis la frontière d'Autriche, je trouvai également les chevaux de son frère, le prince Joseph, échelonnés en relais jusqu'à Vienne.

« Je ne vous parlerai pas du séjour que je fis alors à Paris. Tout y était enivrant. Vos salons reflétaient l'éclat de la prospérité prodigieuse de la France, de ses nombreuses victoires et de l'enthousiasme des beaux-arts. Notre légation autrichienne y était particulièrement bien accueillie. C'était une succession de fêtes, telles que vous les voyez ici : elles n'ont changé que de capitale (1).

---

(1) Tettenborn conserva toujours sa franchise. A cette époque, on exigea que les militaires, même étrangers, ne parussent aux Tuileries

Après avoir, en 1812, accompagné encore le prince Schwartzemberg à Pétersbourg, je passai de la vie enchantée des salons aux casernes de mon régiment, alors en garnison à Bude. En vérité, si je me fusse retiré chez les Trappistes, je ne crois pas que la transition eût été plus forte, quand, tout à coup, l'Europe entière s'embrasa à la fois.

J'avais trente-quatre ans. Quoique les premiers jours de ma jeunesse aient été bien remplis, le sort a fait plus pour moi dans ces dernières années que je n'avais lieu de l'espérer.

Mon parti fut bientôt pris. Je me décidai à courir à l'incendie, pour y réchauffer une vie si peu conforme à mes précédentes habitudes.

Je logeais à Bude avec le baron de ***, mon ami d'enfance, et qui, major dans le même régiment que moi, calculait comme moi le peu de chances probables d'un avancement rapide au service de l'Autriche.

Voici, lui dis-je un matin, une occasion unique de nous improviser un avenir : *Voir, c'est avoir*. Rendons-nous à l'armée russe, offrons d'y servir en partisans. C'est une guerre facile, lucrative, et qui mène à tout par la rapidité de ses phases, outre qu'il est doux parfois de vivre à l'aventure et de se fier à la destinée. Quant à moi, je suis décidé ; je pars, me suivrez-vous ? Souvent un moment dans la vie décide de tout. Mon ami hésita ; je partis seul ; hélas ! depuis il ne s'en est que trop repenti (1).

qu'en habit de cour. Tettenborn était alors officier supérieur de hussards ; il s'y présenta en habit habillé, mais avec des moustaches. L'empereur l'interpella vivement et lui dit d'un ton goguenard :

« Il faut convenir qu'une paire de moustaches est risible avec ce costume.

— Pardon, sire, répliqua vivement Tettenborn, c'est plutôt cet habit qui est ridicule avec des moustaches. »

(1) Le comte de Las-Cases, dans son *Mémorial de Sainte-Hélène*, rapporte cet autre exemple du hasard des destinées :

« Serrurier et Hédouville cadet, dit Napoléon, marchaient de compagnie pour émigrer en Espagne ; une patrouille les rencontre : Hédouville, plus jeune, plus leste, franchit la frontière, se croit heureux et va végéter misérablement en Espagne. Serrurier, forcé de rebrousser dans l'intérieur, devient maréchal de France. »

(Note de l'auteur.)

— Oui, interrompis-je, et tellement qu'à la nouvelle de vos succès, dont les gazettes publiaient les détails, ses tardifs regrets lui tournèrent la tête. Et comme, à mon retour de Constantinople, je passais à Pesth, de dépit et de désespoir, il se brûla la cervelle dans une chambre d'auberge, voisine de la mienne.

— Je l'ai vivement regretté, reprit Tettenborn ; c'était un ami dévoué, aussi bien qu'un officier distingué. Je ne doute pas que les circonstances ne lui eussent été aussi favorables qu'à moi ; mais il faut voguer avec le courant pour que le courant vous entraîne. Arrivé au quartier général de l'armée russe, on m'y chargea de lever un régiment. Je l'eus organisé en peu de temps, et j'en reçus le commandement. Colonel, puis bientôt général, trois mois après mon départ de Bude, je signais des commissions égales au grade que j'avais en quittant ma garnison. Les journaux vous ont peut-être appris comment je m'emparai du trésor particulier de l'empereur Napoléon ; une partie de cet immense butin me fut allouée en récompense.

Un coup de main que je tentai sur Berlin, bien qu'il fut sans résultat, eut cependant l'avantage de me mettre en relief. A la tête de quatre régiments de cavalerie, de deux escadrons de hussards, de deux de dragons, et seulement avec deux pièces d'artillerie légère, je marchai sur Hambourg. Après plusieurs combats, la ville se rendit le 18 mars 1813. Reçu avec enthousiasme par les habitants, j'y fus, comme bien d'autres, le héros du moment. Nommé commandant de cette place, j'abolis les formes sévères que le maréchal Davoust avait cru devoir y introduire. Les habitants reconnaissants m'ont fait bourgeois de leur ville, et m'en ont envoyé le diplôme dans un magnifique coffre d'or.

Les événements ont marché bien vite, et avec eux la gloire et les récompenses. Décoré de la plupart des ordres militaires, les souverains alliés viennent de mettre le comble à leurs bontés pour moi en me donnant en toute propriété deux couvents en Westphalie, dont le revenu ira bien à quarante mille florins par an. Tous ces petits succès ont assez contribué à mettre de l'ordre dans mes affaires. Et, comme il faut une bonne fois s'amender, je vais me marier, mon ami. J'épouse une femme que j'adore. Sans regrets pour le passé, sans crainte pour l'avenir, je laisserai aller mon existence au courant de ma destinée; et vous direz, j'en suis sûr, quoique le dénouement soit un peu brusque, que le roman n'en promet pas moins d'être heureux. »

— C'est ce dont tous vos amis se réjouiront, mon cher général. »

Cette histoire contée en abrégé, nous la récapitulâmes en chapitres.

Dans cet abandon d'une conversation intime, nous avions oublié le temps, et neuf heures sonnaient quand nous arrivâmes au théâtre de Carlenthor. On donnait le célèbre oratorio de la *Création*, d'Haydn. La salle, éclairée par une multitude de bougies, et les loges drapées avec magnificence, formaient un coup d'œil éblouissant. Plusieurs loges étaient destinées aux souverains, d'autres occupées par le corps diplomatique. Quant au parterre, il était tellement rempli de gens décorés qu'on eût pu l'appeler un parterre de chevaliers, comme on avait appelé le parterre du théâtre à Erfurt un parterre de princes et de rois.

« A voir ce nombre de cordons, me dit Tettenborn, il ne faudrait pas conclure que tous soient la récompense du mérite.

— Les distinctions éminentes, mon cher général, lui répondis-je, sont comme les pyramides : deux seules espèces d'êtres peuvent y atteindre : les reptiles et les aigles. »

« A demain, me dit le général Tettenborn en nous séparant, à demain ; je serai chez vous à dix heures. De là nous nous rendrons à la grande fête militaire qui sera célébrée en l'honneur de la paix. Avant de poser les armes, nos souverains veulent remercier la Providence des insignes faveurs qu'elle leur a départies. »

A l'heure dite, Tettenborn, avec l'exactitude d'un *rittmeister* autrichien, était à ma porte. C'était par une douce et pure matinée d'octobre. Bientôt nous galopâmes vers le glacis entre la porte Neuve et celle de Burg. Chemin faisant, nous recrutions quelques-unes de nos connaissances que la curiosité attirait comme nous. Tettenborn portait son brillant uniforme de général ; une profusion d'ordres militaires qui décoraient sa poitrine attestaient que, si la fortune l'avait traité en favori, il s'était montré digne de ce capricieux patronage. A peine arrivé, il dut nous quitter pour aller se joindre au cortège de l'empereur Alexandre ; mais je restai entouré d'amis et convenablement placé pour saisir tous les détails de cette belle fête. Quoique à une époque toute militaire on ait été souvent témoin de solennités pareilles, je ne crois pas qu'aucune ait jamais présenté l'ensemble et la majesté de celle-ci. Elle venait de se terminer, cette guerre, cette lutte terrible dont l'acharnement et la durée avaient épouvanté le monde. Le géant de la gloire était non vaincu, mais accablé par le nombre ; et l'enivrement, l'enthousiasme du succès prouvaient assez la force de l'adversaire et la joie inespérée du triomphe.

Plusieurs bataillons d'infanterie, des régiments de cavalerie, entre autres les uhlans de Schwartzemberg, et les cuirassiers du grand-duc Constantin (1) étaient réunis sur une immense pelouse. Toutes ces troupes étaient dans la plus brillante tenue.

Les souverains arrivèrent à cheval. Les troupes formèrent un immense et double carré. Au centre, s'élevait une vaste tente, ou plutôt un temple érigé en l'honneur de la paix générale. Les colonnes qui le soutenaient étaient décorées de trophées d'armes et d'étendards déployés dans les airs. La terre, tout à l'entour, était jonchée de fleurs et de feuillages. Au milieu on avait dressé un autel orné de riches tentures, décoré de tous les ornements du culte catholique

---

(1) Frère de l'empereur Alexandre, fut vice-roi de Pologne.

richement ciselés en or et en argent. Une multitude de cierges répandaient une lumière obscurcie par les rayons du soleil qui brillait alors de tout son éclat. Des tapis de Damas en soie rouge couvraient les marches de l'autel.

Bientôt on vit arriver, dans les calèches de la cour, attelées de quatre chevaux, les impératrices, les reines, les archiduchesses, qui allèrent se placer sur des fauteuils recouverts de velours. Enfin, quand cette brillante assemblée, quand cette foule de militaires, de courtisans, d'écuyers, de pages, eurent pris les places qui leur étaient assignées, le vénérable archevêque de Vienne, qui, malgré son grand âge, avait voulu officier, célébra la messe, entouré de tout son clergé. La population entière de Vienne et des environs était accourue pour être témoin de cet imposant spectacle.

Au moment de la consécration, une salve d'artillerie salua la présence du Dieu des armées. Au même instant, par un mouvement subit, tous ces guerriers, princes, rois, généraux, soldats, tombèrent à genoux et se prosternèrent devant Celui qui tient dans sa main la victoire ou la défaite. Une même impression semble aussitôt se communiquer à la foule immense des spectateurs; tous se découvrent spontanément et s'agenouillent dans la poussière. Le canon se tait : aux imposants roulements de l'airain succède un religieux silence. Enfin, le prêtre du Seigneur, élevant le signe de la rédemption, se retourne vers l'armée pour la bénédiction générale. L'office divin est terminé : les fronts prosternés se relèvent, le cliquetis des armes fait retentir les airs. Alors un chœur de musiciens entonne, en langue allemande, l'hymne de la paix, qu'accompagne un nombreux orchestre d'instruments à vent. Aussitôt l'armée tout entière et la foule des assistants mêle sa voix à celle des chanteurs. Non, jamais l'oreille humaine n'entendit rien de plus imposant que ces milliers de voix, qui n'en faisaient qu'une pour célébrer le bienfait de la paix et la gloire du Tout-Puissant. Cet hymne immense de reconnaissance et d'adoration s'élevant vers le ciel avec l'encens qui fume, le bruit de l'airain qui tonne, le son des cloches de toutes les églises ; ces souverains entourés de leurs brillants états-majors, ces uniformes variés, ces armes, ces cuirasses, ce bronze de l'artillerie, étincelant au soleil, ce prêtre en cheveux blancs bénissant du haut d'un autel la foule prosternée, ce mélange de guerre et de religion, formaient un tableau unique, qui peut-être ne se renouvellera pas, que le pinceau ne peut rendre, une scène poétique et sublime au-dessus de toute description.

Après la cérémonie religieuse, les souverains et toutes les princesses se placèrent sur un endroit élevé, près de la porte du Burg. Les troupes défilèrent devant eux : le grand-duc Constantin et les autres princes marchaient à la tête des régiments qui leur avaient été donnés. De toutes parts retentissaient d'unanimes acclamations et des vœux pour la consolidation de la paix, ce premier besoin des peuples.

Telle fut cette fête qui eut un caractère particulier et s'encadra si bien dans cette série de magnificences. La cour d'Autriche, en effet, faisait à ses illustres hôtes les honneurs de sa capitale avec un luxe vraiment fabuleux. La mémoire se refuse au récit de ces brillants détails, l'esprit à la peinture de l'éclat inouï qu'elle déployait.

Pour amuser les loisirs de ces rois, qui depuis vingt ans auraient dû être blasés sur l'image des combats, on avait fait cantonner à Vienne vingt mille grenadiers d'élite. On annonçait aussi la formation d'un camp de soixante mille hommes qui devaient exécuter de grandes manœuvres. La superbe garde noble avait été considérablement augmentée de jeunes gens appartenant aux familles les plus distinguées de la monarchie. Toutes les troupes étaient entièrement habillées à neuf : on n'avait pas voulu que les traces de la guerre vinssent affliger les yeux dans des fêtes uniquement consacrées au plaisir et à la paix.

Des chevaux superbes avaient été demandés à tous

les haras d'Allemagne. Les grands officiers de la couronne avaient, chaque jour, des tables nombreuses, servies avec luxe, pour les personnages éminents qui accompagnaient les souverains.

La cour avait convié les danseurs et danseuses de l'Opéra de Paris; la troupe impériale avait été renforcée; les acteurs les plus célèbres de l'Allemagne, et des pièces nouvelles appropriées aux joies du moment, avaient pour mission de tenir le plaisir constamment en haleine.

L'empereur François s'était empressé d'ouvrir son palais à ses augustes visiteurs. On calculait que cette résidence était alors habitée par deux empereurs, deux impératrices, quatre rois, une reine, deux princes héréditaires, l'un impérial, l'autre royal, deux grandes-duchesses et trois princes. La jeune famille de l'empereur avait été obligée de se réfugier au château de Schœnbrunn. Attirée par la nouveauté de ce spectacle, une foule immense se pressait constamment aux abords du palais, avide de contempler les traits de ces acteurs d'une réunion unique dans les fastes de l'histoire.

Les Viennois semblaient fiers, à juste titre, de voir leur ville choisie pour la tenue de ces grands états généraux. En effet, cette assemblée, en amenant dans une même capitale les premières puissances de l'Europe, offrait un des événements les plus extraordinaires de tous les temps. Les congrès de Munster, de Ryswick, d'Utrecht n'avaient été que des conférences plénipotentiaires. Il fallait remonter de trois siècles en arrière pour retrouver un pareil concours de têtes couronnées, et jusqu'à l'année 1515, où Maximilien avait reçu, dans cette même ville de Vienne, la visite des rois de Pologne, de Hongrie et de Bohême. On rappelait que la présence de ces monarques avait eu les effets les plus salutaires pour la grandeur de l'Allemagne.

Pour donner une idée des dépenses de la cour autrichienne, il suffit de dire que la table impériale coûtait cinquante mille florins par jour : c'était impérialement tenir table ouverte. On ne doit donc pas être étonné que les frais extraordinaires occasionnés par les fêtes du congrès, pendant les cinq mois qu'il a duré, se soient élevés à quarante millions de francs. En vérité, le but sérieux de cette grande assemblée, la gravité des circonstances, comportaient-ils ces joyeuses prodigalités au sortir d'une guerre de vingt-cinq ans, qui semblait avoir tari toutes les sources de la richesse et du plaisir ?

Si l'on ajoute aux dépenses de la cour celles de plus de sept cents envoyés, on pourra se faire une juste idée de la consommation extraordinaire faite dans la ville de Vienne, et de l'immense quantité de papier et du numéraire qui s'y trouvaient en circulation. Telle était l'affluence des étrangers que tous les objets, le bois de chauffage surtout, avaient augmenté dans une proportion incroyable. Aussi le gouvernement autrichien avait-il été dans la nécessité d'accorder des suppléments de traitement et des indemnités à tous ses employés.

L'imagination se fatiguait à préparer chaque jour de nouvelles fêtes : banquets, concerts, parties de chasse, bals masqués, carrousels. A l'exemple du chef de leur noble famille, tous les princes de la maison d'Autriche s'étaient distribué les rôles pour faire dignement les honneurs de Vienne à cette illustre compagnie. On craignait tellement de troubler cette succession de plaisirs, que la cour ne prit pas le deuil pour la mort de la reine Marie-Caroline de Naples (1). Cependant cette dernière fille de Marie-Thérèse avait fini sa vie agitée avant l'arrivée des souverains. On évita de notifier son décès : on ne voulut pas que les couleurs sombres vinssent attrister des réunions uniquement consacrées à l'insouciance et à la joie.

Rien n'égale l'intimité dans laquelle les souverains vivaient entre eux. Ils s'étudiaient à se montrer réciproquement amitié, attentions, prévenances. Chaque

---

(1) Elle était pourtant la propre tante et une des belles-mères de l'empereur François. On connaît la vie aventureuse de cette sœur de Marie-Antoinette, ses compromissions avec Nelson et son affection bizarre pour lady Hamilton. Le roi Ferdinand venait de remonter sur son trône lorsque la reine mourut (7 septembre 1814).

jour ils se voyaient, et toujours avec cette franchise cordiale digne des siècles de la chevalerie. Voulaient-ils, par cette noblesse de procédés, démentir tout ce qu'on a dit sur la mésintelligence, les vues d'ambition, les calculs d'intérêt personnel qui règnent ordinairement dans les congrès des rois? Ou plutôt, n'étaient-ils pas surpris et charmés d'un genre de vie et d'une confraternité qui contrastaient si fort avec les froides habitudes de leurs cours?

Afin d'éviter les embarras du cérémonial et des questions de préséance, ils arrêtèrent d'un commun accord que l'âge seul déciderait tout, à l'entrée et à la sortie des appartements, dans les promenades à cheval et en voiture. C'est à l'empereur Alexandre, dit-on, que fut due l'initiative de cette mesure. Voici les rangs tels qu'ils furent fixés d'après les années :

1° Le roi de Wurtemberg, né en .... 1754.
2° Le roi de Bavière, né en .... 1756.
3° Le roi de Danemark, né en .... 1768.
4° L'empereur d'Autriche, né en .... 1768.
5° Le roi de Prusse, né en............. 1770.
6° Et l'empereur de Russie, né en ...... 1777.

Mais cette distribution de rang ne fut jamais appliquée qu'aux réunions de plaisir. Quant aux délibérations officielles du congrès, les souverains ne prirent part à aucune.

Une de leurs premières galanteries fut de se donner réciproquement tous les grands cordons de leurs ordres. On se perdait dans ces décorations de toutes formes et de toutes dénominations, depuis la longue nomenclature des saints du calendrier jusqu'aux titres les plus bizarres, tels que *l'Éléphant, le Phénix, l'Aigle noir, rouge, blanc, l'Épée, l'Étoile, le Lion, la Toison, le Bain*, etc. C'était un échange par lequel on préludait à d'autres un peu plus importants, à des cadeaux de royaumes, de provinces ou d'un certain nombre d'*âmes*. On cita, entre autres cérémonies de ce genre, celle qui eut lieu quand lord Castlereagh vint, de la part de son souverain, remettre l'ordre de la Jarretière à l'empereur d'Autriche. Le prince de Ligne, qui était un des assistants, me dit que cette solennité avait eu lieu avec beaucoup de sérieux et de pompe. Sir Isaac Heart, premier héraut d'armes de l'ordre, avait été envoyé exprès de Londres. Ce fut lui qui revêtit successivement l'empereur de toutes les parties du costume de chevalier, et lui attacha cette Jarretière si enviée ; lord Castlereagh lui présenta ensuite les statuts de l'ordre. Pour reconnaître cette courtoisie, l'empereur s'empressa de nommer feld-maréchaux le prince régent et le duc d'York, son frère.

Après avoir épuisé la série de leurs décorations, les souverains se mirent à donner des régiments dans leurs armées. Une fois le cadeau fait, on tenait à honneur de se montrer presque à l'instant dans l'uniforme du régiment donné. On s'empressait de se procurer des modèles : car il fallait que rien ne manquât. Aussitôt, les tailleurs escortés des aides de camps favoris, se mettaient en campagne, se rendaient chez les détenteurs de ces précieux uniformes, étudiaient les plus petits détails ; puis le travail commençait, travail tout pacifique sous une apparence belliqueuse, et se terminait par un ajustement complet, depuis l'éperon de la botte jusqu'au panache obligé.

C'est ainsi que l'empereur d'Autriche donna à son frère Alexandre de Russie le régiment de Hiller, et au prince royal de Wurtemberg celui des hussards de Blackenstein. Alexandre riposta par un des régiments de sa garde impériale russe, et pour montrer quelle importance il attachait au cadeau, il voulut remettre lui-même leur drapeau à ses nouveaux soldats. Ce drapeau avait été magnifiquement brodé par l'impératrice d'Autriche. Il portait pour devise ces mots : *Union indissoluble entre les empereurs Alexandre et François.* Le régiment était rangé en bataille sur une des pelouses du Prater : une foule immense se pressait aux environs. Alexandre, après avoir reçu le drapeau des mains de l'impératrice d'Autriche, s'avança vers la troupe en le lui présentant. « Soldats, dit-il, rappelez-vous que vous devez mourir pour le défendre, pour défendre votre empereur et votre colonel Alexandre de Russie. » On conçoit que de semblables allocutions prononcées par le czar, qui à cette époque était aussi beau que chevaleresque, devaient enthousiasmer et les soldats à qui il parlait, et les nombreux spectateurs qui l'écoutaient.

Le lendemain de cette cérémonie, il se rendit à pied chez le feld-maréchal prince de Schwartzemberg, dans son nouvel uniforme de colonel, et ne portant pour toute décoration que la croix en métal de l'ordre militaire de l'armée autrichienne. Pour dédommager le général Hiller de la perte de son titre, il lui fit présent de dix mille florins et en envoya mille à chacun des officiers.

Les habitudes de ces monarques étaient celles de simples particuliers. On voyait qu'ils aimaient à se dérober au fardeau de l'étiquette. Souvent, dans les rues, on rencontrait l'empereur d'Autriche et le roi de Prusse vêtus en habit bourgeois et se donnant le bras. Alexandre se promenait aussi fréquemment avec le prince Eugène.

Entre eux, ils se rendaient des visites et se faisaient des surprises comme de bons et anciens amis : c'était, en un mot, une royale camaraderie. Le jour de la fête de l'empereur d'Autriche, Alexandre et le roi de Prusse imaginèrent de le surprendre à son lever et lui présentèrent l'un une robe de chambre fourrée en martre zibeline, l'autre un fort beau bassin et une aiguière d'argent d'un travail précieux, et faits à Berlin. Ces scènes d'intime familiarité circulaient dans le public et faisaient l'objet de toutes les conversations.

Parmi ces souverains brillaient particulièrement : le roi de Bavière, le roi de Danemark et l'empereur de Russie ; le premier par sa bonté, le second par la finesse et l'à-propos de ses reparties, le troisième par sa courtoisie et son affabilité. De tous les princes étrangers, Frédéric (1) était celui qui visitait avec le plus

(1) Frédéric VI, roi de Danemarck, né en 1768, mort en 1839. Son père, Christian VII, étant tombé en enfance, la reine douairière gou-

d'assiduité les monuments et les établissements publics; partout il laissait des traces de sa libéralité. Quant à Alexandre, il ne négligeait aucune occasion de déployer cette grâce qui lui conciliait alors tous les cœurs.

Dans une promenade à cheval au Prater, l'empereur d'Autriche voulant descendre, cherchait des yeux quelqu'un de sa suite, mais en vain. Séparés par la foule, ses écuyers ne pouvaient le voir. Alexandre devine son intention, saute lestement à bas de son cheval, et s'empresse d'offrir la main de son collègue : ainsi le grand Frédéric avait tenu l'étrier à l'empereur Joseph II. A cette vue, des acclamations unanimes éclatent de toutes parts, et viennent lui prouver combien la foule lui sait gré de ce gracieux à-propos.

Une autre fois, dans une revue, un nombre considérable de curieux se pressaient autour de lui, avides de contempler ses traits. Un habitant de la campagne se faisait surtout remarquer par son empressement. Alexandre l'aperçoit comme il cherchait à percer le flot des spectateurs, et s'approche de lui.

« Brave homme, lui dit-il, vous avez voulu voir l'empereur de Russie, regardez-moi et dites que vous lui avez parlé. »

Pour les étrangers, une vie si facile, semée de fêtes continuelles, était véritablement une vie de délices. Afin de célébrer dignement cette mémorable réunion, Vienne semblait renchérir sur les jouissances de tout genre dont elle offre ordinairement le spectacle. Placée au centre de l'Allemagne méridionale, cette ville apparait, comme un bain d'insouciance et de calme, au milieu des graves occupations scientifiques et philosophiques des contrées voisines. Tout aux plaisirs des sens, son existence se compose de fêtes, de banquets,

verna le royaume. Frédéric lui enleva la régence en 1784 et monta sur le trône en 1808. L'année suivante, il imposait aux Suédois qui voulaient lui enlever la Norvège, le traité de Jonkoeping. Il contracta avec la France une alliance durable dont la Coalition européenne le punit en 1814, en donnant la Norvège à la Suède (traité de Kiel). En dédommagement, il recevait Rugen et la Poméranie Suédoise qu'il échangeait, en 1816, contre le duché de Lauenbourg.

de danses, et surtout de musique. Prenant pour auxiliaire cet excellent vin de Hongrie, qui stimule ses joies, elle se laisse vivre et gouverner avec la douce impassibilité du matériel.

L'étranger est bien accueilli à Vienne : il trouve chez les particuliers cordiale hospitalité, dans l'autorité franchise et bienveillance. En retour on ne lui demande qu'une chose : c'est de s'abstenir de parler ou d'agir contre le gouvernement.

A ces conditions, le bon accueil ne se dément jamais; mais malheur à l'étranger qui transgresse ces lois de la prudence : aussitôt un petit billet lui arrive et le prie poliment de passer le lendemain chez le magistrat chargé de la police. Du ton le plus doux, on lui insinue que son passe-port n'est pas en règle, que ses affaires doivent être terminées. En vain il se récrie, il proteste de son attachement pour tous les gouvernements : il ne songe, dit-il, qu'à goûter cette vie de plaisirs. Tout est inutile, il faut partir.

Telle est ordinairement la police à Vienne. Mais on conçoit qu'à l'époque du congrès, au milieu des questions si nombreuses, si palpitantes d'intérêt, il eût été difficile d'interdire les réflexions et les conversations politiques. Heureusement le gouvernement autrichien trouvait dans la distraction du plaisir un puissant auxiliaire. A vrai dire, on s'occupait peu de discussions diplomatiques. A l'exception de quelques oisifs ou nouvellistes qui avaient choisi le Graben pour rendez-vous et pour tribune, la société était absorbée par les joies de la fête du jour, les apprêts de la fête du lendemain.

Le secret le plus absolu enveloppait ces délibérations qui se tenaient à l'hôtel de la chancellerie d'État. M. de Metternich les présidait. Ses collègues avaient voulu lui déférer cet honneur pour reconnaître la gracieuse hospitalité dont ils étaient l'objet. Mais il avait été convenu qu'on ne pourrait en induire aucune suprématie en faveur de la couronne autrichienne. Les plénipotentiaires étaient : pour la Russie, le comte de Nesselrode (1) et le baron de Stein; pour la France, le prince de Talleyrand et le duc de Dalberg; pour la Prusse, le prince de Hardenberg; pour l'Autriche, M. de Metternich; pour la Bavière, le prince de Wréde; pour le Wurtemberg, le comte de Wintzingerode; pour l'Espagne, le chevalier de Labrador; pour le Portugal, le duc de Palmella; pour la Sicile, le commandeur Alvaro Ruffo; et pour Naples, le duc de Campochiaro. Que se passa-t-il dans les séances si secrètes de ces diplomates émérites? Ici mon rôle s'arrête : c'est à la postérité à en apprécier les graves résultats.

Les souverains cependant consacraient généralement leurs matinées à des revues, à des parades, à des parties de chasse, soit au Prater, soit dans les résidences royales : seulement ils se réunissaient tous les jours une heure avant le dîner, et étaient censés discuter les objets dont s'étaient occupés leurs plénipotentiaires.

---

(1) Charles-Robert, comte de Nesselrode, né en 1780, mort en 1862, diplomate russe de la plus grande habileté. Après avoir occupé plusieurs postes en Allemagne et à La Haye, il était conseiller d'Ambassade à Paris en 1807. Il sut révéler à son souverain, dès 1810, les armements secrets que faisait Napoléon en vue d'une rupture avec la Russie, et, dès lors, son crédit sur l'empereur Alexandre Ier fut immense. Nesselrode fut appelé à la Chancellerie d'Etat, puis partagea, avec Capo d'Istria, la direction des Affaires étrangères. Il fut l'inspirateur de la coalition contre la France, en 1813, et signa la Convention de Breslau, le Traité de subsides avec l'Angleterre, et la Ligue de Tœplitz. En 1814, il suivit le Czar en France, signa le traité de Chaumont et traita, avec Marmont, de la capitulation. Il joua un rôle important au Congrès de Vienne. Plus tard, à Aix-la-Chapelle (1818), à Laybach (1821), à Vérone (1822), il eut une influence prépondérante. Sous Nicolas Ier, qui lui avait conservé ses fonctions, Nesselrode établit l'influence russe sur la jeune Grèce, fit signer deux traités humiliants pour la Turquie, Andrinople (1829), et Unkiar-Skelessi (1833); en 1840, il fut assez habile pour faire écarter la France du concert européen. Il avait su empêcher les puissances d'intervenir dans les affaires de Pologne (1830-1831); en 1848, après avoir gardé quelque temps une attitude d'observation dans les affaires de Hongrie, il fit intervenir la Russie en faveur de l'Autriche, et augmenta la puissance de son maître en Orient. Il fut partisan de la paix en 1854 et tenta d'empêcher le conflit entre la France et la Russie; son dernier acte politique fut la conclusion de la paix et le traité de Paris. Il se retira alors des affaires, tout en conservant le titre de Chancelier de l'Empire. Les dépêches de Nesselrode sont des modèles de netteté.

A en croire la malignité publique, la politique faisait souvent défaut dans les augustes débats de cet Olympe ; l'annonce d'une nouvelle partie de plaisir s'y glissait quelquefois. Les affaires étaient aussitôt détrônées, et les dieux devenaient de simples mortels.

Entre toutes les fêtes de la cour autrichienne, les plus éclatantes étaient, sans contredit, les grandes redoutes qui avaient lieu au palais impérial. Grâce au prince de Ligne, j'avais assisté à la petite redoute masquée donnée lors de l'entrée de l'empereur de Russie et du roi de Prusse. Dans ces réunions, les souverains ou portaient le masque, ou se dérobaient sous l'incognito. Lors des grandes redoutes, au contraire, ils paraissaient dans tout leur éclat, chamarrés de toutes leurs décorations, et les princesses parées de tous leurs diamants.

Je n'avais pu me rendre à la première de ces grandes redoutes ; je désirais vivement assister à la seconde. Ce fut encore l'excellent prince de Ligne qui se chargea d'être mon introducteur et mon guide. Nous nous rendîmes au palais de Burg. Les souverains n'avaient pas fait leur entrée : j'eus le temps de repaître mes yeux du spectacle unique qui s'offrait à moi. Jamais ensemble ne fut plus éblouissant par le luxe des décors, la richesse et la variété des costumes, l'illustration des personnages.

A la grande salle des redoutes, on avait joint deux pièces contiguës réunies par une élégante galerie. La petite salle des redoutes était également ouverte. Enfin le manège impérial, qui est un chef-d'œuvre d'architecture, avait été disposé pour les danses. Ce serait une tâche impossible à remplir que d'énumérer dans tous leurs détails les ornements intérieurs. C'était d'abord une profusion de fleurs et d'arbustes les plus rares qui couvraient les escaliers et les galeries. Une avenue d'orangers conduisait dans le salon principal ; d'immenses candélabres chargés de bougies et placés entre les caisses, des lustres avec des milliers de cristaux étincelants, répandaient une lumière fantastique dans le feuillage de ces beaux arbres et faisaient ressortir les fleurs dont ils étaient chargés. La petite salle des redoutes était garnie de corbeilles où se mariaient les couleurs les plus éclatantes, et qui lui donnaient l'aspect d'un jardin de féerie. Les tentures étaient en étoffes de soie du plus beau blanc, relevées par des ornements en argent. L'or et le velours brillaient sur les sièges. Sept à huit mille bougies répandaient un éclat plus vif que celui du jour. Enfin, les mélodies de plusieurs orchestres ajoutaient encore au prestige de ce merveilleux aspect.

Dans le bâtiment du manège, une estrade était disposée pour les souverains, ornée de trophées et d'étendards, et drapée, comme la grande salle, d'une tenture de soie blanche à frange d'argent.

Quelle diversité inouïe d'uniformes ! quelle quantité d'ordres et de décorations ! mais surtout quelle réunion de femmes charmantes ! Si l'Europe était en ce moment représentée à Vienne par ses célébrités dans tous les genres, la beauté n'en avait pas été exclue. Jamais ville ne compta dans ses murs autant de femmes remarquables que la capitale de l'Autriche pendant les six mois du congrès.

Une fanfare de trompettes se fit entendre : les souverains entrèrent, conduisant les impératrices, les reines, les archiduchesses. Après avoir, au milieu des acclamations générales, fait le tour des salles, ils se rendirent dans celle du manège et prirent place sur l'estrade. Au premier rang, on distingue l'impératrice d'Autriche et celle de Russie, la reine de Bavière, la grande duchesse d'Oldenbourg, sœur bien-aimée d'Alexandre, et dont la ressemblance avec son frère est surprenante, puis l'archiduchesse Béatrix, la grande duchesse de Saxe-Weimar.

Sur des banquettes à droite et à gauche viennent se placer toutes les dames qui disputent en ce moment la palme de l'élégance et de la beauté, la princesse de la Tour-et-Taxis, la comtesse de Bernsdorff, la princesse de Hesse-Philippstal à la beauté imposante et sévère, ses deux filles qui promettent de marcher sur les traces de leur mère, la comtesse Thérèse d'Appony à la taille élancée, aux yeux expressifs, les princesses Sapieha et Lichstenstein, chez lesquelles une beauté régulière s'allie à une douce physionomie, la comtesse de Cohari, les princesses Paul Esterhazy et Bagration, les filles de l'amiral Sidney Smith (1), la comtesse Zamoïska, née Czartoryska, grande, blonde, d'une blancheur éblouissante, et qui résume en elle tous les genres de la beauté polonaise, tant d'autres enfin dont le nom et le portrait doivent se présenter souvent dans ces souvenirs.

Cependant, au son d'une musique vive et dansante, on vit entrer une troupe d'enfants masqués et déguisés qui exécutèrent une pantomime vénitienne terminée par un ballet général. Les attitudes expressives, les pas variés de ces jeunes danseurs parurent causer le plus grand plaisir aux illustres spectateurs.

Après le départ des souverains, les orchestres se mirent à exécuter des valses. Aussitôt une commotion électrique parut se communiquer à cette immense assemblée. L'Allemagne est la patrie de la valse; c'est dans ce pays et surtout à Vienne que, grâce à l'oreille musicale des habitants, elle a acquis tout le charme qui lui est propre; c'est là qu'il faut voir, dans cette course tourbillonnante et toujours réglée par la mesure, l'homme soutenir et enlever sa compagne, celle-ci céder à ce doux entraînement, pendant qu'une sorte de vertige donne à son regard une vague expression qui augmente sa beauté. Aussi a-t-on peine à concevoir l'empire qu'exerce la valse? Dès que les premières mesures se sont fait entendre, les physionomies s'épanouissent, les yeux s'animent, un frémissement court de proche en proche. Les gracieux tourbillons s'organisent, se mettent en mouvement, se croisent, se devancent,

---

(1) Celui qui défendit Saint-Jean d'Acre contre Bonaparte et signa, avec Kléber, la convention d'El Arisch. Il avait aidé le roi de Portugal à partir pour le Brésil, en 1807, et l'avait accompagné. Depuis 1810, il vivait dans la retraite et s'occupait d'œuvres philanthropiques. Amiral en 1821, mort à Paris en 1840.

tandis que les spectateurs que l'âge réduit à l'immobilité marquent la mesure et le rhythme, s'unissant par la pensée et le souvenir au plaisir, qui leur est refusé.

Il fallait voir ces femmes ravissantes, toutes éclatantes de fleurs et de diamants, emportées par cette irrésistible harmonie, penchées sur le bras de leurs valseurs, et semblables à de brillants météores ; il fallait voir la soie brillante, la gaze légère de leurs vêtements obéir à l'impulsion et dessiner de gracieuses ondulations ; il fallait voir enfin cette sorte de bonheur extatique respirant sur leurs charmants visages lorsque la fatigue les obligeait de quitter les régions aériennes et de venir demander à la terre de nouvelles forces. Ces joies ne se terminèrent qu'avec la nuit, les rayons du soleil levant purent seuls mettre fin à cette réunion si animée, si éblouissante.

CHAPITRE II

Les salons de la comtesse de Fuchs. — Le prince Philippe de Hesse-Hombourg. — George Sinclair. — Annonce d'un carrousel. — La comtesse Edmond de Périgord. — Le général comte de Witt. — Les lettres de recommandations ou le poète-fonctionnaire et Fouché. — La princesse Pauline.

Parmi les femmes les plus distinguées de la société autrichienne brillait la belle comtesse Laure de Fuchs, dont les nombreux hôtes de Vienne, à l'époque du Congrès, ont conservé le plus touchant souvenir. Gracieuse et spirituelle, cette dame donnait la plus haute idée de la politesse de son pays. Les étrangers tenaient à honneur d'être admis chez elle. En 1808 et 1812, j'y avais trouvé, ainsi que les rares Français qui étaient alors à Vienne, l'accueil le plus bienveillant. Au nombre des personnes composant sa société habituelle, et qui toutes étaient ses amis, on remarquait la comtesse Pletemberg, sa sœur, femme du comte régnant de ce nom ; les duchesses de Sagan et d'Exerenza, et Mme Edmond de Périgord (1), nièce par alliance du prince de Talleyrand, toutes trois nées princesses de Courlande, et qu'on nommait les trois Grâces ; la chanoinesse Kinski, d'une des plus illustres familles de Hongrie ; et, parmi les célébrités du moment, le duc de Dalberg, l'un des plénipotentiaires français, le maréchal Walmoden, les trois comtes de Pahlen (2), le prince Philippe de Hesse-Hombourg, le prince Paul Esterhazy, depuis ambassadeur d'Autriche en Angleterre, le prince Eugène de Beauharnais, le général russe comte de

---

(1) Connue depuis sous le nom de duchesse de Dino, puis de Talleyrand, fut plus tard l'Egérie du prince de Talleyrand et vécut avec lui, soit à Valençay, soit à Paris, soit à Londres, lors de son ambassade, en 1830. C'était une femme supérieure et d'esprit très cultivé.

(2) Le nom de Pahlen rappelle la Conjuration de mars 1801, qui mit fin aux jours de l'empereur Paul Ier.

Witt (1), M. de Gentz (2), secrétaire du Congrès et confident intime de M. de Metternich, le général Nostitz, le spirituel publiciste Varnhagen, le poète Carpani, le docteur Koreff, le baron d'Ompteda, ancien ministre de Westphalie à Vienne, que la chute de son souverain avait laissé sans ambassade, et qui n'assistait que comme amateur à ce grand sanhédrin diplomatique.

Une douce gaieté animait ces réunions. Jamais les irritantes discussions de la politique n'y faisaient irruption. Avec sa grâce charmante, la comtesse imposait à tous ses amis la loi d'une mutuelle intimité. Aussi, d'une voix unanime, la nommaient-ils leur *reine*, titre qu'elle avait accepté, et qu'elle portait avec une sorte de dignité sérieuse.

Je la retrouvai entourée de sa famille accrue et embellie, et des amis que j'avais laissés près d'elle quatre ans auparavant. Elle m'en donna une courte biographie. La fortune, grâce aux rapides événements des dernières années, n'en avait oublié aucun. Tous étaient devenus généraux, ambassadeurs ou ministres.

Entre eux, j'affectionnais principalement le prince Philippe de Hesse-Hombourg, placé alors loin du rang élevé qu'il occupe aujourd'hui. Une grande parité d'âge, de goûts et d'idées me rapprochait de lui. Comme beaucoup de princes de maisons souveraines d'Allemagne, il ne devait son illustration qu'à lui-même.

(1) C'était, on va le voir, le fils du premier mariage de la comtesse Sophie Potocka.
(2) Frédéric de Gentz (1764-1832), publiciste et diplomate, le principal artisan de la coalition de la Sainte-Alliance. Il fut le serviteur convaincu de toutes les monarchies absolues; pensionné par Pitt pendant la Révolution, Conseiller aulique à Vienne en 1805, à la dévotion de la Prusse dans l'intervalle. Ce fut lui qui fut chargé de rédiger le manifeste des puissances en 1813. Dès lors, il eut une grande action sur la diplomatie européenne et assista à tous les Congrès. Il publia plusieurs ouvrages politiques, dont un en français : *Journal de ce qui est arrivé de plus important dans le voyage que j'ai fait au Quartier général de S. M. le Roi de Prusse*, octobre 1806; à noter une série de brochures sur les *Droits de l'Homme*, l'*Équilibre européen*, une *Vie de Marie Stuart*, etc. Le comte de Prokesch Osten (fils de l'ami et confident du duc de Reichstadt) a publié chez Plon, en 1876 : **Les Dépêches inédites du Chevalier de Gentz aux hospodars de Valachie**.

Entré au service avant l'âge de quinze ans, il avait été fait prisonnier par l'armée française lors des premières guerres de la Révolution, conduit à Paris et renfermé au Luxembourg. Il avait eu la chance d'être épargné. Echangé, quelque temps après, contre des prisonniers français, il reprit le cours de sa carrière militaire. Tous ses grades furent le prix d'actions d'éclat, et, à cette époque, il était compté au nombre des généraux les plus estimés de l'armée autrichienne.

Devenu plus tard feld-maréchal, il fut envoyé auprès de l'empereur de Russie, dans sa campagne de 1828 contre les Turcs. Aujourd'hui, landgrave régnant de Hesse-Hombourg, le prince Philippe est respecté et adoré de ses sujets dont il fait le bonheur.

Mme de Fuchs me demanda si j'avais revu George Sinclair, ce jeune Anglais que son aventure avec l'empereur Napoléon avait mis tout d'abord en vogue à Vienne. On se souvient de l'histoire.

Peu de jours avant la bataille d'Iéna, M. George Sinclair, qui se rendait en Autriche, fut arrêté par les éclaireurs de l'armée française et conduit au quartier général comme soupçonné d'espionnage.

« D'où venez-vous ? où allez-vous ? lui dit l'empereur, avec ce ton qui présageait un arrêt de mort. »

Sinclair parlait le français avec la plus grande facilité.

« Je viens, répondit-il, de l'université d'Iéna, et je vais à Vienne, où je dois trouver des lettres et les ordres de mon père, sir John Sinclair.

— « Sir John, celui qui a tant écrit sur l'agriculture (1)?

— « Oui, Sire. »

L'empereur parla ensuite au général Duroc, et continua son interrogatoire avec plus de bienveillance. M. Sinclair, qui atteignait à peine dix-huit ans, possédait une foule de connaissances profondes sur la géogra-

---

(1) Sir John Sinclair était président de la Société d'Agriculture d'Edinbourg. L'histoire du jeune Sinclair est dans tous les *Mémoires* du premier Empire. (Voir surtout un récit fait par le jeune Sinclair lui-même dans l'*Edinburgh review*, 1826.)

phie et l'histoire. Sa conversation étonna Napoléon, qui, après deux heures d'entretien, donna à Duroc l'ordre de le faire escorter jusqu'aux avant-postes et de lui laisser continuer son voyage. Faveur inespérée et d'autant plus flatteuse qu'il la devait uniquement à son propre mérite.

Depuis notre séparation, je n'avais pas revu Sinclair, mais je savais qu'après un voyage en Italie, il était entré au Parlement, qu'il y avait suivi la ligne politique de son ami sir Francis Burdett, et s'était fait une réputation brillante, comme orateur, dans le parti de l'opposition.

Deux événements d'un ordre bien différent occupaient alors les esprits : le sort futur du royaume de Saxe et l'annonce d'un carrousel, fête chevaleresque dont il avait été question dès les premiers jours du Congrès, et qui devait avoir lieu dans le manège impérial. On dit quelques mots de la Saxe, du projet de la donner en indemnité à la Prusse ; mais on détailla longuement les préparatifs du carrousel. Ce devait être un des plus beaux spectacles donnés à la Cour ; on consultait toutes les descriptions imprimées et gravées des carrousels si célèbres de Louis XIV ; on était certain de les éclipser en magnificence.

La comtesse Edmond de Périgord, l'une des vingt-quatre dames qui devaient y présider, nous dit que les toilettes préparées pour cette fête surpasseraient en richesse tout ce qu'on avait rapporté de l'élégance et du luxe des dames de la Cour du grand Roi.

« Je crois, en vérité, que nous porterons toutes les perles et tous les diamants de la Hongrie, de la Bohême et de l'Autriche. Il n'est pas une parente ou une amie de ces dames dont les écrins n'aient été mis en réquisition, et tel joyau de famille, qui depuis cent ans n'a pas vu le jour hors de son étui, ornera le front ou la robe de l'une de nous.

— Quant aux chevaliers, dit le jeune comte de Woyna, à défaut du luxe des habits, ils auront certainement celui des chevaux. Vous leur verrez faire des passes et danser des menuets avec autant de grâce que les plus agiles cavaliers de la Cour. »

On discourut ensuite sur les couleurs des différents quadrilles et l'adresse présumée des champions ; on cita quelques devises dont les dames cherchèrent à expliquer l'âme. L'excellent roi de Saxe et ses États furent totalement oubliés : leur cause avait dû céder le pas à une aussi importante discussion.

En quittant Mme de Fuchs, j'aperçus sur le Graben le général comte de Witt. Cette rencontre était pour moi une bonne fortune. Par le charme des souvenirs et de l'amitié, elle me reportait à ces jours si brillants et si heureux que je venais de passer en Ukraine, auprès de la comtesse Potocka, dans son magnifique domaine de Tulczim.

Seul fils du premier mariage de cette belle Sophie avec le général comte de Witt, descendant du grand pensionnaire de Hollande, le comte de Witt a fait une carrière militaire aussi rapide que brillante. Soldat dès l'enfance, colonel à seize ans, commandant à dix-huit l'un des plus beaux régiments de l'Europe, les cuirassiers de l'impératrice, il venait de servir avec la plus grande distinction dans les campagnes des trois dernières années. En six semaines, sur les terres de sa mère, il avait levé et équipé à ses frais quatre régiments de cosaques qu'il amena à l'empereur. Créé lieutenant général, et chargé par Alexandre de l'organisation des colonies militaires, il reparut comme commandant à l'armée de réserve, dans la campagne de 1828 contre les Turcs, qui se termina par la paix de Varna. La mort vient de l'enlever à un âge où sa famille et ses amis pouvaient espérer de le conserver encore.

Le comte de Witt avait épousé la princesse Joséphine Lubomirska, une des femmes les plus distinguées de l'Europe. Grâce ravissante, esprit vif et orné, bienveillance inépuisable, tel est, en quelques mots, le portrait qu'ont tracé de la comtesse de Witt tous ceux qui ont eu le bonheur de la connaître.

Mme de Fuchs avait conservé l'habitude de souper,

habitude si chère à nos pères, si regrettée des amis de la gaieté franche et des causeries sans prétention. A l'une de ces réunions intimes, le hasard m'avait placé non loin du comte de Witt.

Le matin, j'avais reçu une visite extraordinaire. Comme je sortais du lit, on vient me dire qu'un jeune Français demandait à me parler. Je le fais entrer et vois un homme de bonne mine qui m'aborde un paquet à la main.

« Voici, me dit-il, une lettre que M. Rey, avocat, avec qui vous avez dîné chez M. de Bondy, préfet de Lyon, m'a prié de vous remettre. »

J'engage mon compatriote à s'asseoir ; j'ouvre les lettres où M. Rey, après les compliments d'usage, me priait, me supposant à Vienne, de m'intéresser au porteur, M. Cast..., pour lui faire obtenir un emploi.

« D'après la date de cette lettre, vous avez, monsieur, quitté Lyon depuis quelque temps ?

— Oui, me répond-il, ayant le monde ouvert devant moi pour y choisir un séjour, j'ai gagné celui-ci à pied.

— Vous avez d'autres recommandations sans doute ?

— Aucune autre.

— Voilà du courage : faire trois cents lieues à pied, avec une seule lettre écrite par une personne que je n'ai vue qu'une fois, et sans avoir la certitude de me trouver ! vous méritez bien de réussir. Cependant, j'ai peu d'espoir à vous donner. Si vous veniez réclamer au Congrès un royaume, une province, une indemnité, vous seriez écouté probablement ; mais une place pour un Français dans les États autrichiens, c'est chose difficile à obtenir : néanmoins je vous promets tous mes efforts. Qu'avez-vous fait jusqu'à ce jour ?

— J'ai servi dans les Gardes d'honneur.

— Quelle sorte de place désirez-vous ?

— N'importe laquelle ; je puis être secrétaire, ou remplir quelque emploi que ce soit, civil ou militaire.

— Vous êtes accommodant. »

A ce dernier trait je reconnaissais bien cette assurance d'un Français et cette vive intelligence qui semble être, chez ce peuple, une aptitude universelle. M'intéressant de plus en plus à mon jeune compatriote, je le priai de me laisser quelques jours pour y penser, et je pris son adresse ; puis je le congédiai, avec la crainte assez fondée qu'il n'eût fait en vain un aussi intrépide voyage.

Au souper, on parlait de ces résolutions soudaines, de ces coups inespérés qui entraînent souvent une destinée tout entière ; on rappelait celle si fortunée du général Tettenborn, devenu, en quatre mois, de major, général en chef, et d'une foule d'autres que nous avions sous les yeux.

« Ma foi, dis-je, messieurs, je pourrais vous citer un trait de hasard et de courage qui les vaut, sauf les résultats favorables à venir. »

On me questionna ; je racontai la visite que j'avais reçue le matin, son but, le voyage économique de M. Cast... avec une seule lettre, et le hasard qui l'avait amené à Vienne au moment où j'y arrivais moi-même. Le comte de Witt m'avait écouté attentivement.

« Le courage de votre jeune homme m'intéresse, me dit-il ; puisqu'il a été dans les Gardes d'honneur, il sait sans doute se tenir à cheval. Envoyez-le-moi demain matin, je l'emploierai. »

Je remerciai le comte, et m'adressant aux autres convives :

« Voici le second pas que le destin fait faire en un jour à mon compatriote. Convenez que, si une lettre de recommandation est souvent adressée au hasard, quelquefois aussi elle arrive à la porte de la fortune.

— Oui, dit le jeune comte de Saint-Marsan, une lettre de recommandation est souvent une fortune tout entière. En voulez-vous un exemple frappant ? »

Et alors, avec autant de grâce que d'esprit, il nous conta cette anecdote d'un temps qui semblait déjà loin de nous, quoique les acteurs fussent à peine hors de la scène.

« Un jeune poète parisien nommé Dubois, nous dit-il, pauvre d'esprit et d'argent, avait épuisé toutes les ressources de sa verve à chanter les puissances du jour sans pouvoir obtenir la moindre faveur. Enfin il termina la série de ses envois par une ode adressée à la princesse Pauline, la sœur favorite de Napoléon. Dans son désordre poétique, sans redouter le sort de Racine, lors de la présentation à Louis XIV de son *Mémoire sur le malheur des peuples*, il avait mêlé aux louanges de la princesse des conseils à Mars, brochés sur le rêve philanthropique d'une paix générale. Les plus grands effets dérivent souvent des causes les plus futiles. Une des femmes de chambre de la princesse se trouvait être parente éloignée du poète. Elle saisit habilement un moment favorable pour présenter l'épître à Son Altesse qui n'y lut que les rimes de *Pauline* et de *divine*, qui s'y trouvaient à chaque strophe, et promit sa protection à l'auteur de si belles et bonnes choses.

— Mais, où est-il ?

— Là, dans l'antichambre, répond l'officieuse parente.

— Eh bien ! qu'il entre, dit la princesse. Aussitôt notre poète est introduit dans le boudoir parfumé de Pauline, et le voilà tête à tête avec sa providence future.

— Que puis-je pour vous? demande l'Altesse encensée, après les remerciements d'usage.

— Madame, une recommandation quelconque pour un petit emploi dans telle branche d'administration que ce soit.

— En ce cas, en voulez-vous une pour Fouché, il se plaignait hier, à moi, de ce que je ne lui demandais jamais rien. Je le mettrai, si vous le désirez, à l'épreuve. »

Le poète répond qu'il serait le plus heureux des hommes. La jolie Pauline se mit aussitôt à son secrétaire, et se trouvant dans un de ces jours d'inspiration où les phrases s'arrondissent d'elles-mêmes sur le papier, la voilà adressant à sa Seigneurie d'Otrante une pétition en forme dans laquelle elle parle de M. Dubois comme d'un homme supérieur, propre à tout, et auquel elle prend le plus vif intérêt.

Une heure après le protégé était à la porte du dispensateur des grâces ; mais, n'étant ni connu ni recommandé aux huissiers, on pense bien qu'il ne parvint pas à passer l'antichambre ministérielle, et qu'il dut laisser son placet dans des mains qui s'en souciaient peu. Aussi, fut-il jeté avec tous les autres dans le panier qui recevait ceux du jour, et qui, d'ordinaire passaient de là dans le poêle de l'antichambre. Cependant, quand Fouché revint le soir du conseil des ministres, on les lui remit. Il s'aperçut que l'une de ces suppliques était aux armes de la maison impériale. Il l'ouvrit avec empressement, la lut en entier, et ordonna à l'instant que quatre gendarmes fussent prêts à accompagner sa voiture le lendemain à neuf heures du matin. On ne doutait pas à son hôtel qu'il ne dût se rendre à Saint-Cloud pour quelque communication de la plus haute importance, et ses gens ne furent pas peu surpris d'entendre Son Excellence donner ordre de la conduire dans une rue obscure du quartier des Halles. C'était là que notre favori des Muses avait établi, à un sixième étage, son domicile aérien.

Il n'y avait ni portier, ni numéro même à l'allée de cette résidence ; il fallut s'enquérir chez le boulanger du quartier où demeurait un certain M. Dubois, homme de lettres.

« Il y a, répondit la boulangère, un individu de ce nom, fort pauvre, qui habite une mansarde de cette maison. Je ne sais s'il est écrivain public, mais il me doit deux termes de loyer. »

Et sur-le-champ, sortant de sa boutique, elle l'appelle de toute la force de ses poumons. Le pauvre poète met d'abord la tête à sa lucarne, et avisant dans la rue une voiture et des gendarmes, il ne doute plus que la hardiesse de ses observations pour la paix générale n'ait été fort mal accueillie par Jupiter tonnant, et qu'on ne vienne l'arrêter pour lui faire expier sa témérité à Bicêtre.

Dans son anxiété, ne prenant conseil que de sa peur, il ne trouve rien de plus prudent que de se blottir sous son lit. Fouché, ne recevant pas de réponse, se décide à grimper les six étages. Un courtisan ne trouve rien de difficile, quand il s'agit de prouver son zèle au pouvoir. Il faudrait le génie facétieux de Beaumarchais ou de Lesage, ou le talent comique de Potier pour peindre l'originalité de la scène, et le ministre découvrant enfin le protégé de Pauline sous le châlit vermoulu qui lui servait de couche. J'abrège donc. Il le rassure, l'extrait de sa cachette improvisée, et, dans le négligé du matin d'un poète, le place près de lui dans sa voiture, le conduit dans l'hôtel du ministère et l'invite à déjeuner avec lui.

« Que désirez-vous être, Monsieur Dubois ? lui dit l'Excellence, entre le petit intervalle d'un plat de côtelettes à la Soubise, que l'affamé poète dévora, à un salmis de perdreaux dont ses yeux ne pouvaient se détacher, et que puis-je pour vous ?

— Tout ce que voudra monseigneur ; je serai également reconnaissant pour le bienfait.

— Eh bien ! voulez-vous aller à l'île d'Elbe ? Je puis vous y nommer commissaire général de police.

— J'irai au bout du monde pour complaire à Votre Excellence, répond le poète, qui prenait pour un songe ce qui lui arrivait depuis une heure.

— Je vais donc vous en signer la commission, et vous partirez dès demain. En arrivant à Porto-Ferrajo, vous y trouverez vos instructions. Prenez, en attendant, cet à-compte sur vos appointements. »

Et il lui mit en même temps un rouleau d'or dans la main.

Le bagage du poëte n'était pas long à emballer : il eût tenu dans une tabatière. Dubois prit une place à la diligence, et voici notre homme, semblable au dormeur éveillé, parti comme Sancho pour son île, et bientôt arrivé à sa destination.

Or, il advint que, dans ce moment, deux compétiteurs se présentaient pour soumissionner l'exploitation des mines de fer de l'île d'Elbe, qui sont d'un rapport considérable. Le nouveau débarqué paraissait être en grand crédit à Paris. Revêtu d'une charge importante dans l'administration de l'île, chacun des concurrents s'empressa de capter sa bienveillance. L'un d'eux lui offrit un intérêt dans son entreprise pour prix de sa protection. Le nouveau fonctionnaire, qui voyait la fortune si bien pousser à sa roue, n'eut garde de refuser. Il promit tout, écrivit tout ce qu'on voulut. Le hasard fit sans doute que son associé obtint le marché, et lui donna le mérite du résultat. L'enfant d'Apollon, peu au fait de l'exploitation des mines, qui n'étaient pas celles du Parnasse, vendit son intérêt pour une somme de trois cent mille francs, et eut, de plus, le bon esprit de les convertir en rentes sur l'Etat et à l'abri de toutes les vicissitudes.

La première fois que Fouché rencontra à la cour des Tuileries la princesse Borghèse, qui s'en était absentée pour prendre les eaux de Bagnères :

« Votre Altesse est contente, je l'espère, de la façon dont j'ai placé son protégé ? lui dit le ministre.

— Quel protégé, Monsieur le duc ? Je ne vous comprends pas.

— Mais, Madame, M. Dubois ?

— Dubois... Je ne pense pas avoir connu personne de ce nom.

— Votre Altesse ne se souvient-elle pas de la lettre qu'elle m'écrivit, il y a trois mois, en me recommandant de la manière la plus pressante un M. Dubois, homme de lettres, auquel elle portait le plus vif intérêt ?

— Ah ! mon Dieu, dit la princesse en riant, j'y suis maintenant, Monsieur le duc : un pauvre poète, parent de ma femme de chambre, et qui m'avait adressé une ode. Qu'en avez-vous fait ? Est-il commis dans vos bureaux ? »

Le ministre, piqué au vif de se voir pris pour dupe, se garda bien d'avouer qu'il en avait fait un grand fonctionnaire. Mais les bons amis de cour le surent, le publièrent. Bonaparte même s'en amusa et en plaisanta son ministre dont les habitudes n'étaient pas plaisantes, comme chacun sait.

On se doute bien que l'ordre de rappel de Dubois fut expédié avec la même promptitude que l'avait été celui de son départ. Notre poète tomba de son commissariat général comme Sancho du gouvernement de son île, et redevint Grosjean comme devant. Mais les trois cent mille francs avaient été comptés, les rentes achetées, et lorsqu'il retourna à Paris, il y put continuer en paix le commerce des muses, et ne manqua pas de parasites pour applaudir à ses vers en partageant ses dîners, dont les mines de l'île d'Elbe payaient largement les dépenses. » — Ainsi parla le comte de Saint-Marsan, auquel je laisse la responsabilité de l'anecdote. L'ancien terroriste Fouché était si bon courtisan.....

Sans être aussi rapide, la fortune de M. Cast... fut cependant telle qu'il put s'applaudir d'avoir courageusement entrepris le voyage de Vienne. Il plut au comte de Witt, qui lui donna l'emploi de son secrétaire. Après être venu me faire part de son heureuse fortune, ce jeune homme alla, le soir même, au théâtre Léopoldstadt, et fut arrêté par la police, très sévère à Vienne envers les étrangers. Il se défendit, fut accablé de coups, garrotté et jeté dans un cachot en attendant information. Amené le lendemain devant le magistrat, il se réclama de son patron improvisé, le comte de Witt, attaché à l'empereur de Russie, et, sur le témoignage du général, on le mit en liberté. N'ayant pas de passeport, un jour plus tôt il eût été conduit, comme vagabond, hors des frontières d'Autriche.

J'ai su depuis, par l'abbé Chalenton, le précepteur de MM. de Polignac, que M. Cast..., ayant suivi le comte de Witt en Russie, s'était marié à Tulczim avec une demoiselle bien née qui lui apporta en dot une rente de deux mille ducats de Hollande, et qu'à cette occasion l'abbé, précepteur alors des enfants de la comtesse Potocka, conduisit la future à l'autel. M. Cast...

retourna par la suite à Lyon en un meilleur équipage qu'il n'en était sorti trois ans auparavant.

Ainsi, grâce à une résolution courageuse, lui aussi, il aura recueilli sa part des libéralités de la fortune au congrès de Vienne.

Qui pourrait, après cela, nier l'influence du hasard sur nos destinées et l'utilité des lettres de recommandation ?

CHAPITRE III

Réunion chez M. de Talleyrand. — Son attitude au Congrès. — Le duc de Dalberg. — Le duc de Richelieu. — Mme Edmond de Périgord. — M. Pozzo di Borgo. — Parallèle entre le prince de Ligne et M. de Talleyrand. — Le concert monstre.

Depuis mon arrivée à Vienne, tout entier aux joies de l'amitié, je n'avais pu faire qu'une visite d'égards aux membres de la légation française. Je n'en avais vu aucun dans l'intimité, bien que plusieurs de mes amis, MM. Boigne de Faye et Achille Rouen entre autres, y fussent attachés. Je regrettais beaucoup de n'avoir pu me présenter aux réunions de M. de Talleyrand, lorsque, avec cette urbanité exquise qu'on lui connaît, il voulut bien me prévenir et m'envoyer une invitation à dîner. Je m'y rendis, impatient de me rapprocher d'un homme que je n'avais pas vu depuis ma première jeunesse, et qui avait été si mêlé au mouvement de notre siècle. C'est dans la vie un événement mémorable que d'être admis à voir de près un des acteurs qui ont occupé la scène du monde. C'est là une impression qui ne se perd qu'avec l'existence ou la mémoire.

Arrivé de bonne heure à l'hôtel de l'ambassade, des appartements de M. Rouen, je me rendis au salon de réception. Il n'y avait encore que M. de Talleyrand, le duc de Dalberg et la comtesse Edmond de Périgord, que j'avais déjà rencontrée chez Mme de Fuchs. Le prince me reçut avec cette grâce affable qui était chez lui comme une seconde nature, et, me prenant par la main, avec une bienveillance qui me reportait à une autre époque : « Il faut donc que j'arrive à Vienne, et que je vous en prie, Monsieur, pour que vous vouliez enfin vous rendre chez moi ? » Je ne sais si je m'abusais, mais, dans ce moment, il me parut démentir l'axiome qu'on lui a si longtemps attribué : *que la parole a été donnée à l'homme pour déguiser sa pensée.* Puis, sans attendre ma réponse, qu'à mon embarras, il jugea ne pas devoir être prompte, il me présenta au duc de Dalberg, en accompagnant cette présentation de quelques mots gracieux et flatteurs.

Depuis 1806, je n'avais pas vu M. de Talleyrand ; je retrouvais en lui cette finesse spirituelle du regard, ce calme imperturbable dans les traits, ce maintien d'homme supérieur qui me le faisaient considérer, avec l'Europe réunie à Vienne, comme le premier diplomate de tous les temps ; c'était aussi le même organe grave et profond, les mêmes manières aisées et naturelles, le même usage du grand monde, reflet d'une société *qui n'était plus*, et dont on voyait en lui un des derniers représentants. Dans ce salon, devant un tel homme, on ne pouvait se défendre d'une impression irrésistible de timidité et d'appréhension.

L'éloge des plénipotentiaires français au Congrès est dans leurs noms ; mais M. de Talleyrand particulièrement semblait encore dominer cette illustre assemblée par le charme de son esprit et l'ascendant de son génie. Toujours le même, il traitait la diplomatie comme il le faisait jadis dans ses salons de Paris ou de Neuilly, à la suite d'une bataille gagnée. Cependant le rôle de la France n'était pas moins difficile alors par les circonstances du dehors que par les embarras de l'intérieur. Enveloppée d'une foule d'entraves, suite inévitable d'une organisation nouvelle, et du peu d'harmonie qu'elle entraîne, elle ne pouvait montrer *des dispositions viriles*. On n'ignorait point qu'elles n'étaient pas plus dans le pouvoir que dans le vouloir de son gouvernement. Les grandes puissances, arbitres du Congrès, procédaient avec un accord dont les fastes diplomatiques n'offraient pas encore d'exemple. Il semblait que rien n'en pût rompre ni détacher un seul anneau. Les représentants de la France devaient donc suppléer, par les ressources de leur génie ou par des talents de premier ordre, aux obstacles que leur opposait une quadruple alliance qui pesait sur les délibérations de tout le poids de son importance actuelle et de son union.

Cette force, qu'il ne pouvait trouver dans son gouvernement, M. de Talleyrand la trouva en lui-même : car, on peut le dire, c'est en lui que l'ambassade française sembla se personnifier au Congrès, quels que fussent le mérite de ses collègues et la considération attachée à leurs personnes. Avec cette merveilleuse intelligence des événements, qui était le don particulier de son esprit, et qui paraissait les prévoir et les dominer, il sut bientôt reprendre la place qui appartenait à la France. Introduit dans le comité dirigeant, composé des quatre grandes puissances, il en changea complètement les idées et la tendance. « Je vous apporte plus que vous n'avez, leur dit-il ; je vous apporte l'idée du droit. » Il divisa ces puissances jusqu'alors si unies ; il fit sentir le danger de laisser la Russie, démesurément agrandie, peser sur le reste de l'Europe, et la nécessité de la refouler vers le Nord.. Cette conviction, il sut la faire partager à l'Angleterre et à l'Autriche. Aussi, l'empereur Alexandre qui, sous l'influence et dans le salon de M. de Talleyrand, avait, six mois auparavant, décidé la restauration de la maison de Bourbon, voyait-il avec dépit ses projets arrêtés par le représentant d'un Etat qui lui devait son existence. Dans son humeur, il disait souvent : « Talleyrand fait ici le ministre de Louis XIV. »

Loin de moi la prétention d'énumérer les travaux du prince de Talleyrand au Congrès de Vienne, et les actes importants auxquels il prit part, encore moins de tracer un portrait de cet homme célèbre. Outre que cette tâche exigerait des développements infinis, M. de Talleyrand appartient désormais à l'histoire : seule, dans son inflexible vérité, elle pourra décrire et faire connaître un des personnages les plus historiques des temps modernes. Mais, témoin à cette époque si difficile de ses efforts souvent heureux pour rehausser et réhabiliter la nation qu'il représentait, je ne puis résister au désir de retracer la vive impression produite par son calme, son attitude et sa personne tout entière.

On l'a dit, et on a dit vrai, jamais le prince de Talleyrand ne parut plus grand qu'au moment où la France était abattue par les désastres de 1814. Je l'avais vu, huit ans auparavant, ministre de l'empire français, alors tout puissant, et dictant des lois à l'Europe. A Vienne, plénipotentiaire d'un peuple vaincu, il était toujours le même homme, aussi sûr de son pouvoir. C'était la même dignité noble, peut-être avec une nuance de fierté de plus, le même aplomb qui convenait au représentant d'une nation vaincue, mais nécessaire au maintien de l'équilibre européen, et pouvant puiser de nouvelles forces dans le sentiment même de sa défaite. Sa contenance seule, en un mot, était l'impression la plus éloquente de la grandeur de notre patrie. En voyant ce regard que la mauvaise fortune n'avait pas troublé, cette impassibilité que rien ne déconcertait, on sentait que cet homme avait derrière lui encore une nation forte et puissante.

De même que sa haute renommée et l'autorité attachée à son nom, à son expérience, dominaient dans les délibérations de la politique européenne, de même, dans son intérieur, dans son salon, ses manières de grand seigneur, son urbanité, imprimaient à ses réunions un caractère de gravité tout à fait en harmonie avec son rôle diplomatique. Il avait conservé à Vienne ses habitudes de Paris et du siècle passé. Tous les jours, au moment de sa toilette, il recevait ses visites ; et là, pendant que son valet de chambre le coiffait, souvent, en forme de causerie, s'établissait la discussion la plus sérieuse. Dans son salon, je l'ai vu, maintes fois, assis sur son canapé, près de la belle comtesse Edmond de Périgord, et entouré de toutes les sommités diplomatiques, de tous ces ministres des puissances victorieuses qui, debout, s'entretenaient avec lui, l'écoutaient, comme des écoliers écoutent les leçons du maître. Dans notre siècle, M. de Talleyrand est peut-être le seul homme qui ait constamment obtenu un tel triomphe.

M. le duc de Dalberg (1) était digne de figurer auprès du prince de Talleyrand. Issu d'une des plus anciennes et des plus nobles familles de l'Allemagne, il avait, au 31 mars, contribué puissamment à cette résolution qui ramena sur le trône la maison de Bourbon : mais, en même temps, il s'était prononcé pour l'adoption des mesures constitutionnelles propres à rassurer les opinions et à rallier la France. Associé aux vœux de M. de Talleyrand lors de la Restauration, la même union les rapprochait encore au Congrès. Tous deux avaient à cœur de faire remonter la France au rang que ses malheurs lui avaient enlevé.

M. de Talleyrand, avant de se rendre à Vienne, avait rédigé lui-même ses instructions : on assure qu'il s'y conforma fidèlement, et que les phases diverses qu'eurent à subir les négociations avaient été prévues et indiquées par lui avec une merveilleuse sagacité. Ce qu'on ignore généralement, c'est qu'il existait deux correspondances adressées à Paris par les plénipotentiaires français : l'une, rédigée par M. de la Besnadière, et exclusivement anecdotique, était envoyée au roi Louis XVIII. M. de Talleyrand y semait de ces saillies originales et piquantes, de ces remarques fines et profondes qui le caractérisaient. L'autre, exclusivement politique, rédigée principalement par M. le duc de

---

(1) Emeric Joseph, duc de DALBERG, était le neveu de l'évêque de Constance qui fut électeur de Mayence, prince primat et grand duc de Francfort-sur-le-Mein, et qui montra, dans ses différentes dignités, une haute culture intellectuelle et une grande probité de vie. Le neveu, d'abord baron de Dalberg, après avoir représenté le margraviat de Bade à Paris, fut pris en affection par Talleyrand, épousa la marquise de Brignole, dame du palais de l'impératrice Joséphine, se fit naturaliser français et devint duc et conseiller d'Etat. Il fut un des négociateurs du mariage de Napoléon avec Marie-Louise, mais en 1814 abandonna rapidement la fortune de l'Empereur. Il fut l'un des cinq membres du gouvernement provisoire, assista au Congrès de Vienne en qualité de plénipotentiaire. Plus tard il fut pair de France et ambassadeur à Turin. Né en 1773, à Mayence, il mourut à Hernsheim en 1833. Son titre de duc fut substitué à son neveu le comte de Tascher de la Pagerie.

Dalberg, arrivait directement au ministère des affaires étrangères (1).

Peu de personnes avaient été invitées à dîner, ce jour-là, chez M. de Talleyrand. C'était une occasion pour moi de mieux voir, de mieux entendre, chaque personnage d'un tel tableau pouvant être étudié séparément avec avantage.

Outre la plupart des membres de la légation française, le comte Razumowski, le général Pozzo di Borgo et le duc de Richelieu (2) étaient les seuls étrangers. En quittant le duc à Odessa, où j'avais passé quelques mois près de lui en 1812, je l'avais laissé dans une

(1) Cette correspondance a été annotée et publiée par M. G. Pallain. (Plon, 1888.) La Correspondance du prince avec Louis XVIII fait partie du tome III des *Mémoires* de Talleyrand.

(2) Connu d'abord sous le nom de comte de Chinon, puis de duc de Fronsac jusqu'à la mort de son père en 1791, Armand, Emmanuel, Sophie, Septimanie, duc de Richelieu, petit-fils du maréchal, né en 1766, mort en 1822. Il était premier gentilhomme de la Chambre de Louis XVI au moment de la Révolution. Il émigra, prit du service dans les armées de Catherine II, se signala sous les ordres de Souwarow au siège d'Ismaïl, puis commanda un corps de l'armée de Condé devant Valenciennes en 1793. Rentré en Russie, où il obtint un régiment de cuirassiers, il tomba en disgrâce sous Paul Ier. En 1801, il revenait en France, mais n'ayant pas voulu renoncer au service de l'étranger, il dut s'éloigner encore et se mit aux ordres d'Alexandre Ier, qui le nomma gouverneur d'Odessa. On sait combien il contribua au développement de cette ville et quels services il rendit à la Nouvelle-Russie dont il était gouverneur. En 1814, il rentre en même temps que les Bourbons, est nommé pair de France et premier gentilhomme de la Chambre de Louis XVIII. Il suit le roi à Gand pendant les Cent-Jours, puis, à la deuxième Restauration, est nommé président du Conseil avec le Ministère des Affaires étrangères. Il rendit de grands services, en usant de son crédit auprès du Czar, pour alléger la contribution de guerre et réduire à cinq ans au lieu de sept le temps de l'occupation de la France par les troupes étrangères. Quand il quitta le ministère, en 1818, les Chambres lui votèrent une dotation de 50,000 francs de rente à titre de récompense nationale; il employa ces sommes à la fondation d'un hospice à Bordeaux. En 1820, après l'assassinat du duc de Berry et la disgrâce de Decazes, il reprit la présidence du Conseil, mais ses difficultés avec les Chambres le firent se retirer en 1821. Il mourait l'année suivante, emportant l'estime universelle. Il était membre de l'Académie française depuis 1816. Plusieurs mémoires ou ouvrages récents ont remis sa figure en lumière : Les *Mémoires* du général comte de Rochechouart; le *duc de Richelieu*, par M. R. de Cisternes; *Louis XVIII et le duc Decazes*, de M. Ernest Daudet, etc...

situation des plus fâcheuses pour un gouverneur général. La peste ravageait ses provinces de Cherson et de Tauride, et ce n'était pas pour lui un médiocre souci que de se débarrasser d'une aussi importune visite. Dans cette cruelle circonstance, il avait déployé le plus admirable courage.

Mes questions furent aussi rapides que le plaisir de le revoir était vif. J'étais placé entre lui et M. de la Besnadière, et nous revînmes, avec un intérêt extrême, sur ce temps de nos dangers passés ; nous parlâmes des ravages du fléau, comme des matelots échappés au naufrage auraient parlé des écueils contre lesquels leur navire eût pu venir se briser.

Tous ceux qui ont connu le duc de Richelieu savent combien pouvait être sincère l'attachement qu'il inspirait. Peu d'hommes, dans leur carrière publique, ont déployé un plus noble caractère, et, dans les emplois éminents, un plus austère désintéressement. L'estime de tous les partis l'en a récompensé.

C'est à lui que la Russie doit, dans la création d'Odessa, une de ses places commerciales les plus précieuses. Jusque-là, il n'avait été connu que par sa vie militaire. Envoyé sur les bords de la mer Noire par l'empereur Alexandre, qui avait compris toute l'importance de cette fondation, il déploya, dans cette nouvelle sphère d'activité, les plus grands talents pour l'administration. En peu d'années, à la place d'une rade sans vie et sans commerce et de quelques maisons sans habitants, s'ouvrit un port facile et commode, s'éleva une ville riche et élégante. La loyauté de son caractère contribua à fixer autour de lui les négociants et les colons. Malgré la peste et la suspension de tout commerce, Odessa, sous cette administration ferme et éclairée, loin de déchoir, s'était accrue tous les jours. Aujourd'hui, c'est un des points les plus importants de l'Orient.

Depuis lors, M. de Richelieu a passé du gouvernement de la Tauride à celui de son pays. Longtemps il avait hésité avant de se charger d'un fardeau qu'il croyait au-dessus de ses forces, et n'avait cédé qu'aux vives instances de l'empereur Alexandre. Obligé de souscrire les désastreux traités de 1815, il en supportait, avec une patriotique douleur, les odieuses conséquences. On sait quels furent ses efforts au congrès d'Aix-la-Chapelle, et les heureux résultats dont ils ont été couronnés. L'histoire dira s'il avait suffisamment la connaissance des hommes et des lieux qu'il venait gouverner; mais elle lui saura toujours gré de ses hautes vertus et de son sincère patriotisme.

La conversation devint générale et suivit la direction que devaient lui donner les personnages, intéressants à tant de titres, qui y prenaient part. M. Pozzo di Borgo (1), que je voyais pour la première fois, me parut réunir la finesse, la vivacité d'esprit et l'imagination des gens de son pays. Depuis le commencement de sa carrière, ennemi déclaré de Bonaparte, il n'avait jamais dissimulé la joie qu'il éprouvait de sa chute. Il énuméra en quelques mots toutes les causes qui avaient dû immanquablement précipiter cette grande catastrophe.

Alors, simple général d'infanterie au service de Russie, M. Pozzo di Borgo suivait avec persévérance cette ligne de conduite qui l'a amené plus tard à peser

(1) Charles André, comte Pozzo di Borgo né en Corse en 1764, mort à Paris en 1842, fut d'abord avocat à Pise et secrétaire de Paoli, membre du Directoire de la Corse en 1790, député en 1791 à l'Assemblée législative. A son retour, il se déclara l'ennemi de la famille Bonaparte et seconda Paoli qui voulait livrer la Corse aux Anglais. Devenu créature du vice-roi lord Elliot, il fut cause du rappel, à Londres, de Paoli. Lui-même dut s'éloigner devant la haine de ses compatriotes. Il servit tour à tour, en qualité d'agent diplomatique secret, la Prusse, l'Angleterre, l'Autriche et la Russie. Expulsé de Russie en 1807, sur la demande de Napoléon, il dut se retirer à Constantinople. En 1813, il fut rappelé en Russie, et l'année suivante nommé ambassadeur auprès de Louis XVIII. Il assista à tous les Congrès de la Sainte-Alliance; en 1823, il fut chargé, en Espagne, de surveiller l'armée française. En 1835, il était ambassadeur de Russie à Londres, et prit sa retraite en 1839.

d'un si grand poids dans la balance des destinées européennes. Né en Corse, député de cette île à l'Assemblée législative, il y manifesta des opinions ardentes, que déjà il avait montrées dans son pays. C'est lui qui, au mois de juillet 1792, détermina l'Assemblée à déclarer la guerre à l'empereur d'Allemagne. Après la révolution du 10 août, son nom se trouva inscrit sur les papiers de Louis XVI. Un autre député de la Corse, l'un des commissaires chargés de visiter ces papiers, lui fit connaître, dit-on, le danger qu'il pouvait courir et le détermina à s'éloigner. De retour en Corse, il changea de drapeau. Résolu à seconder les projets d'indépendance de l'île, il se jeta dans le parti de Paoli ; et, en 1793, la Convention lui enjoignit, ainsi qu'au général, de paraître à sa barre pour y rendre compte de sa conduite. Ni l'un ni l'autre n'y parut : l'armée anglaise occupa l'île, et M. Pozzo di Borgo fut nommé président du Conseil d'Etat sous Elliot, élevé à la dignité de vice-roi. Toutefois, pendant le cours de ses fonctions, tant de plaintes s'élevèrent contre lui, qu'Elliot l'engagea à se retirer sur la demande de Paoli lui-même, effrayé du nombre des ennemis de son protégé. M. Pozzo partit alors pour Londres, où le gouvernement l'employa dans la partie secrète de la diplomatie. De l'aveu du cabinet anglais, il passa, par la protection du prince Czartoryski, au service de Russie. Aussi heureux sur les champs de bataille que dans les fonctions politiques, il avança rapidement, et, à la journée de Leipsick, il se trouvait, en qualité de général-major, sous les ordres d'un autre Français, aujourd'hui roi de Suède (1). C'est lui qui, en 1814, décida la marche des alliés sur Paris, et qui, dans leur conseil, leva toute incertitude à cet égard. On connaît les hautes dignités dont il a été revêtu depuis, et les diverses phases de sa vie politique. Déjà, au Congrès, on lui prêtait un mot, qu'il n'a pas désavoué, et qui trahit le secret de sa pensée : « La France, disait-il, est une marmite bouil-

---

(1) Ecrit vers 1830. — Charles XIV (Bernadotte) mourut le 8 mars 1844.

lante ; il faut y rejeter tout ce qui en sort. » La conversation de M. Pozzo di Borgo était piquante ; néanmoins, on pouvait facilement se convaincre que l'instruction, dont il faisait parade, n'était ni sérieuse, ni profonde. Il avait la manie des citations, mais il lui manquait le talent de les varier. Ainsi, chez M. de Talleyrand, il appuya son discours d'un passage de Dante, d'une phrase de Tacite et de lambeaux des orateurs anglais. M. de la Besnardière me dit qu'il avait déjà entendu tout cela deux jours auparavant chez le prince de Hardenberg

Lorsque nous passâmes au salon, une foule de personnages distingués y étaient déjà rassemblés. En vérité, à voir cette réunion de la plupart des membres du corps diplomatique, se groupant autour de M. de Talleyrand, on eût dit que son hôtel était le lieu désigné pour la tenue des séances du Congrès.

Mme la comtesse de Périgord faisait les honneurs de ce salon avec une grâce ravissante. Son esprit brillant et enjoué tempérait, de temps à autre, la gravité des matières politiques qui envahissaient la conversation. Seulement, auprès de M. de Talleyrand, il y avait cette différence que la discussion était toujours sérieuse et ne s'écartait jamais de son but, tandis que, dans les autres salons de Vienne, on ne s'occupait de politique qu'accessoirement, comme en se jouant, dans les rares moments que le plaisir n'absorbait pas.

Ce soir-là, la Saxe était encore l'objet de l'entretien. Louis XVIII s'était prononcé très fortement contre le maintien du roi Frédéric-Auguste ; il voulait que ce prince fût puni de sa fidélité à Napoléon par la perte de son royaume, ou qu'on le restreignît, tout au plus, à un petit territoire sur la gauche du Rhin. L'exécution de ce plan eût amené à donner à la Prusse tous les Etats saxons. Cette puissance les réclamait vivement comme une compensation que lui avait garantie le traité de Kalitsch. Alexandre, qui songeait alors au rétablissement d'un royaume de Pologne, dans lequel eussent été comprises les provinces polonaises échues jadis à la Prusse, s'était prononcé en faveur de cette incorporation. L'Autriche voyait cet agrandissement avec inquiétude, et les petits princes allemands étaient effrayés d'une telle spoliation : elle leur semblait le prélude de leur destruction. M. de Talleyrand, au contraire, prit le parti de la Saxe, et, dans toutes les occasions, il en soutint les droits avec autant de dignité que de saine logique.

Il s'éleva une assez vive discussion entre lord Castlereagh (1) et les envoyés de France. L'Angleterre alors, quoique sans intérêt direct dans la question, semblait pencher en faveur des prétentions de la Prusse. Quelques mois après, il s'opéra dans sa politique un revirement complet. Mais, quelque intéressante que fût à mes yeux la cause du roi Frédéric-Auguste, il me semblait que l'atmosphère dans laquelle j'avais alors vécu à Vienne fût exclusive de toute affaire politique : je m'étais écarté avec le duc de Richelieu. Il m'apprit la brillante carrière militaire de son neveu, le comte de Rochechouart, avec lequel j'avais passé de si heureux moments à Odessa (2) : puis il me parla de la belle Mme Davidoff (3), de notre célèbre amie Mme la comtesse

(1) Robert Stewart, vicomte CASTLEREAGH, puis marquis de Londonderry, homme d'Etat anglais, né en 1769, mort en 1882. A la Chambre des Communes, il soutint la politique de Pitt; envoyé en Irlande en 1797, il s'y conduisit avec une extrême violence. Il entra dans un cabinet Fox comme ministre de la guerre et des colonies, en sortit en 1806 pour y rentrer en 1807, et devenir le chef dirigeant de la politique anglaise. Il fut l'ennemi acharné de la Révolution et de Napoléon, et fournit des subsides à toutes les puissances. Au Congrès de Vienne, où il sacrifia la Pologne, la Saxe, Gênes et la Belgique, il s'attira de vives rancunes et fut combattu au Parlement anglais. Son gouvernement anti-libéral le rendit impopulaire et on lui reprocha, outre ses faiblesses pour la Sainte-Alliance, ses persécutions inqualifiables contre Caroline de Brunswick, femme de Georges IV, et sa brutalité envers les classes malheureuses. Dans un accès d'aliénation mentale, il mit fin à ses jours. Castlereagh avait une grande réputation d'orateur politique, mais sa parole, trop abondante, n'avait pas le charme de celle de Canning (son rival, avec lequel il se battit en duel en 1806). — Son fils, le marquis de Londonderry, ambassadeur et écrivain politique, se distingua, à la Chambre des Lords, par un torysme fougueux et par sa haine contre la France.

(2) Voir les *Mémoires* du général comte de Rochechouart. (Plon, 1895.)
(3) Mme Davidoff était une des filles du duc de Gramont et de la duchesse, née Polignac.

Potocka. Entouré de tout ce que la civilisation européenne offrait de plus accompli et de plus brillant, nous errions ensemble, par les souvenirs, dans les déserts du Yedissan. Lorsque nous nous rapprochâmes du cercle, le prince avait vaincu le grand sophiste, et l'équité triomphait de l'arbitraire.

Quoique M. de Talleyrand eût naturellement dans son maintien et dans sa personne quelque chose de froid et d'insouciant, sa haute réputation et son mérite incontesté faisaient vivement rechercher son suffrage. Cette apparente froideur même donnait plus de prix encore aux marques particulières de son intérêt ou de son affection. Les paroles qui sortaient de sa bouche, un sourire de bienveillance, un signe d'approbation, tout en lui devenait une véritable séduction. Il possédait cet esprit flexible qui, sans efforts et sans pédanterie, peut, dans les grandes occasions, se manifester avec éclat, et qui, dans le commerce intime, sait se prêter, avec une grâce inimitable, au badinage le plus frivole. On n'a pas assez rendu justice à la bonté de son cœur : il ne se vengeait des haines ou des calomnies que par des bons mots : jamais il ne mettait ni pompe, ni emphase dans les services qu'il rendait, et, en général, ses bonnes actions étaient faites avec tant de simplicité, que lui-même en perdait facilement le souvenir (1).

Souvent, à cette époque, j'ai été tenté d'esquisser un parallèle entre les deux hommes qui, dans cette réunion de tant de gens illustres, fixaient et captivaient puissamment les regards, le prince de Ligne et M. de Talleyrand. Tous deux, ayant vécu avec les célébrités du dix-huitième siècle, semblaient avoir été légués à la génération nouvelle pour en être le modèle et l'ornement ; tous deux, représentants de cette société si spirituelle, mais dans deux genres différents, l'un dans ce qu'elle avait de léger et de sémillant, l'autre dans ce

---

(1) On ne saurait lire ce panégyrique sans défiance. M. de La Garde avait été bien traité par Talleyrand et lui montre une rare reconnaissance. Mais parler du cœur de Talleyrand !

qu'elle eut d'aisé, de gracieux et de noble; tous deux sachant plaire par les charmes de l'esprit : le premier plus brillant, le second plus profond. M. de Talleyrand, né pour séduire les hommes par la force d'une raison toujours droite et lumineuse ; le prince de Ligne les charmant, les éblouissant par les grâces scintillantes d'une imagination inépuisable : celui-ci portant, dans les différentes branches de la littérature, la finesse, l'éclat, la grâce d'un homme de cour ; celui-là dominant les plus hautes affaires avec l'aisance calme d'un grand seigneur, et la modération inaltérable d'un esprit supérieur : l'un et l'autre prodigues de mots heureux, de saillies, de traits originaux et piquants, plus graves, plus caractérisés chez l'homme d'État, plus inattendus, plus étincelants chez le guerrier ; tous deux enfin, remplis de cette bienveillance qui est l'apanage de l'homme bien né, plus douce chez le premier, plus expansive chez le second. Heureux, me disais-je, l'homme placé le matin près du prince de Ligne, le soir près de M. de Talleyrand. Si l'un éclaire son esprit par les longues leçons de l'expérience, par la succession de ses tableaux toujours vrais, l'autre épurera son goût par ce tact si sûr, ces observations judicieuses auxquelles rien n'échappe, et la magie de ces conversations qui subjuguent ceux qu'elles ne peuvent convaincre.

Cette soirée ne se prolongea pas aussi tard que d'ordinaire. Mme la comtesse de Périgord devait se rendre au palais du Burg avec la plupart d'entre nous pour assister à un concert monstre. Rien, disait-on, ne pouvait mieux donner une idée des résultats prodigieux obtenus à Vienne dans la pratique de la musique instrumentale. Nous laissâmes le prince engagé dans sa partie de whist, qu'il faisait tous les soirs avec une affection et une supériorité particulières ; et nous nous rendîmes au palais impérial.

Dans une des plus vastes salles, celles des États, on avait réuni une centaine de pianos sur lesquels des professeurs et des amateurs exécutèrent un concert. Salieri, l'auteur des *Danaïdes*, était le chef de ce gigantesque orchestre. Mais, à vrai dire, excepté le coup d'œil général qui dans toutes ces fêtes était toujours éblouissant, ce charivari sans égal, malgré le talent supérieur du maestro qui en dirigeait l'ensemble, ressembla plutôt à un tour de force harmonique qu'à un concert de bon goût. Cette nouvelle surprise fut telle cependant, qu'on pouvait l'attendre du comité nommé par la cour : pour justifier la confiance qu'on avait mise en lui, il s'épuisait à imaginer quelque fête bien imprévue, quelque distraction bien extraordinaire. Cette fois il avait réussi.

CHAPITRE IV

Le cabinet de travail du prince de Ligne. — Un pays conquis à la nage. — Le voyage en poste. — Souvenir de Mme de Staël. — Le palais de Schœnbrunn. — Le fils de Napoléon. — Son portrait. — Mme de Montesquiou. — Anecdotes. — Isabey. — Le champ de manœuvres. — La fête du peuple à l'Augarten.

Je me rendis chez le prince de Ligne pour lui faire ma visite de chaque jour. Il était encore couché. Je montai dans sa bibliothèque où était dressé son lit. La pièce qu'un homme célèbre habite ordinairement est toujours intéressante. On y trouve partout la trace de ses goûts ; le caractère particulier de son génie s'y révèle dans les moindres détails. Tout y est digne d'alimenter la curiosité ou d'exciter l'attention. Entouré de ses livres, de ses manuscrits épars, le prince de Ligne semblait un général sous sa tente, entre ses trophées et ses armes.

Abusant quelque peu de la licence que s'arrogent les poètes, chez lesquels *un beau désordre est un effet de l'art*, il laissait régner autour de lui une sorte de pêlemêle qui n'était pas sans grâce. Ici, Montesquieu, Rousseau entr'ouverts à côté d'une correspondance d'amour ; là, des petits vers près des œuvres militaires de l'archiduc Charles; plus loin des lettres commencées, des poèmes, des ouvrages de stratégie ébauchés ! Admirable composé du grand seigneur, du militaire, de l'homme d'esprit, le prince de Ligne offrait un type qu'on ne retrouvera plus : tour à tour captivant les femmes les plus distinguées par la séduction d'une conversation étincelante, étonnant les généraux les plus consommés par la profondeur de ses conceptions, charmant les esprits par la finesse, la vérité de ses aperçus.

Devant lui était un pupitre sur lequel il écrivait. Son

esprit, brûlant d'une imagination toute juvénile, comme son cœur était ardent de bonté, paraissait dévorer le temps ; aussi jamais ne se passait-il un jour sans qu'il jetât sur le papier quelques-unes de ces remarques judicieuses ou enjouées, brillantes ou profondes qui se présentaient en foule dans sa conversation.

« Je vais aujourd'hui à Schœnbrunn, me dit-il ; vous m'accompagnerez, n'est-ce pas? J'y fais *ad honores* l'office d'introducteur auprès du petit duc né roi. Permettez cependant que j'achève ce chapitre sur une des scènes du moment, puis je suis à vous. »

« Je jette au hasard mes idées, ajouta-t-il, pour qu'elles ne m'échappent pas. Ce grand tableau m'inspire ; je m'imagine qu'au milieu de ces délirantes joies il me viendra peut-être une pensée qui un jour fera un peu de bien ou de plaisir. Entraîné dans ce cercle de chimères, je ne cesse pas d'être observateur. Quoique acteur dans la même scène qui se joue, je prends tout ce qui se passe autour de moi pour un coup de pied dans une fourmilière. »

Et il se remit à écrire. Tout à coup, s'avisant d'une recherche qui lui était utile :

« Faites-moi le plaisir de me donner ce volume manuscrit que vous voyez sur le troisième rayon. »

Je me lève et je cherche la place qu'il m'indique. Comme j'hésitais un moment, voilà qu'il saute de son lit, grimpe sur la corniche de sa bibliothèque, saisit le livre, et se replace dans son lit avec une vivacité plus rapide que la parole. Je m'extasiais sur une agilité si extraordinaire pour son âge.

« Il est vrai, me dit-il, que j'ai été assez leste toute ma vie ; et souvent bien m'en a pris. Dans ce voyage magique où j'accompagnais Catherine le Grand en Tauride, le yacht impérial doublait le promontoire de Parthénizza, où fut, dit-on, jadis le temple d'Iphigénie. On discutait sur le plus ou le moins de probabilité de cette tradition, lorsque Catherine étendant sa main vers la côte :

« Prince de Ligne, me dit-elle, je vous donne le pays contesté. »

Aussitôt je m'élance dans la mer, en uniforme, le chapeau en tête, et je gagne le promontoire à la nage.

« Votre Majesté, m'écriai-je bientôt du rivage et tirant mon épée, je prends possession. Ce rocher de la Tauride a depuis conservé mon nom, et moi j'en ai conservé les terres.

« Vous le voyez, mon enfant, l'agilité a souvent d'heureux résultats, et dans la vie il faut savoir prendre une résolution prompte. Quelques années avant la Révolution française je me trouvais à Paris. Dans les joies du moment, dans l'insouciance de la jeunesse, je m'étais un peu oublié ; j'avais, par surcroît, oublié l'état de ma bourse : elle était malheureusement aussi vide d'argent que mon cœur était plein de bonheur et mon esprit d'illusion. Il fallait cependant que je fusse le lendemain à Bruxelles pour dîner chez l'archiduchesse gouvernante des Pays-Bas. Étranger dans cet immense Paris, mon embarras était extrême. J'étais lié d'une sincère amitié avec le prince Max, aujourd'hui roi de Bavière, alors colonel au service de France (1). Vous connaissez sa générosité, son adorable dévouement. Toute sa vie, ce qu'il posséda fut constamment à la disposition de ses amis. Je m'adressai à lui ; mais l'excellent Max n'était pas encore roi et n'avait pas encore de ministre des finances pour diriger et soigner son épargne. Il se trouva que précisément sa bourse était aussi légère que la mienne. Quel parti prendre ? Le postillon est le plus inexorable

---

(1) Maximilien-Joseph, électeur, et plus tard roi de Bavière, sous le nom de Maximilien Ier, fils de Frédéric, prince des Deux-Ponts Birkenfeld, né 1756, mort en 1825, servit d'abord dans l'armée française, fut colonel du régiment d'Alsace, et resta à Strasbourg de 1782 à 1789. Il succéda à son frère, Charles II, dans le duché des Deux-Ponts, et à son oncle, Charles-Théodore, dans l'électorat de Bavière, les duchés de Berg et de Juliers, 1799. En 1805, il adhéra à la Confédération du Rhin et reçut le titre de roi à la paix de Presbourg. En 1806, il maria une de ses filles à Eugène de Beauharnais, et l'autre à l'empereur François d'Autriche. En 1813, par le traité de Ried, il entrait dans l'alliance contre la France. En 1818, il donna une Constitution à ses sujets ; il opéra des réformes salutaires dans l'administration et encouragea les arts et les sciences.

des hommes, et à chaque relais il vient impitoyablement, le chapeau à la main, demander son salaire. J'apprends que mon cousin, le duc d'Aremberg, beaucoup plus rangé que moi, partait en poste le soir même pour Bruxelles ; aussitôt ma résolution est prise : j'y serai avant lui, me dis-je. Je me rends à la poste, botté, éperonné comme un courrier. Je me fais donner un cheval et pars pour aller à la poste prochaine commander son relais. Je cours ainsi de Paris à Bruxelles, le précédant toujours de quelques minutes, faisant sur toute la route préparer ses chevaux. Mon cousin, qui n'avait pas envoyé de courrier devant lui, ne savait à quelle providence invisible il devait cette exactitude qui abrégeait ainsi son voyage. A son arrivée, je lui contai ma petite supercherie dont nous rîmes beaucoup, et grâce à laquelle je ne manquai pas mon dîner chez l'archiduchesse. »

Tout en jasant ainsi, il s'habillait. Quand il eut mis son brillant uniforme de colonel des trabans et se fut chamarré d'une demi-douzaine de cordons :

« Oh ! mon enfant, me dit-il, si l'illusion me rendait aujourd'hui son miroir, comme j'échangerais ce faste pour mon simple habit d'enseigne dans le régiment de mon père ! Je n'avais que seize ans quand je le revêtis pour la première fois : je croyais alors qu'à trente ans on était bien vieux. Tout change avec le temps : maintenant, à quatre-vingts ans, je me crois encore jeune, bien que certains frondeurs disent que je le suis trop. N'importe, je fais tout ce que je puis pour prouver que je le suis assez. Après tout, ma carrière fut heureuse. Le remords, l'ambition, la jalousie n'en n'ont pas troublé le cours. J'ai passablement mené ma barque, et jusqu'à ce que j'entre dans celle de Caron, je ne cesserai pas de me croire jeune, en dépit de ceux qui s'obstinent à me voir vieux. »

Même en badinant de la sorte, il prêtait à toutes ses paroles un charme dont on ne peut se former une idée. Je lui répétai que l'âge avait toujours glissé auprès de lui sans l'atteindre, et que le temps lui faisait l'honneur de l'oublier : il me croyait, et l'expression du bonheur brillait sur sa belle physionomie.

Nous trouvâmes en descendant quelques-uns de ces pédants qui l'obsédaient. Son visage se rembrunit. Il se défit de ces importuns avec quelques politesses empressées et passa outre.

« Ah ! que je hais, me dit-il, ces savants de mots, ces quêteurs de traits d'esprit, ces dictionnaires ambulants qui ont, pour tout génie, de la mémoire. Le meilleur livre à étudier c'est le monde, mais ce livre sera toujours fermé pour eux. »

Nous roulâmes bientôt vers Schœnbrunn. Malheureusement la voiture du prince ne méritait pas qu'on lui appliquât le compliment que je venais d'adresser au prince lui-même. Il était impossible de croire qu'elle eût jamais été jeune, et ses ressorts demandaient à grands cris qu'on les changeât contre les ressorts élastiques de notre âge. Il me semble encore le voir ce vieux carrosse gris, attelé de deux maigres chevaux blancs. Sur les panneaux était peint son large écusson, surmonté du *cri* de la maison d'Egmont dont cette ligne est sortie :

Quô res cumque cadunt, semper stat linea recta.

Derrière cette antique voiture était monté un heiduque, haut de six pieds, vieux Turc que le prince Potemkin lui avait donné à l'assaut d'Ismaël, et qui portait le nom de la ville conquise. Mais le maréchal savait abréger la distance, comme il savait suppléer à l'exiguïté de ses repas par les ressources de sa conversation. Ce voyage d'à peu près une heure me sembla court. Bientôt nous arrivâmes à la grille du château.

Le château impérial de Schœnbrunn commencé par les princes de la maison d'Autriche, était l'objet de la prédilection toute particulière de Marie-Thérèse. C'est elle qui le termina, et son impatience était telle qu'elle y faisait travailler aux flambeaux. Ce château est dans une situation ravissante, sur la droite de la Wienn. L'ensemble majestueux de l'architecture annonce une royale demeure. Les jardins, d'une ordonnance noble et gracieuse, traversés par des pièces d'eau limpide et savamment ménagées, plantés d'arbres de la plus riche végétation, ornés des plus beaux bronzes et des marbres les plus précieux, répondent dignement à la magnificence du palais. Dans le parc on voit bondir de nombreux troupeaux de chevreuils, de cerfs, de daims, hôtes paisibles de ces belles futaies, et qui semblent chercher l'approche des promeneurs. Tous les jours, à toute heure, ces avenues, ces jardins sont ouverts au public. Une multitude de voitures, de cavalcades, les traversent incessamment. Le parc est environné de maisons de plaisance, témoins dans la belle saison, d'une succession de plaisirs et de fêtes. Le bruit de cette joie semble pénétrer jusqu'à la résidence impériale, et ajouter encore par l'animation du bonheur aux charmes de cette noble habitation.

Les appartements du palais sont spacieux et meublés avec recherche. On y voit plusieurs pièces qui sont encore restées entièrement tendues de noir depuis l'époque où Marie-Thérèse perdit son époux. Un petit cabinet de travail est orné de dessins exécutés par diverses archiduchesses. C'est là que, pendant son séjour à Schœnbrunn, Napoléon avait l'habitude de se retirer pour travailler. C'est dans cette chambre qu'il vit pour la première fois le portrait de Marie-Louise et qu'il conçut sans doute le projet d'une union qui a eu tant d'influence sur sa destinée (1).

Un escalier descend de cette pièce dans le jardin. Sur un coteau boisé s'élève un pavillon charmant, bâti par Marie-Thérèse, et nommé la Gloriette : cet élégant édifice, d'une architecture vraiment féerique, composé

---

(1) « Le 10 mai 1809, à neuf heures du soir, des obus sont lancés sur la ville de Vienne. Alors se trouvait malade, dans le palais paternel, la jeune archiduchesse Marie-Louise. Sur un simple avis de cette circonstance, la direction du feu est aussitôt changée et le palais respecté. O jour de fortune! qui eût dit alors à Marie-Louise qu'à peu de mois de là ces mêmes mains, qui faisaient trembler Vienne, tresseraient des couronnes pour sa tête, qu'au palais des Tuileries, épouse et mère, elle règnerait sur ces Français qui la frappaient d'épouvante? » (Las Cases, *Mémorial de Sainte-Hélène*.)

d'arcades, de colonnes et de trophées, termine la perspective et forme la plus heureuse décoration. C'est à la fois un palais et un arc de triomphe. On y monte par un double escalier. La vue dont on jouit du salon principal est au-dessus de toute description : ce sont des masses immenses de verdure qui se déroulent au loin, à l'horizon la ville de Vienne, le cours du Danube, enfin les hautes montagnes dont les lignes terminent ce magnifique paysage. Il est difficile d'imaginer un plus riche panorama.

Les serres de Schœnbrunn sont peut-être les plus belles de l'Europe. Elles renferment toutes les richesses végétales de l'univers. C'est là que l'empereur François, qui avait un goût particulier pour la botanique, cultivait lui-même les plantes les plus rares.

Non loin est la ménagerie, disposée, circulairement autour d'un pavillon où aboutissent divers enclos destinés aux animaux. Chaque espèce a son habitation et son jardin avec les plantes et les arbres du climat qui l'a vu naître. Là, bien que captifs, ces animaux vivent avec une apparence de liberté.

Dans le voisinage du château l'on avait disposé un petit enclos cultivé avec soin, et qui était le jardin particulier du fils de Napoléon. Là ce jeune prince s'amusait à cultiver des fleurs dont chaque matin il formait un bouquet pour sa mère et pour sa gouvernante.

En traversant les cours, qui sont très vastes, le prince me montra la place où, en pleine parade, un jeune fanatique voulut assassiner l'empereur Napoléon vers l'époque de la bataille de Wagram. Si un crime de cette nature pouvait jamais inspirer d'autre sentiment que celui de l'indignation, ce jeune homme aurait pu être plaint en raison du courage et du sang-froid qu'il montra au moment de la mort.

C'est dans ces cours que Napoléon, à la même époque, donna ordre à son officier d'ordonnance, le prince de Salm, de faire manœuvrer un régiment de la Confédération germanique et de commander ces manœuvres en allemand. Le peuple de Vienne était accouru en foule : cette petite galanterie du vainqueur fit oublier un instant aux Viennois que leur capitale était au pouvoir de l'ennemi.

Dans le vestibule, un domestique français, portant encore la livrée de Napoléon, vint à notre rencontre. Il connaissait le maréchal, et alla aussitôt l'annoncer à Mme de Montesquiou.

« — Nous n'attendrons pas, je l'espère, me dit le prince : car ainsi que je vous l'ai dit, je suis presque un comte de Ségur à Schœnbrunn. »

Il faisait ainsi allusion à la place de grand maître des cérémonies remplies auprès de Napoléon par M. de Ségur, qu'il avait connu jadis intimement à la cour de Catherine.

Peu d'instants après, Mme de Montesquiou vint poliment s'excuser de ne pouvoir nous introduire immédiatement.

« — Le jeune prince, nous dit-elle, pose en ce moment pour un portrait qu'Isabey fait de lui et qui est destiné à l'impératrice Marie-Louise. Comme il aime beaucoup monsieur le maréchal, son arrivée ne manquerait pas de lui causer des distractions. J'abrégerai la séance le plus qu'il me sera possible.

— Vous savez, me dit le prince, lorsque Mme de Montesquiou nous eut quittés, ce qui m'arriva à ma première visite ici. Quand on vint annoncer à cet enfant que le maréchal prince de Ligne venait le voir :

— Est-ce un des maréchaux qui ont trahi papa? Qu'il n'entre pas! s'écria-t-il. On eut beaucoup de peine à lui faire comprendre que la France n'était pas le seul pays où il y eût des maréchaux. »

Bientôt après, Mme de Montesquiou nous introduisit. A la vue du prince de Ligne, le jeune Napoléon, s'échappant de la chaise où il posait, vint aussitôt se jeter dans ses bras. C'était en vérité le plus bel enfant qu'il fût possible de voir. Sa ressemblance avec son aïeule Marie-Thérèse était étonnante. La coupe angélique de son visage, la blancheur éblouissante de son teint, le feu de ses yeux, ses jolis cheveux blonds tombant en grosses boucles sur son cou, offraient le plus gracieux modèle au pinceau d'Isabey. Il était vêtu d'un uniforme de hussard, richement brodé, et portait sur son dolman l'étoile de la Légion d'honneur.

« Voici un Français, mon prince, lui dit le maréchal en me montrant.

— Bonjour, monsieur, me dit le jeune enfant : j'aime bien les Français. »

Me rappelant ce mot de Rousseau, que « personne n'aime à être questionné, surtout les enfants, » je me baissai vers lui et l'embrassai.

Le fils de Napoléon n'est plus : la mort impitoyable est venue trancher, à vingt-deux ans, le cours d'une vie commencée sur le trône, au moment où les brillantes qualités de ce prince allaient l'illustrer sans doute, et lorsque ses nobles sentiments lui avaient gagné tous les cœurs. Ce qui se rattache à ce rejeton de tant de gloire, victime dès le berceau d'une destinée fatale et inouïe, ne se présente au souvenir qu'avec un respect mêlé d'attendrissement.

Son intelligence était vive et précoce ; toutes ses paroles frappaient par leur justesse ; sa mémoire, sa facilité étaient prodigieuses : en peu de temps il apprit la langue allemande et la parla depuis, et aussi aisément que le français. Son caractère était ferme, et ses résolutions, fruit d'une réflexion sérieuse, une fois arrêtées, étaient inébranlables ; ses moindres mouvements étaient pleins de grâce ; son geste, quand il voulait donner beaucoup de force à son expression, était déjà grave et solennel. Son goût pour l'art militaire se trahissait dans ses yeux, dans ses paroles.

« Je veux être soldat, disait-il ; je monterai à l'assaut. »

On lui objectait que les baïonnettes l'empêcheraient de passer.

« N'aurai-je pas une épée, répondait-il fièrement, pour écarter les baïonnettes ? »

Sa curiosité pour connaître l'histoire de son père était extrême : l'empereur, son aïeul, convaincu que la vérité doit être la base de toute éducation et surtout de celle d'un prince, voulut qu'on ne lui laissât rien ignorer. (1) L'enfant écoutait avidement ces récits d'une vie qui, en vingt ans, semble avoir comblé la mesure de la croyance et de l'histoire. La vivacité de ses joies, l'impatience de ses désirs et de ses volontés avaient le caractère de l'enfance, tandis que son ardeur de s'instruire, son habitude calme et réfléchie annonçaient un âge plus avancé. Tout chez lui pouvait amener à croire que le génie est héréditaire.

Son instinct s'était, comme on sait, révélé dans une mémorable circonstance : le 29 mars 1814, lorsque l'impératrice Marie-Louise abandonna les Tuileries pour se rendre à Rambouillet, et qu'on voulait emmener le jeune enfant vers sa mère qui l'attendait, il opposa une vive résistance et se mit à crier qu'on trahissait son papa, et qu'il ne voulait pas partir. Mme de Montesquiou fut obligée d'user de tout son ascendant pour le décider à se laisser emporter chez l'impératrice : elle n'y parvint qu'en employant la force et en lui promettant de le ramener bientôt. Le pauvre enfant avait deviné qu'il ne reverrait plus les Tuileries.

Sa présence d'esprit se signalait dans tout ce qui rappelait son illustre et malheureux père. La veille de notre visite, on lui annonçait le commodore anglais sir Neil Campbell, le même qui avait accompagné Napoléon à l'île d'Elbe (2).

« Êtes-vous content, mon prince, lui disait Mme de Montesquiou en lui présentant cet officier, de voir monsieur qui n'a quitté votre père que depuis quelques jours ?

(1) Ceci n'est pas précisément dans les données de « l'Aiglon », de M. Rostand, où la thèse absolument contraire est mise en avant. Il serait bon d'établir une moyenne avec les chapitres que Prokesch-Osten a consacrés au duc de Reichstadt, et le livre de Montbel. (Ce dernier s'inspire tantôt de Metternich et tantôt de Prokesch.)

(2) Sir Neil fut un des témoins des sublimes adieux de Fontainebleau. Lorsque Napoléon embrassa les aigles de la vieille Garde, saisi d'un transport involontaire d'enthousiasme, il brandit son chapeau dans l'air, et se mit à crier comme les autres : *Vive l'Empereur!* La *Revue Britannique* a publié, en 1894, le récit de Sir Neil Campbell.

« Oui, j'en suis bien aise, répondit-il en mettant son doigt devant sa bouche, mais il ne faut pas le dire. »

Le commodore le prenant dans ses bras : « Votre papa m'a chargé de vous embrasser, » dit-il. Il l'embrassa et le reposa à terre. L'enfant, qui tenait en ce moment une toupie d'Allemagne entre les mains, la jeta avec force sur le parquet et l'y brisa.

« Pauvre papa! » dit-il, et il fondit en larmes.

Quelles étaient ces pensées, et comment, dans un âge si tendre, pouvait-il comprendre tout ce qu'il y avait de faux et d'équivoque dans la position du fils de l'empereur Napoléon, captif au palais autrichien de Schœnbrunn ?

Il s'exprimait sur la perte de sa royauté enfantine avec une sorte de mélancolie résignée et touchante.

« Je vois bien que je ne suis plus roi, répétait-il dans son voyage de Rambouillet à Vienne ; je n'ai plus de pages (1). »

Le prince de Ligne lui montrait quelques-unes de ces médailles frappées à l'occasion de sa naissance.

« Je les reconnais, lui dit-il, elles ont été faites quand j'étais roi. »

Cette résignation courageuse, qui était le trait le plus marqué de son caractère, il la conserva jusqu'à son dernier moment. Quand, à vingt-deux ans, miné par la plus douloureuse maladie, il s'éteignit dans ce même château de Schœnbrunn, et qu'il vit arriver lentement la mort, lui jeune, beau, rempli de talents, fils d'un grand homme, il causait de sa fin prochaine avec les personnes qui l'entouraient, prenant une sorte de plaisir à détruire lui-même toutes les illusions de l'espérance.

Nous nous rapprochâmes d'Isabey qui venait d'achever le portrait du jeune prince. Il était frappant de ressemblance, et gracieux comme toutes les productions de cet artiste: c'est le même qu'il présenta à Napoléon en 1815, à son retour de l'île d'Elbe.

---

(1) Le mot est historique. Voir les *Souvenirs* de Méneval, T. III.

« Ce qui me plaît le plus dans ce portrait, fit observer le prince de Ligne, c'est son extrême ressemblance avec celui de Joseph II, lorsqu'il était encore enfant, et dont Marie-Thérèse m'a fait présent. Après tout, cette ressemblance avec un grand homme est d'un heureux présage pour l'avenir. »

Puis il fit compliment au peintre sur la perfection de son travail, et y ajouta quelques mots bienveillants sur sa réputation européenne.

« Je suis venu à Vienne, Monsieur le Maréchal, lui dit Isabey, dans l'espérance de reproduire les traits de toutes les personnes célèbres qui s'y trouvent, et j'aurais dû commencer sans doute par vous.

— Assurément, en ma qualité de doyen d'âge.

— Non pas, répliqua Isabey, dont on connaît l'esprit, mais comme le modèle de tout ce qui est illustre dans ce siècle. »

Cependant le jeune Napoléon était allé dans un coin du salon chercher un régiment de uhlans en bois que son grand-oncle l'archiduc Charles lui avait envoyé depuis quelques jours. Mus par un mécanisme fort simple, les cavaliers, posés sur des fiches mobiles, imitaient toutes les évolutions militaires, se rompant, se développant, se mettant en colonnes.

« Allons, mon prince, à la manœuvre ! » s'écrie le prince de Ligne d'une voix forte.

Aussitôt le régiment est tiré de sa boîte, disposé en bataille.

« Garde à vous ! » dit le vieux maréchal en tirant son épée, et dans l'attitude d'un général à la parade.

Immobile d'attention, sérieux comme un grenadier russe, le jeune enfant se place à la droite de sa troupe, la main sur le ressort. Le commandement est prononcé, et à l'instant exécuté avec précision. Un autre lui succède : même obéissance, même sérieux de part et d'autre. En vérité, à voir le charmant visage de cet enfant s'allumer à l'image des combats, et, d'un autre côté, ce vieux et illustre débris des anciennes guerres se ranimer aux jeux de cet enfant, on eût dit que l'un avait hérité de la vive passion de son père pour l'art militaire, et que l'autre, rajeuni de quarante ans, allait recommencer ses glorieuses campagnes : délicieux contraste, tableau digne d'inspirer le génie de nos peintres.

On vint interrompre les grandes manœuvres en annonçant l'impératrice. Comme elle aimait à être seule avec son fils, dont elle surveillait elle-même l'éducation, nous nous retirâmes, en laissant Isabey qui désirait lui montrer son travail.

Quand nous fûmes remontés en voiture, encore émus de cette visite :

« Ah ! me dit le prince de Ligne, lorsque Napoléon recevait à Schœnbrunn la soumission de Vienne, qu'il y combinait sa mémorable campagne de Wagram, que, dans ces vastes cours, il passait en revue ses phalanges victorieuses en présence des Viennois émerveillés, il était loin de prévoir que, dans ce même château, le fils du vainqueur et la fille du vaincu seraient gardés en otage par celui dont la destinée était alors entre ses mains. Dans ma longue carrière, j'ai bien vu des gloires, bien des revers ; rien ne se peut comparer à l'histoire dont nous venons de lire un chapitre. »

Comme nous traversions le glacis entre les faubourgs et la ville, nous aperçûmes une large voiture ouverte, extrêmement basse, et qu'une seule personne remplissait de sa volumineuse corpulence.

« Arrêtons nous, me dit-il, et saluons : voici encore une Majesté par la grâce de Dieu et de Robinson Crusoé, le roi de Wurtemberg.

« Jusqu'à présent, poursuivit-il, vous n'avez assisté qu'aux fêtes royales ; je veux vous conduire demain à la fête du peuple. On a tant fait par le peuple qu'on peut bien faire quelque chose pour lui. Il est bien juste qu'il ait aussi son tour. A demain donc. »

La fête du peuple est une des solennités les plus brillantes de la ville de Vienne : depuis longtemps elle était l'objet de l'attente générale.

Impatient de répondre à l'appel de mon illustre

guide, j'étais avant midi à la porte de sa petite maison. Bientôt après, nous nous mîmes en route pour l'Augarten, où se donnait la fête.

L'Augarten est situé dans la même île du Danube que le Prater, par lequel il est borné à l'Est. Le parc, planté de bosquets et d'arbres de la plus belle végétation, est percé de magnifiques allées ; le palais est d'une architecture simple et élégante. C'est l'ouvrage de Joseph II. Une inscription, placée au-dessus de la porte, annonce que ce prince aimable et philosophe l'a consacré aux plaisirs de tout le monde.

Une foule immense remplissait ce beau lieu ; le temps était magnifique : des tribunes, élevées pour les souverains et les sommités du Congrès, étaient garnies de spectateurs et de dames dans la plus brillante parure. Le prince préféra se mêler à la foule, et j'en étais heureux.

Les vétérans autrichiens, au nombre de quatre mille, avaient été invités à la fête. Ils défilèrent au son d'une musique militaire devant la tribune des souverains, et vinrent prendre place sous de vastes tentes qui leur étaient destinées. Des jeux de toute espèce furent ensuite exécutés et continuèrent toute la journée.

On commença par des courses à pied, auxquelles succédèrent des courses de petits chevaux orientaux, à la façon de ces chevaux barbes qui disputent le prix de vélocité dans le Corso de Rome. Dans un cirque en plein air, la troupe des voltigeurs de Bach, qui rivalise avec celles de Franconi et d'Astley de Londres, exécuta différents tours d'adresse tant à pied qu'à cheval ; plus loin, sur la place des Tournois, des jeunes gens occupaient les yeux des spectateurs par des exercices de gymnastique. A gauche du château, sur une pelouse, on avait dressé un mât de cent pieds de haut ; un oiseau de bois, d'une énorme dimension, y déployait ses larges ailes : il servait de but à une troupe d'archers tyroliens qui allaient lutter d'adresse dans l'exercice du tir à l'arbalète, où ils excellent. Le prix était un fort beau vase de vermeil ; il fut longtemps disputé, et ce fut un fils du célèbre Tyrolien Hofer qui l'obtint.

Enfin, un ballon d'une immense dimension s'éleva dans les airs. L'aéronaute qui le montait, émule des Garnerin et des Blanchard, se nommait Kraskowitz. Bientôt on le vit, planant majestueusement sur la foule, agiter un nombre infini de drapeaux appartenant à toutes les nations dont les représentants étaient réunis à Vienne.

Une heure après, l'aéronaute était descendu fort doucement dans l'île de Lobau, témoin d'un des beaux faits de l'histoire militaire moderne.

Les jeux s'interrompirent : seize grandes tables furent dressées sur une vaste pelouse; les quatre mille vétérans y prirent place; un repas leur fut servi avec profusion. Des orchestres, ornés de trophées guerriers et de drapeaux, faisaient entendre des symphonies militaires. Dans une autre partie du parc s'élevaient quatre tentes élégamment décorées; des troupes de Bohémiens, de Hongrois, d'Autrichiens et de Tyroliens, vêtus du costume pittoresque de leur pays, y exécutaient des danses nationales au son de la musique, des chants et des instruments de leur patrie.

Cependant les souverains, sans escorte, circulaient dans la foule, visitant tout, causant familièrement avec ces vieux soldats couverts de cicatrices. Il y avait quelque chose de patriarcal à les voir ainsi mêlés au milieu de cette population se pressant sur leurs pas.

Quand la nuit vint, cent mille lampes rendirent à l'Augarten l'éclat du jour; puis un magnifique feu d'artifice fut tiré devant le château. Les principales pièces représentaient les monuments de Milan, de Berlin et de Pétersbourg. Une foule immense inondait les allées de l'Augarten; mais un ordre admirable ne cessa pas de régner. Il y avait dans cette allégresse quelque chose de calme et de réfléchi dont le caractère allemand peut seul offrir un modèle.

Après le feu d'artifice, les souverains parcoururent les rues de la ville et furent partout accueillis avec des acclamations unanimes. Puis la cour tout entière se rendit au théâtre de la porte Carinthie, où l'on donnait le ballet de *Flore et Zéphire*. Tous les palais, les hôtels, les maisons particulières étaient illuminés de la manière la plus brillante; les devises n'avaient pas été épargnées. Les danses, les valses, les mélodies des orchestres ne s'arrêtèrent pas de toute la nuit. C'était un spectacle non interrompu de magnificence et de bonheur. Une joie réelle régnait parmi ce peuple, joie moins inspirée par la fête qu'on lui offrait que par l'espérance d'une paix durable, achetée depuis tant d'années par d'incessants sacrifices.

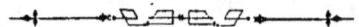

LES PLÉNIPOTENTIAIRES AU CONGRÈS DE VIENNE
(D'après Isabey)

CHAPITRE V

Le Prater. — Le défilé des voitures. — La foule et les Princes. — Les Souverains incognito. — Alexandre Ypsilanti. — Les salons de Vienne. — La princesse Bagration. — La famille Nariskin. — Une loterie.

Je devais retrouver Alexandre Ypsilanti dans la grande allée du Prater. A l'heure dite, j'y étais. Avec quel charme je revis ce beau séjour dont chaque tableau me retraçait le souvenir d'une fête, d'un rendez-vous d'amour ou d'amitié, illusions, à jamais perdues peut-être, du plaisir ou de l'espérance.

Dans le long pèlerinage de ma jeunesse, j'ai visité toutes les promenades célèbres de l'Europe, et partout j'ai vu chaque peuple soutenir la suprématie de celle qui embellit sa capitale. . . . .

Au bois de Boulogne, aux caschines de Florence, aux jardins de Kensington, de La Haye, de Constantinople, de Moscou, de Pétersbourg, à tous ces lieux si vantés, j'ai toujours préféré le Prater de Vienne : là se trouvent réunies les beautés de la nature qui enchantent le regard, et le spectacle d'un bonheur qui console et rafraîchit l'âme.

Le Prater touche aux faubourgs de Vienne. Il est situé dans une des îles du Danube, qui lui sert de limite, et planté d'arbres séculaires qui répandent partout un majestueux ombrage et entretiennent un tapis de verdure que le soleil ne jaunit jamais. De magnifiques allées le traversent. Comme à Schœnbrunn et dans la plupart des promenades de l'Allemagne, des troupeaux de cerfs et de daims apparaissent sur le flanc des collines ou bondissent dans les prairies, et donnent le mouvement et la vie à cette solitude délicieuse. Ce sont les aspects d'une nature vierge et agreste, mais en même temps parée de tous les dons de la culture et de l'art. A gauche, en arrivant de la ville, se déploie une vaste pelouse disposée pour les feux d'artifice; à droite est un cirque pouvant contenir plusieurs milliers de spectateurs; en face, une large avenue de marronniers bordée de constructions élégantes. Là se trouve réunie une multitude infinie de boutiques, de cafés, de casinos, où le peuple viennois peut, à son gré, se livrer à sa passion pour la musique.

Dans l'allée des marronniers, continuellement remplie d'équipages somptueux et de cavaliers manœuvrant avec l'agilité hongroise des chevaux de toutes les races, on croirait voir réuni le luxe des divers Etats voisins de l'Autriche. L'empereur conduit lui-même un modeste équipage avec la simplicité d'un bon bourgeois, tandis qu'un fiacre, loué à l'heure, et ne redoutant aucune concurrence, coupe le chemin de l'empereur, et est bientôt lui-même dépassé par un magnat de Bohême ou par un palatin polonais conduisant quatre chevaux à grandes guides. Dans une légère calèche, avec ses chevaux, crinière au vent, des femmes blanches et roses apparaissent comme des corbeilles de fleurs. La variété des scènes, l'empressement des piétons, le tumulte général, accru par une foule d'étrangers, mais tempéré par la gravité allemande, présentent le tableau le plus vif et le plus animé : c'est une scène de Téniers dans un paysage de Ruysdaël.

La vie du Viennois au Prater est une fidèle image du gouvernement qui le régit, gouvernement despotique sans doute, mais n'ayant qu'un seul but, le bien-être et la prospérité matérielle du pays. A la différence des autres Etats, et de la France notamment, où l'administration, toujours en butte aux calomnies et aux outrages, s'en venge en se faisant l'ennemie de l'administré, le pouvoir en Autriche, dégagé de tout contrôle, s'étudie à être le protecteur et le guide du peuple. Cette protection est acceptée avec joie; et si le despotisme est quelquefois obligé de se montrer, c'est en famille qu'on l'exerce et, pour ainsi dire, avec le consentement de cette population calme et réfléchie. Aussi, l'étranger, en la contemplant sous ses magnifiques ombrages, et en voyant au milieu d'elle l'empereur, sa famille et ses ministres, confondus dans la foule, sans gardes, sans escorte, est tenté d'envier un bonheur si solide et si vrai.

Mais ce fut surtout à l'époque du Congrès que cette belle promenade brilla d'un éclat jusqu'alors inconnu : Vienne était alors si remplie d'étrangers accourus de tous les pays pour être témoins d'une solennité qui allait clore les prodiges de cette époque, que le nombre des équipages s'y était accru dans une proportion incroyable. C'était une variété infinie de costumes hongrois, polonais, orientaux, d'uniformes militaires de tous les pays de l'Europe, et dont l'œil était ébloui.

Une foule de promeneurs en voiture, à pied, à cheval, et les rayons encore chauds d'un soleil d'automne, donnaient de la vie à ce magnifique séjour.

Au premier coup d'œil, ce qui vient me frapper, c'est le nombre prodigieux de voitures de la même forme et de la même couleur, toutes attelées de deux ou de quatre chevaux. C'est encore une galanterie de l'empereur : il n'a pas voulu qu'aucun des souverains ni aucune personne de leur suite se servît d'autres voitures que des siennes. A cet effet, il en a fait établir trois cents absolument semblables, qui, à toutes les heures du jour et de la nuit, sont à la disposition de ses illustres hôtes.

En quelques minutes, ce panorama vivant m'a bientôt fait passer en revue tout ce que Vienne a réuni dans son sein de puissances et de célébrités de l'époque.

Ici, lord Stuart, ambassadeur d'Angleterre, conduit lui-même quatre chevaux que l'on eût admirés même à *Hyde-Park*.

Dans un carrick élégant, l'empereur Alexandre entraîne sa charmante sœur, la duchesse d'Oldembourg, tandis que, d'un côté, le prince Eugène de Beauharnais et, de l'autre, le prince royal de Wurtemberg, par des motifs assez différents, font leur cour à cet illustre couple fraternel. De toutes ses décorations, Alexandre ne porte que l'ordre de l'Epée de Suède, qui, il faut en convenir, se détache et brille avec plus de coquetterie que tous les cordons sur le fond vert de son uniforme.

Plus loin, dans une calèche découverte, j'aperçois sa seconde sœur, la grande duchesse de Saxe-Weimar, non moins belle, non moins gracieuse.

Derrière eux, l'empereur François, dans un phaéton de peu d'apparence, passe avec sa jeune et charmante épouse (1) : sur sa physionomie brille le reflet du bonheur qui l'environne.

Ici, la foule des promeneurs s'arrête avec un sentiment de respect et d'orgueil : c'est le prince Charles, guidant sa famille dans un modeste équipage.

Zibin, revêtu de son brillant uniforme de hussard, est entraîné au galop par un coursier ukrainien ; à son chapeau flotte un panache qu'on prendrait de loin pour la queue d'une comète chevelue.

Cette grande berline, dont les panneaux sont décorés de si larges drapeaux, c'est celle de sir Sidney Smith, étalant, peut-être un peu trop, ses trophées au milieu de tant de gloires modestes.

Le roi de Prusse galope à cheval suivi d'un seul aide-de-camp. Près de lui je découvre le prince de Hesse-Hombourg et Tettenborn, auxquels, de la main et du cœur, j'envoie le salut de l'amitié.

Lord Castlereagh montre, au fond d'un coupé, sa longue figure ennuyée.

D'un autre côté, un fiacre a accroché la calèche du pacha de Widin. Puis viennent les voitures des archiducs, suivant la file et ne voulant être considérés, dans leurs amusements, que comme de simples particuliers, « n'usant de leurs droits, comme dit Mme de Staël, que quand ils en remplissent les devoirs ».

Au détour d'une avenue, j'aperçus Alexandre Ypsilanti. Cinq ans s'étaient écoulés depuis que je l'avais

(1) C'était la troisième femme de l'empereur François, Marie-Louise d'Autriche-Este.

quitté à Pétersbourg ; il n'était alors que simple enseigne au régiment des chevaliers-gardes, et je l'avais retrouvé major-général, brillamment décoré d'ordres honorables, mais privé d'un bras qu'il avait perdu à la bataille de Bautzen. Nous éloignant de la foule, nous nous témoignâmes mutuellement le plaisir que nous éprouvions à nous revoir. Si sa fortune avait changé, son cœur était resté le même : toujours ouvert aux nobles sentiments, toujours s'animant aux mots d'*amitié* et de *patrie*.

Alexandre Ypsilanti était le fils de l'hospodar de Moldavie et de Valachie. Son père (1), renversé par une de ces révolutions de sérail si communes en Turquie, avait été obligé de fuir. Alexandre, alors âgé de seize ans seulement, à la tête d'un corps d'Arnautes de huit cents hommes, l'escorta au travers des monts Karpatiens et le sauva, quand, échappant aux muets du sérail, il vint chercher un asile en Russie. Elevé par les soins et la générosité de l'empereur Alexandre, le jeune prince entra à son service et parcourut bientôt une brillante carrière. Son âme généreuse, son esprit vif et entreprenant, la franchise de son caractère, m'avaient séduit, et je m'étais lié intimement avec lui. Désirant prolonger le plaisir d'une réunion si douce après une si longue séparation, nous allâmes dîner à l'auberge de l'impératrice d'Autriche. C'est là que se rassemblaient la plupart des étrangers que la cour ne défrayait pas ou qui aimaient à se dérober à son étiquette hospitalière. Cette réunion, inaperçue dans le principe, devint, bientôt après, une puissance délibérante, et eut aussi, sinon sa voix, du moins son importance au Congrès.

Nous nous fîmes servir à une table occupée déjà par vingt personnes de diverses nations. Malgré la diffé-

(1) Constantin Ypsilanti était un grec d'une famille originaire de Trébizonde, dont les membres occupèrent les fonctions de drogmans à la Cour des Sultans. Alexandre était entré au service de la Russie. Il devait prendre parti dans l'insurrection grecque et dut se réfugier en Transylvanie (1792-1828). Son fils, Démétrius, fut un instant généralissime des insurgés de Morée.

rence des intérêts et des rangs, dans un pays éloigné du leur, les étrangers se rapprochaient avec empressement : généraux, diplomates, voyageurs, se trouvaient confondus à ce banquet improvisé : les uns, grands-officiers de majestés dépouillantes ; les autres, avocats de majestés dépouillées. La première partie du dîner fut assez sérieuse, selon l'habitude ; on s'observait ; et la musique d'un très bon orchestre tint longtemps lieu de conversation : chacun semblait se renfermer dans une réserve diplomatique.

J'étais assis près du jeune Lucchesini, depuis peu de jours envoyé à Vienne par la grande-duchesse de Toscane, pour se concerter avec M. Aldini au sujet des réclamations que Mme Bacciochi(1) avait à faire valoir sur le grand-duché et la principauté de Lucques. J'avais vu autrefois Lucchesini, bien jeune, à Paris, chez sa mère ; mais je ne le reconnus pas d'abord. Il était survenu dans sa personne, comme dans sa fortune, d'assez notables changements pour justifier mon oubli.

Son père, le marquis de Lucchesini, pendant plusieurs années ambassadeur de Prusse auprès de Napoléon, jouissait à Paris d'une grande considération que lui avait value sa réputation d'homme d'esprit et de diplomate habile (2). Il avait donné à l'éducation de son fils des soins attentifs et soutenus. Aussi, ce jeune homme, doué de tous les avantages qui font réussir, était-il entré dans le monde sous les plus heureux auspices. Présenté par sa famille à la nouvelle cour de Toscane, et distingué par la souveraine du moment, il avait été créé grand écuyer. On disait que l'amour, qui

(1) Sur Elisa Bacciochi, princesse de Lucques et grande-duchesse de Toscane, il vient de paraître, coup sur coup, deux ouvrages : celui de M. Paul Marmottan (Champion), et de M. Rodocanachi (Flammarion).

(2) M. de Lucchesini, par l'agrément de sa conversation, faisait valoir celle du roi de Prusse. Il savait sur quels sujets Sa Majesté aimait à la faire venir, et ensuite il savait écouter, ce qu'un sot n'a jamais su. M. de Pinto conseillait au roi d'envoyer en ambassade M. de Lucchesini, parce qu'il était homme d'esprit.

« C'est pour cela que je le garde », répondit le roi. (*Note de l'Auteur.*)

rapproche les distances, avait joint ses illusions à celles du pouvoir et rendu digne d'envie la destinée du jeune favori. Je m'aperçus que sa position délicate l'empêchait de me parler avec épanchement : il m'apprit que sa famille résidait dans la belle terre qu'elle possède près de Lucques, et après quelques questions générales, nous échangeâmes nos adresses en nous promettant de nous revoir.

Pour les cent mille étrangers accourus dans la capitale de l'Autriche, le Congrès était moins une assemblée politique qu'une immense réunion de plaisir. Si chaque souverain avait ses ministres et ses ambassadeurs, la société de chaque pays avait aussi ses représentants : aux premiers, les discussions d'intérêt et d'affaires ; aux seconds, le soin, l'unique soin des réceptions et des fêtes. Parmi les plénipotentiaires de cette diplomatie de salon, on citait, pour la France, la comtesse Edmond de Périgord ; pour la Prusse, la princesse de la Tour-et-Taxis ; pour l'Angleterre, lady Emilie Castlereagh ; pour le Danemark, la comtesse de Bernstorff.

La haute société allemande se fractionnait en plusieurs cercles : chacun d'eux avait sa nuance et sa physionomie. Dans les réunions des princesses Marie Esterhazy, de Colloredo, de Lichtenstein, de la comtesse Zichy, on admirait l'urbanité, la grâce s'alliant aux mille détails de la plus touchante hospitalité. Chez Mme de Fuchs régnait l'abandon de l'intimité. Tout était grave, au contraire, chez la princesse de Furstemberg. Aussi distinguée par son énergie que par son instruction, cette dame recevait habituellement les princes : parmi eux, que de souverains étaient devenus sujets ! La maison de la belle duchesse de Sagan était aussi comptée au nombre des plus recherchées. Par son esprit supérieur, il n'eût dépendu que de cette femme remarquable d'exercer une grande influence sur les affaires sérieuses : son jugement était une autorité ; mais elle n'en abusait pas. Les puissances diplomatiques se réunissaient chez M. de Humboldt et chez M. de Metternich, qui aurait dû sans doute être cité le premier. En effet, quoiqu'il fût le point central des affaires, ce ministre trouvait encore la possibilité d'accueillir les étrangers avec la politesse la plus infatigable.

Le salon russe par excellence était celui de la princesse Bagration. Cette dame, épouse du feld-maréchal de ce nom, faisait en quelque sorte les honneurs de Vienne à ses compatriotes. C'était un des astres les plus brillants dans cette foule de constellations que le Congrès avait réunies. Par le charme et la distinction de ses manières, elle semblait avoir été chargée de transporter là les formes polies et cette aisance aristocratique qui faisaient alors des salons de Pétersbourg les premiers de l'Europe. Sous ce rapport, jamais ministre plénipotentiaire ne sut mieux tirer parti de ses instructions.

La princesse Bagration, que, depuis cette époque, Paris a pu admirer, était alors dans tout l'éclat de sa beauté. Qu'on se figure un jeune visage, blanc comme l'albâtre, légèrement coloré de rose, des traits mignons, une physionomie douce, expressive et pleine de sensibilité, un regard auquel sa vue basse donnait quelque chose de timide et d'incertain, une taille moyenne mais parfaitement prise, dans toute sa personne une mollesse orientale unie à la grâce andalouse : telle était, sans aucune flatterie, la ravissante hôtesse chargée, pour cette soirée, d'amuser les loisirs de ces personnages illustres aussi ennuyés parfois que *l'inamusable* amant de Mme de Maintenon.

Quand nous arrivâmes, le prince Koslowski et moi, l'empereur Alexandre, les rois de Prusse et de Bavière, plusieurs autres princes et souverains, un nombre considérable d'étrangers de distinction étaient déjà réunis. On voyait là toute l'aristocratie, toutes les illustrations russes, MM. de Nesselrode, Pozzo di Borgo, le comte Razumowski, ambassadeur de Russie près la cour autrichienne, le prince Volkonski, etc.

Dans cette foule, où je n'apercevais guère que des visages de connaissance, il me semblait être reporté à l'année mil huit cent dix, et dans un des salons de Pétersbourg.

Au milieu de ces notabilités, brillaient, par l'éclat de la naissance, par une haute position et par les charmes de l'esprit, les divers membres de la famille de Nariskin.

Les Nariskin tiennent de près à la maison impériale russe : la mère de Pierre le Grand était une Nariskin. Aussi se croient-ils d'une trop noble souche pour attacher aucun titre à leur nom. En effet, celui de *prince* est si commun en Russie, qu'il y est à peine une distinction. L'aîné des deux frères, le grand chambellan, passait pour un des hommes les plus spirituels de la cour de l'empereur Alexandre. Sa conversation était aussi variée qu'amusante, et le recueil de ses bons mots ferait un gros volume. Ils n'étaient ni aussi fins ni aussi brillants que ceux du prince de Ligne, encore moins que ceux de M. de Talleyrand ; mais quand, par hasard, au Congrès, ces trois hommes étaient réunis, c'était un véritable feu d'artifice d'esprit.

Sa fille, la princesse Hélène, alliait à une remarquable beauté un esprit naturel, brillant, et les charmes d'une âme tendre et élevée. Elle avait épousé le fils du fameux général Souwaroff. Par un rapprochement bizarre, son mari se noya dans le Riminic, petite rivière de Valachie dont son père portait le nom. Malgré les représentations de son postillon, il s'était obstiné à vouloir la passer en voiture au moment où, grossie par les orages, elle était devenue un véritable torrent : les eaux l'entraînèrent sans qu'il fût possible de le secourir. Lors de la mort de Paul Ier, la princesse habitait au palais, avec son père, un appartement au-dessous de celui de l'empereur ; réveillée par le tumulte, qui suivit l'assassinat de l'Empereur, sa nourrice l'emporta précipitamment, et dans son effroi, la cacha au fond d'une guérite isolée, où elle ne fut retrouvée que le lendemain.

Le grand chambellan avait eu la faveur de Paul II : il avait conservé celle de son fils Alexandre. Son faste était au-dessus de toute description ; sa maison toujours ouverte, toujours animée ; toujours bruyante : on aurait pu la nommer un caravansérail de princes. La verdure, les fleurs, le chant des oiseaux, semblaient, même au cœur de l'hiver, y transporter le printemps de l'Italie. Sa générosité était sans bornes et aurait pu passer pour de la prodigalité : souvent elle le réduisait à des extrémités bien cruelles. En voici un exemple : il avait reçu de l'empereur Alexandre la plaque de l'ordre de Saint-André en diamants ; pressé par un besoin d'argent, il l'avait mise en gage. Arrive la fête de l'impératrice, où il doit figurer en grand uniforme ; il ne peut se dispenser d'y porter sur sa poitrine l'étoile brillante dont l'a décoré son souverain. Comment faire pour se la procurer ? Il lui est impossible de retirer le gage, l'empereur est le seul qui en ait une absolument pareille. Dans cette extrémité, il s'adresse au valet de chambre du czar, et emploie promesses, prières, fait tant, en un mot, qu'il le détermine à lui prêter la décoration de son maître. Le valet de chambre y consent, mais épouvanté des suites possibles de cet emprunt, il en avertit l'empereur.

Alexandre, pour unique punition, prit plaisir toute la soirée à mettre son chambellan favori à la torture, s'approchant de lui et braquant impitoyablement son lorgnon sur l'ordre emprunté. Satisfait de cette indulgente et muette vengeance, il ne lui en dit jamais un mot.

M. Nariskin avait accompagné l'impératrice Élisabeth dans son voyage de Pétersbourg à Vienne. Quand Alexandre le chargea de cette mission, il lui fit remettre cinquante mille roubles en papier, et en même temps l'itinéraire qu'il devait suivre. Quelques jours après, l'empereur s'approcha de lui.

« Vous avez reçu, mon cousin, lui dit-il, le paquet que je vous ai envoyé ?

— Oui, sire, j'ai reçu et lu le premier volume de l'itinéraire.

— Ah ! déjà. Et vous attendez le second ?

— C'est-à-dire une seconde édition, s'il plaît à Votre Majesté.

— J'entends : une seconde édition revue et augmentée, dit le czar en riant beaucoup. »

La seconde édition ne se fit pas attendre.

Son frère, le grand veneur, était le mari de cette belle Marie Antonia, née princesse Czerwertinska, l'une des femmes les plus ravissantes de l'Europe, et qui sut fixer si longtemps le cœur du bel autocrate. Sans être aussi brillant que son aîné, il ne manquait pas d'esprit. Il en donnait une preuve dans la philosophie avec laquelle il supportait ses infortunes conjugales. Souvent même, dans ses réponses à l'empereur, il s'en expliquait avec une sorte de gaieté naïve et plaisante. Ce n'était pas la lâche complaisance d'un homme qui tire vanité de son affront, mais la résignation opposée à un mal qu'on ne peut empêcher.

Alexandre lui demandait des nouvelles de ses enfants :

« Des miens, sire, ou de ceux de la couronne ? »

Une autre fois il était encore question de sa famille et de ses deux filles. L'empereur en passant s'en informait avec bonté.

« Mais, Votre Majesté, répondit le grand veneur, ma seconde est la vôtre. »

Alexandre s'éloigna en souriant.

On pense bien que la verve satirique du grand chambellan, qui n'épargnait personne, n'épargnait pas non plus son frère : le grand veneur prenait soin de sa chevelure, toujours frisée et bouclée avec un art tout particulier. On le faisait remarquer au grand chambellan.

« Ce n'est pas étonnant, dit-il, mon frère est coiffé de main de maître. »

Dans cette longue liaison, et quelque empire que la belle Nariskin eût conservé sur le cœur de son illustre amant, jamais Alexandre ne sacrifia les convenances. Au milieu des fêtes perpétuelles du Congrès, dans cette vie presque toujours dépouillée des liens de l'étiquette, l'impératrice Élisabeth se fût à chaque pas rencontrée avec sa rivale ; son cœur en eût été vivement froissé. Mme Nariskin ne parut pas au Congrès.

Auprès de l'empereur de Russie était assise la princesse de la Tour-et-Taxis, née de Mecklembourg-Strélitz, belle-sœur du roi de Prusse. Ce prince avait conservé le plus tendre souvenir de l'épouse qu'il avait perdue, et reportait toute la tendresse de ce sentiment sur sa sœur, qui jouissait auprès de lui du plus grand crédit : jamais elle ne lui demandait une faveur sans l'obtenir. Douée d'un esprit supérieur et d'une beauté qui était devenue proverbiale, sans égaler cependant celle de la reine sa sœur, elle avait, dans toute sa personne, un charme et une majesté qui lui gagnaient instantanément l'admiration et les hommages. A Vienne, où se trouvaient tant de personnes distinguées, elle était une de celles qui brillaient le plus par la réunion de toutes ces qualités.

Je me trouvais placé près du prince Koslowski et du baron Ompteda, et j'étais bien certain que, dans un cercle si nombreux, ils trouveraient tous deux ample matière à leurs piquantes observations.

« Voyez, me dit le baron, derrière le fauteuil de l'empereur Alexandre, son frère le grand-duc Constantin, la troisième personne de l'empire et probablement l'héritier présomptif du trône : quelle attitude servile il prend auprès du czar ! quelle affectation il met à se proclamer son premier sujet ! En vérité, on le croirait enthousiaste de soumission, comme un autre pourrait l'être de liberté. Non, je ne puis comprendre qu'on savoure ainsi avec délices la volupté de l'obéissance.

Remarquez, non loin du grand-duc, le jeune prince de Reuss, vingt-neuvième du nom : chez lui c'est un autre travers. Il s'est avisé de donner dans les rêveries de je ne sais quelle école germanique, et il y a puisé une sensiblerie affectée qui gâte en lui les qualités les plus réelles et les dons les plus heureux de la nature. La sentimentalité vague, dont il fait ouvertement profession, lui inspire les idées les plus bizarres. Il écrivait, il y a quelques jours, à une dame qui n'est pas loin de nous : « L'espoir sans cesse renaissant et détruit, ne me retient au monde que pour languir suspendu, comme le tombeau de Mahomet, entre le ciel et la terre..... Décidez :..... ou votre amour ou ma mort. » On ne lui a pas donné l'un, et il s'est bien gardé de se donner l'autre. Et voilà comme, de gaieté de cœur, on s'affuble d'un ridicule que le monde vous pardonne souvent moins qu'un défaut réel. Son oncle Henri XV ou XVI, maintenant commandant civil et militaire de Vienne, est d'un esprit un peu plus positif. Le grand Frédéric lui demandait un jour si les princes de sa maison se numérotaient comme les fiacres.

— Non sire, reprit Reuss, mais comme les rois.

Frédéric dut être confus de la repartie. Elle lui plut néanmoins, comme tout ce qui était spirituel et imprévu, et, à dater de ce moment, le prince Henri fut toujours en faveur auprès de lui. »

Kolowski me fit remarquer ensuite, non loin de l'impératrice Élisabeth, la comtesse Tolstoy, femme du grand maréchal, née princesse Baratinsky ; sa mère était de la famille de Holstein, et cousine germaine de Catherine II.

« Vous savez, me dit-il, que le grand maréchal est en pleine disgrâce.

— Oui, prince ; mais j'en ignore la cause.

— La voici. Le comte Tolstoy fort de l'indulgence de l'empereur, se permettait de prendre avec lui un ton de remontrances que bien peu de souverains auraient toléré ; il le contrariait sur tout. Alexandre riait souvent de ses observations chagrines ; quelquefois il s'en fâchait et s'en vengeait plaisamment à sa manière. Lorsque tous deux voyageaient en traîneau découvert, et que les taquineries du grand maréchal avaient mis à bout la patience du czar, celui-ci, sans répondre, d'un coup d'épaule faisait tomber Tolstoy sur la neige, et le laissait pendant quelques minutes courir après le léger équipage. Quand il jugeait la punition suffisante, on s'arrêtait. Le maréchal, tout en grommelant, se replaçait près de son maître, et tout était oublié.

Persuadé que cette bonté ne se lasserait jamais, Tolstoy a voulu s'opposer à ce qu'Alexandre parût au Congrès. A l'entendre, l'empereur n'y remplirait pas un rôle digne de lui. Fatiguée depuis longtemps, Sa Majesté a pris cette fois la chose plus au sérieux, et s'est séparée de son grand maréchal. Celui-ci est, dit-on, inconsolable de sa disgrâce. Fiez-vous donc à l'amitié des rois ! »

Effectivement, quelque temps après, le comte Tolstoy, incapable de survivre à la perte de sa faveur, mourut de chagrin à Dresde où il s'était retiré.

Tout à coup, il se fit un grand silence. Une jeune actrice française, Mlle L..., élève de Talma, récemment arrivée de Paris, et que protégeait la princesse Bagration, allait se faire entendre. Quoique la versification tragique française ait surtout besoin de l'illusion de la scène et des prestiges du costume, ce genre de distraction n'avait pas encore été prodigué comme aujourd'hui : on s'empressa autour de la belle tragédienne.

Mlle L... récita, avec beaucoup d'âme, quelques tirades de Zaïre, et fit particulièrement honneur à son maître dans la belle scène du *Songe d'Athalie*. Aussi, ne lui épargna-t-on pas les éloges, et je ne crois pas que jamais débutante ait eu un pareil parterre pour juge.

On se réunit ensuite autour d'une table chargée d'objets riches et élégants. On allait tirer une loterie, espèce de galanterie renouvelée de la cour de Louis XIV, qu'avait inspirée à ce monarque son amour pour Mme de La Vallière, et dont les dames trouvaient la mode fort ingénieuse. Chaque souverain fournissait à ces loteries un ou plusieurs présents qui, échus en lots à quelques heureux cavaliers, leur offraient un moyen d'en faire hommage à la dame de leurs pensées. Ce genre d'amusement se renouvela très souvent pendant la durée du Congrès : les plus remarquables loteries furent celles qui eurent lieu chez la princesse Marie Esterhazy et chez Mme Bruce, née Mouskhin-

Pouskhin. Elles ne se bornèrent pas même aux salons, et furent plus tard la cause principale d'une aventure qui occupa vivement les esprits.

Quelques-uns de ces lots étaient magnifiques ; le grand duc Constantin gagna deux vases de porcelaine que le roi de Prusse avait fait venir de sa manufacture de Berlin. Il les offrit à la belle hôtesse. Le roi de Bavière eut une boîte en mosaïque, qu'il pria la princesse Marie Esterhazy d'accepter, et le comte Capo d'Istria un coffre en points d'acier, qu'il donna à la princesse Volkonski.

Deux petits flambeaux en bronze échurent à l'empereur Alexandre : il en fit cadeau à Mlle L.., dont il s'occupait alors, dit-on.

« Les amours de Sa Majesté, murmurait-on autour de moi, ne feront pas une grande brèche au trésor impérial. Il vient d'offrir à Mlle L... un présent de quelques louis. C'est vraiment une prodigalité éblouissante ; car souvent, au lieu de donner c'est lui qui reçoit. Tout le linge qu'il porte a été confectionné par les belles mains de Mme Nariskin ; il en accepte la façon, rien de plus simple ; mais il oublie toujours de lui rembourser le prix de l'étoffe. La charmante favorite le dit à qui veut l'entendre. Ici on parle souvent de Louis XIV : on cite à tout propos les moindres particularités de ses fêtes. Nos souverains devraient bien l'imiter. Et, si bien ciselés que soient ces flambeaux, Mlle L... ne peut trouver qu'ils vaillent les bracelets de diamants gagnés par le grand roi à la loterie de MADAME, et si délicatement offerts à la belle La Vallière (1). »

« Tout ceci est certainement de bon goût, me dit le prince Koslowski ; mais que sont ces fêtes à côté de celles que Potemkin, après la prise d'Oczakoff, donna à l'impératrice Catherine au palais de la Tauride, et dont les tableaux fantastiques sont encore présents au

---

(1) C'était, en effet, la mode à Versailles et à Saint-Cloud. La plus brillante de toutes fut la loterie offerte par Monsieur le 9 août 1689, jour de la réception de l'ambassadeur de Venise. Il y fut donné de magnifiques cadeaux aux dames : porcelaines, bijoux, meubles, etc.

souvenir de nos mères? Là aussi était une sorte de loterie : au tirage présidait non le hasard, mais l'adresse. Dans la salle du bal s'élevait une longue suite de colonnes de marbre, ornées de guirlandes de bijoux : la danse était conduite de façon que chaque cavalier, passant près de ces colonnes, en détachait, sans s'arrêter, quelque ornement précieux qu'il offrait à sa danseuse. Vous pensez bien que cette galanterie plut beaucoup aux dames, et que l'impératrice se chargea d'acquitter la dette de leur reconnaissance en comblant son favori de nouvelles richesses. Voilà des amusements dignes des souverains. Nous devenons bien mesquins, en vérité! »

On tira ensuite une foule d'autres lots de moindre valeur, qui établit un doux commerce d'échange. Il y avait tant de monde dans le salon, que je n'aperçus Ypsilanti que lorsqu'il s'avança pour recevoir une palatine de martre, qu'il offrit à la princesse Souwaroff. Profitant d'un instant où la foule était moins compacte, je m'approchai d'eux, et je témoignai à cette belle princesse Hélène tout le plaisir que j'éprouvais de la revoir.

« Nous avons, sans doute, beaucoup à causer, me dit-elle ; venez demain, avec Ypsilanti, déjeuner chez moi à midi : nous serons un peu plus seuls, et moins observés qu'ici. Nous parlerons de Pétersbourg, du Congrès, de vos voyages. »

J'acceptai avec joie, bien certain de retrouver auprès d'elle le souvenir de mon séjour en Russie, qui a fait de ces années les plus remarquables de ma vie.

Quand les souverains se furent retirés, on fit de la musique, on dansa, puis vint un élégant souper avec sa gaieté franche et ses causeries intimes. Ce fut, en un mot, une de ces successions d'heures qui semblaient toutes, à Vienne, filées d'or et soie par la main des plaisirs.

CHAPITRE VI

Le château de Laxembourg. — Une chasse au héron. — L'impératrice d'Autriche. — Une chasse royale. — Fête au château du Ritterburg. — Souvenir de Christine de Suède. — Constance et Théodore, ou un mari aveugle. — La Pologne. — Projet pour son indépendance. — Le comte Arthur Potocki. — Le prince de Ligne et Isabey. — La maison du prince de Ligne sur le Kalemberg. — Conversation intime et souvenirs. — L'impératrice Catherine II. — La reine Marie-Antoinette. — Mme de Staël. — Casanova.

Il fallait sans relâche amuser ces rois en vacances, ainsi que les appelait le prince de Ligne, et leur éviter, à tout prix, les atteintes de l'ennui. Le comité nommé par l'empereur, et composé des personnages les plus éminents de la cour autrichienne, se tourmentait pour que chaque jour amenât une nouvelle distraction. On s'occupait activement des apprêts du grand tournoi impérial qui devait faire époque parmi les plus brillantes solennités du Congrès ; on étudiait sans relâche la coupe, le dessin et les couleurs des habits ; les coursiers étaient chaque jour dressés aux évolutions ; les cavaliers s'exerçaient aux passes, aux tours d'adresse qui devaient rappeler les temps anciens de la chevalerie ; les dames essayaient les éclatantes parures dont l'exactitude historique devait captiver les suffrages en charmant les regards. Mais, en attendant que ces brillants préparatifs fussent terminés, on avait organisé une grande chasse dans le parc et dans le bois de la résidence impériale de Laxembourg : de nombreuses invitations avaient été distribuées.

Laxembourg est situé à deux lieues environ de Schœnbrunn : le parc était dessiné dans le genre anglais. Ce sont des massifs d'arbres capricieusement disposés ; plus loin, de vastes pelouses terminées par de sombres forêts ; ici, d'ingénieux mouvements de terrain ; là, des masses de rocher ; partout, les points de vue, les accidents de site les plus variés. En un mot, l'art y a réuni, dans un espace resserré, les différentes beautés de la nature. Mais ce qui en fait le principal ornement, c'est un étang magnifique, ou plutôt un lac, dont la vue rappelle les paysages de la Suisse. Sur ses eaux limpides flottait, à cette époque, une escadrille de parade, composée d'une frégate en miniature, avec ses canons et ses agrès, et de plusieurs autres petits bâtiments, dont les pavillons éclatants répandaient sur cette vaste nappe l'animation et la vie.

Schœnbrünn étant l'objet de l'affection particulière de l'illustre Marie-Thérèse, Laxembourg avait été moins favorisé que son voisin sous le rapport de l'habitation. L'empereur François a réparé cet injuste oubli. Sur une éminence, à peu de distance du lac, il a fait élever le Ritterburg, ou « château du Chevalier », qui est devenu une des principales curiosités de l'Autriche. Cette construction est une imitation exacte de ces châteaux forts ou sombres manoirs de la féodalité du moyen âge. Les murs épais, flanqués de tours et surmontés de crénaux, sont entourés d'un large fossé plein d'eau. La cour intérieure offre alors un champ clos avec sa lice, ses pavillons, ses barrières, le tout disposé pour les combats des chevaliers. A l'intérieur règne le même style : les premières pièces sont remplies d'armes antiques, de cottes de maille, de cuirasses; des faisceaux de lances, des trophées sont appuyés contre les piliers gothiques : aux sombres voûtes en ogive sont suspendues des bannières, des turbans, de riches ajustements orientaux, dépouilles des infidèles, monuments de ces victoires qui ont sauvé la chrétienté.

Plus loin, on conserve précieusement des armes, des vêtements, reliques vénérables des héros qui jadis ont illustré l'empire d'Allemagne, de Rodolphe de Hapsbourg, de Maximilien Ier, de Charles-Quint.

Là, une pièce est tapissée avec les manteaux de velours des premiers chevaliers de la Toison d'or. Dans une salle circulaire sont rangées les statues en marbre blanc des empereurs de la maison d'Autriche.

Puis, viennent de vastes appartements de réception, dont plusieurs sont admirables par leurs décors. Ici, ce n'est plus l'imitation du style gothique ; ce sont les merveilles de l'art lui-même à cette époque, et que le temps a épargnées ; c'est-à-dire les sculptures les plus délicates, les panneaux les plus artistement travaillés, des plafonds tout entiers. Toutes ces richesses ont été recueillies dans les couvents qui venaient d'être supprimés au moment de la construction du Ritterburg. Rien de ce qui pouvait compléter l'illusion n'a été oublié : un escalier tortueux vous mène dans un cachot, chambre de torture avec ses portes massives, ses fers, ses chaînes, et jusqu'aux instruments du supplice. Dans le fond, on aperçoit un malheureux prisonnier vêtu encore du costume de templier, et courbé sous le poids de ses entraves. Mû par un mécanisme intérieur, il se soulève avec effort et paraît vouloir tendre ses bras au spectateur. A cette vue on est saisi d'un frisson involontaire, tant l'imitation est parfaite.

Au dernier étage de cette tour est une vaste pièce appelée la salle du Jugement. D'étroites fenêtres en ogive n'y laissent pénétrer qu'un jour sombre. Douze sièges en pierre sont placés circulairement autour des murs. Au centre est une table ronde, dont le milieu évidé n'offre que l'espace nécessaire pour passer la tête d'un homme. Quand arrivait le jour du jugement, l'accusé était placé sur une chaise : au moyen d'une machine à poulies, il était rapidement enlevé jusqu'au sommet de la tour, et tout à coup sa tête seule apparaissait au milieu de la table. Avant l'interrogatoire, on lui intimait de dire toute la vérité : il répondait, certain qu'au moindre signe de ses juges, la corde qui le suspendait pouvait être rompue, et le précipiter d'une hauteur de deux cents pieds sur les dalles de son cachot. Rien ne peut donner une plus saisissante idée de ces terribles *justices* féodales au moyen âge.

Le comité des fêtes avait eu l'idée, disait-on, de donner la représentation de l'une de ces scènes d'ascension judiciaire : les rôles même avaient été distribués. Mais l'impératrice d'Autriche avait pensé avec raison que ces images d'angoisse et de torture assombriraient par trop la charmante fête qu'elle préparait à ses hôtes.

La chapelle du Ritterburg n'est pas une de ses moindres curiosités. C'est la même que saint Léopold fit construire au XII° siècle à Kloster-Newbourg. On en a transporté tous les matériaux pièce par pièce. Ce monument s'encadre parfaitement dans tous ces souvenirs du temps passé.

Parmi les objets d'art, qui dans l'intérieur du château attirent l'attention, on remarque plusieurs tableaux du Canaletto, entre autres des vues de Schœnbrunn, la place de Graben, l'église des Capucins, etc.

L'impératrice Marie-Thérèse venait quelquefois à Laxembourg se délasser des fatigues du gouvernement, et se donner le plaisir de la chasse au faucon. Le Rittenburg n'existait pas alors.

Lorsque, dans l'embarras de trouver des divertissements nouveaux, le comité des fêtes conçut le projet de réunir dans une partie à Laxembourg tous les hôtes illustres du Congrès, l'idée d'une chasse au faucon se présenta naturellement. Dans le voisinage de ce château gothique, rien ne pouvait mieux s'harmoniser avec le style de sa construction qu'un amusement emprunté précisément aux souvenirs et aux mœurs des siècles féodaux.

Le rendez-vous était donné sur les bords du lac, non loin d'un endroit marécageux servant de retraite à de nombreuses bandes d'oiseaux aquatiques. Au premier rang des chasseurs on distingue la belle impératrice d'Autriche, passionnée pour la chasse, et renommée pour son adresse merveilleuse ; la gracieuse Elisabeth, impératrice de Russie, la reine Caroline de Bavière, sa sœur, puis une foule de dames, dont plusieurs dans l'élégant costume du XVI° siècle. Les souverains à cheval sont guidés par l'empereur François dont la noble hospitalité est infatigable : au milieu d'eux, dans une calèche basse, est étendu l'énorme roi de Wurtemberg, célèbre autrefois par ses chasses magnifiques, et curieux d'assister à ce tranquille plaisir qui ne lui rappellera pas les fatigues et les périls auxquels il fut habitué.

Les piqueurs, revêtus de leur bel uniforme, s'avancent, tenant les chiens accouplés : viennent ensuite les fauconniers portant sur le poing les oiseaux, dont les yeux sont couverts d'un capuchon en cuir fortement attaché. Derrière eux, se presse la foule impatiente des spectateurs.

Arrivés près d'un endroit où les joncs et les roseaux dérobent la vue du lac, on fait halte : les chiens sont découplés et lancés dans le marais pour faire lever le gibier. L'air retentit de leurs aboiements réitérés : les yeux des chasseurs sont fixés vers le ciel, dans l'attente de cette lutte nouvelle pour eux.

Tout à coup, un superbe héron, au plumage cendré, part au milieu des roseaux, d'abord lentement, par bonds saccadés et pesants : puis, déployant son aile robuste, il s'élève rapidement dans les airs. A la vue de ce gibier, qui promet non pas une chasse facile, mais un véritable combat, les fauconniers donnent de l'escape, encouragent leurs oiseaux de la voix, et attendent, pour lancer le premier combattant, l'ordre de l'impératrice.

Le signal est donné : on enlève rapidement le capuchon : un des faucons est rendu libre. D'abord, il semble ébloui de l'éclat du jour. Du doigt, le fauconnier lui montre le héron fugitif. L'intrépide gerfaut secoue ses ailes, pousse un cri, puis s'élance avec la rapidité de l'éclair. Le héron effrayé s'efforce, mais en vain, de s'élever plus haut vers les nuages. Mais, dans son habile manœuvre, le faucon dirige son vol de manière à planer toujours au-dessus de sa proie. Chaque fois qu'elle veut monter vers le ciel, à l'instant il se présente menaçant, et l'oblige de descendre vers la terre. Veut-elle s'écarter du point où sont rassemblés les chasseurs ? Prompt comme la foudre, il se présente devant elle, et la force à changer la direction de sa fuite : il la harcèle, la fatigue, l'éblouit par les battements réitérés de ses ailes, et la ramène enfin vers les spectateurs dont les yeux peuvent facilement saisir tous les détails de la lutte.

Le héron se décide enfin à résister. Immobile dans son vol, il présente à l'ennemi son long bec, acéré comme un glaive Le faucon commence son attaque. Après avoir tourné rapidement autour du héron, il redescend vers la terre, remonte, et soudain se cramponne aux flancs de sa victime. Alors se livre un véritable combat corps à corps, avec ses fureurs et ses chances.

Le premier, le héron porte à son adversaire un coup terrible, et le perce comme d'un poignard entre l'aile et le cou. Le gerfaut riposte et s'attache à son ennemi qu'il déchire de son bec crochu. Le héron redouble ses coups : obligé de combattre et en même temps de porter le faucon qui ne l'a pas lâché, il le perce avec acharnement et ne peut néanmoins s'en débarrasser. Le sang jaillit bientôt et vient rougir le plumage des deux oiseaux. Cependant le faucon ne porte plus que des coups rares et mal assurés. La victoire semble se déclarer pour son adversaire.

Quoique aveuglés par leurs épais chaperons, les faucons qui n'ont pas pris part à la lutte agitent leurs ailes et hérissent leurs plumes. Un piqueur s'avance portant un nouveau combattant. A son plumage d'un beau brun on reconnaît une femelle. Car il est à remarquer que, dans cette espèce, les femelles sont plus grandes, plus fortes, plus hardies que les mâles. Soudain le capuchon est enlevé : rapide comme la pensée, elle s'élance, et, dédaignant les fausses manœuvres, saisit le héron par le cou. Les fanfares des cors, les cris des chasseurs, les aboiements des chiens, font retentir les airs. En vain le héron cherche à résister. Le nouvel assaillant l'étouffe et lui enfonce ses griffes dans le dos, tandis que le premier, ranimé par le secours de sa femelle, a recommencé plus vivement son attaque. Quelque temps encore le malheureux oiseau s'épuise en bonds incertains. Perdant ses forces avec son sang, il ferme ses ailes et se laisse tomber vers la terre. Les deux faucons poussent alors des cris de victoire, lui crèvent les yeux à coups réitérés, et, sans l'abandonner un instant, l'entraînent jusqu'aux pieds des fauconniers.

Selon l'antique usage de la vénerie, un piqueur s'avance et détache du cou ces plumes fines et élégantes, semblables à une aigrette naturelle. Il les remet à l'empereur Alexandre qui s'empresse d'en faire hommage à la belle impératrice d'Autriche. Les cors sonnent la fanfare de victoire, pendant que les oiseaux vainqueurs dévorent la victime, et qu'on s'empresse autour des fauconniers pour les féliciter.

Ce n'était là que le prélude d'une chasse plus importante pour laquelle rien n'avait été négligé. Le signal du départ est de nouveau donné : la foule des chasseurs et des spectateurs se dirige vers une autre partie du parc. Sur une large pelouse entourée de bois, est une vaste arène, préparée pour les tirés. Derrière, s'élève un amphithéâtre circulaire qui doit contenir les spectateurs invités par la cour. Les souverains et les hauts personnages auxquels l'honneur de la chasse est destiné, se placent de distance en distance : chacun d'eux est accompagné de quatre pages qui doivent charger les armes, pour éviter à ces illustres chasseurs même l'apparence de la fatigue. A côté des pages, sont des piqueurs armés de lances, servant de sauvegardes contre toute espèce de danger.

Les battues générales avaient eu lieu dès la veille. Sur l'ordre de l'impératrice, les batteurs se rapprochent tous à la fois, et, au même instant, on voit déboucher, par toutes les issues du bois, une quantité innombrable de sangliers, de cerfs, de lièvres et de gibier de toute espèce, qui, en quelques instants, sont battus par le plomb privilégié, aux grands applaudissements des spectateurs.

Mes amis et moi nous étions placés à peu de distance de l'impératrice d'Autriche, qui, tirant avec un mousquet seulement chargé à balle, et choisissant toujours pour but les lièvres ou quelque menu gibier, ne manquait presque jamais de l'atteindre.

Enfin ce feu de file, ou plutôt cette espèce de carnage, ne cessa que lorsque le nombre des animaux tués monta à plusieurs mille. Les fanfares des cors mêlées à la voix des batteurs, aux aboiements des chiens, firent de nouveau retentir la forêt. La terre était jonchée de gibier : le sang ruisselait. En vérité, après la noble lutte dont nous venions d'être témoins, il était difficile de ne pas avouer que les amusements de nos pères étaient bien supérieurs aux nôtres.

Ypsilanti paraissait émerveillé de l'adresse remarquable de l'impératrice d'Autriche et de la justesse de ses coups.

« Certainement, lui dis-je, on ne peut lui contester ce talent si rare chez les dames. Mais j'ai vu dans l'arsenal de Stockholm une longue carabine qu'on chargeait avec une balle de la grosseur d'un plomb à moineaux, et avec laquelle la reine Christine, assure-t-on, s'amusait, dans sa chambre, à viser des mouches qu'elle ne manquait jamais d'atteindre. »

Quand la chasse fut terminée, la nuit arriva promptement. Tout à coup, par une espèce de magie, la pelouse et les allées du parc furent éclairées par d'énormes pots à feu qu'en Turquie on nomme machala, et qui projettent au loin une vive lumière. Au même instant, tous les appartements du Ritterburg parurent éclairés pour la réception des hôtes illustres qui allaient s'y réunir. Certes, quand l'empereur François fit construire ce château, pour qu'il rappelât exactement les idées de la féodalité, qui aurait pu prévoir qu'une aussi longue nomenclature d'illustrations, depuis les empereurs jusqu'aux simples chevaliers, viendrait s'y presser dans un seul jour ? Quoique les seules personnes munies de billets d'invitation eussent été admises à Laxembourg, le nombre en était si considérable qu'on avait peine à circuler dans les salons. Cette foule animée, cette profusion de lumières, formaient le contraste le plus curieux et le plus bizarre avec les sombres voûtes, les trophées d'armes, les vêtements et tous ces ornements du moyen âge.

La belle hôtesse couronnée fit, avec sa grâce accoutumée, les honneurs du manoir féodal. On servit à cette troupe de chasseurs et de chasseresses une magnifique collation, à laquelle succéda un concert d'une espèce particulière. Dans un coin de la grande salle, était placé un orgue d'une énorme dimension ; sa construction, le son et les ornements rappelaient fidèlement ces machines à tuyaux d'airain et à soufflets dont la piété de nos pères enrichissaient les cathédrales au moyen-âge. Aux sons graves de cet orgue se mêlait un accompagnement d'instruments à vent exécuté par des musiciens venus de la Bohême. On sait à quelle perfection la musique instrumentale y est parvenue. Pour compléter l'illusion, on avait choisi principalement quelques-unes de ces vieilles mélodies nationales, que la tradition seule à conservées d'âge en âge. Dans les intermèdes, des piqueurs, placés sur une tour qui domine le château, faisaient entendre des airs de chasse qui ressemblaient à un écho du ciel.

Déjà plusieurs fois, dans les concerts, j'avais remarqué un jeune homme dont les yeux étaient couverts d'un bandeau noir et que guidait au travers de la foule une jeune dame d'une tournure charmante, mais dont un voile épais dérobait les traits aux regards. Je les aperçus non loin de l'orgue : ils paraissaient prendre un vif plaisir à la musique. Je demandai au comte François de Palfi, qui était assis auprès de moi, quels étaient ces deux jeunes gens qui semblaient plutôt attrister une fête qu'y prendre part.

« Ce jeune homme, me répondit-il, est le comte Hadick ; la dame qui l'accompagne est sa femme : leur histoire est bien intéressante.

Liés d'une étroite amitié, cimentée par de longs et importants services, les comtes Hadick et Amady résolurent d'y joindre les liens plus forts et la parenté, en unissant leurs enfants à peu près du même âge. Théodore Hadick, seul rejeton de cette famille illustre, fut donc élevé avec la jeune Constance, qui, dès son enfance, se montrait aussi bonne qu'elle était belle. A quinze ans, les sentiments de ces deux jeunes gens étaient déjà ce qu'il devaient être toute leur vie. Les châteaux des deux magnats étaient voisins l'un de l'autre ; Constance, en assistant aux leçons de son jeune ami, apprit facilement tous ces exercices qui développent les grâces sans nuire à la beauté. Ce qui les rapprochait encore, c'est une même et vive passion pour la musique, passion qui paraît innée chez les Hongrois. Dans tout le pays on les citait comme des modèles de perfection et de vertu : déjà leurs pères songeaient à fixer l'époque de leur prochaine union, lorsque la guerre éclata.

Les lois de la Hongrie, vous le savez, obligent chaque noble à combattre personnellement pour la défense de la patrie ; et dans les grands dangers, quand la nation entière prend les armes, les magnats marchent, avec leur bannière, à la tête de leurs vassaux. Le comte Hadick, jaloux de l'honneur de sa maison, désirait vivement que son fils prît part aux combats qui allaient se livrer. Constance, dissimulant sa douleur, toute à l'avenir, à la gloire de son ami, vit avec courage les apprêts d'un départ que les chances de la guerre pouvaient rendre bien long et peut-être éternel.

Impatient de se dévouer à son pays, Théodore pressait l'instant qui devait lui fournir l'occasion de se rendre plus digne encore de celle qu'il aimait ; on fixa le jour de son départ. Mais, la veille, les fiançailles se firent au château ; et se fut avec la certitude de posséder la main de Constance que le jeune comte, à la tête de ses vassaux, alla rejoindre à Pesth l'armée hongroise. Les résultats de cette guerre sont connus. Les Hongrois y conservèrent leur réputation de brillante valeur. Théodore, par plusieurs actions d'éclats, mérita que le chapitre de l'ordre de Marie-Thérèse lui conférât sa croix, regardée comme une des plus honorables distinctions militaires.

Mais tandis que la gloire comblait le jeune homme

de ses faveurs, Constance, victime d'une maladie cruelle, était aux portes du tombeau. Atteinte d'une petite vérole maligne, longtemps elle fut entre la vie et la mort. Les médecins, en conservant ses jours, ne purent la préserver entièrement des atteintes du venin funeste et empêcher ce visage, que la nature avait fait charmant, de devenir presque hideux. On ne lui permit de contempler ses traits que lorsqu'elle fut en pleine convalescence.

A cette vue, le désespoir la saisit, et, persuadée que Théodore ne pourrait plus l'aimer, elle appelait la mort de ses vœux.

En vain son père et le comte Hadick cherchaient à la rassurer. Poursuivie par cette horrible crainte de ne plus être digne de son amant, elle repoussait toutes consolations : et cette jeune fleur mourrait desséchée, sans que rien pût la rendre à l'espérance.

Cependant, un matin, elle était dans les bras de son père qui la conjurait de vivre au moins pour lui : le domestique, qui avait accompagné Théodore à l'armée, entre précipitamment dans la pièce où elle se trouvait, et annonce que son maître le suit. Effectivement, on entendait la voix du jeune homme qui s'avançait en répétant :

— Constance, où es-tu, où es-tu?

A ces accents si chers, l'infortunée, n'ayant pas la force de fuir, se couvre le visage avec son mouchoir et ses mains.

— Ah! de grâce, Théodore, s'écria-t-elle, ne m'approche pas. J'ai perdu ma beauté. Je n'ai plus rien, rien à t'offrir que mon cœur.

— Qu'ai-je entendu? Mais regarde-moi, chère Constance.

— Non, non, tu frémiras en me voyant.

— Eh! que m'importe, si ton amour est le même? Constance, Constance, je ne puis plus te voir.

Elle lève les yeux, le regarde. Théodore était aveugle : un coup de feu l'avait privé de la vue.

— Ah! mon Dieu, sois béni, s'écrie Constance en

tombant à genoux ; Théodore, nous serons unis ! Tu pourras m'aimer encore ! Je serai ton guide, oui, je serai toujours la même comme aux premiers moments de notre amour ; tu pourras m'aimer encore.

Peu de temps après, ils furent mariés. Jamais couple, si digne d'être heureux, ne le fut peut-être plus réellement. Partout, la comtesse conduit son époux sans le quitter un seul instant. Elle l'entoure des soins les plus délicats : son amour semble puiser une nouvelle ardeur dans sa triste position. Si vous lui voyez toujours ce voile, ce n'est pas qu'elle redoute de montrer des traits défigurés, mais elle craint que les remarques de la foule sur la perte de sa beauté ne viennent attrister le cœur de l'époux qu'elle adore.

La passion du jeune comte pour la musique semble être devenue plus forte depuis qu'il a perdu les jouissances de la vue. Il assiste régulièrement à tous les concerts ; toujours à ses côtés est sa fidèle compagne, qui ne semble vivre que pour lui. »

Le comte terminait cette touchante histoire, quand le concert s'achevait. On ouvrit les fenêtres : sur le lac même était préparé un magnifique feu d'artifice. Les gerbes de feu qui se croisaient et se réfléchissaient dans l'eau, les barques nombreuses pavoisées et illuminées, cette masse de lumières, se détachant sur le fond sombre des arbres de la forêt, le bruit des cors se mêlant aux éclats des bombes et des fusées, tout cet ensemble produisit un effet vraiment magique.

Enfin, après cette journée si bien employée, on songea à regagner Vienne, pour recommencer encore le lendemain à parcourir ce cercle inépuisable de plaisirs et de fêtes.

Je devais, le lendemain, passer la journée avec le prince de Ligne à sa maison du Kalemberg. En arrivant chez lui, j'y trouvai M. Nowosilitzoff, homme d'État d'un véritable mérite, et placé très avant dans la confiance de l'empereur de Russie. Alexandre portait alors, disait-on, le plus vif intérêt au sort futur de la

Pologne. La constitution de ce pays, son organisation, ses institutions qui devaient le replacer au rang des nations européennes, sa destinée enfin, était une des plus graves questions soumises aux délibérations du Congrès. Conseiller intime du czar, membre du gouvernement provisoire de Varsovie, M. Nowosilitzoff travaillait en ce moment à la rédaction de la constitution que l'empereur voulait donner à son nouveau royaume.

Le prince de Ligne professait une vive sympathie pour la Pologne. Il admirait, chez elle, ces mœurs chevaleresques et hospitalières, et cette franchise qui forment les principaux traits du caractère polonais. A cette admiration se joignait sa reconnaissance pour une nation qui l'avait jadis admis dans les rangs de sa noblesse. Aussi, écoutait-il attentivement le développement des projets d'Alexandre, projets auxquels il était permis de croire alors. Quant à moi, le sujet m'intéressait comme tout ce qui touche à ce pays où j'avais passé quelques-unes des plus belles années de ma jeunesse.

« Après tant d'efforts inouïs, disait M. Nowosilitzoff, après tant d'espérances déçues et de dévouements sans résultat, la Pologne va respirer enfin. Longtemps abusés par cet homme qui eut le malheur de donner sa volonté pour règle, sa puissance pour preuve et ses succès pour raison, les Polonais ont pu croire à des promesses qui devaient faire revivre leur nationalité.

— Il n'est aucun peuple, dit le prince, qui ne se fût consolé de ses sacrifices par une si noble illusion.

— Sans doute ; mais, ramenant sans cesse leurs pensées sur les temps brillants de leur histoire, ils rêvent pour leur patrie l'attitude fière et indépendante que lui avaient donnée les Batori, les Sigismond, les Sobieski ; et dans ce beau songe du passé, en s'abusant sur l'état politique actuel de l'Europe, ils ne veulent pas seulement s'arrêter à leur position géographique.

— Oh oui ! elle leur laisse encore un pays qu'ils ne peuvent appeler une patrie.

— Ils n'en retrouveront une que par nous, et seulement avec nous, reprit le conseiller. La Pologne, complètement indépendante et organisée sur les bases si périlleuses de ses vieilles constitutions, n'aurait qu'une existence éphémère : en elle serait le germe de sa destruction. Formera-t-elle un camp permanent au centre de l'Europe pacifiée ? ou bien armera-t-elle tous ses enfants nomades comme les anciens Sarmates, pour suppléer par des remparts vivants aux limites naturelles, aux forteresses qui lui manquent ? Il lui faut un appui pour assurer son indépendance. La vérité, je le sais, ne triomphe qu'avec lenteur de la puissance des préjugés : mais que peut-on opposer à une évidence désormais palpable ? L'espérance d'un meilleur avenir, espérance qui ne trouverait de défenseurs que parmi des êtres irréfléchis auxquels le souvenir des désastres de leur patrie n'a pas rendu le sang-froid et la raison ?

— Burke a dit quelque part, reprit le prince, que le partage de la Pologne coûterait bien cher à ses auteurs : il eût pu même ajouter aux défenseurs de cette nation ; car il est probable que la part active prise par Napoléon aux affaires de la Pologne n'a pas peu contribué à sa chute. Puissent les projets d'Alexandre être exempts d'une semblable fatalité ! Tout dépendra des garanties qu'il donnera au maintien de la nationalité polonaise. Un peuple peut se résigner à être vaincu ; mais à être humilié, jamais.

— La sollicitude de l'empereur pour ses nouveaux sujets ne saurait être équivoque : jetez les yeux sur ce manuscrit : c'est la constitution du royaume de Pologne. Il est corrigé de la main d'Alexandre. Vous verrez que si les grandes pensées viennent du cœur, il y a ici les plus forts témoignages de la noblesse du sien. Les lois et la constitution du royaume seront, pour la paix de l'Europe, la clef de voûte. »

Effectivement, quelques pages qu'il nous lut de ce manuscrit faisaient le plus grand honneur aussi bien à l'homme d'État qu'au philanthrope. Heureuse la Pologne si une fausse politique n'eût pas frappé de stérilité tous ces rêves d'un moment (1) !

Nous fûmes interrompus dans le commentaire, dont le conseiller privé faisait suivre cette lecture, par l'arrivée du comte Arthur Potocki, jeune ami du prince de Ligne. Bien qu'il fût Polonais et animé pour son pays des plus généreux sentiments, sa présence donna assez d'ombrage à M. Nowosilitzoff pour le décider instantanément à rouler son manuscrit sans ajouter un seul mot ; il prit congé de nous bientôt après.

Le comte Arthur Potocki, fils du comte Jean, un des hommes les plus instruits de l'Europe, et de l'illustre famille de ce nom, avait une physionomie noble et agréable, une taille élégante et un esprit cultivé. Dans l'âge des plaisirs et de la frivolité, il se faisait remarquer par un jugement solide, des connaissances variées et la politesse la plus exquise. Que faut-il de plus pour réussir ? Aussi était-il alors un des hommes les plus à la mode à Vienne, et le mieux fait pour l'être partout. Le prince de Ligne aimait beaucoup Arthur, qu'il appelait son Alcibiade, et qui, en revanche, adorait ce vieillard si gai, si spirituel, si obligeant pour la jeunesse.

« Tout est disposé pour le carrousel impérial, dit le jeune comte : il aura lieu irrévocablement la semaine prochaine. Et je vous apporte, mon prince, les billets que le grand maréchal Trauttmansdorff m'a chargé de vous remettre. Ce sera un des plus brillants spectacles qu'on ait jamais vus.

Demain soir, tout ce que Vienne renferme de personnes distinguées doit se rendre à la cour pour y voir

---

(1) Dans un mémoire qu'il écrivait vingt-six ans auparavant, en 1788, le prince de Ligne avait discuté avec sagacité les questions qui dès lors se rattachaient au sort de la Pologne : le préambule peint avec un rare bonheur d'expression le caractère polonais, et donne une haute idée du charme des images que l'auteur savait répandre sur ses brillants tableaux.

« Qui n'aimerait, s'écrie-t-il, la Pologne, les Polonais, et surtout les Polonaises, l'esprit, le courage des uns, la grâce et la beauté des autres, etc., etc. » (*Note de l'Auteur.*)

des tableaux vivants. Isabey en a disposé les effets. Ils seront suivis de romances chantées et mises en action par les plus jolies femmes de la cour : la belle duchesse de Sagan, la princesse Paul Esterhazy, la comtesse Zichy et tous nos élégants. N'y manquez pas, messieurs : hâtez-vous de mettre à profit ces heures joyeuses. On parle de fixer au 15 décembre la clôture du Congrès.

— A demain donc : nous nous retrouverons. Que ce soit la pensée de tous vos instants comme ce sera la mienne. »

Et, sans plus attendre, il nous quitta.

« C'est aujourd'hui, me dit le prince, que vous venez avec moi passer quelques heures à ma maison du Kalemberg. Avant de nous y rendre, vous ne refuserez pas de m'accompagner chez Isabey. Je dois y poser ce matin pour mon portrait. Pendant cette heure de torture, vous aurez le loisir d'y examiner une galerie de portraits dont son salon est orné. Isabey, c'est le Congrès fait peintre. Venez : sa parole est aussi spirituelle que son pinceau. »

Nous arrivâmes bientôt à la demeure que l'artiste occupait dans Léopoldstadt. Au devant de cette maison était placée une barrière pour éviter l'encombrement des voitures qui s'y pressaient à toute heure.

En arrivant à Vienne, Isabey (1) avait été précédé par une réputation méritée. Présenté à Marie-Antoinette par le duc de Serent, il avait, à peine âgé de vingt ans, fait le portrait de cette belle et malheureuse reine, qui l'accueillait avec la plus grande bonté et ne l'appelait que son petit Lorrain. Plus tard, peintre particulier de Napoléon, il avait reproduit tous les traits des hommes célèbres de l'Empire et des femmes si belles qu'on

---

(1) Dans la *Revue européenne*, en 1858, M. Edmond Taigny, neveu d'Isabey, a publié, d'après les notes manuscrites de son oncle, de précieux détails sur la jeunesse du grand miniaturiste. Ayant à raconter la vie d'Isabey au Congrès de Vienne, M. Taigny cite plusieurs fois l'ouvrage de M. de La Garde.

admirait alors. On sait aussi que c'est lui qui dirigeait les fêtes de cette ère si brillante et si rapide.

A Vienne, toutes les célébrités européennes briguaient l'honneur d'occuper ses pinceaux. A peine pouvait-il suffire à toutes les demandes. Le nombre de portraits qu'il fit à cette époque est prodigieux, et prouve que son talent était aussi fécond que gracieux. Chaque fois qu'il s'agissait d'organiser ces divertissements dont le Congrès était le prétexte, on pense bien que la présence de l'artiste qui avait donné les dessins du couronnement était considérée comme une bonne fortune. On ne faisait rien sans le consulter.

C'est M. de Talleyrand, disait-il, qui lui avait inspiré l'idée de se rendre à Vienne, et c'est à ce voyage que les arts sont redevables de son remarquable et historique dessin représentant *Une Séance des Plénipotentiaires au Congrès*. La chute de Napoléon lui avait presque enlevé toutes ses places. Un jour, dans le cabinet de l'homme d'Etat qui passait alors pour avoir contribué puissamment à cette grande catastrophe, il se plaignait des conséquences d'une restauration qui, pour lui était une cause de ruine. Sous les yeux de M. de Talleyrand se trouvait la gravure de la paix de Munster, d'après le tableau de Terburg. Le montrant du doigt à l'artiste :

« Un Congrès va s'ouvrir à Vienne, lui dit-il, allez-y. »

Ce peu de mots furent pour Isabey comme un trait de lumière ; dès lors, sa résolution fut arrêtée. Il trouva dans M. de Talleyrand les encouragements les plus bienveillants et les plus flatteurs.

Lorsque le prince Eugène arriva au Congrès, une de ses premières visites fut pour Isabey. Dans sa fausse position, il était heureux de voir quelqu'un qui lui rappelât les temps de sa jeunesse. Par la gaieté de ses souvenirs, le peintre dissipait souvent les chagrins du prince. Quelque temps après, ce fut encore Eugène qui amena chez lui l'empereur Alexandre.

La conversation d'Isabey était vive et piquante.

Elle s'animait quand il racontait les merveilles du couronnement, dont il avait ordonné les magnificences, ou les joies intimes de la Malmaison.

Déjà, en 1812, dans un voyage qu'il avait fait en Allemagne, Isabey, se trouvant à Prague, avait esquissé un portrait du prince de Ligne, esquisse qu'il a conservée et qui se voit dans son atelier. On y retrouve cette noblesse de physionomie, cette finesse de regard que, malgré ses soixante et dix-huit ans, on admirait encore chez le modèle. Le prince ne connaissait alors Isabey que par ses ouvrages. Un matin, il se rend chez lui : l'artiste était sorti. Son album était entr'ouvert près de son chevalet. Comme carte de visite, le prince-poète prend une plume, et, sur une feuille blanche, écrit une dizaine de vers légers et faciles dans lesquels il caractérise le talent d'Isabey, et qui se terminent ainsi :

> Il fait autant d'honneur aux arts qu'à sa patrie,
> Et, par cet impromptu, moi, je suis peintre aussi.

Cet hommage du prince de Ligne n'est qu'une des richesses de l'album d'Isabey. Tous les personnages importants de l'Europe, ministres, généraux, artistes, grandes dames, ont pris également plaisir à y consigner le témoignage de leur estime et de leur sympathie.

Isabey était logé magnifiquement, comme autrefois Benvenuto Cellini au Louvre. Son atelier, entièrement tapissé des esquisses, de ses dessins, de ses portraits ébauchés, semblait une lanterne magique où apparaissaient tour à tour les notabilités réunies en ce moment au Congrès.

L'heure que lui donna le prince me parut courte : de temps en temps, le travail était interrompu par quelque mot piquant ou par quelque observation fine et enjouée. La conversation roulait principalement sur cette petite aventure du *saut du mouton,* qui occupa tout Paris à l'époque du Consulat, et à laquelle l'opinion publique ajoutait une foi opiniâtre malgré les démentis d'Isabey : la voici telle qu'on la racontait à cette époque.

Bonaparte, on le sait, avait l'habitude de marcher les bras croisés et la tête légèrement penchée en avant. On était à la Malmaison : Isabey et les jeunes aides de camp du premier Consul jouaient au cheval fondu sur la pelouse. Emporté par l'ardeur du jeu, Isabey avait déjà sauté par dessus la tête de la plupart d'entre eux, lorsqu'au détour d'une allée, il en avise un dernier qui, dans la position requise, semblait attendre qu'on le franchît. Le sauteur poursuit sa course sans regarder, mais prend si mal son élan qu'il n'atteint qu'au cou du personnage. Renversés par le choc, tous deux roulent sur le sable : c'était Bonaparte. A cette époque, il n'avait pas encore réfléchi à la possibilité des chutes : aussi, disait-on, rétif à cette première leçon, il s'était relevé écumant de colère, et tirant son épée, il s'était précipité sur le malencontreux sauteur. Isabey, heureusement plus leste à courir qu'à sauter, s'était promptement enfui jusqu'aux fossés qui bordent la route ; et là, la frayeur lui donnant des ailes, il avait franchi tout d'un trait le parapet, et, parcourant, toujours à la course, le trajet de la Malmaison à Paris, il ne s'était arrêté qu'à la grille des Tuileries.

On ajoutait qu'il s'était rendu aussitôt à l'appartement de Mme Bonaparte qui, après avoir beaucoup ri de sa mésaventure, lui avait conseillé de se tenir caché dans le premier moment. Et il avait fallu, rapportait-on, tout l'esprit et la bienveillance angélique de Joséphine, joints à son ascendant sur Napoléon, pour apaiser son courroux et obtenir le pardon du peintre.

Bonaparte, en ce moment, n'était encore que Consul à vie : mais déjà l'on pouvait pressentir l'empire. Cette partie de la société parisienne, qui ne voyait pas sans ombrage le retour aux anciennes idées, avait accueilli avec avidité l'anecdote de la Malmaison. Les dénégations d'Isabey, qui s'empressa d'en démentir toutes les circonstances, n'avaient alors que peu de partisans : on trouvait l'aventure piquante, on s'obstinait à y croire.

Dans le cours de notre conversation avec Isabey, le prince de Ligne le pressait vivement à ce sujet, comme si la chute *définitive* de Napoléon eût dû lui rendre toute liberté et toute franchise. Isabey se défendait toujours avec non moins de vivacité.

« Cette aventure de la Malmaison, nous dit-il, est controuvée de tous points : elle est ridicule. C'est une des folies semi-historiques qui m'ont le plus affligé. On donnait aussi à Napoléon un caractère qui n'était pas le sien. Quand cette histoire courut dans Paris, je ne l'avais vu depuis plus de six semaines. A peine en fus-je informé, ainsi que des circonstances minutieuses qu'on y rattachait, que je me rendis à Saint-Cloud. Dès que le premier Consul m'aperçut, il vint à moi. Je n'eus pas de peine à le convaincre que je n'étais pour rien dans cette fable : elle n'allait à rien moins qu'à me perdre auprès de lui. Napoléon m'accueillit avec beaucoup de bonté et me rappela le mot si connu de Turenne qui, frappé par son valet, se contenta de lui dire : « Quand c'eût été George, il ne fallait pas frapper si « fort. »

« Mais, quoiqu'on les réfute, les mensonges qui plaisent à la malignité publique se répètent et finissent par rester de quasi-vérités.

— Ma foi, lui dit le prince, je ne sais si, à votre place, j'aurais pris tant de peine pour démentir cette fable : si on me l'eût prêtée, je l'aurais peut-être acceptée. Il eût été piquant, en effet, de sauter ainsi sur les épaules de celui qui sans façon sautait si bien sur les épaules des autres. »

On parla ensuite du jeune Napoléon dont nous avions admiré le portrait à Schœnbrunn quelques jours auparavant.

« Cet enfant, nous dit Isabey, n'est préoccupé que d'un seul souvenir, celui de son père. Un jour qu'il posait, on entend un bruit de trompettes : c'était la garde hongroise qui passait dans une des cours. Aussitôt, il s'échappe de son siège, court à la fenêtre, revient, et me prenant par la main :

« Ah ! tenez, s'écrie-t-il, voilà les lanciers de papa qui passent. »

Le portrait du prince de Ligne était déjà assez avancé pour qu'on pût juger de la ressemblance. J'en félicitai l'artiste. Tous ceux qui ont connu l'admirable vieillard l'ont trouvé là tout entier.

Bientôt après, nous reprîmes gaiement le cours de notre petit pèlerinage.

Le Kalemberg est une montagne qui domine Vienne et lui sert pittoresquement de point de vue. C'est là que, depuis longtemps, le prince avait fixé sa résidence d'été, délicieuse retraite consacrée aux Muses, aux plaisirs et à cette société choisie que sa renommée et le charme de son entretien y attiraient sans cesse auprès de lui.

Chemin faisant, nous parlâmes des plaisirs de Vienne : il m'en fit une vive et rapide peinture ; car c'est de lui qu'on eût pu dire ce qu'il disait de Casanova : *Chaque mot est un trait, et chaque pensée un livre.*

« Pour décrire convenablement les féeries qui se succèdent ici sans interruption, disait-il, ne faudrait-il pas un autre Arioste, ce magicien de la poésie ? En vérité, je ne serais pas étonné que le comité des fêtes ne fît prochainement publier, à son de trompe, par les villes et les villages de la monarchie, qu'un prix sera décerné à l'homme assez heureux pour trouver aux monarques assemblés ici un nouveau plaisir.

— Mais pour se plaire à Vienne, mon prince, il faudrait savoir l'allemand un peu mieux que les étrangers ne le savent d'ordinaire : ce qui les empêche de saisir les nuances des joies et des mœurs d'une classe de la population qui, pour n'être pas la première, n'en est pas moins intéressante à étudier. Je citerai, à ce sujet, la réponse que fit Bacon à un jeune homme qui, ne sachant aucune langue étrangère, le consultait sur ses projets de voyages : « Allez à l'école, mon ami, et non pas voyager. »

— Qu'eût-il donc dit à Métastase ? me répondit-il en

riant, lui qui, après vingt ans de séjour à Vienne, n'y avait encore appris que vingt mots allemands, ce qu'il disait être suffisant pour sauver sa vie en cas de besoin. Du reste, vous trouvez votre langue française la seule adoptée ici, non seulement dans la société et les réunions de plaisirs, mais encore dans les conférences du Congrès. Cet hommage devait être rendu à son universalité et à sa précision. Il fallait bien un moyen de communication générale entre tant d'étrangers qui, sans cela, eussent fait du Congrès une tour de Babel.

— Ajoutez, mon prince, que nulle autre langue n'est plus heureusement complice de ces malicieux à-propos, de ces expressions vives qui ressemblent, si l'on peut s'exprimer ainsi, à l'explosion d'une bouteille de vin de Champagne, témoin la réponse que vous avez faite dernièrement au baron de ***.

— Ah ! oui : ce geai, paré d'un chapeau brodé qui, l'autre jour, se précipite à ma rencontre en me criant :

« Félicitez-moi, Monsieur le Maréchal, l'empereur vient de me faire général. »

— Vous *nommer* général, lui avez-vous répondu, cela se peut; mais vous *faire* général, c'est impossible. »

Tout en parlant ainsi de mille bagatelles, qui dans sa bouche devenaient des sujets intéressants, il passait rapidement en revue les sommités de la société, les hommes d'État, les militaires, les femmes.

Ce Congrès, me disait-il, où les intrigues de tout genre se cachent sous les fêtes, ne ressemble-t-il pas à *la Folle Journée*? C'est un imbroglio où les Almavivas et les Figaros abondent. Quant aux Basiles, on en trouve partout. Plaise à Dieu qu'on ne dise pas plus tard avec le gai barbier : « *Mais enfin, qui trompe-t-on ici ?* »

Nous rentrions dans la cour de sa modeste résidence. La maison était petite, mais commode. Le prince de Ligne eût pu sans peine y réaliser le vœu de Socrate en la remplissant de vrais amis. Elle avait été bâtie sur l'emplacement d'un monastère fondé en 1628 par Ferdinand II ; Léopold le rétablit après le siège de Vienne ; Joseph Ier l'agrandit ; Joseph II le supprima. Depuis, le prince l'avait acheté.

Sur la porte principale est gravée sa sentence favorite :

> *Quo res cumque cadunt, semper stat linea recta.*

Sur le côté qui fait face au Danube se trouvent neuf vers français de sa composition ; l'un d'eux exprime énergiquement le calme de sa belle âme :

> Sans remords, sans regrets, sans crainte, sans envie.

« Je sens si bien le vide de presque tout, répétait-il souvent, que je n'ai pas grand mérite à n'être ni envieux, ni méchant, ni glorieux. »

Il me conduisit d'abord dans son jardin.

« Je dérogerais, me dit-il, à l'usage de tout propriétaire, si je ne débutais par vous faire connaître tous les détails de ma principauté. Mais, comme ma maison et son enclos ne sont guère plus spacieux que le domaine alloué par le peuple au président de la république aérienne de Saint-Marin, le tour en sera fait en moins de temps que n'en prendrait un acte de contrition mentale. Néanmoins, telle qu'elle est, c'est ici qu'échappant au tumulte des fêtes, à la fatigue des plaisirs, à cette foule de Majestés et d'Altesses, je jouis enfin de moi-même. Ici je viens prendre un bain d'air et puiser de nouvelles forces que je dépense chaque soir dans les joies incessantes du Congrès. »

Au bout du jardin, ouvrant la porte d'un pavillon suspendu sur le Danube, où l'on découvre Vienne dans toute son étendue :

« C'est d'ici, me dit-il, que Jean Sobieski s'élança à la tête de ses braves Polonais, et, avec moins de trente mille hommes, sauva l'empire en culbutant toutes les forces ottomanes commandées par le grand visir Kara-Mustapha. Le coup d'œil de ce héros était si rapide et si sûr, qu'à la vue des dispositions ennemies, il dit froidement aux généraux qui l'entouraient qu'elles étaient mauvaises et qu'il battrait infailliblement l'ennemi. On ne pouvait pas dire de lui ce que l'on dit vulgairement des rois : quand ils ont assisté de loin à une bataille, on proclame qu'ils l'ont gagnée en personne : en *personne* d'accord, mais non en *présence*. Sobieski les gagnait et en présence et en personne.

Que j'aime la lettre qu'il écrivait à la reine, sa femme, le lendemain de sa victoire, et qu'il data de la tente même du grand vizir ! Quelle vraie grandeur sans fausse modestie dans ces mots : « Que la chrétienté se réjouisse et rende grâces au Seigneur ; les infidèles ne pourront plus dire en nous insultant : Où est votre Dieu maintenant ? »

Sobieski possédait un des plus grands talents du général d'armée : il savait inspirer la confiance à ses troupes. La cavalerie polonaise, accourue au secours de Vienne, avait l'air martial ; montée sur les plus beaux chevaux, elle portait les plus riches armes. Mais il n'en était pas de même de l'infanterie : un régiment de cette arme, particulièrement, était dans un état de dénûment tel que le prince Lubomirski conseilla au roi de ne lui faire passer le Danube qu'à la nuit pour l'honneur de la nation. Mais Sobieski répondit en souriant : « Tels que vous les voyez, ils sont invincibles ; ils ont juré de ne se servir que de vêtements conquis sur l'ennemi. » Dans la dernière guerre, ils ne portaient que des habits turcs.

Si le mot n'habilla pas les soldats, il fit mieux ; il courut de rang en rang : le régiment fit des prodiges de valeur.

Vous savez comment, après ce brillant fait d'armes, qui fut le signal de la délivrance de Vienne, on appliqua au héros polonais, ce que le pape Pie V avait dit de don Juan d'Autriche après la bataille de Lépante :

Il fut un homme envoyé de Dieu, nommé Jean.

— Oh ! l'admirable citation !

— L'Autriche avait sans doute oublié l'application de cette sentence reconnaissante, mon prince, quand elle effaça plus tard du rang des nations de l'Europe la patrie de ses libérateurs.

— Allez-le lui rappeler, et grand bien vous fasse ! Mais attendez-vous aussi qu'en manière de compensation, elle répondra à l'avocat des Polonais : « Vous nous faites bien valoir le salut de Vienne en 1683 : nous en sommes certainement très reconnaissants ; mais toutes les fois que vous nous en parlerez, nous vous dirons que la maison d'Autriche vous a délivrés de la Suède qui vous avait conquis sous le règne de son Charles-Gustave : partant, nous sommes quittes. »

— A cela, mon prince, la Pologne répliquerait et par droit d'ancienneté et par nombre de services, que les secours prêtés par elle à la maison d'Autriche, notamment sous son fondateur Rodolphe de Hapsbourg, n'ont pas peu contribué à la placer au rang des plus puissantes de l'Europe. Quoi qu'il en soit, dans cet acte inique, l'Autriche a fait ce que fait dans la fable de La Fontaine le chien qui porte au cou le diner de son maître ; elle est intervenue pour prendre sa part de la dépouille : il eût été plus noble et plus politique d'empêcher la spoliation. »

Il était trois heures : on servit, dans un petit appartement attenant à la bibliothèque, quelques provisions que le prince avait fait placer dans sa voiture. Nous nous mîmes à table, et nous commençâmes un des plus charmants dîners dont mon cœur ait gardé le souvenir. Le prince aimait à conter ; il contait si bien et avec tant de charme, il me voyait si heureux de l'entendre, il jouissait si bien du plaisir qu'il me faisait, que sa riche mémoire s'épanchait sans le moindre effort.

« Un de mes plus délicieux souvenirs, disait-il, est celui de mon premier voyage en France, quand j'arrivai porteur de l'heureuse nouvelle de la bataille de Maxen. Ce fut une entrée en scène entièrement de mon goût. Je fus reçu à Paris comme à Versailles et à Trianon, par le baron de Bezenval, le comte de Vaudreuil, le comte d'Adhémar, la princesse de Lamballe, la fascinante Mme Jules de Polignac : puis, tout d'abord, je me trouvai avec La Harpe chez M#^me^ Du Barry, avec d'Alembert chez Mme Geoffrin, avec Voltaire chez Mme Du Deffand... Mme Du Deffand, la femme de son temps qui posséda peut-être le plus de grâces naturelles et d'enjouement solide. »

Avec quelle variété de coloris il me dépeignit ensuite toutes les personnes célèbres qui, pendant sa longue carrière, l'avaient honoré de leur amitié : l'impératrice Catherine qu'il appelait *sa gloire vivante* ; l'empereur Joseph II, *sa providence visible* ; Frédéric II, *son immortalité* ; puis l'infortunée Marie-Antoinette dont il raconta mille traits charmants, revenant avec complaisance sur les tableaux de cette cour de France où il reçut l'accueil le plus distingué.

« Le goût du plaisir et l'attrait de la société, me disait-il, m'avaient conduit à Versailles ; la reconnaissance m'y ramena. Mon enfant, jugez si j'ai pu m'abandonner à l'illusion, cette reine du monde. Présenté au comte d'Artois, il commence avec moi en frère de roi, et finit comme s'il était le mien. Plus tard, je me trouve à l'entrevue de Joseph II et du roi de Prusse : Frédéric s'aperçoit de mon adoration pour les grands hommes : je vais à Berlin. Mon fils Charles épouse une Polonaise (1) ; me croyant au mieux avec l'impératrice de Russie, on s'imagine que je puis être roi de Pologne : on me fait Polonais. J'arrive en Russie : la grandeur, la simplicité de Catherine me captivent le cœur. Je suis désigné par elle pour l'accompagner dans ce voyage en Tauride qui semble plutôt appartenir à la fable qu'à l'histoire. En faveur de mon goût pour les Iphigénies, elle me donne l'emplacement du temple où la fille d'Agamemnon était prêtresse. Enfin, les bontés paternelles de l'empereur François Ier, maternelles de la grande Marie-Thérèse et quelquefois presque fraternelles de l'immortel Joseph II, la confiance et l'amitié de Laudon, de Lascy ; la société intime de l'adorable

---

(1) Hélène Massalska, dont M. Lucien Perey a publié l'intéressante correspondance : *Histoire d'une Grande Dame au XVIIIe siècle.* (Lévy, 2 volumes.)

Marie-Antoinette, l'intimité de Catherine *le Grand*; la bienveillance du grand Frédéric; mes conversations avec Jean-Jacques Rousseau, mon séjour à Ferney près de Voltaire ; et, pour terminer gaiement tout cela, les prodiges et les joies du Congrès après les grands événements des vingt dernières années; voilà ma vie ! Mes mémoires seraient bien intéressants... Cependant j'ai vu la calomnie, l'ingratitude, l'injustice s'attaquer à tout ce que j'avais aimé et admiré. »

Il parut méditer quelques instants.

« Non, reprit-il, la sottise et la méchanceté ne respectent rien. Elles ont cherché à ternir, à souiller chez Catherine la grandeur qu'on admire, chez Marie-Antoinette la grâce et la bonté qu'on adore. Oh ! la France a quelques pages de ses annales qu'un jour elle voudra déchirer. Après avoir indignement calomnié la plus belle, la plus sensible des reines, dont personne mieux que moi n'a pu apprécier le cœur qui était celui d'un ange, et dont l'âme sans reproche fut aussi pure, aussi blanche que son visage, des cannibales ont pu l'immoler en holocauste à leur liberté sanguinaire ! »

A ces mots, sa voix s'altéra, ses yeux se remplirent de larmes. Les larmes d'un pareil ami, d'un vieillard et d'un sage, étaient pour Marie-Antoinette la plus éloquente apologie.

« Voici, me dit-il, mon cabinet de travail : ici je ne suis pas importuné par tous ces perroquets qui m'assiègent à ma petite maison du rempart. Ici, en toute liberté, je laisse errer ma plume au gré de mon imagination, de mon caprice. »

Et il me montra un grand nombre d'ouvrages de sa composition et de manuscrits divers.

« Tout ceci est pour moi, *pour mon cœur*. Ce sont mes *écarts*. »

Je lui demandai encore s'il comptait faire participer le public à ces leçons de son expérience.

« Non, non, me répondit-il, j'ai trop souvent éprouvé que, dans ce monde, la réputation dépend des gens qui n'en ont pas. Et qu'est-ce donc que la gloire, devant laquelle on se prosterne, et qu'on poursuit de ses vœux? Le même jour la voit naître et mourir, tant la vie est courte. Ypsilanti, dont nous avons souvent parlé, a glorieusement perdu son bras: qu'il entre dans un salon; on l'entoure, on le montre, on dit à quelle bataille il s'est signalé. Aujourd'hui c'est un jeune héros : encore quelques printemps (et ils se passent bien vite), on l'appellera le vieux manchot.

Jamais réception fut-elle plus belle que celle de Mme de Staël à Vienne, il y a six ans? Son arrivée et son séjour firent, en quelque sorte, époque, puisque, dans un certain monde, on dit encore : « Lorsque Mme de Staël était ici. » Eh bien! à cet engouement j'ai vu succéder rapidement une critique qui était loin d'être bienveillante. Cependant s'il est quelque chose qui ne soit pas vain dans ce monde, c'est l'admiration : mais combien dure-t-elle? Dans les premiers moments, Mme de Staël entraîna tous les cœurs, subjugua tous les esprits.

— Non pas par ses attraits, mon prince, car jamais sa figure, même dans ses portraits, ne m'a paru assez belle pour plaire.

— Il est vrai: elle n'a jamais pu avoir un visage agréable : sa bouche et son nez étaient laids. Mais ses yeux superbes exprimaient à merveille tout ce qui se succédait dans cette tête si riche en pensées élevées ou énergiques; ses mains étaient belles ; aussi avait-elle le soin de les mettre en évidence par l'habitude qu'elle avait contractée de tourner continuellement entre ses doigts un branche de peuplier garnie de deux ou trois feuilles, dont le frémissement était, disait-elle, l'accompagnement obligé de ses paroles. Sa conversation était éblouissante : elle discutait sur tous les sujets avec une merveilleuse facilité ; son expression était vive, animée, poétique : plus le cercle était étendu, plus son génie s'exaltait. Elle n'était à son aise qu'avec des hommes capables de la juger; mais alors elle était vraiment grande.

Eh bien, tous ces titres à l'admiration furent bientôt dédaignés. L'esprit humain, par une réaction inévitable, passe de l'enthousiasme au dénigrement. On ne s'attacha plus qu'aux défauts de Mme de Staël, sans lui tenir compte de ses éclatantes qualités. Dans les conversations générales, disait-on, elle voulait plutôt ébouir que plaire : son monologue réduisait ses interlocuteurs au rôle d'auditeurs bénévoles : elle ne causait jamais, mais improvisait toujours ; adressait-elle une question, il était bien rare qu'elle écoutât la réponse. Elle aimait le monde, où elle brillait tant ; mais elle aimait très peu la société des femmes, qui offrait généralement moins de ressources à un esprit tel que le sien. Les femmes ne lui ont pas pardonné, quelque éclat qu'elle fît jaillir sur leur sexe.

Elle a donc vu la célébrité lui échapper insensiblement : cette célébrité qui lui avait été nécessaire, et qui n'était pourtant pas pour elle la route du bonheur. Elle regrettait continuellement la France, dont elle avait été exilée sans retour par suite de son opposition au gouvernement d'alors : elle avait désigné Bonaparte sous le nom de Robespierre à cheval.

— Ainsi, on peut le dire, c'est sa propre cause qu'elle a servie quand elle cherchait à renverser l'obstacle qui la tenait éloignée de Paris : elle y apporta toute l'activité d'un génie que stimulait une haine de femme.

— J'ai beaucoup admiré Mme de Staël, je l'admire encore, et je me suis bien douté que c'est moi que l'auteur du *Dialogue sur l'enthousiasme* a voulu peindre dans le caractère qu'il donne à Cléon (le prince prononça ces derniers mots en me regardant avec un sourire). Elle fut très irritée qu'on osât mettre en doute un mérite que tout le monde alors s'accordait à croire incontestable. Cette petite critique était la première. L'auteur y censure surtout son roman de Corinne. Sous ce rapport, il avait tort, en voulant s'attaquer à elle, de s'en prendre à ses écrits. A coup sûr, ce n'était pas là son côté vulnérable. Mais il eût pu blâmer avec raison cette prétention de rapporter tout à soi, cette versatilité d'opinion si dangereuse pour des amis qui la croyaient sur parole, ce ton doctoral et tranchant, cette exaltation théâtrale à la façon de Corinne, son néologisme en fait d'esprit, qui m'était si antipathique, cette affectation de se montrer sur la scène où elle ne déployait aucun talent dramatique, n'étant réellement bonne actrice que dans un salon. Voilà sur quoi il eût pu médire tant en prose qu'en vers. Vous savez que nous faillîmes nous brouiller à toujours pour un méchant à-propos qui lui fut rapporté comme de moi. Après la représentation de sa tragédie d'*Agar dans le désert,* et où en vérité elle avait paru plus laide encore que d'ordinaire, quelqu'un, qui n'est pas moi, aurait dit que la pièce eût été mieux nommée la *Justification d'Abraham.* Elle me bouda longtemps, et j'eus beaucoup de peine à la convaincre de mon innocence. »

Le prince me montra ensuite un opuscule qui a été publié depuis et qu'il venait de terminer sur le Vénitien Casanova. Quand ce célèbre aventurier, las de promener dans toute l'Europe ses projets, ses secrets de magie, son originalité, et devenu vieux, se trouva à bout d'argent et de voyages, c'est lui qui l'accueillit et lui procura un asile en le faisant entrer comme bibliothécaire chez son neveu le prince de Wallstein. Cette vie, traversée par tant d'événements, plaisait à l'imagination du vieux maréchal. Lui aussi, il avait eu quelque chose d'aventureux dans son existence. Il aimait l'esprit vif et piquant du Vénitien, son instruction profonde et variée, ses saillies d'un tour neuf et philosophique.

« Oui, me dit-il, Casanova est le plus divertissant original que j'ai connu dans ma vie. C'est lui qui disait qu'une femme n'a jamais que l'âge que lui donne son amant. Ses souvenirs intarissables, son imagination aussi fraîche qu'à vingt ans, son enthousiasme pour moi m'avaient gagné le cœur. Il m'a lu souvent ses mémoires qui sont ceux à la fois *d'un chevalier* et ceux *du Juif errant* : malheureusement ils ne verront jamais le jour (1). »

(1) Les Mémoires de Casanova de Seingalt, rédigés par Henri Beyle, ont été publiés à Leipsick, en 1826; à Paris, en 1843 (5 volumes). Il y a quelques années, la maison Flammarion en a donné une nouvelle édition.

Sur sa table de travail étaient épars beaucoup de papiers chargés de pièces de vers, la plupart non terminées.

« Vous regardez ces ébauches, me dit-il, c'est que je ne travaille pas comme le commun des poètes. Il est deux dictionnaires à leur usage : le dictionnaire du cœur et le dictionnaire des rimes. Quand ils n'ont plus rien dans le premier, ou qu'ils ne peuvent plus y lire, ils ouvrent le second. Moi, quand le cœur ne dicte plus rien, je m'arrête. »

Nous passâmes encore quelque temps à examiner plusieurs charmants portraits de femmes qu'il avait aimées, et une riche collection de lettres écrites par les souverains et les personnages les plus illustres de l'Europe depuis un demi-siècle.

L'heure du retour sonna, et il me fallut quitter cette charmante retraite qui, un jour, deviendra historique. Mais au milieu de ces brillants souvenirs du Congrès de Vienne, ma mémoire reconnaissante ne pouvait oublier cette journée passée tout entière dans l'intimité du prince de Ligne.

CHAPITRE VII

Réunion à la cour. — L'impératrice d'Autriche. — La société des troubadours. — La comédie de société. — L'impératrice de Russie. — Le prince Léopold de Saxe-Cobourg. — Les Esterhazy. — Les tableaux en action. — Romances de la reine Hortense. — Les moustaches du comte de Wurbna. — Les romances en action. — L'orpheline des prisons. — Diplomatie et Danse. — Bal et souper à la cour.

Les fêtes succédaient aux fêtes sans interruption ; il semblait qu'on regardât comme perdus les instants qui n'étaient pas donnés au plaisir. Tous les huit jours, il y avait grande réception et bal à la cour. Obéissant à l'impulsion venue d'en haut, les sommités de la société autrichienne avaient leurs jours fixes où elles recevaient aussi, dans leurs salons, ces milliers d'étrangers que les affaires, et surtout les plaisirs, avaient attirés à Vienne. Les lundis, on se réunissait chez Mme de Metternich ; les jeudis, chez le prince de Trautsmansdorff, grand écuyer ; les samedis, chez la belle comtesse Zichy. De leur côté, pour reconnaître cette gracieuse hospitalité, tous les ambassadeurs et représentants des grandes puissances répondaient par des fêtes au brillant accueil qui leur était fait : grâce à cet échange continuel, les journées s'écoulaient sans qu'on les comptât, et chacun semblait avoir adopté cette maxime : *Il faut être heureux ; c'est le premier besoin de l'homme.*

L'impératrice d'Autriche était, en quelque sorte, l'âme de cette succession de bals, de banquets, de réunions, de mascarades, etc. Née en Italie, et issue de cette illustre maison d'Este, célébrée par l'Arioste et le Tasse, elle avait reçu en héritage, de ses ancêtres, le goût et l'instinct de tous les arts. Sa bonté était extrême : sa fraîche imagination se complaisait dans ces joyeux détails. Deux artistes français, M. Isabey et M. Moreau, architecte rempli de talent, étaient ses auxiliaires habituels. Elle inventait, ordonnait; leur tâche à eux consistait à rendre fidèlement et à mettre en œuvre ses riantes idées.

Un de ses plus vifs plaisirs était de donner des représentations théâtrales dans ses appartements. Bravant les embarras attachés au rôle d'*impresario*, elle était parvenue à recruter et à composer une réunion d'acteurs de société. Parmi eux brillaient des talents qui n'eussent été déplacés sur aucune scène. Dans cette troupe figuraient les noms les plus aristocratiques : c'étaient, pour la comédie : les comtes Ojarowski, Stanislas Potocki, de Walstein, Woyna, Mmes Edmond de Périgord et Flore Wurbna ; pour l'opéra, le prince Antoine Radzivill, le marquis de Salvo, les comtes de Bombelles (1) et Petersen, les comtesses d'Appony, Charles Zichy, de Woyna, la princesse Yblonowska ; enfin, pour la tragédie allemande, la comtesse Julie Zichy, la comtesse Esterhazy, le comte de Zchny. Notre théâtre, si riche dans tous les genres, était surtout mis à contribution : souvent on entremêlait des pièces allemandes et des pièces françaises. A une de ces représentations, la tragédie de *Wallenstein* de Schiller, et la charmante comédie des *Rivaux d'eux-mêmes*, furent tour à tour jouées avec un ensemble vraiment remarquable.

Quelques jeunes gens, pour faire diversion aux arides travaux de la diplomatie, qui n'était pas toujours alors *la gaie science*, dit-on, avaient organisé entre eux une sorte de réunion artistique : on la nommait la *troupe des troubadours*. Parmi eux, on citait le prince Radzivill, les comtes Bátthyany, Zichy, le prince Léopold de Saxe-Cobourg. C'était un gracieux souvenir de mœurs chevaleresques et poétiques au moyen âge. Puis venait encore le comité des fêtes, nommé par l'empereur, et

---

(1) Fils de la marquise de Bombelles, née Mackau, l'amie de Madame Elisabeth et du marquis, ambassadeur à Venise au moment de la Révolution, qui fit élever ses enfants en Autriche et entra dans les ordres après la mort de sa femme. Il devint évêque d'Amiens. Les Bombelles sont restés Autrichiens. Le frère de celui dont il est question ici fut le troisième mari de l'archiduchesse Marie-Louise.

composé des premiers personnages de la cour. Il semblait vraiment que la société tout entière fût enveloppée par une vaste association dont le joyeux réseau s'étendait partout, et qui avait un but unique : le plaisir.

Le divertissement que la cour donnait ce soir-là était d'un genre entièrement neuf pour la plupart des spectateurs : c'étaient des tableaux et des romances mises en action. Nous nous rendîmes de bonne heure au palais impérial, le prince de Ligne et moi. Rien n'était commencé ; cependant les salons étaient remplis. Grâce aux soins du comte Arthur Potocki nous trouvâmes les places qu'il nous avait gardées entre la princesse Marie Esterhazy et le prince Léopold de Saxe-Cobourg. Je rencontrais pour la première fois ce jeune homme dans le monde : il était connu du prince de Ligne qui nous mit promptement en rapport. Il me sembla alors aussi timide qu'il était beau. On ne peut nier que jamais la noblesse du sang et de la naissance ne se décela mieux que dans l'air distingué et le port plein d'aisance de ce représentant d'une illustre maison. Sans doute, alors, il était loin de prévoir la haute fortune où la destinée l'appellerait en l'unissant d'abord à une grande princesse (1) en le plaçant ensuite sur le trône de la Belgique régénérée, en lui donnant enfin pour épouse une princesse accomplie, issue du sang royal de France (2). Aujourd'hui en lui repose tout un avenir de bonheur pour deux familles, pour deux peuples peut-être (3)...

Après que nous eûmes échangé quelques mots de politesse, le prince Léopold nous quitta : il avait un rôle à remplir dans un des tableaux en action qu'on allait représenter, nous restâmes auprès de la princesse Esterhazy.

Que dire après tout ce qui a été dit sur cette illustre et princière maison Esterhazy ? Qui ne connaît sa

---

(1) La princesse Charlotte, fille du prince de Galles, morte un an après son mariage, en 1817.
(2) La princesse Louise d'Orléans, morte en 1850.
(3) Le roi Léopold Ier de Belgique est mort en 1865.

noblesse, dont l'origine se perd dans la nuit des temps, et sa puissance qui égale celle des rois? Sa magnificence, son luxe, ses richesses, sont tels que l'esprit s'en fait difficilement une idée, et qu'on est tenté d'en ranger le récit au nombre des contes les plus fabuleux. Ses possessions territoriales comprennent dans leur circonscription plus de cent villages et bourgs, près de quarante villes et plus de trente châteaux ou forteresses (1). Les résidences de campagne, qui sont comme les capitales de ces véritables Etats, renferment un nombre prodigieux d'appartements de maître complets, des galeries, des théâtres. Le costume de hussard hongrois tout brodé de perles, et qui se transmet dans la famille de père en fils, est, dit-on, d'une valeur de quatre millions de florins, et en coûte douze mille de réparations, chaque fois qu'il est porté. Dans ces vastes domaines, les Esterhazy exercent le droit de vie et de mort : ils ont des troupes et des gardes à leur solde. Enfin, un décret impérial, qui remonte à l'année 1687, leur a accordé de battre monnaie et de conférer la noblesse. Combien de souverains seraient tentés de troquer leur couronne contre le sort de semblables sujets.

La princesse Marie Esterhazy, née princesse de Lichtenstein, était encore, à cette époque, pleine d'une grâce ravissante, quoiqu'elle eût passé le temps de la première jeunesse ; elle possédait surtout cette bonté touchante qui donne encore du charme aux femmes qui ont conservé le moins d'agrément. Son caractère d'une constante égalité, son attrayante bienveillance me faisaient rechercher les occasions qui me rapprochaient d'elle. J'avais vu autrefois son mari, le prince Nicolas (2), à Paris, chez Mme Récamier, cette amie de mon enfance,

(1) Les quarante villes sont une exagération, mais à la vérité, le chef de la famille Esterházy possédait vingt seigneuries, soixante bourgs à marché, quatre cent quatorze villages.
(2) Le prince Nicolas Esterhazy (1765-1833), encouragea les arts et les sciences, créa la galerie de tableaux du Garten-Palast de Vienne, et attacha Haydn à sa résidence d'Eisenstadt. En 1809, il refusa la couronne de Hongrie que lui offrait Napoléon.

la plus belle des femmes, la plus digne d'admiration et de respect. Amateur passionné et éclairé des beaux arts, et surtout de la musique, le prince était le Mécène des gens de lettres et des artistes : il les traitait en connaisseur et les récompensait en roi.

Je me plaisais beaucoup dans la société du prince Paul, leur fils, plus jeune que moi de quelques années. Nos goûts, nos habitudes étaient les mêmes. Je le rencontrais souvent chez notre amie commune, Mme de Fuchs. Depuis lors, appelé par son nom et par ses hautes connaissances aux plus importantes fonctions diplomatiques, le prince Paul (1) y a déployé une constante modération et une rectitude d'idées qui n'appartiennent qu'à un noble cœur et à un esprit supérieur. Il est un des hommes qui, dans les dernières négociations, ont le plus contribué à maintenir le repos de l'Europe.

La conversation s'était engagée avec la princesse Marie sur le genre de plaisir que la cour d'Autriche allait nous procurer. Elle nous dit qu'elle avait fait exécuter de semblables tableaux à Eisenstadt dans un temple construit à cet effet au milieu d'un lac, et que, pendant les représentations, Haydn, son maître de chapelle, improvisait sur un orgue quelques morceaux en rapport avec l'effet de l'optique, ce qui ajoutait merveilleusement à l'illusion.

Les souverains entrèrent peu à peu et s'assirent aux places qui leur étaient réservées : l'empereur Alexandre était, comme d'habitude, à côté de l'impératrice d'Autriche. Par une bizarre fatalité, tous deux avaient l'oreille un peu dure, l'impératrice d'un côté et Alexandre du côté opposé. L'étiquette voulait qu'ils fussent placés précisément de manière à ne pouvoir s'entendre : aussi, semblaient-ils toujours jouer aux propos interrompus. Alexandre, à cette époque, était remarquable par sa beauté et l'élégance de ses formes :

---

(1) Prince Paul-Antoine Esterhazy (1786-1866), fut ambassadeur à Dresde et à Londres.

son cœur n'était pas insensible aux flatteries qu'on lui adressait à cet égard : on eût été bien mauvais courtisan, si on lui eût laissé penser qu'on s'apercevait de cette infirmité.

Auprès de l'empereur d'Autriche était assise la charmante impératrice Elisabeth de Russie (1). Cet ange exilé du ciel réunissait en elle tout ce qui aurait pu assurer le bonheur de son époux et le sien. Douée d'une figure ravissante, ses yeux réfléchissaient la pureté de son âme. Elle avait les plus beaux cheveux cendrés qu'elle laissait habituellement flotter sur ses épaules. Sa taille était élégante, souple et flexible, et sa démarche, même sous le masque, la trahissait à l'instant. Il était impossible de voir une femme à qui l'on eût pu appliquer plus justement le vers de Virgile :

« Incessu patuit Dea........ »

A un caractère charmant, elle joignait un esprit vif et cultivé, l'amour des beaux-arts, une générosité sans bornes. Les grâces élégantes de sa personne, la noblesse de son maintien, sa bienveillance inépuisable, lui gagnaient tous les cœurs. Délaissée, dès les premiers instants de son union, par un époux qu'elle idolâtrait, elle avait contracté dans la solitude et le chagrin une sorte de mélancolie. Empreint dans tous ses traits, ce sentiment donnait aux accents de sa voix, à ses moindres mouvements, quelque chose d'enchanteur et d'irrésistible !

Une symphonie de cors et de harpes précéda le lever du rideau : on éteignit les bougies de la salle, pour donner plus d'éclat au foyer de lumières reporté sur le lieu de la scène.

Le premier tableau fut la représentation d'un sujet peint par un jeune artiste viennois, *Louis XIV aux pieds de madame de La Vallière*. Les acteurs de cette scène étaient le jeune comte Trautsmansdorff, fils du grand maréchal, et la charmante comtesse Zichy. Tous

---

(1) Elle était la fille du margrave de Bade.

deux étaient doués de tant d'attraits, il y avait une telle expression d'amour dans la figure du comte, tant de pudeur, d'effroi et d'innocence sur le délicieux visage de la comtesse, que l'illusion fut complète.

Le deuxième tableau fut, d'après la belle composition de Guérin : *Hippolyte se défendant devant Thésée de l'accusation de Phèdre*. La princesse Yablonowska représentait la fille de Minos, et le jeune comte Woyna, Hippolyte. Dans les yeux, dans les traits de l'une, on lisait l'ardente passion combattue par le remords, tandis que l'autre, par son attitude calme et antique, par sa respectueuse douleur, semblait n'invoquer pour sa défense que la pureté de son cœur. Jamais la pensée de Racine, quoique dépouillée du charme de ses beaux vers, n'eut de plus éloquents interprètes.

Les sujets de ces tableaux, reproduits par les personnes les plus distinguées de la cour, les costumes si brillants et si exacts, le jour des lumières si parfaitement disposé, tout cet ensemble si artistement dirigé, excitait dans l'assemblée une vive admiration.

On prépara ensuite le théâtre pour les romances en action : un orchestre, où se trouvaient réunis les plus célèbres instrumentistes de l'Allemagne, exécutait des symphonies d'Haydn et de Mozart.

La première romance fut : *Partant pour la Syrie*, dont la charmante musique, devenue populaire en Europe, est de la reine Hortense. Mlle Goubault, jeune Belge, qui joignait à une figure agréable une voix pleine de charme et d'expression, chanta les paroles, pendant que la princesse de Hesse-Philipstadt et le jeune comte de Schœnfeldt figuraient les sujets. Au couplet du mariage, un chœur composé des plus jolies personnes de la cour vint se grouper autour des acteurs principaux : cette profusion de délicieuses figures, l'ensemble parfait des voix, la pantomime expressive des deux amants, toute l'exécution, en un mot, fut applaudie avec enthousiasme.

J'étais trop loin d'Alexandre pour entendre ce qu'il disait au prince Eugène, assis non loin de lui à côté du roi de Bavière son beau-père. Mais il était aisé de voir, par le sentiment de plaisir et de gratitude peint sur la figure d'Eugène, que les éloges donnés par l'empereur à cette composition musicale, étaient accompagnés d'expressions flatteuses et bienveillantes pour sa sœur.

La seconde romance fut celle de Coupigny : *Un jeune troubadour qui chante et fait la guerre*, exécutée par le comte de Schœnborn et la comtesse Marassi ; la troisième fut encore de la reine Hortense : *Fais ce que dois; avienne que pourra*. Elle fut aussi bien chantée qu'habilement jouée par la belle comtesse Zamoïska, fille du maréchal Czartoryski, et par le jeune prince Radziwill ; comme la première, on l'accueillit ; on la loua avec transport. Toutes les voix nommaient l'auteur, et les applaudissements en devenaient plus vifs.

« Voilà, me dit le prince de Ligne, un sceptre qui ne se brisera pas dans les mains de Mlle de Beauharnais : elle est encore reine par la grâce des grâces et du talent, quand elle a cessé de l'être par la grâce de Dieu. J'ai beaucoup de penchant, je l'avoue, pour les femmes qui aiment la musique, et surtout pour celles qui en font comme elle. La musique est une langue universelle : elle raconte harmonieusement à toutes les oreilles les sensations de la vie. Il n'y a que des méchants qui aient pu dire du mal de l'ancienne reine de Hollande, et que des sots qui aient pu le croire. Quant à moi, je suis heureux d'applaudir et de rendre hommage aux grandeurs tombées, surtout quand elles ont honoré le rang où le sort les avait placées.

— Oui, mon prince. J'ai eu souvent l'occasion de voir la reine Hortense au commencement de sa grandeur. Dans les progrès si rapides de la fortune, elle ne changea pas, et les pompes impériales la trouvèrent toujours modeste et naturelle. Elle semble être née avec le génie des arts et le germe des talents ; elle chante et joue sur plusieurs instruments la musique charmante qu'elle compose. Elle dessine avec une rare perfection ; mais ce qu'on ne saurait assez louer, c'est cette ingénieuse bienveillance que sa mère semblait lui avoir transmise.

Toutes deux, élevées au rang suprême n'avaient perdu aucune des qualités qui font chérir dans une condition obscure.

— J'aime à vous entendre parler ainsi : il est admirable, selon moi, d'admirer. Je déteste les gens qui cherchent toujours une raison d'intérêt à une belle action. Rappelez-vous-le bien, il n'y a que les âmes basses qui aiment à dénigrer les talents, et que les sots qui applaudissent les envieux. »

On avait baissé la toile pour disposer le dernier tableau, qui allait terminer le spectacle d'une manière éclatante, et qui devait représenter l'Olympe avec toutes les divinités mythologiques. Rien n'avait été négligé pour que l'exécution répondît à la grandeur du sujet. Cependant on avait eu un moment la crainte qu'elle ne fût arrêtée dans sa marche, ce qui donna lieu, pendant deux jours, à une négociation bien autrement délicate et difficile que celles qui se traitaient habituellement entre les sommités diplomatiques; et il n'avait fallu rien moins qu'une haute intervention pour trancher cette question où la docte réunion eût peut-être échoué. Voici quel était l'objet de cette grave préoccupation :

Tous les rôles de l'Olympe étaient distribués : au prince Léopold de Saxe-Cobourg, dont la beauté était remarquable, était échu celui de Jupiter, et au comte Zichy celui de Mars.

Mais il manquait un Apollon : dans la troupe des troubadours, le jeune comte de Wurbna était le seul qui pût remplir dignement cet emploi. Le rôle lui avait donc été offert, il l'avait accepté. Mais le comte, qui réunissait, à tous égards, les qualités requises pour la partie brillante qu'on lui destinait, avait malheureusement quelque chose au delà du programme : sa lèvre supérieure était ornée d'une charmante paire de moustaches, et il y tenait comme on tient à tout ce qui ne messied point. Or, soit qu'il fût dans l'Olympe, ou sur son char lumineux, soit qu'il devînt simple berger, on n'avait jamais vu le dieu du jour avec cet ornement de capitaine de hussards.

Le régisseur chargé de diriger l'exécution du tableau s'appelait Omer, ce qui prêtait merveilleusement à tous les genres de bons mots. Omer est donc député auprès du jeune comte pour entamer les négociations et l'engager à se défaire du malencontreux ornement. Malgré son poétique nom (orthographe à part), Omer est à peine écouté. Raisons, cajoleries, prières, tout est successivement mais vainement employé auprès du beau jeune homme. On lui démontre qu'il sera impossible de représenter le tableau annoncé. Rien n'y fait. Inexorable comme Achille retiré sous sa tente, on eût dit qu'il avait fait serment de ne se séparer de ses moustaches qu'avec la vie.

Le bruit de cette étrange obstination se répand avec la rapidité d'une mauvaise nouvelle ; on s'agite, on s'inquiète, on s'interroge, on oublie tous les autres plaisirs ; on eût oublié le Congrès lui-même, si quelqu'un eût alors songé qu'il se tenait un Congrès. Ces moustaches sont devenues l'objet des conversations et de la préoccupation générale.

Enfin, dans cette grave occasion, on a recours au grand moyen : on en parle à l'impératrice. Entrant franchement dans le complot, cette charmante princesse, le soir même, câlina si bien le jeune récalcitrant que, vaincu ou plutôt séduit, il s'absente un moment et revient avec une lèvre blanche et polie comme celle d'une jeune fille. Ainsi étaient tombés, sur un seul mot de Louis XIV, les bois qui gênaient la vue au château de Petit-Bourg ; vraiment, les souverains, et surtout les souveraines, ont, pour abattre et pour élever, des paroles puissantes et magiques.

Le sacrifice était accompli, et l'on savait que, grâce à l'heureuse conclusion de cette négociation, Omer avait pu mener à bonne fin son œuvre olympique. Enfin le rideau est levé : la divine assemblée apparaît aux regards impatients. La reine des dieux est représentée par la fille de l'amiral sir Sidney Smith, Vénus par Mlle de Wilhem, dame d'honneur de la princesse de la Tour-et-Taxis, et Minerve par la belle comtesse Rosalie

Rzewuska. Les yeux enchantés d'abord par la beauté unique du tableau, se fixent bientôt sur Apollon seul, qui se montre dans toute sa gloire; bien payé de son obéissance par de doux et d'augustes sourires.

Pendant la représentation de ce tableau, un jeune Français, le baron Thierry, attaché à la légation de Portugal, exécutait un solo de harpe. Ce jeune homme, élevé en Angleterre, où il avait suivi ses parents lors de l'émigration, avait cultivé cet instrument et était arrivé à un degré d'habileté très rare alors. Bien fait, d'une figure intéressante, M. Thierry passait à Vienne pour un des étrangers les plus à la mode. Son solo, exécuté avec toute la perfection que comporte la harpe, produisit le plus grand effet : de belles et royales mains donnèrent le signal des applaudissements. L'Olympe même s'en émut. Enfin la toile se baissa au milieu des applaudissements unanimes; les souverains se levèrent; on passa dans une salle voisine disposée avec magnificence pour le bal.

Vous venez, me dit le prince de Ligne, d'admirer la belle comtesse Rzewuska, sous les attributs de Minerve : vous ne connaissez sans doute pas son histoire. Elle est la fille de la princesse Rosalie Lubomirska, qui fut guillotinée sous la Terreur (1).

Cependant les danses commençaient. Je revins offrir mon bras à la princesse Esterhazy, et j'eus l'honneur d'être son cavalier pendant une partie de la soirée. Elle parlait des beaux-arts avec une facilité toute naturelle, animait sa conversation par des citations toujours justes

---

(1) L'auteur prête ici, au prince de Ligne, un récit par trop fantaisiste que nous ne pouvons laisser passer : L'enfant, recueillie et élevée par une blanchisseuse après la mort de sa mère (12 messidor an II), retrouvée par hasard par son oncle, le comte Chodkiewicz, qui la cherchait en vain depuis longtemps, enfin ramenée en Pologne. La vérité n'est plus discutable. Rosalie Lubomirska fut remise, le 2 fructidor an II (19 août 1794), entre les mains d'une parente, Isabel Lezenska, qui l'emmena avec elle. Elle épousa plus tard, son cousin, le comte Rzewuski. — V. Wallon, H. du Tribunal révolutionnaire, d'après les Archives nationales et M. Casimir Stryienski : *Deux Victimes de la Terreur : La Princesse Lubomirska*, Girard et Villerelle, 1899.

et exemptes de pédanterie ; et, dans ses remarques sur la société, elle alliait la finesse à l'indulgence. On pouvait lire sur sa belle physionomie tout ce qui annonce l'épouse irréprochable, la mère la plus tendre, l'amie la plus sincère et la plus dévouée. Aussi, l'agrément de son entretien me parut-il mille fois préférable aux bruyants plaisirs de cette soirée.

Toutes les personnes qui avaient figuré dans les tableaux et dans les romances avaient conservé leurs costumes : le nombre en était considérable. Elles exécutèrent des quadrilles qui donnèrent à cette fête un nouvel attrait, celui de la variété. On a dit que la grâce, cette portion divine de la beauté, avait été répartie également, mais sous des formes différentes, entre les peuples de tous les climats. Jamais cette vérité ne fut mieux sentie que dans ces fêtes du Congrès, où les femmes les plus remarquables des diverses parties de l'Europe brillaient d'une grâce égale quoique distincte.

Nous nous égarions, le prince de Ligne et moi, dans cette suite de salons étincelants, passant en revue ces délicieuses figures qui offraient successivement à nos yeux tous les genres de beauté : la princesse Marie de Metternich, la comtesse Batthyany, au regard mélancolique, à la taille mince et flexible ; les deux charmantes sœurs Éléonore et Pauline de Schwartzemberg, brillantes de jeunesse et de fraîcheur : la princesse Yablonowska, les comtesses Sophie de Woyna et Louise de Durkeim, toutes deux un peu rêveuses ; la comtesse Julie Zichy à la grâce enchanteresse ; les comtesses de Marassi, d'Urgate, de Schœnborn, la princesse Hélène Souwaroff dont j'ai déjà tracé le portrait, la comtesse de Paar ; partout enfin nous ne voyions que de ravissants visages, que de rapides sourires, que des physionomies où brillaient l'insouciance et le bonheur, et qui charmaient l'esprit en fascinant les regards.

L'empereur Alexandre avait ouvert le bal avec l'impératrice d'Autriche par une *polonaise,* espèce de marche dansante, préambule obligé des bals de cour. Dans un salon voisin, quelques membres du corps diplomatique jouaient gravement au whist, récréation qui semblait aussi être une partie indispensable des transactions européennes. Mais la *polonaise* vint bientôt les distraire du silence qu'exige ce jeu savant. L'orchestre a donné le signal : trop à l'étroit dans la salle principale, la longue file marchante des danseurs s'élance sous la conduite du czar au travers du palais, enlace de ses anneaux les sérieux quadrilles des joueurs, et après avoir parcouru un immense détour, revient dans un ordre parfait reprendre, au point du départ, le cours de ses gracieuses évolutions.

Vers la fin de la soirée, des groupes se formèrent çà et là : quelques jeunes gens arrangeaient des parties de plaisir pour le lendemain, pendant que les représentants de l'Europe agitaient gravement les brûlantes questions du moment.

Ici, M. de Talleyrand, enfoncé dans un fauteuil, s'entretient avec le prince Léopold de Naples, M. de Labrador, le chevalier de los Rios, et le cardinal Gonzalvi : le marquis de Marialva, le jeune comte de Lucchesini, Charles de Rechberg forment un cercle autour d'eux. On parle du roi Murat. Avec son flegme habituel, M. de Talleyrand laisse tomber quelques-uns de ces mots graves et prophétiques qu'on peut considérer comme les avant-coureurs de la chute de ce souverain improvisé (1).

M. de La Tour du Pin, ambassadeur de France, est le centre d'un groupe où l'on distingue son collègue M. Alexis de Noailles, MM. de Wintzingerode, Pozzo di Borgo, le marquis de Saint-Marsan, le comte de Rossi, etc.

Lord Castlereagh, debout, appuyé, contre une che-

---

(1) Le prince de Talleyrand, au Congrès, soutint avec persévérance les droits du roi de Naples contre les partisans de Murat. Le monarque reconnaissant lui offrit, en 1817, le duché de Dino. M. de Talleyrand le fit reporter sur son neveu, le comte Edmond de Périgord, qui depuis en porta le titre. (*Note de l'Auteur*)

minée, écoute froidement le roi de.... La foule s'est éloignée avec une respectueuse déférence. Cependant Sa Majesté parle avec chaleur : son attitude est presque celle d'un solliciteur, ou plutôt d'un plaideur qui veut convaincre son juge. On entend les mots de Pologne, d'indemnité, de traité de Kalitsch. Milord laisse tomber quelques rares paroles en réponse à son auguste interlocuteur. A les voir, on se rappelle que, si la coalition a vaincu, c'est l'Angleterre qui a payé les soldats.

Lors Stuart va d'une salle à une autre : il ne veut que se montrer. Aussi ne l'appelle-t-on que le *paon doré*.

A minuit, on servit un souper splendide. Les souverains s'assirent à la table qui leur était destinée. Chacun prit place ensuite aux autres tables sans cérémonie ni étiquette. La gaieté de ce repas, échappant ainsi à la contrainte, permettait plus facilement à l'esprit de s'étendre, au cœur de se retrouver. Tous ces banquets se ressemblaient. C'était toujours le même luxe, la même magnificence ; aussi, quoiqu'on fût encore aux premiers jours du Congrès, on n'osait déjà plus parler du chiffre des dépenses de la cour.

En compensation, on s'étendait sur le nombre infini d'étrangers que, grâce aux affaires ou aux plaisirs, Vienne comptait dans ses murs. Or, on sait le moyen dont se servait Colbert pour remplir les coffres épuisés de son maître. Qu'étaient cependant les carrousels de Louis XIV en comparaison de cette succession magique de fêtes ?

Enfin, le moment du repos arriva. On alla demander au sommeil des forces nouvelles pour les plaisirs du lendemain, qui devait invariablement ajouter un anneau à cette chaîne de délices.

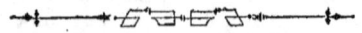

CHAPITRE VIII.

Le prince Eugène de Beauharnais. — Souvenirs du prince de Ligne. — Les théâtres de l'Ermitage et de Trianon. — Le baron Ompteda. — Quelques portraits. — Le carrousel impérial. — Les vingt-quatre paladins. — Les « belles d'amour ». — Souvenirs des tournois du moyen-âge. — Les prouesses des chevaliers. — Fête et souper au palais impérial. — La table des souverains.

Quelques jours après, je me rendis un matin chez le prince Eugène de Beauharnais. Notre connaissance datait de ma jeunesse et, dans toutes les occasions qui m'avaient rapproché de lui, à Paris, à Milan, à Vienne, j'avais toujours trouvé en lui, comme tous ses autres amis, un cœur dévoué et un appui bienveillant. Ces liens de sympathie, qui se forment si vite au premier âge, nous avaient réunis malgré la distance des rangs. Il n'avait pas tenu à lui que sa puissance en Italie ne m'ouvrît brillamment la carrière administrative. Ces témoignages de son affection avaient jeté dans mon cœur de profondes racines de reconnaissance.

Il était souffrant : je pus m'apercevoir bientôt que l'état de son âme influait gravement sur sa santé. Aussi, combien de douleurs s'étaient accumulées autour de lui ! Depuis quelques mois, les désastres de la France, la chute de Napoléon, la perte d'une brillante position, et, par-dessus tout, la mort d'une mère adorée (1) !

Sa position à Vienne avait quelque chose de contraint et de faux : c'était pour lui une source continuelle de gêne. Sa réception avait été l'objet de discussions diplomatiques : il ne l'avait due qu'à l'insistance du roi de Bavière, son beau-père, et à l'affection de l'empereur Alexandre. Mais on ne pouvait oublier qu'il était le fils adoptif de Napoléon, et l'on savait que son noble carac-

---

(1) On se rappelle que l'impératrice Joséphine était morte à la Malmaison le 29 mai 1814.

tère ne se démentirait jamais, qu'il userait de toute son influence en faveur de l'homme qui avait été son bienfaiteur. Placé entre les puissances victorieuses, qui célébraient les revers de la France, et les représentants du gouvernement des Bourbons, il semblait isolé au milieu de cette foule et dans ce tourbillon de plaisirs.

Son accueil fut bienveillant et amical. Heureux de trouver quelqu'un avec qui il pût parler de ses anciens souvenirs, il revint sur son passé, si brillant et si glorieux; son expression, son attitude avaient une sorte de charme mélancolique. Nous parcourions les diverses phases de sa carrière militaire. Tout à coup, sa parole s'anima : entraîné par une vive émotion, il me transporta en Égypte, et se mit à décrire la perte de son premier ami enlevé à ses côtés par un boulet à la bataille des Pyramides. Aux derniers mots de ce triste récit, je m'aperçus que de groses larmes mal déguisées roulaient dans ses yeux. Pour effacer cette lugubre pensée, je lui parlai de notre première connaissance faite à Clichy à un déjeuner que donnait Mme Récamier, pendant le court espace de la paix d'Amiens, déjeuner où se trouvaient toutes les célébrités de la France et de l'Angleterre. Puis, nous en vînmes naturellement à parler de toutes ces joies de Vienne, et de celles qui se préparaient encore. Mais je vis bientôt que toutes ces solennités, si enivrantes pour la plupart des acteurs ou des spectateurs, lui rappelaient incessamment une cause douloureuse à son cœur. Aussi, ne fus-je pas fâché quand on annonça la visite de l'empereur Alexandre, qui venait sans façon, et selon sa coutume, le chercher pour une promenade au Prater. Je pris congé de lui : il me fit promettre de le voir souvent. On croira sans peine que je dus me faire un plaisir de ce devoir.

En le quittant, j'allai faire au prince de Ligne ma visite quotidienne. J'aimais à lui rendre compte de ma journée de la veille. Quoique, à cette heureuse époque, mes occupations consistassent principalement dans une vie extérieure, dans la fréquentation de mes jeunes amis et les plaisirs de la société, il me semblait bien doux de venir auprès de lui recueillir quelques-unes de ses saillies fines et spirituelles, ou étudier dans son intimité un chapitre de ce panorama vivant.

Il y avait foule chez lui : sa petite maison pouvait à peine la contenir. L'aimable hôte était, comme toujours, pour ses visiteurs un dispensateur d'esprit. Sa verve intarissable, la gaieté de ses souvenirs rappelaient à ses auditeurs qu'alors que le corps chancelait, son imagination soutenait la voûte. Personne mieux que lui ne pouvait donner une idée de cet esprit léger, gracieux, presque insaisissable qui fut l'ancien esprit français. En entendant parler le prince de Ligne, il me semblait toujours que je rétrogradais de tout un siècle.

On répétait quelques-uns de ces bruits dont les oisifs du Graben alimentaient la curiosité publique. Après avoir distribué les Etats et les couronnes, les faiseurs de nouvelles avaient imaginé de faire des mariages : ainsi le roi de Prusse devait épouser, tantôt la grande duchesse d'Oldembourg, tantôt une archiduchesse d'Autriche.

« Ces messieurs, disait le comte de Witt, abusent étrangement de notre crédulité. Ne veulent-ils pas aujourd'hui, au moyen d'un divorce, marier Sa Majesté Prussienne avec l'impératrice Marie-Louise?

— Mirabeau, répliqua le prince de Ligne, prétendait qu'il n'est si grossière sottise qu'on ne puisse faire adopter à un homme d'esprit en la lui faisant répéter tous les jours pendant un mois par son valet de chambre. Mais, en vérité, les nouvellistes de Vienne nous supposent une foi trop robuste. Je ne sais pas comment *Robinson*, à son île d'Elbe, prendrait cette facétie. »

On s'entretint ensuite des représentations théâtrales que donnait l'impératrice d'Autriche dans les salons du palais.

« Nul théâtre ne peut le disputer au vôtre, dit le

prince en se tournant vers moi. J'ai vu vos pièces représentées partout. En Prusse, devant Frédéric, on ne jouait que les chefs-d'œuvre de la scène française ; en Russie, sur le théâtre de l'Ermitage, j'ai vu donner *Le Philosophe marié* et *Annette et Lubin* devant l'impératrice Catherine, bien faite pour apprécier la grâce et la finesse, non moins que la grandeur et l'éclat. Quel public choisi que celui de cette cour si brillante, lorsqu'on y donnait le *Crispin duègne,* de Ségur, si admirablement joué par Cobentzel, et ma pièce de l'*Amant ridicule*, dont l'auteur était peut-être plus ridicule que l'amant ! Et, dans la salle, quelle foule d'originaux dont chacun m'avait servi de canevas, et qui, comme partout, applaudissaient sans se reconnaître ! Il fallait aussi voir ce théâtre de Ferney, où Voltaire lui-même déclamait devant nous les scènes les plus comiques de Molière, et s'y pâmait de rire, ce qui nuisait fort à l'effet qu'il voulait produire. Et Trianon !... Trianon... où cette reine angélique jouait si royalement mal, devant une foule de courtisans enivrés de ses charmes ! »

Et alors, avec son esprit, si éminemment dix-huitième siècle, il se mit à nous rappeler quelques-unes des causeries parfumées de Versailles.

« Quels admirables souvenirs ! mon prince, lui dit le comte de Witt.

— Mon Dieu ! j'ai vu, je me souviens, je raconte. »

Après une journée consacrée à l'amitié, et une soirée passée à admirer l'expressive pantomime de Bigottini dans le ballet de Nina, je me rendis chez la comtesse de Fuchs. Le salon était rempli comme d'habitude ; je trouvai heureusement une place près du baron Ompteda. Avec un sérieux d'augure, Ompteda avait un esprit des plus originaux. Personne mieux que lui ne savait, en quelques mots, esquisser un portrait. Sa langue était aussi redoutée que ses esquisses. Bon ami au demeurant, ses épigrammes étaient plutôt un travers de sa tête qu'un tort de son cœur.

Pendant que la foule bourdonnait en tous sens autour de nous, Ompteda se mit à passer en revue les personnes de notre connaissance qui étaient dans le salon où qui entraient successivement.

« Depuis votre départ, me disait-il, Vienne a subi un siège et une occupation ennemie : vous ne devez pourtant y trouver que peu de changements. Les ridicules sont restés les mêmes, image de l'immobilité du gouvernement autrichien. Seulement, on les voit mieux, grâce aux progrès des lumières du siècle.

Les salons sont tels que vous les avez laissés; celui-ci particulièrement n'a pas cessé d'être le rendez-vous des amis de notre charmante *reine*. Jamais nom ne fût mieux mérité, et jamais ses sujets ne se sont révoltés contre son joug. J'ai vu peu de femmes réunir autant de vrais amis; mais, ce qui est plus rare, elle possède le talent de les lier si intimement, qu'ils ne sont jamais étrangers les uns aux autres, malgré l'absence et les événements qui les séparent. Aimez-moi, aimez-vous, voilà la base de son gouvernement; notre union en fait la force et notre bonheur la durée. En vérité, je ne crois pas qu'il y ait au monde de despotisme plus facile que le sien, ni de code plus doux à suivre. Vous trouverez, comme toujours, dans son empire, la politesse sans fausseté, la franchise sans rudesse, la complaisance sans flatterie, et des égards sans contrainte.

D'abord, sur le premier plan, le cher major Fuchs, heureux et paisible possesseur du trésor que nous envions tous; enthousiaste comme jadis de l'organisation de la milice viennoise, à laquelle il doit son grade, et d'où dépendent, assure-t-il, l'éclat et le salut de la monarchie autrichienne.

La comtesse Laure, sa femme, toujours égale, toujours vraie, toujours bonne. Sa figure enfantine semble être le miroir de son excellent cœur. Si l'on n'admire pas en elle les traits d'une beauté parfaitement régulière, du moins sa physionomie est animée de je ne sais quelle expression douce et ravissante que l'art de plaire ne peut imiter. Elle a cet esprit conciliant et sans fadeur qui est peut-être le secret d'attacher.

La chanoinesse Kinsky, chez laquelle un air de bonté facile répand encore du charme sur des traits auxquels le temps a déjà ravi quelque chose.

Les princesses de Courlande : cette belle duchesse de Sagan, passionnée pour tout ce qui présente de l'héroïsme et de la grandeur; son extrême beauté n'est que le moindre de ses agréments. Sa sœur, la comtesse Edmond de Périgord, dont la démarche, les gestes, l'attitude, le son de voix forment un ensemble qui offre je ne sais quoi d'enchanteur. Elle a sur sa figure et dans toute sa personne ce charme irrésistible sans lequel la beauté la plus parfaite est sans pouvoir. C'est une fleur qui semble ignorer le parfum qu'elle exhale. Enfin, la dernière de ces trois Grâces de Courlande, la charmante duchesse d'Escherenza, qui réunit en elle tout ce que nous admirons dans les deux autres.

Sur le second plan, Walmoden, aujourd'hui feld-maréchal, qui, malgré ses succès, est toujours resté simple et bienveillant. C'est aussi ce qu'on peut dire du prince de Hesse-Hombourg; la gloire militaire ne l'a pas enorgueilli; chez lui, une affectueuse bonté tempère des manières nobles et imposantes.

— Oui, le prince Philippe est un des hommes que le sarcasme ni la malignité ne sauraient atteindre. Dans l'intimité, il est aussi distingué par les nobles qualités du cœur, qu'il l'est sur les champs de bataille par sa brillante valeur et son coup d'œil exercé.

— Reuss est dans les nuages : je n'ai pas la prétention de l'y suivre. N'ayant pas voyagé, il a peu vu; aussi, prend-il son imagination pour de l'instruction, l'envie de savoir pour de la science, l'obscurité pour de la finesse. Enfin il prouve qu'avec de l'esprit et le germe des talents on se rend souvent insupportable dans la société par de légers défauts qui s'y font sentir à tous moments.

Remarquez, près des princesses de Courlande, le prince de Lichtenstein, aussi à l'aise dans un salon que sur le champ de bataille; on l'appelle le prince monstre. Mais je vous assure que c'est un *Azor* qui a trouvé bien des *Zémires*. Il compte autant de succès auprès des femmes que de palmes à l'armée.

Le duc d'Escherenza, heureux mari d'une femme ravissante, est un de ces mortels qui, comme dit Figaro, se sont donné la peine de naître. A tout prendre, ce n'est pas un mauvais lot.

De Gentz a tous les secrets de l'Europe : il en aura bientôt toutes les décorations. C'est une des voix de cet être silencieux qu'on appelle le gouvernement autrichien ; peut-être, avec ses manifestes, ses journaux et ses proclamations, a-t-il été aussi redoutable à Napoléon que les glaces de la Russie. Mais les honneurs et les cordons ne sont pas tout pour lui. Les souverains savent qu'il aime aussi l'argent ; ils lui en donnent à satiété. Accablé de travaux et d'affaires, blasé sur tous les plaisirs, de Gentz cherche à s'étourdir en se précipitant dans le tourbillon du monde. Ce n'est pas là qu'il trouvera le bonheur.

Ferdinand de Palfi a de l'esprit comme un lutin ; son cousin François a de l'or comme un Pactole. Le premier joue, gagne, et de son gain, a fait bâtir un magnifique hôtel qu'on appelle le château de cartes. Il y reçoit ses amis avec cette joyeuse figure que vous lui voyez ; et ses amis sont nombreux. François est beau parmi les beaux ; prodigue avec les femmes, il en est adoré. Tous deux aussi, on peut le dire, sont nés sous une heureuse étoile.

Le prince Paul Esterhazy est bon et affectueux, mais un peu froid. Celui-là encore n'a qu'à se laisser vivre. A coup sûr, il a un avenir unique. Je demandais hier à Malfati comment son père, le prince Nicolas, qui n'est plus très jeune, peut, sans inconvénient pour sa santé, résister à ce torrent de plaisirs : « C'est le bonheur qui le soutient », m'a répondu le médecin. Le bonheur à cette manière n'est pas encore au nombre des prescriptions médicales, malheureusement. »

Au moment où le baron achevait ses portraits, on servit le souper.

On parla du grand carrousel impérial qui devait avoir

lieu le lendemain. Le jeune comte Woyna, qui remplissait le rôle d'un des vingt-quatre chevaliers, en détailla tous les apprêts ; on l'écoutait avidement. Là étaient l'intérêt, la curiosité du moment. Toute affaire, tout plaisir s'éclipsaient devant cette fête mémorable qui devait résumer les magnificences du Congrès.

Le jour du carrousel impérial, jour si impatiemment attendu, était arrivé enfin. Tant de semaines avaient été employées aux préparatifs, qu'on ne doutait pas que la cour n'y déployât toutes les merveilles du luxe et toutes les ressources de la richesse.

Cette fête devait être comme une évocation des brillants et poétiques souvenirs du temps passé. Les dernières traces de la chevalerie se sont effacées avant les derniers vestiges de la féodalité. Notre âge, tout positif en guerre comme en amour, ne comporte plus les ingénieuses et charmantes théories du moyen âge. L'enthousiasme du cœur, l'élévation des pensées, la délicate abnégation de la passion ont disparu de nos mœurs et fait place à un égoïsme sérieux et poli. On n'est plus le chevalier d'une belle ; on ne va plus, la lance au poing, soutenir contre tous, la supériorité de ses charmes ; on ne risque plus sa vie pour une écharpe brodée par elle. L'amour aujourd'hui fuit tout éclat ; ce n'est plus qu'un accessoire dans la vie, et son premier soin est de s'envelopper comme d'un voile mystérieux.

Les mœurs chevaleresques méritent cependant nos regrets. L'amour, compris ainsi et professé avec cette franchise, était non seulement la vie du cœur, mais encore le foyer de grandes pensées et de passions généreuses. Il était beau de se parer de son courage désintéressé, de son mépris pour la vie, quand on se proposait, pour unique récompense, un mot ou un sourire de la femme aimée.

Les dames surtout doivent regretter ces changements survenus dans nos habitudes sociales. Depuis que le niveau de la civilisation générale a passé sur les sentiments, elles ont perdu cet empire idéal où elles régnaient en souveraines ; elles sont descendues du trône pour se confondre dans la foule. On conçoit sans peine quels attraits devaient avoir pour elle les apprêts d'une fête, dont l'objet était de rappeler et de faire revivre, pour ainsi dire, les formes et l'esprit des temps chevaleresques.

Le prince de Ligne voulut bien disposer en ma faveur de l'un des billets que le grand maréchal Trautsmansdorf lui avait envoyés. À sept heures, nous nous rendîmes ensemble au palais du Burg.

« Ne pensez pas, me dit le prince pendant le trajet, que nous allons avoir un combat à outrance : ce ne sera ni *un pas d'armes*, du genre de ceux où l'on soutenait l'honneur de sa maîtresse, encore moins un appel au *jugement de Dieu,* où le vaincu ne pouvait se racheter de la mort que par sa réclusion dans un couvent. Ces rixes sérieuses ont fait place à de plus doux et de plus gracieux exercices. Nos modernes redresseurs de torts soutiennent de leur lance, dans un tournoi, l'incomparable beauté de leur dame, aussi paisiblement que jadis on plaidait une thèse à la cour d'amour. Nous n'avons donc pas à redouter l'accident fatal qui termina les jours du roi Henri II et mit fin aux tournois du moyen âge. »

Plusieurs officiers, sous les ordres du grand maître des cérémonies, le comte de Wurmbrandt, attendaient aux portes les personnes invitées pour les conduire aux places qui leur étaient réservées. Telle était la curiosité générale que de faux billets d'admission avaient été, disait-on, fabriqués et vendus à très hauts prix. Aussi la police viennoise avait-elle dû recourir aux plus minutieuses recherches.

Le manège impérial, construit par Charles V, et appelé depuis lors la salle du Carrousel, avait été disposé pour cette solennité. Ce bâtiment, dont le vaste vaisseau est presque égal à l'étendue d'une église ordinaire, a la forme d'un parallélogramme prolongé. Tout autour règne une galerie circulaire qui communique avec les appartements du palais. Des bancs disposés en gradins pouvaient recevoir mille à douze cents spectateurs. Cette galerie était coupée par vingt-quatre colonnes corinthiennes, où se voyaient appendus les écussons des chevaliers, ornés de leurs armes et de leurs devises.

A chaque extrémité de cette vaste arène on avait élevé deux tribunes occupant toute la longueur du bâtiment et drapées des plus riches étoffes : l'une destinée aux monarques, aux impératrices, aux reines, aux princes souverains ; l'autre, précisément en face, était réservée aux dames des vingt-quatre paladins qui allaient prouver qu'elles étaient belles entre les belles. Au-dessus de ces tribunes on avait disposé les orchestres : tout ce que Vienne possédait de musiciens distingués s'y trouvait réuni.

Une des galeries latérales était destinée aux ambassadeurs, aux ministres, aux plénipotentiaires de l'Europe, aux célébrités militaires et aux illustres familles étrangères. La noblesse autrichienne, hongroise et polonaise était rangée dans l'autre galerie.

Sous la tribune impériale s'élève un jeu de bague : les chevaliers doivent en enlever les anneaux avec leurs lances et sans s'arrêter, pendant que leurs chevaux seront lancés avec rapidité. Autour de la salle, de distance en distance, des têtes de Turcs et de Mores, couvertes de leurs turbans, sont placées sur des piliers et servent également de but aux combattants. Sans doute ainsi autrefois, on entretenait la haine des guerriers allemands contre leurs envahisseurs et implacables ennemis, les Turcs. Afin de prévenir les accidents, le sol du manège est couvert d'un sable fin, à la hauteur d'un demi-pied. Enfin, à la porte de la salle, une barrière marque l'entrée de la lice. Derrière cette porte se tiennent les hérauts d'armes avec leurs trompettes, et revêtus de leurs magnifiques costumes. Une multitude de lustres, garnis de bougies, répandaient dans cette vaste enceinte un foyer de lumières qui pouvaient le disputer au jour.

Nous étions placés entre le feld-maréchal Walmoden et le prince Philippe de Hesse-Hombourg. Près de nous on remarquait le prince Nicolas Esterhazy, revêtu de son uniforme de hussard hongrois, dont la riche broderie pouvait déjà à elle seule servir d'objet à la curiosité. Le premier rang de notre galerie était occupé par les plus jolies et les plus éminentes dames de la société viennoise : les princesses Marie Esterhazy, de Walstein, Jean de Lichtenstein, de Stahremberg, de Colloredo, de Metternich, de Schwartzemberg, les comtesses Batthyani, de Durkeim, etc. La galerie en face était garnie de dames étrangères. Sur le rang de derrière, les altesses, les excellences diplomatiques de tous les pays, de toutes les importances, formaient une ligne d'or et de diamants, tant leurs habits de cour ou d'uniforme étaient chargés d'ordres et de broderies. Pour en couper un peu l'uniformité, le costume rouge du cardinal Conzalvi ; plus loin, le turban du pacha de Widin, le cafetan de Maurogeny et le colback du prince Manug, bey de Mirza, semblaient jeter quelque variété au milieu de cette incomparable magnificence.

« Remarquez, me dit le prince de Ligne, lady Castlereagh, près de la tribune des souverains : en façon de diadème, elle porte sur son front l'ordre de la Jarretière en diamants de son noble mari. C'est une petite facétie vaniteuse à laquelle n'avait pas songé le galant Édouard quand il ramassa le ruban bleu qui rattachait le bas de chausse de la belle Alix de Salisbury. L'orgueil, quand il veut se singulariser, nous joue parfois de bien méchants tours. »

A huit heures précises, une fanfare de trompettes, sonnée par les hérauts d'armes, annonça l'arrivée des vingt-quatre dames : conduites par leurs vaillants champions, elles vinrent s'asseoir au premier rang de leur tribune.

Toutes, par leur grâce et leur beauté, méritaient le nom de *belles d'amour* qui leur avait été donné : c'étaient les princesses Paul Esterhazy, Marie de Metternich, les comtesses de Périgord, Rzewuska, de

Marassi, Sophie Zichy, etc. On ne peut se figurer un spectacle plus gracieux et plus éblouissant. Ces dames s'étaient divisées en quatre quadrilles qui se distinguaient par la couleur de leurs costumes : le vert d'émeraude, le rouge cramoisi, le bleu, le noir. Toutes les robes étaient de velours, garnies des plus riches dentelles, et étincelantes de pierreries.

L'ensemble de ces toilettes était copié avec une minutieuse exactitude sur celles du seizième et du dix-septième siècles. Le quadrille qui avait choisi la couleur verte portait le costume national hongrois. Il consistait en une longue tunique ouverte, avec un dessous de satin blanc, agrafée depuis le corsage jusqu'au genou par des épingles en diamants. Placées à des intervalles réguliers, ces épingles laissaient entrevoir le satin dont la blancheur et le brillant formaient un délicieux contraste avec le vert foncé du velours. Des agrafes nouaient également d'autres ouvertures depuis le bas de la taille jusqu'à l'épaule. Le corsage, plat par devant, était couvert des joyaux les plus riches. Une première manche de velours, large et flottante, ouverte sur l'épaule, tombait en suivant la forme du bras; dessous, était une seconde manche flottante en satin blanc, brodée comme le corsage, mais en or et en pierreries de couleur. Sur la tête, était placée une petite toque aussi de velours, entièrement couverte de pierreries. Enfin, un long voile transparent, broché d'or, attaché à la coiffure de ces dames et tombant jusqu'aux pieds, les enveloppait entièrement.

Les autres quadrilles avaient adopté les costumes polonais, autrichien et français du temps de Louis XIII. La coupe et la forme des habits étaient variées, mais tous étalaient le même luxe, la même magnificence. En les voyant, on aurait pu penser que toutes les richesses de la monarchie autrichienne avaient été mises en réquisition. Tous ces joyaux étaient évalués à près de trente millions de francs. Ceux de la seule princesse Esterhazy, née de la Tour-et-Taxis, figuraient dans cette somme pour six millions environ.

Dès que les *belles d'amour* eurent pris leur place, dessinant sur une même ligne une réunion de figures angéliques, tous les yeux se portèrent sur elles. Immobiles, enveloppées de leurs longs voiles transparents, elles semblaient attendre avec calme le moment de leur triomphe. Une nouvelle fanfare annonce l'arrivée des souverains. A leur entrée, tout le monde se lève : les vingt-quatre *belles d'amour* rejettent leurs voiles en arrière et apparaissent dans tout leur éclat. Des applaudissement unanimes viennent se mêler aux acclamations qu'a excitées la présence des monarques.

L'empereur d'Autriche se place au centre de la tribune avec les impératrices à ses côtés ; les autres souverains et princes régnants selon l'ordre de leur préséance. Les sièges, recouverts de velours, étaient étincelants d'or et de broderies. L'empereur Alexandre, retenu par une indisposition, n'assistait pas à cette représentation ; il en fut donné une autre en son honneur quelques jours après, et l'on y reproduisit les détails de la première avec une précision mathématique.

Tous les illustres hôtes de la cour autrichienne, revêtus de leurs plus brillantes parures, ou de leurs uniformes, décorés de tous leurs ordres, forment le coup d'œil le plus imposant. Au premier rang de la tribune impériale, à droite et à gauche des impératrices, on distingue la reine de Bavière, l'archiduchesse Béatrice d'Este, la grande-duchesse d'Oldembourg et sa sœur Marie de Weimar ; sur le second rang, les rois de Prusse, de Danemark, de Wurtemberg, de Bavière, les princes de Prusse, de Wurtemberg, de Bavière, le prince Eugène de Beauharnais, enfin les archiducs Charles, Albert, Ferdinand, Maximilien d'Este, Jean et Regnier.

On avait pensé que l'impératrice Marie-Louise et son fils le jeune Napoléon assisteraient à cette fête ; mais ils ne vinrent ni à celle-ci, ni à la seconde. Marie-Louise, en effet, se trouvait placée dans une si fausse position, qu'elle avait jugé que le seul moyen de conserver de la dignité dans le malheur était de vivre dans l'obscurité. Aussi, sortait-elle fort peu du palais de Schœnbrunn. Cependant, le prince de Ligne me dit qu'accompagnée de l'empereur son père et de ses jeunes sœurs, elle avait assisté plusieurs fois aux répétitions.

Les souverains et les spectateurs sont assis ; la salle aussitôt retentit d'une bruyante musique militaire ; les vingt-quatre paladins paraissent à la barrière. C'était la fleur de la noblesse de l'Empire. La plupart, lors des dernières guerres, avaient dans une autre arène gagné vaillamment leurs éperons. Si tous brillaient par leur gloire personnelle ou par l'illustration de leurs familles, ils n'étaient pas moins distingués par leurs avantages extérieurs. Il y avait eu, disait-on, de véritables rivalités pour obtenir l'honneur d'un rôle dans ces scènes imitées des anciens temps. Enfin, le choix, qui semblait être un brevet d'élégance et de grâce, s'était arrêté sur les plus jeunes et les plus beaux. Parmi eux on remarquait les princes Vincent Esterhazy, Antoine Radzivill, Léopold de Saxe-Cobourg, les comtes Félix Voyna, Petersen, le vicomte de Wargemont, le prince Charles de Lichtenstein, Louis de Schenye, Louis de Schœnfeldt et le jeune Trauttmansdorff, fils du grand écuyer.

Les costumes de ces chevaliers avaient été copiés exactement sur ceux qu'on portait sous le règne de François Ier, époque qui avait vu la chevalerie jeter un dernier éclat et s'éteindre. Ainsi que les *belles d'amour*, ils se divisaient en quatre quadrilles : chacun se distinguait par la couleur qu'avait adoptée le quadrille féminin correspondant. Le costume se composait d'un pourpoint en velours, serrant la taille, avec des manches bouffantes et des revers doublés de satin : les devants étaient ornés de boutons et de lacières en or, le haut-de-chausse collant, les demi-bottes jaunes avec des éperons dorés, les gantelets de même couleur et brodés d'or, le large chapeau retroussé par devant avec le panache blanc tombant de côté et retenu par une agrafe de diamants. Les épées étaient soutenues par des baudriers incrustés de pierreries. Chaque belle avait donné à son chevalier une large bande d'étoffe richement brodée en soie et en or : cette écharpe venait se nouer sur le côté opposé à l'épée.

Les paladins ainsi vêtus montaient des chevaux hongrois de la dernière beauté, remarquables par leur agilité et leur obéissance au commandement. Sous leurs riches caparaçons, on pouvait à peine distinguer leur couleur noire comme l'ébène. Chaque chevalier tenait une longue lance appuyée sur le genou. Vingt-quatre pages, déployant leur bannière, les précédaient : ils étaient suivis par trente-six écuyers vêtus à l'espagnole, portant leurs boucliers ornés d'emblèmes et de devises.

Les pages et les écuyers se forment en ligne de chaque côté de l'enceinte. Les vingt-quatre paladins, deux à deux, se dirigent d'abord vers la tribune des souverains, et abaissent leurs lances en signe de salut d'obéissance devant les reines et les impératrices : celles-ci répondent gracieusement avec la main. Retournant sur leurs pas, les chevaliers viennent devant l'autre tribune offrir à leurs dames un même hommage de soumission et de respect. Les dames se lèvent pour rendre aussi le salut. C'est alors qu'on peut bien juger de la beauté de leurs traits, de l'élégance de leur taille, de la richesse de leur costume. Après avoir fait deux fois le tour du cirque, tous les paladins se retirent attendant un nouveau signal.

Bientôt les hérauts sonnent une joyeuse fanfare, à laquelle répondent tous les musiciens des orchestres. La lice est ouverte : alors commencent les différents jeux où doivent se développer la force et l'adresse des combattants. Six chevaliers reparaissent suivis de leurs pages et de leurs écuyers. On exécute la passe de la lance : les chevaux sont mis au galop ; chaque cavalier emporté avec rapidité vient enlever, à la pointe de sa lance, les bagues placées devant la tribune impériale.

Trois fois chaque quadrille recommence la course

jusqu'au moment où, presque tous les anneaux ayant disparu, l'on put juger de la dextérité des jouteurs.

Quand ce premier exercice est terminé, les lances, ornées des bagues conquises, sont remises aux écuyers : la seconde course commence. Chaque combattant, armé d'un court javelot, le dirige avec une adresse rare vers les têtes des Sarrasins, et toujours au galop, avec une seconde javeline recourbée relève de terre le dard qu'il vient de lancer. Puis bientôt, tirant leurs épées, penchés sur le cou de leurs coursiers, ils se précipitent vers leurs adversaires immobiles, les visent, les frappent en tâchant de les abattre d'un seul coup.

Enfin, armés d'un cimeterre à lame recourbée, on les voit, emportés de toute la vitesse de leurs chevaux, couper en deux une pomme suspendue à un fil et la recouper d'un revers : ce dernier exercice demandait autant de coup d'œil que d'adresse : le fils du prince Trauttmansdorff y excella.

Toutes ces évolutions qui se succédaient par quadrille, s'exécutaient aux accords des symphonies militaires appropriées à ces jeux guerriers. Pendant leur durée, le vif intérêt des *belles d'amour* récompensait les paladins de leurs efforts ou de leur dextérité. N'imitant pas les coutumes bruyantes de leurs aïeules qui, dans les tournois ou les combats, excitaient par des cris leurs champions à bien défendre leur renommée, les *belles d'amour* se bornaient à des regards expressifs, à des sourires gracieux ; mais cette muette manifestation d'un sentiment tendre, ne semblait pas moins dire à leurs gentils chevaliers : « Vous joûtez pour deux beaux yeux. »

Ensuite les scènes varièrent : on simula une véritable rencontre. Les cavaliers rompirent par quatre : les chevaux furent mis au galop. Deux troupes se formèrent, et se serrant de près, s'efforcèrent de se démonter comme dans les luttes de l'ancienne chevalerie. Des règlements avaient posé les limites de l'attaque et de la défense : dès qu'un combattant apportait trop de vivacité dans la lutte, à l'instant les hérauts d'armes intervenaient, la faisaient suspendre, et de nouveaux chevaliers prenaient la place. Les orchestres exécutaient alors des airs dont le rhythme vif et pressé respirait l'ardeur des combats.

Dans ce moment, un accident, qui faillit devenir très grave, jeta pour quelques instants un peu de trouble dans la royale assemblée : le prince de Lichtenstein venait d'être renversé de son cheval, et gisait sans connaissance dans l'arène. Les mesures avaient été si bien prises, qu'en un instant il fut relevé et transporté hors du manège. Peut-être même, au milieu de la mêlée, ne se serait-on pas aperçu de cette chute, sans quelques cris d'épouvante partis de la tribune des dames.

Quand cette dernière manœuvre fut achevée, la cavalcade entière vint et se sépara en deux troupes ; chacune était composée de douze chevaliers et de leurs écuyers. Alors on les vit tour à tour se mêler, se dégager, se mettre en ligne sur douze, sur six ou quatre de front, et exécuter différentes évolutions aussi élégantes que rapides. Enfin, pour dernière preuve de l'agilité et de l'intelligence de leurs coursiers, ils terminèrent par une sorte de danse dont la musique réglait les mouvements. De bruyantes acclamations éclataient de toutes parts : la dextérité des cavaliers, la souplesse de leurs montures étaient l'objet de l'enthousiasme général.

Cependant tout est fini : les paladins viennent saluer les souverains et leurs dames, font une fois au pas le tour de l'enceinte, et la quittent dans le même ordre qu'ils étaient entrés.

Le prince de Ligne paraissait vivement impressionné de ce magnifique spectacle.

« Ce qui me transporte, disait-il, dans ces souvenirs des temps chevaleresques, c'est l'image de la valeur et de l'adresse inspirées par l'amour. Oh ! que nos aïeux comprenaient bien cette passion ! Ils la plaçaient partout, dans leurs jeux, dans leurs combats. Alors elle était grande et noble ; elle était sœur de la gloire. L'amour, chez nous, n'est plus qu'une affaire de plaisir. Au lieu de le placer comme jadis au milieu des hasards de la guerre, ou dans les nobles périls d'un tournoi, nos romanciers et nos poëtes l'ont relégué dans les chaumières. L'amour dans une chaumière, on l'a dit, c'est toujours et bientôt une chaumière sans amour.

« Ce goût des tournois, poursuivit-il, a régné de tout temps. Je n'ai pas été témoin des carrousels donnés par la grande Catherine à Pétersbourg, lors des premières années de son règne ; mais j'en ai souvent entendu raconter les détails. Ce qu'ils eurent de remarquable, c'est que les dames y combattirent ainsi que les chevaliers. Le célèbre maréchal Munnich (1) était premier juge du camp. Le favori Grégoire Orloff et son frère Alexis marchaient à la tête des quadrilles. Le premier prix de l'adresse et de la grâce fut remporté par la belle comtesse Bouturlin, fille du grand chancelier Woronzoff. En le lui remettant, le vieux maréchal voulut qu'elle distribuât les autres couronnes aux dames et aux chevaliers. En vérité, il semblait que Catherine dût épuiser tous les genres de gloire et de plaisir. »

Les souverains se levèrent pour se retirer : les chevaliers reparurent dans la tribune occupée par leurs dames, et passèrent avec elles dans les grandes salles du palais disposées pour le bal et le souper. Les appartements étaient remplis de fleurs et décorés avec un goût exquis : une illumination aussi brillante que le jour y faisait paraître les femmes dans tout leur éclat. Les paladins et leurs dames était l'objet de l'admiration. Les souverains avaient repris l'incognito : quelques-uns même, à l'aide du domino, se confondaient dans la foule.

Dans la salle principale était une première table servie en vaisselle d'or, et placée sur une estrade élevée de quelques pieds : elle était consacrée aux hôtes royaux du Congrès. A gauche, une autre table, où se déployait

(1) Burchard-Christophe, comte de Munnich, 1683-1767, ingénieur et officier général sous Pierre Ier, maréchal sous la czarine Anne, disgracié sous Ivan VI, fut de nouveau en faveur sous le règne de Catherine II.

la même magnificence, était destinée aux princes, aux archiducs, aux chefs de maisons régnantes, aux ministres des grandes puissances. A droite, s'élevait une troisième table, de quarante-huit couverts, pour les acteurs du tournoi. Autour de la salle et dans les pièces adjacentes on en avait dressé d'autres plus petites, auxquelles les invités prirent place sans distinction de rang. Le parfum des corbeilles odorantes, le luxe des parures, où le feu des diamants se mariait à l'éclat nuancé des fleurs, le jour des lumières, scintillant dans des milliers de cristaux et mêlant leurs rayons à cet arc-en-ciel éblouissant, les corbeilles d'or circulant chargées de fruits, présentaient l'ensemble le plus magnifique. La magie d'un tel tableau transportait le spectateur dans un de ces rêves que l'imagination seule peut créer. Pendant le repas, des ménestrels vinrent, s'accompagnant sur la harpe, chanter des *lais* à la beauté et des *sirventes* à la valeur.

A la table des souverains, l'impératrice d'Autriche avait à ses côtés les rois de Prusse et de Danemark. L'empereur François avait pour voisines l'impératrice Elisabeth et la grande duchesse d'Oldembourg. Un peu plus loin, est la charmante Marie, duchesse de Weimar, à côté du prince Guillaume de Prusse. L'immense roi de Wurtemberg est soucieux, comme d'habitude. Devant lui, on a pratiqué une vaste échancrure pour faciliter le placement de son abdomen. En vérité, ce prince semble vouloir prouver jusqu'à quel point de dilatation la peau humaine peut s'étendre. Le roi Frédéric de Danemark pourrait fournir un exemple opposé ; mais son esprit, son enjouement, sa finesse, toutes ces excellentes qualités qui eussent fait d'un simple particulier un homme remarquable, ont fait d'un roi un être adoré : l'excellent Maximilien de Bavière porte sur son visage ouvert l'expression du contentement et de la bonté.

A la table des paladins, Mme Edmond de Périgord est assise près du jeune comte de Trauttmansdorff, son écuyer. Non moins remarquable par son éclatante beauté que par le goût de son costume, elle captive l'attention par le charme de sa conversation aussi vive que spirituelle. Les autres dames, gloires du tournoi, font assaut de grâce et d'esprit.

Après le festin, on se rendit dans le salon du bal où plus de trois mille personnes avaient été invitées. Tout ce que Vienne comptait alors dans ses murs de plus illustre par le rang, la naissance ou les fonctions, s'y trouvait réuni. Quelle mémoire pourrait se rappeler tant de noms célèbres à tous les titres? Quelle plume serait capable de caractériser dignement tous les hommes d'État auxquels l'Europe a confié le soin de ses destinées?

Ici, le comte de Lœvenhielm, M. de Bernstorff, le prince de Hardemberg (1), s'entretiennent froidement de la réclamation soumise au Congrès par le roi détrôné Gustave-Adolphe, réclamation que soutient l'amiral Sidney Smith avec plus de persévérance que de succès.

Là, M. de Humboldt, le duc de Dalberg, le baron de Wessemberg agitent la question de la Saxe et de la Pologne.

Le commandeur Alvaro Ruffo et M. de Palmella s'entretiennent du sort que les amphitryons européens réservent à l'Italie.

Plus loin, M. de Metternich et M. de Nesselrode conversent vivement avec lord Castlereagh. A la gravité sérieuse de leurs physionomies, on juge sans peine que l'entretien roule sur un tout autre sujet que l'ordre de la Jarretière de milord transformé par milady en un burlesque diadème.

---

(1) Hardenberg (prince de) 1750-1822, homme d'État et diplomate prussien. Il fut plusieurs fois ministre; en 1804, il céda un instant la place au comte de Haugwitz, puis revint au pouvoir et releva le courage du roi Frédéric-Guillaume. Disgrâcié sur la demande de Napoléon après Tilsitt, il reprit le pouvoir en 1810 pour ne plus le quitter; il se montra toujours acharné contre la France et, au Congrès de Vienne, en demandait le partage. Il fit partie aussi des Congrès d'Aix-la-Chapelle, de Laybach et de Vérone.

Il laissa des papiers importants dont on a déjà publié une partie en 1838 (13 volumes) sous le titre *Mémoires tirés des papiers d'un homme d'État*.

Tandis qu'on s'occupe du sort de Naples, de la Suède, de la Pologne, la valse et la danse viennent mêler leur ivresse aux froides préoccupations de la politique. Les quadrilles avaient été réglés d'avance. Au centre de la salle principale, figure celui des vingt-quatre *belles d'amour* et de leurs paladins. La fête ne se termina qu'avec la nuit.

CHAPITRE IX

Souvenir du carrousel de Stockholm en 1800. — Le comte de Fersen. — Le roi Gustave IV. — Le défi du chevalier inconnu. — Relation du jeu du pont à Pise.

Pendant les journées qui suivirent le carrousel impérial, la ville de Vienne tout entière sembla comme absorbée par les récits de ce brillant spectacle. On en recherchait avidement les détails ; on citait le nom des paladins des *belles d'amour ;* on s'entretenait de l'accident arrivé au prince de Lichtenstein, dont la vie avait été pendant quelque temps en danger. C'était l'inévitable sujet de toutes les conversations.

A une soirée chez la princesse Jean Lichtenstein, on louait, on critiquait tour à tour les chevaliers et leurs dames, les faits d'armes, les coursiers, les évolutions ; on finit par convenir que jamais rien ne s'était vu en Europe qui approchât de cette magnificence, et qu'aucune fête n'avait jamais vu un tel cercle de spectateurs.

« Il était bien naturel, dit le prince Philippe de Hesse-Hombourg, que l'Allemagne, où les tournois, dit-on, ont pris naissance, cherchât à en rappeler le souvenir dans une occasion aussi solennelle.

— Je ne pense pas, reprit la princesse, que, depuis le siècle de Louis XIV, on ait rien tenté de semblable. En voyant nos paladins et leurs belles, le grand Colbert se fût peut-être avoué vaincu.

— Les premières années de ce siècle, dis-je, ont été marquées par plusieurs de ces jeux guerriers. L'un est un tournoi dont j'ai été témoin à Stockholm, et que donnait le roi Gustave-Adolphe IV. Ce prince, dans les commencements de son règne, cherchait à conserver en Suède cette valeur brillante, ces manières élégantes et courtoises dont Gustave III et sa cour avaient été de si parfaits modèles. Il était passionnément épris de ces luttes guerrières qui avaient ordinairement lieu à la résidence d'été de Drotningholm.

« Certainement, le carrousel de Vienne a été un spectacle admirable. Mais celui auquel j'assistai en 1800 pouvait le lui disputer, non pas par la magnificence, ni par le rang des spectateurs, mais par la fidélité et l'exactitude des traditions. Il présenta un incident qui eût rappelé les rencontres chevaleresques, et parfois sanglantes, du quatorzième et du quinzième siècle. »

On m'engagea à en donner quelques détails ; voici ce que ma mémoire me rappela :

« Ce tournoi était donné pour célébrer le jour de naissance de la reine ; depuis plusieurs mois il avait été annoncé aux diverses cours du Nord. Le jeune roi devait y figurer au nombre des chevaliers, et la reine, une des plus belles femmes de son temps, devait couronner le vainqueur, et lui remettre, en présence de toute la cour, le prix de l'adresse qui était une écharpe entièrement brodée de sa main. Rien n'avait été épargné pour donner à cette fête tout l'éclat qui environna jadis celles de Louis XIV, dont les récits avaient étonné l'Europe.

Le comte de Fersen, que ses avantages extérieurs et son heureuse étoile avaient mis en si haute faveur à la cour de France (1), vint nous chercher, mon père et moi, pour nous conduire à Drotningholm. Avant de s'y rendre, il alla prendre le comte de Parr, nommé comme lui juge du tournoi, et qui, en sa qualité de

---

(1) Le comte Jean-Axel de Fersen, propriétaire en France du régiment royal Suédois, se distingua par son dévouement à la famille royale : il lui servait de guide dans le fatal voyage de Varennes. — Échappé aux orages de nos temps désastreux, il périt victime de la fermentation qui eut lieu à Stockholm en 1800. Le peuple, irrité contre lui, l'assaillit à coups de pierres pendant le convoi funèbre du prince Charles d'Augustembourg, et le fit expirer au milieu des traitements les plus barbares. (*Note de l'Auteur.*) — On se rappelle que la Correspondance politique et intime de Fersen a été publiée par le colonel Klinkowström, sous le titre : le *Comte de Fersen et la Cour de France*, 2 vol., Firmin Didot. Voir aussi l'*Ami de la Reine*, par Paul Gaulot, Ollendorf. Sur la mort du grand-maréchal, lire l'*Introduction* au *comte de Fersen*.

gentilhomme de la chambre, assistait à la répétition d'un ballet nouveau qu'on devait le soir même représenter à l'Opéra. Nous arrivâmes à la porte de ce temple magnifique élevé aux arts par les soins de Gustave III. On nous introduisit dans le salon attenant à la loge royale ; une collation y était préparée. C'était là que Gustave-Adolphe IV soupait quand il venait au théâtre. C'était aussi dans ce salon, meublé avec la plus délicieuse richesse, que son père, dépouillant la majesté royale, n'était plus que l'égal de ses amis. Par un contraste vraiment funèbre, au milieu de ces objets riches et élégants, de ce luxe d'or, de soie, d'albâtre, on apercevait avec surprise un canapé de velours cramoisi, parsemé de taches. Mais l'étonnement faisait bientôt place à un sentiment d'horreur. C'était sur ce meuble que, dans la nuit du 16 mars 1792, avait été déposé Gustave-Adolphe III (1), assassiné par Ankastroem. Le sang qui coulait abondamment de sa blessure s'était répandu sur l'étoffe. Quoiqu'il eût été bien simple de le faire disparaître pour effacer la trace d'un crime commis dans un lieu consacré au plaisir, le roi, sans qu'on pût en deviner le motif, avait voulu que ce canapé, taché du sang de son père, restât là comme enseignement ou comme souvenir.

Le comte de Parr ne tarda pas à nous rejoindre. Peu d'instants après, nous partîmes pour le château de la reine, situé à quatre lieues de Stockholm. De nombreux équipages s'y rendaient de toutes parts et variaient agréablement le paysage si pittoresque de la campagne suédoise.

Une foule immense assiégeait depuis le matin les avenues du château ; parmi cette multitude de gens à pied, à cheval, en voiture, régnait un ordre admirable.

(1) Gustave III, ami de la France monarchique, s'était déclaré l'ennemi de la Révolution. Il se préparait à envoyer des troupes aux frontières françaises lorsqu'il fut assassiné dans un bal masqué à Stockholm, le 16 mars 1792, à la suite d'une conspiration de palais. Voir Geffroy, *Gustave III et la Cour de France*, tome II, et les *Mémoires* du duc Cesdars, lequel était, au moment de la mort du roi Gustave, ambassadeur des princes à Stockholm.

Deux uhlans de la garde et un écuyer du roi attendaient le comte de Fersen, que sa qualité de juge du camp appelait à présider aux détails de la fête.

À quelque distance du château, dans un joli vallon dominé par des collines boisées, s'élevait un cirque orné de galeries destinées à contenir environ quatre mille spectateurs. Le sol était couvert du sable le plus fin; de hautes et fortes palissades l'entouraient. Toutes les dames, parées des plus riches toilettes, brillaient de cette beauté particulière aux femmes du Nord. Les hommes étaient en uniforme ou en habit de cour. On était en habit de cour lorsqu'on portait un manteau de taffetas noir doublé de satin couleur de feu. Les grands du royaume avaient tous revêtus le costume de leur charge. Des tribunes tendues de satin, ornées de trois couronnes suédoises, étaient réservées aux ambassadeurs. L'enceinte était drapée avec des étendards suédois. A l'une des extrémités du cirque, le pavillon de la reine et des dames de sa suite se faisait remarquer par un mélange de fleurs, d'armes et de drapeaux enlacés avec l'élégance la plus coquette. Dupré, architecte français, et l'un des plus célèbres décorateurs de l'Europe, avait présidé à tous ces préparatifs.

De distance en distance, des colonnes servaient de but pour courir la bague; d'autres supportaient des têtes de Sarrasins qu'on devait enlever avec l'épée. Les bannières des chevaliers appelés à disputer le prix furent d'abord promenées autour de l'enceinte, puis déployées aux différentes barrières du cirque où elles furent fixées.

En nous quittant, le comte de Fersen nous recommanda à son ami M. de Rozen. Ce jeune homme, qui avait figuré dans les quadrilles du roi au dernier carrousel, nous mit promptement au fait de tous les détails de cette fête. Les diverses devises des bannières et des écussons étaient aussi ingénieuses que chevaleresques; entre autres on remarquait celles-ci :

Une épée sur un champ d'azur :

> *Je pars, je brille, je frappe.*

Un lion au milieu d'un champ semé d'étoiles :

> *La valeur soumet les astres.*

Un feu sur un autel :

> *Ce qui est pur est éternel.*

Une hermine gravissant un lieu escarpé :

> *Tâche sans tache.*

Enfin, une autre, jaune et rouge, à carreaux, était celle de Tonin, le fou du feu roi ; on ne s'en fût pas douté cependant à son motto :

> *Tout par raison,*
> *Raison par tout,*
> *Par tout raison.*

Tonin ne joutait que de bons mots, de malice et de bonnes vérités dites en riant ; sur ces trois points il était sûr de vaincre, car il les variait comme sa devise.

Au milieu de ces bannières éclatantes de couleurs et de broderies, on en distinguait une noire que nul écuyer ne gardait ; nous demandâmes au comte de Rozen à quel chevalier appartenait ce lugubre drapeau.

— Comment ! nous répondit-il, n'avez-vous pas lu dans les gazettes qu'un paladin, qui désirait rester inconnu, défiait au combat singulier le champion assez hardi pour lui disputer le prix de ce tournoi ? Le prix, vous le savez, est une écharpe brodée par la reine.

Au temps prescrit pour l'appel des chevaliers, on trouva son gant jeté au milieu du cirque, et sa bannière noire plantée où vous la voyez ; son bouclier y était attaché, avec ces mots sur un fond bleu de ciel parsemé d'étoiles :

> Fra tanti una.
> (Une seule parmi toutes.)

Ce qui ajoute à l'étrangeté de ce défi, c'est le choix qu'il a fait de la hache d'armes, qui, depuis longtemps, n'est plus en usage. Les bruits les plus étranges ont couru depuis la bravade de cet Amadis mystérieux. Parmi toutes les versions, la plus accréditée est celle-ci :

« Un jeune lord, d'une des plus illustres familles d'Angleterre, vit la reine à Bade, à la cour de son père, lorsqu'elle n'était encore que la princesse Dorothée-Wilhelmine ; il en devint passionnément amoureux. Vu son rang et son immense fortune, il n'était pas impossible que l'offre de sa main fût agréée. Mais les deux sœurs de notre reine étant devenues, l'une impératrice de Russie, et l'autre épouse de Maximilien de Bavière, la politique et les convenances la portèrent au trône de Suède. Le jeune lord, ne pouvant vaincre un sentiment auquel nul espoir n'était plus permis, fit la folie de s'introduire plusieurs fois à notre cour, et toujours en empruntant de nouveaux déguisements. Reconnu par les femmes de la reine, échappant à grand'peine au châtiment que méritait son audace, on le disait parti pour l'Amérique. Instruit, sans doute, avec toute l'Europe, des apprêts de ce tournoi, il a voulu tenter d'y vaincre ou mourir sous les yeux de sa bien-aimée. On ajoute même que, connaissant l'esprit chevaleresque de Gustave-Adolphe, il s'est flatté d'avoir un royal champion à combattre, avec la chance de posséder veuve celle qu'il a tant aimée fille.

Le comte de Torstenson, fils du feld-maréchal, s'est offert pour répondre à ce défi. Depuis quelque temps, il s'est exercé et il a acquis une adresse prodigieuse au combat de la hache d'armes. »

En ce moment, les fanfares harmonieuses de cent instruments proclamèrent l'arrivée de la reine : tous les yeux se portèrent sur elle.

Sa beauté parfaite, la majesté de sa personne auraient fait deviner une souveraine sous les plus modestes habits. Entourée de ses dames, elle prit place sous le pavillon qui lui était réservé. Aussitôt, le roi, à la tête de sa noblesse, entra dans le cirque et le parcourut en saluant de la lance toutes les dames, qui s'étaient levées à son approche.

Gustave III, alors âgé de vingt et un à vingt-deux ans, avait une belle taille, une tournure martiale, l'air noble et chevaleresque. Il s'étudiait à copier Charles XII, et, pour mieux lui ressembler, il portait d'ordinaire un habit bleu, boutonné jusqu'au menton, et les cheveux relevés sur leurs racines. Mais, avec l'épée de Bender, il lui manquait le bras qui la rendait victorieuse et le génie qui la dirigeait.

Lorsqu'il passa devant la reine, dans son brillant costume de chevalier, la mine haute et fière, brandissant noblement sa lance d'une main ferme, son cheval se cabra. Gustave essaya de modérer son ardeur : mais, ayant trop vivement approché ses éperons des flancs vigoureux du coursier, l'animal s'élança en avant et faillit le désarçonner. C'était le même cheval qu'il montait à Upsal lors de son couronnement, et qui avait manqué de le tuer, ce qui avait fourni aux gens superstitieux le sujet de mille conjectures pour l'avenir du règne. La cause de cet accident était pourtant bien simple.

L'écuyer qui avait été chargé de dresser ce cheval pour la cérémonie, s'arrêtait chaque jour devant la boutique d'un cordonnier, dont la femme jeune Finlandaise, prenait plaisir à donner du pain et du sel à ce bel animal. Celui-ci contracta si bien l'habitude de stationner à cette porte hospitalière, qu'alors que Gustave, la couronne en tête et le sceptre à la main, se rendait à la cathédrale, le coursier obéissant à une sorte de sympathie instinctive ne voulut jamais passer la boutique sans avoir reçu sa ration accoutumée. Le roi, prenant ce temps d'arrêt pour un caprice, lui fit sentir vivement l'éperon : le cheval se cabra, la couronne et le sceptre tombèrent, et, sans l'adresse d'un page qui marchait à côté du prince et qui le retint par sa botte, Gustave aurait suivi les insignes royaux. A la nouvelle de cet accident, la sorcière Arvidson s'écria, dit-on, tout en larmes : « La race de Wasa va cesser de régner sur la Suède (1). »

Au moindre événement de ce règne qui sortait de la ligne ordinaire, on ne manquait pas de rappeler la prédiction de la sorcière : aussi les spectateurs du tournoi s'empressaient-ils d'ajouter ce pronostic à tous ceux qu'on avait déjà recueillis.

Cependant la barrière s'ouvrit devant les chevaliers brillant de toute la magnificence de leurs costumes. Divisés par quadrilles, ils firent le tour de la lice, et passant devant la reine, ils la saluèrent de la lance. Tous portaient les couleurs et les dons de leurs dames : une écharpe, un voile, un nœud, une boucle. Ils firent ensuite exécuter à leurs chevaux les évolutions les plus hardies et les plus gracieuses. Enfin, quand cette procession guerrière fut terminée, au son des fanfares de la musique des régiments des gardes, aux acclamations de la foule, ils se retirèrent pour attendre le signal de la joute.

Un héraut d'armes, placé au milieu du cirque, proclama l'ouverture du tournoi, et ajouta d'une voix haute :

« Au nom du roi, et suivant les lois du royaume, il est défendu à tout sujet, à tout étranger de proposer ou d'accepter le défi d'un combat singulier, sous quelque dénomination que ce soit. Il serait insensé de croire qu'une enceinte destinée à des jeux d'adresse pût être ensanglantée sous les yeux de la reine. »

---

(1) La prédiction se réalisa. Gustave IV, fils de Gustave III, régna d'abord sous la tutelle de son oncle, le duc de Sudermanie. Sous son règne, la Suède fut dépouillée de la Finlande par la Russie et était menacée par le Danemark. Le mécontentement de ses sujets amena une conjuration qui réussit : Gustave fut incarcéré, puis exilé à perpétuité, 1809; le duc de Sudermanie fut proclamé roi sous le nom de Charles XIII. Celui-ci, n'ayant pas d'enfants, adopta d'abord le prince Christian Auguste de Holstein Augustenbourg. Après la mort subite du jeune prince, Charles XIII eut l'idée singulière d'aller chercher pour héritier le maréchal français Bernadotte. Sous le nom de Charles-Jean, Bernadotte régna de 1818 à 1844; le roi actuel, Oscar II, est son petit-fils. — Il n'y a plus de Wasa mâles; la reine Caroline de Saxe est la petite-fille de Gustave IV.

Cette proclamation fut suivie d'un mouvement d'approbation générale. La bannière noire du champion inconnu fut arrachée et jetée ignominieusement par dessus la barrière. Alors, Gustave s'avança vers le comte de Torstenson, qui se tenait à l'entrée de la lice, couvert d'une armure éclatante, revêtu d'une cuirasse magnifique damasquinée en or, et d'un haubert à double maille, et qui maniait avec force une lourde hache dont il baissa la pointe devant son roi.

« Comte de Torstenson, lui dit-il en lui tendant la main, je vous sais gré de votre courage : je vous en remercie ; mais je le réserve pour une plus noble occasion. »

La lice fut ouverte, le roi dit à haute voix : « *Que chacun fasse son devoir ;* » le comte de Fersen, juge du camp, répondit : « *Laissez aller.* » Les différents jeux du tournoi commencèrent alors, et se continuèrent pendant quatre heures. Comme au carrousel viennois, les chevaliers firent assaut de galanterie, de grâce et d'adresse. Le temps était magnifique : la beauté du jour semblait ajouter à l'enthousiasme universel. De toutes parts ce n'étaient qu'écharpes au vent, qu'applaudissements joyeux, murmures louangeurs tombés de lèvres aussi vermeilles que la rose, que bouquets de fleurs agités par des mains tremblantes d'émotion.

La lutte fut longue : les chevaliers rivalisèrent d'adresse. Enfin, le comte Piper l'emporta : le juge du tournoi et les officiers d'armes proclamèrent son nom et le conduisirent aux pieds de la reine, qui, en louant son adresse, lui ceignit l'écharpe, prix du combat, et lui donna à baiser la belle main qui l'avait brodée. Les trompettes firent entendre une fanfare de victoire, et bientôt le jeune triomphateur courba son front sous les bravos et les bouquets.

Sa bannière fut placée sur un char traîné par deux rennes entièrement blancs, et richement caparaçonnés. Le comte de Fersen les avait fait venir de ses terres en Laponie pour les offrir au roi. Toute la cour suivait le char à travers le parc, pour se rendre au château dans la salle du banquet. Plusieurs tables y étaient dressées : le roi présidait celle de sa famille et des chevaliers ; le chancelier et les grands officiers de la couronne firent les honneurs des autres. On servit, dans le jardin, des rafraîchissements au peuple ; et quand la nuit fut venue, la gaieté qui régnait sur la pelouse immense et dans les bosquets étincelants de lumières, donnait à cette réunion tout l'aspect d'une fête de famille.

Après le banquet, on se rendit à la belle salle de l'Opéra où fut exécuté le drame lyrique de *Gustave Wasa,* dont la musique était de Piccini et les paroles du feu roi. Enfin, une illumination générale dans les jardins du palais, une promenade aux flambeaux et un immense feu d'artifice couronnèrent cette journée, qui fut sans doute, du petit nombre des journées heureuses que le sort réservait encore à Gustave-Adolphe. »

On avait écouté avec bienveillance ces détails d'une fête qui ne semblait plus appartenir à notre temps. Les auditeurs, les dames surtout, avaient espéré un moment que le défi du chevalier à la bannière noire aurait été relevé, et que je leur présenterais la description d'un combat à outrance. L'issue pacifique du tournoi semblait causer un peu de désappointement. Je me hasardai de dire qu'en fait de lutte, ni le tournoi de Stockholm, ni le carrousel de Vienne ne pouvaient se comparer au *jeu du pont* qui se donnait à Pise, et qui, par son acharnement et ses dangers, présentait le plus parfait tableau des anciennes guerres au moyen âge en Italie. Aucun des assistants n'en avait été témoin. On me pria encore d'en donner une idée : voici à peu près la description que j'en fis.

Le dernier de ces jeux, auquel par bonne fortune j'assistai, eut lieu pendant la courte existence du royaume d'Etrurie (1). Depuis longtemps, les accidents

(1) En vertu du traité de Lunéville en 1801, le Grand Duché de Toscane avait été enlevé à l'archiduc Ferdinand III et donné, sous le nom de royaume d'Etrurie, à la branche espagnole de Parme dont les Etats

de tout genre qui les signalaient les avaient fait abolir : on avait eu beaucoup de peine à obtenir pour celui-ci la permission de la reine.

On ne sait pas précisément à quelle époque fixer l'origine, de cette lutte qu'on a qualifiée de *jeu* quoiqu'elle pût à bon droit passer pour une véritable bataille. Néanmoins, elle doit être d'une haute antiquité : d'origine grecque, selon quelques-uns, elle remonte jusqu'aux jeux olympiques. Dans les chroniques anciennes de leur ville, disent les Pisans, on lit encore les noms de quelques champions de sainte Marie, qui firent partie du contingent envoyé par cette république aux croisades. De nos jours, Alfiéri a célébré poétiquement cette image des luttes chevaleresques avec leurs périls et leurs passions.

La ville de Pise est traversée par l'Arno. Un beau pont de marbre est construit sur ce fleuve et lie les deux quartiers de la ville : l'un est sous la protection de sainte Marie, l'autre sous celle de saint Antoine. Quand jadis on célébrait ces jeux, trois cents champions étaient choisis de chaque côté pour soutenir sur ce pont la prééminence de la bannière de leur patron. Ces preux improvisés étaient toujours les jeunes gens les plus forts, les plus braves et les plus adroits de leur quartier.

On les revêtait d'armures semblables à celles que portaient leurs ancêtres aux temps brillants de la république. Exercés longtemps d'avance par des chefs expérimentés, ils se préparaient aux manœuvres d'attaque et de défense. Une cuirasse massive, un casque, des brassards, des cuissarts en acier, étaient leurs armes

étaient réunis aux domaines de la France dans le Piémont. Le roi Louis étant mort en 1803, sa veuve, Marie-Louise d'Espagne, régna, au nom de son fils Louis II. En décembre 1807, l'Etrurie était cédée en échange du nouveau royaume de Lusitanie; quelques mois après, elle formait trois départements français placés sous le gouvernement d'Elisa Napoléon devenue grande-duchesse de Toscane. Voir l'excellent livre de M. P. Marmottan, le *Royaume d'Etrurie*, Ollendorf 1896, *Elisa Napoléon en Italie*, par M. E. Rodocanachi, Flammarion 1900, et *Carnet historique et littéraire*, 1900.

défensives ; l'offensive consistait en une sorte de massue en bois dur de trois pieds de haut : un coup porté avec force ou adresse suffisait pour mettre un adversaire hors de combat.

Une barrière abattue au milieu du pont séparait les deux troupe. Lorsque trois heures sonnaient à la cathédrale, un coup de canon donnait le signal : la barrière était aussitôt levée. Alors au son d'une bruyante musique militaire, le combat s'engageait, les coups pressés des massues faisaient retentir l'airain des cuirasses et des casques. Ce jeu, presque barbare comme les temps qui le virent naître, durait trois quarts d'heure. Un deuxième coup de canon retentissait : la barrière s'abaissait, et celui des deux partis qui avaient repoussé l'autre hors de sa limite, n'eût-ce été que d'un pied, était proclamé vainqueur. Des cris d'allégresse se faisaient entendre sur la rive victorieuse, pendant qu'un morne silence attestait sur la rive vaincue sa défaite et sa honte.

En 1805, je me trouvais à Pise : grâce à quelques amis et à l'obligeance courtoise de M. d'Aubusson de la Feuillade (1), ambassadeur de France, je pus être témoin de cette fête extraordinaire.

Elle avait été annoncée dans toute l'Italie quelques semaines avant sa célébration. Cet appel n'avait pas été infructueux. A la nouvelle de cette lutte, offerte au courage, à l'adresse et à la force, on vit accourir de tous les points des combattants qui avaient acquis une réputation de bravoure ou de vigueur herculéenne. On en citait un de la Calabre, d'autres d'Ancône et de Gênes, des Transteverins de Rome, et jusqu'à un professeur de la docte université de Padoue, qui passait pour l'homme le plus robuste de l'Italie.

Des personnages appartenant aux plus hautes classes

---

(1) Descendant du célèbre maréchal d'Aubusson La Feuillade. Le nom s'est éteint quant aux mâles. La dernière des La Feuillade est Madame la duchesse de Bauffremont. Voir dans le *Carnet historique et littéraire* de février à juillet 1900, la Correspondance diplomatique de M. de la Feuillade, *Documents sur le royaume d'Etrurie*.

de la société italienne s'étaient fait incrire sous le nom
de leurs vassaux ; et certains, grâce à la visière de leurs
casques, de rester inconnus, ils comptaient prendre
leur place dans la lutte, tant était générale cette fièvre
du pugilat. Les exercices continuels avaient tellement
façonné les athlètes à l'usage de leur massue, qu'ils s'en
servaient comme de l'épée à deux mains au moyen-âge.
Le professeur de Padoue parlait de défier quatre
hommes armés de sabres et d'épées, et de les vaincre
avec cette seule massue. L'enthousiasme avait gagné
toutes les têtes. Certainement, dans un siècle éclairé,
il est extraordinaire qu'on ait autorisé un pareil amusement avec ses conséquences funestes et inévitables : le
péril était, sans doute, un attrait de plus à la curiosité.
Près de cent mille curieux étaient accourus à Pise,
nombre prodigieux pour une ville dont la population
n'excédait pas douze mille âmes.

La semaine qui précéda le jour du combat fut employée à des exercices guerriers, et la veille de ce jour à
des pratiques pieuses. Tous les champions firent scrupuleusement la veillée d'armes, se confessèrent et com-
munièrent. L'évêque bénit publiquement les drapeaux,
richement brodés par les dames de la première noblesse
du pays. Enfin, tout ce qui peut enflammer le courage
fut employé pour engager les champions à soutenir
dignement l'honneur du patron ou de la patronne dont
ils défendaient la bannière. Les parieurs, qui étaient en
grand nombre et risquaient des sommes considérables,
n'épargnaient ni les encouragements ni les promesses.
Pendant cette semaine, chaque combattant fut nourri
comme un podestat : mais on leur avait sévèrement
interdit l'usage des liqueurs fortes : à l'exemple de
Richelieu au siège de Mahon, les chefs avaient mis à
l'ordre du jour, que le champion qui se serait enivré
n'aurait pas l'honneur de combattre.

Dès six heures du matin, toutes les fenêtres des maisons sur les bords de l'Arno, louées à des prix énormes,
étaient occupées par des femmes habillées avec recherche. Des échafaudages en amphithéâtre, contruits sur

les deux rives, étaient destinés aux spectateurs. Les quais étaient couverts d'habitants de la campagne, venus comme en pèlerinage à cette solennité. Leurs costumes pittoresques et divers, dont un soleil brillant réfléchissait les couleurs vives, présentaient un coup d'œil unique. Une large tribune, richement drapée, était disposée pour la reine, la cour, le corps diplomatique et les étrangers de distinction, qui, de toutes les cours d'Italie, s'étaient rendus à Pise.

Des barques de toutes dimensions, pavoisées et surmontées de tentes élégantes, couvraient en entier les eaux de l'Arno : des tables chargées de mets y étaient dressées, des orchestres y faisaient entendre de joyeuses symphonies. Cette flottille formait à elle seule une fête ravissante. Des deux côtés du pont, d'autres barques étaient placées pour faire la police et maintenir à distance les bateaux et les spectateurs. Elles étaient aussi destinées à porter secours aux combattants qui seraient renversés par dessus les parapets et tomberaient dans le fleuve. On pouvait craindre des accidents de cette nature, d'après un tableau peint il y a plus de deux cents ans, et qui était exposé à l'hôtel de ville : on y voyait deux de ces chevaliers enlacés, qui se précipitaient dans l'Arno, luttant encore dans leur chute.

Partout la joie bruyante des spectateurs, le mouvement continuel sur les rives et dans les rues, la diversité des dialectes italiens, cette existence extérieure enfin, qui, dans ce pays, semble une seconde vie, donnaient un air indéfinissable à ce tableau.

A midi, les *combattants* revêtent leurs armures : on s'empresse autour d'eux, on leur renouvelle les exhortations et les conseils. A l'exaltation de gloire qui s'était emparée de leurs femmes ou de leurs amies, on les eût prises pour autant de Spartiates présentant à leurs fils le bouclier, et prononçant ces simples mots : *Avec ou dessus.*

Ainsi armés, les combattants se rendent dans leurs camps respectifs : on leur sert sous les tentes quelques rafraîchissements et du vin tiré des meilleures caves de la ville. A l'appel des trompettes, ils sortent du camp et viennent se ranger en bataille : puis précédés de leur musique militaire, et leurs bannières déployées, ils gagnent lentement le côté du pont qu'ils ont juré de défendre : les drapeaux sont attachés en dehors des parapets. De chaque côté, on prépare les plans d'attaque et de défense : ces plans étaient combinés avec tant d'art que le général de division Duhesme, qui avait fait les campagnes de Hollande, d'Italie et d'Égypte et pouvait être considéré comme un juge compétent, admirait l'habileté avec laquelle étaient disposées ces masses dans un engagement où tout allait dépendre de la force corporelle.

Cependant, les deux partis étaient depuis quelques instants pressés vers la barrière. Trois heures sonnent ; le coup de canon, signal si impatiemment attendu, retentit dans les airs. L'obstacle qui séparait les combattants est levé : l'attaque aussitôt commence avec un acharnement dont on ne peut se faire une idée sans l'avoir vu. Mille cris confus se font entendre. Pour la plupart des spectateurs, à l'intérêt du tableau lui-même se joint l'intérêt de la fortune, celui de l'amour-propre et même de l'amour : chaque espérance de succès est accueillie par des salves d'applaudissements. Le courage des champions se change en frénésie, et la mêlée devient une vraie bataille avec ses fureurs et ses alternatives.

Pendant que les deux troupes s'attaquent avec une égale furie, de chaque côté des hommes lancent dans les rangs ennemis de longues cordes armées de crochets en fer. Une jambe est saisie : l'adversaire tombe, et est entraîné captif. Ainsi dans les steppes du Yedissen, les Tartares lancent le nœud coulant dont ils enlacent le cou des chevaux sauvages.

Il était déjà trois heures et demie : les deux armées, pressées l'une contre l'autre, semblaient des athlètes qui, ne pouvant s'ébranler, s'épuisent en longs efforts. D'aucun côté on n'avait pu gagner un pied de terrain : dix minutes encore, et la victoire indécise eût dû, comme aux anciens temps, partager la couronne. Les champions étaient tellement comprimés, qu'il n'était plus possible de combattre. Les masses se refoulaient comme les flots pressés de deux fleuves qui se rencontrent. Pour donner à ses hommes de nouvelles forces, chacun des chefs avait fait avancer sa musique dont le poids devait accroître la résistances de sa troupe.

Dans cette inertie générale, aux acclamations joyeuses, aux applaudissements a succédé, sur les deux rives, un morne silence qui annonce le peu d'espoir d'un résultat. Enfin, deux champions des derniers rangs de sainte Marie imaginent une manœuvre audacieuse. Malgré le poids de leurs armures, ils se hissent sur les épaules de leurs camarades, et se placent debout sur ce plancher d'airain formé par les larges casques qui se touchent. S'avançant alors de casque en casque, ils parviennent bientôt jusqu'au premier rang des leurs. Du haut de cette forteresse vivante, comme du haut d'un char de bataille, ils frappent à coups redoublés de massue sur la tête de leurs adversaires. Ceux-ci, bien que garantis par le fer dont leur crâne est couvert, chancellent et tombent étourdis. La brèche est faite : mille cris de victoire s'élèvent du côté de sainte Marie ; sa masse se meut et s'avance. Bientôt elle a dépassé sa limite : la barrière de saint Antoine est enlevée par les deux combattants aériens.

En vain le chef du parti opposé tente une défense semblable à l'attaque. Des champions de saint Antoine grimpent également sur les épaules de leurs camarades. Un second combat s'engage sur la tête des combattants, sans que cependant la première lutte entre ceux dont les pieds touchent la terre ait rien perdu de sa fureur. C'était chose merveilleuse que ces deux étages de guerriers s'attaquant, se portant des coups, mettant en usage toutes les ressources de la force et de l'adresse.

La lutte fut vive et acharnée : le drapeau de saint Antoine allait être repris. Un des champions de sainte Marie, le plus près du parapet, saisit sa massue à deux mains, et d'un revers assène un coup terrible sur la tête du combattant qui lui fait face. Celui-ci trébuche, perd l'équilibre et tombe dans l'Arno. Des clameurs frénétiques font retentir les airs. L'armée de sainte Marie redouble d'efforts, et se maintient inébranlable sur le terrain qu'elle a gagné. Josué n'était pas là pour arrêter le soleil. Le troisième quart d'heure a sonné ; le canon donne le signal, la barrière s'abaisse. Le parti de sainte Marie reste vainqueur : l'honneur de la journée lui appartient sans conteste.

Les acclamations de joie, les trépignements, les fanfares éclatent aussitôt dans le quartier victorieux : la tristesse et la honte sont dans celui des vaincus. On l'a dit : les hommes donnent à leurs sentiments l'énergie et la chaleur de leur ciel. Ainsi, pendant que les champions de sainte Marie, comblés de caresses, d'éloges et de présents, portés en triomphe, étaient accueillis avec enthousiasme dans leurs familles, ceux de saint Antoine regagnaient silencieusement leurs demeures, y étaient reçus avec des reproches ou des sarcasmes, heureux si, pour tout baume réparateur à leurs contusions, ils n'étaient pas encore battus par les leurs.

La nuit arrivée, ce fut, du côté victorieux, illumination, bals, concerts, fanfares bruyantes qui se prolongèrent jusqu'au matin. Sur le côté vaincu, on n'apercevait pas une lumière. On eût dit un quartier habité par les ombres.

Rien, je crois, ne peut être comparé à cette scène. L'Europe, depuis plus d'un siècle, n'avait pas vu de spectacle semblable. Là, tout était sérieux, y compris les armes et les blessures. Et qui n'aurait pas vu une bataille réelle, aurait pu croire y assister, en rétrogradant vers ces temps où le canon n'était pas encore le dernier argument des rois. »

CHAPITRE X.

Chanson du prince de Ligne sur le Congrès. — La vie sur le Graben. — La table d'hôte. — La chronique du Congrès. — Les petites nouvelles politiques. — Un pendant à la mort de Vatel. — Le fromage de Brie proclamé le roi des fromages. — Fête chez le banquier Arnstein. — Fête donnée par l'empereur Alexandre pour la grande-duchesse d'Oldembourg. — Le prince royal de Wurtemberg. — La danse russe. — Le poète Carpani et le prince de Ligne.

Une foule nombreuse se pressait dans la petite salle des redoutes masquées. Cette réunion était, comme d'ordinaire, la révélation vivante d'un monde de plaisirs, d'amour, de séductions de toute espèce.

« Voici, me dit le prince de Ligne, un nouvel hôte fort peu attendu au Congrès.

— Quelque puissance déchue, mon prince?

— Un hôte qui veut aussi prendre sa part de toutes ces joies : la peste, *puisqu'il faut l'appeler par son nom*. Elle désole, en ce moment, la Serbie et menace de faire incursion ici en personne et sans plénipotentiaires. Mais rassurez-vous : les mesures sont prises : il ne sera pas besoin de conférences ni de traités contre cette importune visiteuse.

— Depuis hier, continua-t-il, cette importante réunion des plus grands souverains et leurs augustes délibérations m'ont inspiré..... devinez..... un traité philosophique?..... quelque ouvrage bien sérieux? des considérations de haute politique?........ Non : mais une chanson; chanson pour les uns, leçon pour les autres. C'est un *pont-neuf* qui n'a qu'un mérite : un quart d'heure m'a suffi pour le faire. Mettez encore qu'il a été écrit avec la plume du grand Frédéric, seul trophée que j'emportai de Sans-Souci, et qui, elle aussi, a tracé des plans de bataille et de petits vers ne valant pas mieux que les miens. »

Je le félicitai en riant.

« Ne riez pas, reprit-il, l'histoire du Congrès ne ressemble-t-elle pas à l'histoire de France ? Un recueil de vaudevilles, a dit Ménage, serait, pour l'écrire, la pièce la plus essentielle. »

Puis, après un moment de réflexion :

« Cette bagatelle sera pour mes amis seuls, mon enfant. Je n'ai pas oublié de quelle récompense la duchesse de Boufflers paya jadis la confiante vanité du comte de Tressan (1). Je n'ai que des mots alignés à opposer aux milliers de baïonnnettes dont disposent les notabilités des trônes. La lutte serait trop inégale.

— Mais à qui donc, mon prince, appartiendra le droit de dire ici la vérité, si ce n'est à vous ?

— Oui, assurément, par le privilège de mon âge. »

Je me hâtai de rompre la conversation. Involontairement, l'excellent prince en revenait toujours à ce constant sujet de ses regrets. Obligé de céder le pas à des gloires plus modernes, il s'exprimait sur le présent avec mélancolie, mais sans amertume. Je me mis à lui parler de ses œuvres militaires qu'il affectionnait particulièrement, et auxquelles il attachait la plus haute importance. La postérité en a jugé autrement. Elle a placé au premier rang de ses titres à la célébrité ces saillies ingénieuses, ces considérations sur la société, les mœurs, les beaux-arts, qui échappaient sans cesse à sa brillante imagination. L'homme de guerre est aujourd'hui presque oublié : on admire toujours le

---

(1) On avait fait, sur la duchesse de Boufflers (depuis maréchale de Luxembourg) une chanson qui commençait par ces vers :

> Quand Boufflers parut à la cour,
> On crut voir la mère d'Amour :
> Chacun s'empressait à lui plaire,
> Et chacun l'avait à son tour.

Soupçonnant le comte de Tressan d'en être l'auteur, elle lui dit : « Connaissez-vous cette chanson ? Elle est si bien faite que, non-seulement je pardonnerais à l'auteur, mais même je l'embrasserais.

— Eh bien ! lui dit Tressan, alléché comme le corbeau de la fable c'est moi, madame la maréchale. »

Elle lui appliqua un soufflet.

M. le marquis de Tressan a publié récemment les *Souvenirs du comte de Tressan*, son grand oncle. Versailles, Lebon, 1899.

littérateur gai et malin, l'observateur impartial et spirituel.

« J'ai légué ces œuvres, me dit-il, à ma compagnie des Trabans. Ce sont les réflexions d'un vieux soldat dont on a cru l'expérience superflue. On en profitera du moins après ma mort. »

Décidément, le prince était dans un de ces accès de philosophie chagrine qui de temps à autre, venaient l'assaillir, comme pour faire compensation à sa gaieté juvénile.

Son visage se rembrunissait : il prit mon bras. Nous fîmes quelques tours dans les salles ; puis il sortit, et nous nous dirigeâmes silencieusement vers sa petite maison du rempart.

Le lendemain matin je le trouvai, contre son habitude, levé et établi dans sa bibliothèque, qui était en même temps sa chambre à coucher et son salon de réception, et qu'il appelait en riant le dernier échelon de son bâton de perroquet.

« Vous venez, me dit-il, chercher ma chanson. Ecoutez donc cette élucubration poétique. »

Et, alors, d'une voix forte encore, il se mit à me chanter cette bagatelle, intitulée le *Congrès d'amour*, qui se répandit dans toutes les classes de la société, et fut répétée par les souverains eux-mêmes (1).

---

(1) Voici cette chanson, composée par l'illustre vieillard, quinze jours avant sa mort :

Premier couplet.

Après une longue guerre,
L'enfant ailé de Cythère
Voulut, en donnant la paix,
Tenir à Vienne un Congrès.
Il convoque en diligence
Les dieux qu'on put réunir,
Et par une contredanse
On vit le Congrès s'ouvrir.

2ᵐᵉ

Au bureau de Terpsichore
Dès le soir, jusqu'à l'aurore,
On agitait des débats
Sur l'importance d'un pas.

Emportez cette copie : c'est une libéralité qui, je pense, ne causera pas un grand dommage à ma succession. Il n'en serait pas de même de ces deux manuscrits que je retouche maintenant : l'un contient des considérations sur les campagnes malheureuses des armées autrichiennes dans les premières années de la révolution française, le second traite des campagnes d'Italie jusqu'à la bataille de Marengo. Tous deux ne seront pas sans quelque intérêt.

Mais à propos, pendant qu'on s'occupe à chansonner le Congrès, que devient-il? M'apportez-vous quelque nouvelle?

> Minerve dit en colère :
> Cessez au moins un instant,
> Si vous ne voulez pas faire
> A Vienne un Congrès dansant.

3me

> Vénus et la Jouissance,
> Qui savaient bien que la danse
> Ajoutait à leurs appas,
> Voulaient qu'on ne cessât pas.
> La Sagesse doit se taire,
> Dit en riant le Plaisir,
> A Vienne l'unique affaire
> Est de traiter le plaisir.

4me

> A ces mots on recommence,
> Les masques entrent en danse ;
> Mars, Hercule et Jupiter
> Valsent un nouveau landler.
> Soudain Minerve en furie
> Dit dans son courroux : Je crois
> Qu'à ce Congrès la Folie
> Présiderait mieux que moi.

5me

> Taisez-vous, mademoiselle,
> Lui dit l'enfant infidèle,
> Laissez ces propos oiseux,
> Et livrez-vous à nos jeux :
> Assez longtemps sur la terre
> Votre sœur nous fit gémir,
> Laissez-nous après la guerre
> Respirer pour le plaisir.

— Aucune, mon prince : rien ne transpire dans le monde. A vrai dire, le monde s'en occupe fort peu. Mais on parle beaucoup du bal que l'empereur Alexandre se propose de donner aux souverains dans l'hôtel de Razumowski pour la Sainte-Catherine, fête de la grande duchesse d'Oldembourg.

— A la bonne heure : il faut que ces pauvres rois jouissent de leurs vacances ; mais je ne suis pas bien certain qu'à la fin de toutes ces fêtes aucun d'eux puisse tenir, chaque soir le même langage que mon adoré Joseph II. Quand il avait travaillé toute la journée à ces réformes qui, en immortalisant son nom, assuraient le bonheur de l'empire, il disait en se frappant légèrement sur la joue : « Maintenant va te coucher, Joseph, je suis satisfait de ta journée. »

Dans ce feu croisé de prétentions, avez-vous entendu parler d'une réclamation d'un autre genre? Tout minime qu'elle puisse être, elle va donner de l'occupation à nos archontes du Congrès. C'est un mémoire présenté par Louis Buon-Compagni, prince de Lucques et de Piombino, qui revendique la souveraineté de l'île d'Elbe, et trouve fort intempestif qu'on en ait pourvu Napoléon. Sa demande est appuyée d'un document

6me .

A l'instant à la barrière
Pour entrer dans la carrière,
S'offrent trente chevaliers
Le front couvert de lauriers.
On lisait sur leurs bannières
Ces mots : *loyal et fidel*,
Ce sont les chargés d'affaires
Du Congrès au Carrousel.

7me

Enfin de tout on se lasse :
Les bals, les jeux et la chasse
Avaient été discutés
Et résumés en traités.
Que ferons-nous davantage,
Dit l'Amour? Donnons la paix,
Et cessons ce badinage
En terminant le Congrès.

dans lequel l'empereur Ferdinand a reconnu avoir reçu d'un de ses aïeux, Nicolo Ludovisi, duc de Venosa, plus d'un million de florins pour l'investiture de Piombino et de l'île d'Elbe, concédés à lui et à sa descendance. Voilà ma foi, le dominateur du monde menacé d'être éconduit par un autre Robinson. Si Louis Buon-Compagni voulait se réduire au rôle de Vendredi, on pourrait s'arranger. Mais non : il veut son île et la veut sans partage. Quel chapitre à faire sur cet incident du Congrès, quelque léger qu'il paraisse ! Qu'il serait bizarre de voir l'homme qui naguère distribuait des couronnes, ne pas avoir une pierre dans une île inconnue pour y reposer sa tête de héros ! »

Passant à son sujet favori, il se mit à me parler de la guerre : il en était enthousiaste comme à vingt ans. Sa belle et grande taille se redressait alors, son visage s'animait, ses yeux brillaient d'un éclat plus vif.

« Ne pensez pas, mon enfant, que depuis deux jours je me suis occupé de vers ou d'épigrammes sur le Congrès ; vous voyez ces trois volumes ; j'ai passé la nuit à les lire. »

Il me montrait un ouvrage militaire intitulé : *Principes de stratégie appliqués aux campagnes de 1796 en Allemagne*, que son auteur l'archiduc Charles venait de lui envoyer.

« Dans ce livre, rempli des détails les plus curieux et des vues les plus profondes, je n'ai trouvé qu'un reproche à faire à l'auteur, c'est qu'il s'y juge avec trop de sévérité. Jamais on ne pourra contester au prince Charles son mérite militaire transcendant : mais il y joint une telle modestie, une telle simplicité de manières, qu'on a peine à les concilier avec sa renommée. Non seulement il est le plus grand capitaine de l'Autriche, mais plus d'une fois il sut balancer le génie de votre Napoléon. Par sa valeur, par son art de se faire craindre et obéir, il ressemble à Frédéric ; par ses vertus, l'amour de ses devoirs, la haute probité, c'est une image vivante du prince Charles de Lorraine. La franchise de son âme est peinte sur son front. Il y a quelque temps, j'avais tenté de faire en vers son portrait. Je le lui fis remettre incognito, sachant combien les louanges directes lui déplaisaient. Il me devina, je ne sais comment. Sans doute, le cœur m'avait servi d'esprit. Je présume que c'est en réponse qu'il m'a envoyé son ouvrage. Je viens d'en achever la lecture : il ne peut manquer de devenir classique ; car l'admiration suit sans effort un homme public auquel on connaît, comme à lui, un grand et noble caractère. »

Il se mit à me parler des célèbres capitaines de son temps, de leurs actions d'éclat, et je sentais mon âme se pénétrer de toute la chaleur de la sienne. Son génie rayonnait dans ses regards et m'électrisait. Les entretiens d'hommes tels que lui éclairent bien mieux et parlent plus haut que leurs livres. Comme je recueillais avec un soin religieux toutes les parcelles littéraires échappées à la plume de cet homme universel, qui prétendait à toutes les gloires et à qui aucune n'était refusée, je le priai de me donner ses vers sur le prince Charles, et je les joignis au recueil précieux que j'ai de lui.

« A bientôt, me dit-il, chez Razumowski : puisque, guidés par le plaisir, c'est au milieu des bals, des fêtes, des jeux, des carrousels que nous avançons gaiement vers le grand résultat de cette docte assemblée. Le jour viendra probablement où elle nous permettra de connaître les destinées de l'Europe. Mais l'expérience n'éclaire ni l'ambition ni les passions, et notre époque me semble oublier bien vite un passé si récent.

« Je vous laisse pour aller présider le chapitre de l'ordre de Marie-Thérèse (1), on y reçoit aujourd'hui commandeur le général Ouwaroff. De là, je compte aller dîner chez votre grand diplomate. »

---

(1) Pour obtenir la décoration de cet ordre militaire en Autriche, l'un des premiers sans doute en Europe, il faut avoir, par sa propre impulsion, décidé du gain d'une affaire ou d'une bataille, sans en avoir reçu l'ordre de son supérieur. Alors, avec la conviction de ses droits, on s'adresse au chapitre de l'ordre, qui les discute, accorde après délibération, ou bien refuse la croix demandée.

(*Note de l'Auteur.*)

Depuis que le froid avait interdit aux piétons les allées du Prater, c'était sur le Graben qu'on se réunissait dans la journée. Une foule de nouvellistes assiégeaient cette place publique, et, à défaut de nouvelles véritables, venaient y colporter des bruits de politique ou des anecdotes de cour, souvent les plus dénuées de ressemblance. On vivait tellement hors de chez soi à cette époque, que le soir on eût pu dire aux amis qu'on avait cherchés : J'ai passé sur le Graben, vous n'y étiez pas ; je me suis fait écrire. Le Graben était pour les étrangers ce que pour les Vénitiens est la place de Saint-Marc. Ils y passaient leur vie. C'était une sorte de club en plein air : chacun y recevait et rendait ses visites ; c'était là que la vie se réglait, que les rendez-vous se donnaient pour organiser les réunions, les parties de plaisirs du soir. Aussi, pouvait-on dire littéralement qu'au Graben on vivait en commun au milieu d'un immense groupe de rodeurs, de discutants et de discuteurs.

Il y avait encore à Vienne un autre arsenal de nouvelles, de bons mots, d'épigrammes, d'observations satiriques, sorte de bouche de lion à la façon vénitienne, moins les dénonciations occultes, ou plutôt ressemblant au Marforio, cette statue de Rome, au pied de laquelle s'épanchaient les critiques sur les gouvernants et les gouvernés. C'était la grande salle de l'auberge de l'Impératrice d'Autriche, dont j'ai déjà parlé. Là, tous les jours à l'heure du dîner, se réunissaient d'illustres et importants personnages qui voulaient échapper aux fastidieux dîners d'étiquette de la cour autrichienne. Là, autour d'une table ronde, on s'étudiait, non pas à des défis comme au temps des anciens preux du roi Arthus, mais à faire assaut d'esprit, de sarcasmes et de bons mots, le tout tempéré par le ton parfait des cours et de la haute société.

La diversité, sans cesse renaissante, des convives, donnait le plus vif intérêt à ce club improvisé. Parmi les habitués, on citait le chevalier de los Rios, Ypsilanti, Tettenborn, MM. Achille Rouen, Koreff, Danilewski, le prince Koslowski, de Gentz, secrétaire du Congrès, le comte de Witt, le poète Carpani, des généraux, des ambassadeurs, quelquefois même des Altesses royales. Le grand chambellan Nariskin venait y lancer ses saillies mordantes et redoutées. Enfin, on y voyait ce que Vienne renfermait dans son sein de plus distingué comme célébrités politiques, artistiques ou sociales.

On eût pu appeler ce qui s'y disait la *chronique du Congrès*, et même la chronique de l'Europe ; tout ce qui brillait alors, ou avait eu autrefois quelque éclat, était justiciable de ce caustique aréopage de cabaret.

Il en coûtait fort peu pour s'asseoir à cette table, quoique la chère y fût à l'unisson de la société et de la conversation. Malgré l'affluence des étrangers à Vienne, malgré leur rang et leur fortune, la dépense, sauf celle du logement, n'y était pas excessive. Le ducat de Hollande valait alors douze florins en papier, ce qui, doublant sa valeur en numéraire, augmentait dans cette proportion la fortune d'un étranger. On peut en juger : ces pique-niques, servis avec profusion ne revenaient pas, par tête, à plus de cinq florins, en y comprenant plusieurs sortes de vins.

Griffiths et moi nous allâmes prendre notre place à l'une de ces tables. On parlait des préparatifs de la fête du lendemain chez Razumowski, et de la faveur que venait de lui accorder l'empereur en le faisant prince.

« C'est à bon droit, dit Koslowski, qu'il a été l'objet de cette distinction. Le nouveau prince, depuis qu'il était notre ambassadeur à Vienne, s'y était créé de précieuses amitiés. Dans les dernières discussions sur la Pologne, c'est à lui qu'on dut le retour de la bonne harmonie et la cessation des petites picoteries qui menaçaient de devenir sérieuses.

— Ajoutez à cela, dit le représentant d'un petit prince allemand, la prérogative attachée à son nouveau titre : pendant la nuit désormais, il pourra se faire précéder par des coureurs portant des torches. »

Comme c'était le nouveau prince qui était pour cette fois sur la sellette, on se mit à parler de sa fortune, énorme encore quoiqu'elle ne fût qu'une fraction de celle du maréchal son père qui, comblé des faveurs d'Élisabeth, était devenu le plus riche particulier de l'Europe (1). On rappelle cette aventure bizarre qui lui était arrivée à Berlin, lorsque, pour lui faire honneur, le grand Frédéric fit manœuvrer devant lui ses troupes victorieuses dans vingt campagnes. En Russie, tous les emplois quelconques sont assimilés à des grades militaires correspondants depuis le premier degré jusqu'au sommet de l'échelle : le maréchal, malgré ce beau titre, n'avait jamais fait la guerre.

Quand les manœuvres furent terminées :

« Etes-vous content, Monsieur le Maréchal? dit le roi de Prusse à Razumowski.

— Très content, Sire, quoique tout ceci soit fort peu de ma compétence; je ne suis qu'un maréchal *civil*.

— Effectivement, Monsieur le Maréchal, vous êtes très poli, mais nous ne connaissons pas de pareil grade dans notre armée », reprit Frédéric.

Les petites nouvelles politiques vinrent bientôt après défrayer et animer la conversation.

« L'intervention de Razumowski, dit l'un des convives, et ses bons offices n'ont pas été payés trop cher par le titre de prince. La querelle, assure-t-on, allait s'envenimer. Un des plus éminents plénipotentiaires européens, dans le cours de ces discussions, s'était exprimé avec fermeté sur les prétentions d'Alexandre au trône de Pologne. Le grand-duc Constantin s'est emporté, et a témoigné son mécontentement par un geste énergique. Constantin est parti précipitamment. Selon quelques gens bien informés, le diplomate médite une petite vengeance. Elle sera curieuse car il est homme d'esprit.

— Non : tel n'est pas le motif de ce brusque départ du grand-duc. Le ministre en question avait écrit au prince de Hardemberg quelques phrases qui pouvaient

---

(1) Sa fortune fut évaluée à 17,000,000 de rente. (Voir *infra* des détails sur Razumowski, favori d'Élisabeth et père de l'ambassadeur.)

déplaire au monarque russe. Par une fatalité bizarre, ces documents sont tombés dans les mains d'Alexandre, ce qui a amené de très vives explications. Lord Castlereagh s'était joint à l'Autriche. Les choses en sont venues à un tel point qu'un des monarques, oubliant sa prudente et ordinaire réserve, a jeté son gant sur la table.

« Votre Majesté voudrait-elle la guerre? a dit le plénipotentiaire anglais.

— Peut-être, Monsieur.

— J'ignorais qu'on eût l'habitude de la faire sans les guinées anglaises », a répondu Castlereagh. Et la paix, malgré les bons soins du nouveau prince, n'a pas fait un pas (1).

— Le roi de Saxe sera-t-il rétabli dans ses États, malgré la Prusse qui les convoite? Le roi Frédéric-Guillaume est courroucé contre M. de Talleyrand. Il lui reprochait dernièrement de prendre trop chaudement le parti du monarque saxon, ce seul traître, disait-il, à la cause de l'Europe.

— Traître, a répondu Talleyrand, et de quelle date, sire?

— Ma foi, dit-on, en faveur de la justesse de la repartie, il faudrait faire grâce à l'excellent Frédéric-Auguste.

---

(1) La dépêche officielle des Ambassadeurs du Roi au Congrès de Vienne, rend ainsi compte de l'incident :
L'Empereur de Russie. — J'ai donné ma parole et je la tiendrai. J'ai promis la Saxe au Roi de Prusse au moment où nous nous sommes rejoints.
Talleyrand. — Votre Majesté a promis au Roi de Prusse de neuf à dix millions d'âmes. Elle peut les lui donner sans détruire la Saxe.
L'Empereur. — Le Roi de Saxe est un traître.
Talleyrand. — Sire, la qualification de traître ne peut jamais être donnée à un Roi, et il importe qu'elle ne puisse jamais lui être donnée. »
Après un moment de silence, le Czar reprit : Le Roi de Prusse sera Roi de Prusse et de Saxe, comme je suis Empereur de Russie et Roi de Pologne. (*Mémoires de Talleyrand*, T. II.)
Finalement, les intérêts de la Saxe et de la Prusse se règlent « non pas à la satisfaction de l'une et de l'autre, mais d'accord entre elles », c'est-à-dire que la Prusse acquit les deux Lusaces, une partie de la Thuringe, les places de Torgau et de Wittenberg. (*Traité du 18 mai 1815.*)

— Il a pris un bien meilleur parti, répondit un des convives. Dans la crainte de quelque fâcheux événement, le bon prince avait eu soin d'amasser une petite réserve. Il en a détaché quelques millions en faveur de deux personnages fort influents à Vienne. La clef d'or lui ouvrira les portes de son royaume bien plus promptement que tous les protocoles du Congrès. »

On se mit à parler de lord Stuart et de quelques mésaventures que lui attirait son excentrique fatuité.

« Depuis quelques jours, dit l'un des convives, nous ne voyons plus milord et son magnifique équipage. On le dit quelque peu défiguré. Sur le pont du Danube il s'est pris de querelle avec deux cochers de fiacre ; aussitôt, descendant de son *siège*, Son Excellence s'est mise, en faisant le moulinet avec ses poings, à provoquer ses adversaires au pugilat britannique. Mais le cocher viennois connaît peu et ne pratique guère l'art du boxeur. Nos deux automédons se sont bravement armés de leurs fouets, et, à grands coups de mèche d'abord, de manche ensuite, ils ont fait pleuvoir sur milord une grêle de coups, sans respect pour sa jolie figure. Puis ils l'ont laissé meurtri sur le pavé et ont disparu de toute la vitesse de leurs chevaux.

— Milord joue de malheur ; mais sa fatuité paraît vraiment incorrigible. Dernièrement, à la sortie du spectacle, dans les escaliers du grand théâtre, la fille de la comtesse Co*** descendait devant lui. La foule se pressait en flots nombreux. Dans ce tumulte, il s'était permis sur cette jeune personne si belle et si pure une de ces familiarités impudentes qui se vengent par l'effusion du sang. Sans se déconcerter, elle s'est retournée précipitamment et lui a donné un soufflet, lui prouvant qu'on n'outrage pas impunément l'innocence et la beauté. On en rit, comme de tout ce qui arrive à milord ; car *rien n'est plus dû que la risée à la vanité.*

— Les envoyés de Gênes ont-ils enfin obtenu une audience ? Sont-ils encore repoussés de toutes les portes diplomatiques auxquelles ils s'avisent d'aller frapper ?

— Ils doivent être fort contents : de guerre lasse,

M. de Metternich les a enfin reçus et les a comblés de politesses ; ils ont demandé de former un Etat indépendant. Le ministre les a écoutés jusqu'au bout. La harangue finie, il leur a déclaré que Gênes serait incorporé au Piémont. Nos Gênois se sont récriés. M. de Metternich a répondu que c'était un parti pris, irrévocablement pris, puis les a congédiés avec force gracieusetés. Il aurait pu leur épargner les frais de discours.

— La duchesse de ***, jalouse d'avoir vu la princesse *** faire de son amant un ambassadeur, a fait du sien un général, quoiqu'il n'ait jamais vu la guerre. Il est vrai que, par la profonde sagesse de ses conceptions, le Congrès doit mettre fin à toutes les guerres nées ou à naître.

— L'amour tourne bien d'autres têtes. Un grand personnage a aperçu, sur le rempart, une grisette viennoise, et s'est laissé séduire par la fraîcheur de son minois, par sa taille fine et élégante. C'est une véritable passion : il comble de présents sa facile conquête ; oubliant son rôle de souverain, il a eu la candeur de lui donner son portrait enrichi de diamants. Autrefois les grandes dames eussent murmuré. »

On parle ensuite des bals de lady Castlereagh, et du goût prononcé de milord pour la danse.

« Ce goût peut très bien s'expliquer, dit un des assistants ; il est de tous les temps et souvent de tous les âges. Socrate apprit d'Aspasie à danser, et, à cinquante-six ans, Caton le Censeur dansait plus souvent encore que Sa Seigneurie.

— Mais il est douteux que ni l'un ni l'autre fussent aussi ridicules. Ce grand corps, dansant une gigue et levant en cadence ses longues et maigres jambes, forme le spectacle le plus divertissant. Quelle bonne fortune pour les dessinateurs anglais qui excellent dans la caricature ! Que ne sont-ils à Vienne !

— Au moins, le maître de la danse de Sa Seigneurie ne pourrait pas dire, en le voyant premier ministre, ce que celui du duc d'Oxford disait en apprenant qu'Elisabeth avait nommé son élève grand chancelier :

« En vérité, je ne sais quel mérite la reine a pu trouver à ce Barclay. Je l'ai eu deux ans entre les mains et je n'ai jamais pu en rien faire. »

— Malgré la déclaration des souverains, qui ont réglé entre eux la préséance et le rang d'après leur âge, les discussions recommencent tous les jours. Celle qui a eu lieu entre le ministre de Wurtemberg et le ministre du Hanovre est une querelle sans conséquence; elle n'a eu d'autre résultat que la disgrâce du Wurtembergeois et son remplacement par le comte de Winzingerode. Mais celle de la princesse de Lichstenstein avec la princesse Esterhazy est bien autrement importante. L'une prétend avoir le pas sur l'autre, parce que son mari est plus ancien prince de l'Empire.

— Il est un moyen bien simple de couper court au débat : appliquez à ces dames la règle adoptée pour les souverains : consultez l'âge, aucune ne voudra passer la première.

— Voici un bien étrange pendant à l'aventure du susceptible Vatel, dont Mme de Sévigné a immortalisé le désappointement et la mort. Le cuisinier de Chantilly s'est tué parce que la marée lui manquait, le baron de*** s'est tué pour en avoir mangé trop abondamment.

— Quelle est cette folie, s'écrièrent tous les convives, à propos d'un événement aussi triste?

— Oui, reprit le narrateur, le pauvre trépassé n'est mort que pour avoir trop pris au sérieux un inconvénient auquel on n'eût plus pensé quelques minutes après. Vous connaissiez tous ce ministre plénipotentiaire d'une puissance à peu près inaperçue dans les graves délibérations du Congrès. De *tous* les membres de la diplomatie, c'était le plus obséquieux, le plus esclave des *formes*. Il avait dîné à la cour : en passant de la salle du banquet dans le salon, il s'aperçut qu'il avait usé immodérément de tout ce que l'art culinaire offre ici de recherché aux palais délicats des rois. Il allait se retirer pour laver, sans doute à grand renfort de thé, ces mélanges de poisons délicieux qui se révoltaient dans son estomac. Tout à coup, le grand maréchal Trauttmansdorff le saisit au corps en lui disant :

« Baron, vous êtes désigné pour la partie de la reine de Bavière. Sa Majesté attend : voici votre place. »

— Le pauvre diplomate est combattu entre l'honneur qu'on lui fait, le devoir que cet honneur lui impose et la crainte des graves inconvénients qu'il prévoit. Par malheur, sa courtisannerie l'emporte : il s'assied et commence le whist en quatrième avec le grand duc de Bade, une princesse de C*** et Sa Majesté de Bavière. Aussitôt, des douleurs intolérables le mettent à une torture physique d'abord, morale ensuite. A l'exemple du duc de Saint-Simon, pris, comme chacun sait, à pareil piège, il compte aussi sur la force de sa nature. Mais la rebelle l'emporte, se joue de ses efforts et trahit bientôt les tourments de ce combat intérieur. Plus le malheureux baron souffrait, plus son visage s'efforçait de rester impassible. Jugez, pour un tel homme, sur quel fauteuil de Procuste il était assis. Mais si sa figure ne trahissait pas son secret, celle des hauts personnages qui entouraient la table se rembrunissait d'une façon si comique et prenait parfois une expression si choquée que le contraste devait être des plus curieux. Tout à coup, l'atmosphère devint si intolérable que la reine se leva en s'écriant : « Il y a de la peste ici, faites qu'on ouvre les fenêtres. »

L'infortuné diplomate n'avait pu si bien dissimuler ses angoisses qu'on ne se fût aperçu que lui seul était le coupable. La reine à peine levée, il s'échappe en maudissant le dîner de cour, le whist de cour, les exigences de cour : il rentre chez lui la tête perdue, et, au lieu d'une *arme à eau*, qui lui eût sauvé la vie, il prend une arme à feu et se fait sauter la cervelle. »

Chacun plaignit la fin tragique de ce pointilleux baron qu'on nommait M. de l'Etiquette, mais dont on aimait cependant le sourire éminemment cordial, le salut toujours poli et la façon dont il vous abordait en vous trouvant invariablement bon visage.

— Votre grand diplomate, me dit un autre convive,

a fait hier, d'accord avec la plupart des plénipotentiaires, un nouveau souverain.

— Serait-ce le prince Eugène ? m'écriai-je.

— Non pas précisément : c'est le fromage de Brie.

— Quelle plaisanterie !

— Pas si bouffonne. Ce que je dis est sérieux, et vous prouve combien l'*à-propos* est un grand magicien. On dînait chez M. de Talleyrand. Au dessert, toutes les questions politiques étaient épuisées. On arriva à la suprématie des fromages. Lord Castlereagh vanta le stilton d'Angleterre, Aldini le strachino de Milan, Zeltner le gruyère de Suisse, le baron de Falk, ministre de Hollande, son fromage du Limbourg, immortalisé par le goût passionné de Pierre le Grand, qui n'en mangeait jamais sans mesurer le morceau avec son compas. On était aussi indécis que dans la question relative au trône de Naples, qui sera ôté à Murat, suivant les uns, et qui lui restera, suivant les autres. Un valet de chambre entre et annonce à M. de Talleyrand l'arrivée d'un courrier de France.

« Qu'apporte-t-il ? dit le prince.

— Des dépêches de la cour et des fromages de Brie.

— Qu'on porte les dépêches à la chancellerie ; qu'on serve à l'instant un des fromages. »

L'ordre est exécuté. « Je me suis abtenu, dit le prince, de vanter tout à l'heure un des produits du sol français ; mais jugez-le, messieurs. » L'assiette passe à la ronde, on déguste, on délibère, et le fromage de Brie est proclamé le roi des fromages.

Cette saillie mit fin à la conversation : on se sépara. Nous devions, Griffiths et moi, nous rendre à une fête que donnait le baron Arnstein dans son magnifique hôtel, sur le Melgrub.

A cette époque, les principaux banquiers autrichiens ne voulaient pas faire moins que la cour pour les illustres hôtes du Congrès. Il est vrai que cette affluence de riches étrangers amenait dans leurs mains des sommes énormes dont une bonne part leur restait.

Parmi ces maisons princières de la finance, on citait, à côté du baron Arnstein, les Gey-Muller, les Eskeles et le comte de Fries. Leurs hôtels étaient continuellement ouverts aux étrangers. Le luxe inouï de leur hospitalité ne pouvait être égalé que par la grâce de leur accueil. La maison du comte de Fries, située sur la place Joseph, était une des plus belles de Vienne, et rivalisait avec les plus magnifiques palais. On citait autant son immense fortune que l'élégance de sa personne et l'urbanité de ses manières.

Les fêtes qui se donnaient dans ces maisons étaient remarquées parmi toutes celles du Congrès, et ce n'est pas peu dire ; car chaque jour voyait éclore dans ce genre une merveille nouvelle.

Le baron Arnstein s'était pour ainsi dire surpassé. Les fleurs les plus rares, empruntées à tous les climats, décoraient les escaliers, les salons, les salles de danse, étalaient les plus riches couleurs, répandaient les parfums les plus exquis. Des milliers de bougies et de cristaux, l'or et la soie brillaient de toutes parts. Une musique harmonieuse, telle qu'on ne pouvait en entendre alors qu'à Vienne, venait charmer les oreilles. C'était, en un mot, un de ces résultats incomparables que l'opulence sait obtenir quand elle est secondée par le goût.

La plus haute société de Vienne se pressait dans les salons : tous les personnages influents du Congrès, tous les étrangers de distinction, tous les chefs de maisons princières étaient là. Il n'y manquait à vrai dire que les souverains. Le regard retrouvait avec bonheur toutes ces femmes charmantes que Vienne s'enorgueillissait de posséder alors, et qui étaient l'âme et la plus belle parure de ces fêtes intéressantes.

Au milieu de ces beautés aristocratiques brillaient, sans redouter la concurrence, la baronne Fanny Arnstein, infatigable pour la réception des étrangers, et Mme Gey-Muller, à la taille élancée et qu'on nommait la Fille de l'air.

La soirée commença par un concert, exécuté par les

premiers artistes de Vienne. Au concert succéda un bal, puis au bal un souper où il semblait que le baron eût pris plaisir à défier les saisons et les distances. Il y avait réuni les productions de tous les pays et de tous les climats. Les salles étaient garnies d'arbres chargés de fruits mûrs. C'était chose merveilleuse que de voir au cœur de l'hiver cueillir, comme dans un verger de la Provence, la cerise, la pêche et l'abricot : raffinement de luxe qui se voyait là pour la première fois.

Enfin, nous nous retirâmes moins étonnés de cette inépuisable variété de merveilles que de cet insatiable besoin de plaisirs.

Le palais du prince Razumowski était resplendissant de lumières : une foule nombreuse d'invités en assiégeait les issues. L'empereur Alexandre l'avait emprunté à son ambassadeur pour y donner une fête aux souverains, et célébrer l'anniversaire de la naissance de sa sœur bien-aimée, Catherine d'Oldembourg. Le plus vif intérêt s'attachait à cette charmante princesse. Dans toutes les réunions, aux promenades, le prince royal de Wurtemberg était constamment à ses côtés. On ne pouvait voir ces deux jeunes gens se chercher, se trouver parmi cette foule dorée, puis s'isoler dans cette atmosphère embaumée de plaisirs, sans se rappeler les pages si vraies qui servent d'introduction à la nouvelle de Mme de Genlis, *Mademoiselle de Clermont*.

L'amour devait bien une compensation à cette blanche colombe, si gracieuse, si ingénieusement coquette, pour l'indemniser du négatif épisode de son premier mariage. En 1809, il avait été question d'une alliance entre la France et la Russie, alliance qui eût consolidé la paix. La jeune sœur du czar devait en être le gage. Napoléon, qui à cette époque pouvait à bon droit compter sur l'amitié d'Alexandre, fit faire des avances diplomatiques. Le monarque russe donna son consentement sans peine (1); mais tout à coup surgit

(1) La Garde exagère : il y eut un désir exprimé par Napoléon et, en effet, des ouvertures furent faites éventuellement à Erfurth. Le

un obstacle auquel on n'avait pas songé. C'était la répugnance invincible de l'impératrice-mère pour Napoléon, antipathie qu'aurait dû vaincre la conduite magnanime de ce dernier envers son fils. Dès qu'Alexandre voulut pressentir l'opinion de sa mère sur ce mariage, en lui laissant entrevoir qu'il aurait sa propre approbation, elle lui répondit qu'il était désormais impossible; que, depuis deux jours, sa parole était engagée au grand-duc d'Oldembourg, auquel la main de Catherine était promise. Alexandre était le plus soumis, le plus respectueux des fils. Il n'objecta rien : les négociations furent rompues, l'alliance de Napoléon avec une archiduchesse autrichienne fut conclue ; l'île d'Elbe eut un souverain en perspective.

Sacrifiée à un sentiment de répulsion politique, Catherine devint duchesse d'Oldembourg, et alla tenir à Twer, jolie ville entre Moscou et Pétersbourg, sa petite cour, qui eût pu rappeler celles de Ferrare et de Florence aux temps les plus brillants de leur gloire artistique. Mais les arts ne sont pas tout pour le bonheur d'une femme. Unie à un homme qu'elle ne pouvait aimer, la grande-duchesse gémissait ; on la plaignit d'abord puis on s'habitua à ses douleurs. Arrivèrent enfin, comme pour réaliser de plus doux rêves, d'une part la mort du mari, et de l'autre l'amour d'un prince jeune, brave, galant, placé sur les marches d'un trône.

Par une étrange coïncidence, le prince royal de Wurtemberg avait été également contraint de subir un mariage contre son gré. La volonté de Napoléon, toute puissante alors sur l'esprit du roi son père, l'avait uni malgré lui à une princesse de Bavière, alliance politique qui devait éteindre toute dissension entre les deux États. Un invincible éloignement, une froideur constante avaient, dès les premiers jours, régné entre les

veto de l'impératrice douairière devait empêcher d'y donner suite. Plus tard il en fut reparlé, mais l'Empereur d'Autriche avait, lui, répondu aussitôt aux négociations entamées par Talleyrand; on s'engagea avec l'Autriche au moment où la Russie semblait prête à céder. (Voir, sur ces longues hésitations, le premier volume de M. A. Vandal : *Napoléon et Alexandre*, T. I, chapitre XII.)

deux époux. Aussi, à la chute de Napoléon, le divorce fut-il prononcé. La princesse Charlotte de Bavière se retira auprès du roi son père. Méconnue par un époux dont elle n'avait pu conquérir l'affection, jamais elle ne fit entendre un murmure ; jamais son angélique douceur et son inaltérable bienveillance ne se démentirent.

Plus tard, la couronne impériale d'Autriche vint s'offrir à elle (1) ; et elle fut appelée à occuper un des trônes les plus glorieux de l'Europe. Quand son premier époux apprit cette élévation inespérée d'une femme qu'il avait repoussée, mais dont le noble cœur lui était connu, il s'écria : « Ah ! j'aurai un ami de plus à la cour de Vienne. »

Catherine de Russie et Guillaume de Wurtemberg devinrent donc libres tous les deux. Dès lors, l'amour le plus vif, le mieux partagé, s'empara de ces cœurs qui, froissés par la contrainte, avaient si bien appris à en apprécier le charme. Combien de fois, dans les sombres allées du Prater, sur les bords du fleuve majestueux qui le baigne, ne les ai-je pas vus tous deux, fuyant le tumulte de la cour, se livrer sans contrainte au sentiment qui les animait ? Là, oubliant la grandeur et l'éclat, simples comme la nature qui les entourait, ils anticipaient dans le secret d'un entretien intime sur les charmes d'une union que tout semblait présager heureuse : le prince, jeune, bien fait, d'un noble caractère, d'une brillante valeur : la grande-duchesse, si éminemment remarquable par les grâces de son esprit et de sa personne. Parfois aussi un tiers venait interrompre la douceur de cette solitude à deux, sans que sa présence parût cependant importune. Cet ami était un frère, et ce frère était Alexandre, que la gloire et le bonheur semblaient alors combler à l'envi.

La fête donnée par le czar en l'honneur de cette ravissante sœur, fut digne de sa tendresse fraternelle et de la femme qui en était l'objet. Tous les souverains, tous les illustres hôtes du Congrès s'y étaient rendus.

(1) Elle fut, en effet, la quatrième femme de l'empereur François.

Auprès d'eux, on voyait les notabilités de la Russie, le comte de Nesselrode, les princes Gagarin, Dolgorouki, Galitzin, le comte Capo d'Istria, le grand chambellan Nariskin, les généraux Kutusow, Souwaroff, le prince Troubetzkoy, les deux princes Volkonski, les princesses Souwaroff, Bagration, Gagarin, et tant d'autres également remarquables par leur beauté et l'élégance de leurs manières. Je revoyais là toutes ces magnificences moscovites qui m'avaient étonné à Moscou, à Pétersbourg, à Tulczim, chez la comtesse Potocka, où l'année se composait de trois cent soixante-cinq fêtes.

Les salons du prince Razumowski étaient illuminés avec une profusion de lumières qui rappelait l'éclat du jour. Un vaste manège avait été converti en une salle de bal. Pour varier les plaisirs, les danseurs du théâtre impérial y avaient organisé une fête moscovite, dont les détails furent rendus avec une minutieuse exactitude. Vers le milieu du bal, ils arrivèrent déguisés en bohémiens, et exécutèrent les danses dont ces descendants des Pharaons embellissent les fêtes des riches et voluptueux boyards. Ces danses, par la grâce des mouvements et le pittoresque des attitudes, sont, au dire de Griffiths le grand voyageur, bien supérieures à celles des bayadères de l'Inde.

Le bal avait commencé par l'inévitable et méthodique polonaise. Mais ce qui eut un caractère tout particulier et gracieusement approprié à la fête, ce fut la danse russe exécutée par une des dames de l'impératrice Élisabeth, et le général comte Orloff (1), l'un des aides de camp d'Alexandre. Tout deux étaient vêtus à la russe : le comte portait l'habit des jeunes Moscovites, cafetan dessinant la taille, ceinture de cachemire, chapeau à larges bords, gants ressemblant à ceux des anciens

---

(1) Alexis Orloff, né en 1786, petit-neveu du célèbre favori de Catherine II, avait de très beaux états de service militaire; il s'était particulièrement distingué pendant la campagne de Russie (il reçut sept blessures à Borodino) et pendant la campagne de France. Il se fit remarquer depuis dans la guerre de Turquie, remplit plusieurs missions diplomatiques et contribua, en 1839, au mariage de l'empereur Alexandre II avec une princesse de Hesse. — Mort après 1850.

chevaliers : sa danseuse était habillée comme les femmes de la Moscovie méridionale, dont le costume, par son élégance et sa richesse, peut rivaliser avec tous les costumes nationaux. Sur ces cheveux, lissés en bandeaux et tombant par derrière en longues tresses, elle portait un diadème tout brodé de perles et de pierres précieuses. Cette parure s'harmonisait parfaitement avec le reste du vêtement composé, comme toujours, d'étoffes aux couleurs éclatantes.

Rien n'est plus délicieux que le pas russe. Qu'on se représente une pantomime exprimant les désirs de l'homme, et la réserve timide de la jeune fille qui combat contre son cœur : elle fuit, elle se retourne pour fuir encore. C'est la Galatée de Virgile. Les différentes figures de cette danse, les attitudes diverses, les sentiments qu'elle exprime, tout cela fut rendu par les deux acteurs avec une grâce et une vérité qui enlevèrent d'unanimes applaudissements.

Après le pas russe, on dansa des mazurkas, sorte de quadrille originaire de la Mazovie. Parmi les danses de salon il n'en est pas qui exige plus d'agilité, et dont les mouvements soient plus pittoresques. Enfin pour que rien ne manquât à la magnificence de cette fête, on tira une loterie suivant la mode qui régnait alors à Vienne. Les lots étaient nombreux et fort beaux. Une circonstance, indifférente en apparence, vint lui donner un intérêt inattendu. L'usage voulait que chaque cavalier favorisé par le sort fît hommage à une dame du lot qui lui était échu. Une riche palatine de martre zibeline fut celui du prince de Wurtemberg : il s'empressa de l'offrir à celle qui était l'objet de la fête. L'amour l'en récompensa. La belle Catherine portait sur son sein un bouquet, attaché par un nœud de ruban. Aussitôt le détachant de sa robe, elle le remit au prince en échange de l'hommage qu'il venait de lui faire. A cette démonstration, à cet aveu public d'un sentiment qui, depuis quelque temps, n'était plus un secret pour personne, un murmure de bonheur courut dans cette immense réunion.

« Saluons la future reine de Würtemberg, me dit le prince Koslowski : reine quand il plaira au Nemrod couronné de céder sa place. Mais, en vérité, jamais diadème n'aura paré un plus beau front. »

Cet épisode et les conjectures qu'il fit naître ne purent, on le pense bien, qu'ajouter un nouveau charme à cette fête qui déjà en offrait tant d'autres.

Les danses avaient cessé : nous parcourions, le prince et moi, les salles de ce palais qu'on aurait pu croire un temple élevé aux arts, tant étaient nombreux les chefs-d'œuvre que le goût éclairé du maître y avait rassemblés. Ici les tableaux des plus grands peintres et de toutes les écoles ; Raphaël à côté de Rubens, Van Dyck près du Corrège : là, une bibliothèque remplie des livres les plus précieux, des manuscrits les plus rares : dans un cabinet, tout ce que l'art antique, tout ce que la ciselure moderne ont créé de plus pur et de plus délicat. Mais la foule se pressait surtout dans la galerie consacrée aux chefs-d'œuvre de la statuaire, parmi lesquels on en admirait plusieurs dus au ciseau de Canova. Cette salle était éclairée par des lampes d'albâtre, dont le reflet faisait ressortir toutes les perfections de ces marbres animés.

Vers deux heures du matin on ouvrit la salle immense du souper, illuminée par des milliers de bougies. Cinquante tables y étaient dressées : d'après ce nombre on peut juger de l'affluence des convives. Au milieu des fleurs, on voyait, servi avec la plus grande profusion, tout ce que l'Italie, l'Allemagne, la France, la Russie peuvent offrir de raretés à la gastronomie : le sterlet du Volga, les huîtres de Cancale et d'Ostende, les truffes du Périgord, les oranges de Sicile. On remarquait un nombre infini d'ananas, tel qu'on n'en servit jamais, et que les serres impériales de Moscou avaient fournis aux hôtes du czar, des fraises apportées d'Angleterre, des raisins de France, qui semblaient avoir été détachés du cep à l'instant. Mais ce qui passe toute croyance, c'est qu'à chacune de ces cinquante tables figuraient des assiettes chargées de cerises, venues de Pétersbourg par un froid de décembre, et coûtant un rouble d'argent blanc la pièce. En vérité, j'ai peine à en croire mes propres souvenirs, quand je me reporte à cette splendide prodigalité.

Cette fête, qui prenait préséance parmi les quotidiennes magnificences du Congrès, se prolongea jusqu'au jour. Alors un déjeuner fut servi ; après le déjeuner, le bal recommença, et, si ce n'eût été l'indispensable besoin du repos, on n'eût quitté qu'à regret ce beau palais où s'étaient réunies tant de beautés, tant de célébrités enlacées par tant de joies.

Un quart de siècle a passé sur cette réunion si animée, si éclatante. Depuis lors, la femme charmante pour qui elle fut donnée a été couronnée reine de Wurtemberg. Mais, hélas ! la mort est venue trop tôt rompre ces liens de fleurs, et frapper impitoyablement cette princesse si bonne, si accomplie sur le trône qu'elle embellissait. Le prince Koslowski, qui avait été à Vienne, ainsi que moi, témoin et admirateur de son amour et de sa grâce, envoyé plus tard comme ambassadeur auprès d'elle, la vit mourir de cette même mort qui enleva l'empereur son frère. Et naguère, le fils de Marie-Louise d'Autriche et du comte de Neipperg (1), épousait la fille de cette Catherine de Russie que Napoléon avait demandée pour épouse. Qu'il est vrai de dire, avec l'immortel poète anglais : « Il arrive ici-bas, comme dans le ciel, des choses devant lesquelles la philosophie humaine doit s'abaisser ! »

Pour moi, quand mes souvenirs me reportent vers cette époque de bonheur et d'insouciance du Congrès de Vienne, je me représente toujours la sensible Catherine, non pas au milieu de ces fêtes, mais errant sous les sombres bosquets du Prater, où je l'ai vue si souvent fière de son amour pour le prince royal de Wurtemberg et de sa tendresse pour son frère.

---

(1) Titré prince de Monte Nuovo.

CHAPITRE XI

*Dernier rendez-vous d'amour du prince de Ligne. — Retour sur le passé. — Z*** ou les suites du jeu. — Le jeu en Russie et en Pologne. — Le trompeur trompé. — Bal masqué de la redoute. — Le prince de Ligne et un domino. — Tableaux en action. — Le pacha de Surêne. — Rencontre de deux dames masquées. — Souvenir du prince de Talleyrand.*

Après une soirée passée au théâtre de la Porte de Carinthie, je revenais chez moi par les remparts, certain de ne rencontrer personne ; car ce soir là, par extraordinaire, malgré l'affluence des étrangers et la multitude des fêtes, tout était calme à Vienne bien avant minuit. Le temps était magnifique. Dans l'enfoncement d'un bastion qui projette sur les fossés, j'aperçois une longue figure qu'enveloppait un manteau blanc, et qu'on aurait aisément prise pour le spectre d'Hamlet. La curiosité me gagne : je m'approche. Quelle est ma surprise ! je reconnais le prince de Ligne.

« Eh ! mon Dieu, mon prince, lui dis-je, que faites-vous donc à cette heure indue et par ce froid piquant ?

— En amour, voyez-vous, il n'y a que le commencement qui soit charmant. Aussi, je trouve toujours du plaisir à recommencer. Mais, à votre âge, je faisais attendre ; au mien, on me fait attendre, et qui est pis, on ne vient pas.

— Vous êtes à un rendez-vous, mon prince ?

— Oui ; mais, vous le voyez, j'y suis seul. Cependant on pardonne bien à un bossu l'exubérance de son dos, pourquoi n'excuserait-on pas celle de mon âge ?

— Ah ! s'il est vrai que nul bonheur ne peut exister chez les femmes que par le reflet de la gloire d'un autre, quelle est celle qui ne serait fière de vous devoir la sienne ?

> — Non, non : tout fuit dans le vieil âge,
> Tout fuit jusqu'à l'illusion :
> Ah! la nature aurait été plus sage
> De la garder pour l'arrière-saison.

— Mon prince, je ne vous dérangerai pas davantage.

— Et moi, répondit-il, je n'attendrai pas plus longtemps : donnez-moi votre bras, et venez me reconduire. »

Nous prîmes doucement le chemin de sa maison. Pendant le trajet, sa conversation se ressentit de ce léger échec de son amour-propre : ses paroles avaient une teinte de mélancolie que je ne lui avais pas encore connue.

« Je serais tenté de croire, me disait-il, que dans la vie la réflexion n'arrive que comme un dernier malheur. Jusqu'à présent, je n'ai pas été de ceux qui pensent que vieillir est déjà un mérite. A l'aurore de la vie, le rêve de l'amour balance ses illusions sur notre printemps. On porte à ses lèvres la coupe du plaisir, on croit à son éternelle durée ; mais l'âge arrive, le temps s'envole et nous blesse en fuyant ; dès lors, tout se désenchante et se flétrit. C'est une idée à laquelle il faut m'habituer.

— Mais, mon prince, vous attachez trop d'importance à une contrariété ; il faut la mettre sur le compte des exigences de la société.

— Non, non ; je ne me fais pas illusion : tout m'avertit des années qui s'accumulent derrière moi. On ne me croit plus bon à rien ; autrefois, à Versailles, on me consultait sur tout, sur les bals, les spectacles, les fêtes ; maintenant, on se passe de mon avis. Mon temps est passé ; mon monde est mort. Vous me direz que *nul n'est prophète...* je n'achève pas. Ce qui nuit à mes prophéties, c'est l'âge du prophète. Une troupe de jeunes comédiens apparaît sur la scène pour m'en chasser ou m'y siffler. Mais enfin, quel est donc aujourd'hui le mérite de la jeunesse pour que le monde lui prodigue ainsi toutes ses faveurs ? Jamais, jusqu'à ce moment, l'envie n'avait approché de mon cœur. »

Alors, il revint sur son existence, pressé par ce sentiment de plaisir mélancolique que nous trouvons à retourner vers notre passé, lors même qu'il est entouré d'épines.

« J'ai été passionné pour l'art de la guerre, ajouta-t-il, et je puis dire que, depuis le jour que j'entrai dans le régiment des dragons de Ligne, j'ai gagné tous mes grades à la pointe de mon épée. J'ai fait de cette science l'occupation de toute ma vie. Mes travaux m'ont valu quelques nobles amitiés. Soldat ou général, j'ai fait mon devoir.

— L'histoire, mon prince, n'oubliera ni la prise de Belgrade, ni la bataille de Maxen et la part glorieuse que vous y avez prise, ni votre brillante réception à Versailles, quand Marie-Thérèse vous y envoya pour en porter la nouvelle.

— Oh! oui, voilà des souvenirs qu'on ne peut m'enlever, et dans lesquels je veux vivre exclusivement. Quand le corps menace ruine, la mémoire seule soutient l'édifice et vient vous avertir que vous existez encore. Jusqu'au dernier moment, je serai fier, comme compensation aux vicissitudes de ma vie, d'avoir été en relation intime avec des hommes sur qui les yeux du monde ont été longtemps fixés. Je l'avoue, j'ai toujours aimé la gloire; l'indifférence pour elle ne peut être que jouée. Eh bien! tous les jours je reconnais le vide de ce qu'on est convenu d'appeler la célébrité. »

Enfin, il se mit à parler des doux moments qu'il avait dus à l'amour.

« Et moi aussi, j'ai passé par cette époque délicieuse de la vie où la jeunesse s'enivre de toutes sortes de promesses flatteuses que l'âge mûr tient si rarement, et sur lesquelles vient souffler la vieillesse. Les jours ont alors la rapidité des instants, et les instants la valeur des siècles : heureux celui qui sait les mettre à profit! La vie est une coupe d'eau limpide qui se trouble à mesure qu'on la boit; les premières gouttes sont d'ambroisie, mais la lie est au fond du vase; plus l'existence est agitée, plus à la fin s'augmente l'amertume du breuvage. Après tout, qu'y perd-on ? L'homme arrive à la tombe comme le distrait à la porte de sa maison.... Me voici à la porte de la mienne. Bonsoir, mon enfant. Vous qui commencez votre carrière, employez encore mieux vos instants ; les plus tristes nous sont comptés par le sort comme les plus heureux, et n'oubliez pas ce qu'a dit votre Delille :

« Nos plus beaux jours s'envolent les premiers. »

Et je quittai cet excellent prince, cet homme extraordinaire, qui n'avait peut-être d'autre faiblesse que de ne pas assujettir ses goûts à son âge, et de vouloir lutter contre le temps, cet athlète invisible que nul n'a encore vaincu. Hélas ! il croyait à la fable d'Anacréon, dont les amours couronnaient de roses les cheveux blanchis par quatre-vingts hivers.

Ce rendez-vous d'amour du prince de Ligne devait être le dernier. Quand il parlait ainsi de la tombe, où l'homme arrive sans y songer, il était bien loin de croire qu'il eût déjà un pied dans la sienne. Depuis lors, j'ai souvent réfléchi à cette tristesse dont toutes ses paroles portaient alors l'empreinte. J'ai cru y voir une sorte d'avertissement prophétique ; mais le prince de Ligne ne s'était jamais arrêté à l'idée de la mort. Non pas qu'il en eût peur : à aucun âge la peur n'approcha de lui. Seulement, si parfois il parlait de la vieillesse avec une sorte de mélancolie, c'est qu'il appréhendait de ne pas plaire au monde nouveau qui l'entourait, comme il avait plu autrefois aux amis de sa jeunesse.

Je continuai donc, solitairement et tout pensif, ma promenade nocturne, répétant ces vers que le prince avait si à propos improvisés, et je me trouvai à la porte de l'hôtel de l'*Empereur romain* comme le comte Z*** y rentrait. Pour dissiper un peu les idées sombres que la tristesse du prince avait reflétées sur moi, j'acceptai l'offre que me fit le comte de venir prendre un verre de punch avec lui, et je le suivis dans son appartement.

Z*** (1), fils d'un ministre favori de Catherine II, avait récemment perdu son père qui lui avait laissé une fortune considérable, évaluée à plus de trente mille paysans. Je l'avais beaucoup vu à Pétersbourg, où sa naissance, une grande douceur de caractère, et ses connaissances étendues, bien au-dessus de son âge, le faisaient rechercher dans les cercles les plus distingués. Nommé depuis peu gentilhomme de la chambre, il se proposait de perfectionner son éducation par des voyages; il les commençait à Vienne. C'était débuter par une préface bien intéressante dans le livre du monde, qu'il voulait, prétendait-il, lire page à page.

« Je viens, me dit-il, de passer la soirée chez le prince Razumowski, mon parent. Son palais est encore encombré de meubles, de draperies, de fleurs, reste de son éblouissante fête. En vérité, les ruines d'un bal sont aussi instructives à contempler que les ruines des monuments et des empires. »

Je lui parlai, à mon tour, de la rencontre que je venais de faire ; et, le punch dissipant peu à peu ma mélancolie, nous nous mîmes, dans notre égoïsme de jeunes gens, à railler quelque peu les vieillards qui ont la prétention de marier les glaces de l'âge et les feux de l'amour. Je lui racontai cette aventure du comte de Maurepas, qui avait tant égayé Versailles à l'époque de son dernier ministère.

Ainsi que le prince de Ligne, M. de Maurepas, à quatre-vingts ans, avait conservé ces habitudes de galanterie qui ne devraient être que le partage de la jeunesse (2). La belle et spirituelle marquise de *** était l'objet de ses tendresses octogénaires; importunée d'une assiduité sans issue possible, elle résolut d'y mettre un terme. Le vieux soupirant était un jour auprès d'elle dans son boudoir, et recommençait la

---

(1) Il doit s'agir du fils de Zawadouski, qui fut favori en 1776 et 1777.
(2) De la part de Maurepas, on le sait, les attaques n'étaient jamais bien dangereuses. Lui qui chansonna tant les autres fut aussi chansonné pour son peu... d'éloquence en amour.

lamentable histoire de ses malheurs, causés par la rigueur de celle qu'il adorait. La marquise paraît touchée ; l'amant devient plus pressant ; enfin arrive le moment qui doit couronner son ardeur. « Vous le voulez donc? lui dit la marquise de ***. Eh bien! au moins allez fermer cette porte au verrou. » Le comte se leva, alla fermer la porte, non pas en dedans, mais en dehors, et s'esquiva à petit bruit, sans prendre autrement congé de sa maligne maîtresse.

Tous deux nous applaudîmes beaucoup à ce dénouement.

J'attendais, le lendemain, l'envoi de deux chevaux hongrois qu'on m'avait assuré être les meilleurs trotteurs de Vienne. Désirant les essayer, je demandai à Z*** s'il pouvait venir, le lendemain matin, au Prater avec moi. Il me le promit. Tout en jasant de chevaux trotteurs, dont aucuns en Europe, je pense, n'égalent ceux qu'on attelle aux traîneaux de Moscou pour les courses d'hiver sur la Moskowa, le comte se mit au lit, se trouvant bien fatigué des mazurkas que, la veille, il avait dû apprendre à quelques dames allemandes, qui substituaient avec assez de difficulté à la roideur du menuet germanique l'élasticité gracieuse de cette danse polonaise.

« Bonsoir donc, mon cher comte, je vais vous laisser reposer, éteindre les lumières et remettre cette bougie à votre valet de chambre ; dormez bien ; mais, demain à midi, soyez prêt. »

Le lendemain, à l'heure fixée, les chevaux que j'attendais, étaient attelés à mon carrick ; j'étais à midi à la porte de Z*** ; mais, lorsque je me présentai pour entrer :

« Le comte dort, me dit son domestique.

— Comment, il dort à midi, quand il s'est couché avant minuit ? Oh ! je vais le gronder de sa paresse. »

J'entre aussitôt dans sa chambre. Les rideaux étaient encore fermés.

« Allons, allons, dis-je, paresseux : la voiture vous attend, êtes-vous malade ?

Il s'éveille, se met sur son séant, et, portant la main à ses yeux, comme pour essuyer des larmes :

« Ah ! mon père, s'écria-t-il. Hélas ! pourquoi ai-je perdu mon père !

— Eh ! mon cher comte, quel cauchemar avez-vous donc eu ? Qu'a de commun la mémoire de votre père avec les chevaux que nous allons essayer !

— Hélas ! mon ami, ce n'est point un rêve mais une affreuse réalité : j'ai perdu deux millions de roubles cette nuit.

— Êtes-vous fou, Z*** ; vous voilà dans le lit où je vous ai laissé hier : j'ai éteint les lumières en vous quittant. Etes-vous somnambule, ou dormez-vous encore ?

— Non, mon ami ; mais je me réveille d'un sommeil que j'eusse voulu être mon dernier. S*** et le comte B*** sont entrés dans cette chambre quand vous en sortiez ; ils ont rallumé les bougies que vous aviez éteintes : nous avons joué toute la nuit, et j'ai perdu deux millions de roubles pour lesquels ils ont mes billets : voyez plutôt. »

Je vais à la fenêtre, je tire les rideaux : la chambre était jonchée de cartes que l'on s'était procurées dans l'hôtel, et la ruine de ce malheureux jeune homme avait été consommée avant qu'il fût grand jour.

« Ah ! ce jeu ne peut être qu'une plaisanterie de leur part, mon cher comte. Rassurez-vous : il n'est pas possible qu'ils persistent dans le dessein de dépouiller ainsi leur ami. Ils sont tous deux les miens ; mais je cesserais de les compter pour tels, s'ils balançaient un moment à anéantir jusqu'au souvenir d'une si honteuse nuit. »

Je le quittai à ces mots pour me rendre chez S***. J'employai tout ce que le raisonnement put me suggérer de plus persuasif, pour l'engager à se désister de ses prétentions. J'exposai les conséquences fâcheuses qui pouvaient résulter pour lui, si un pareil fait venait à être connu de l'empereur Alexandre. Je ne lui dissimulai pas combien il était à craindre que, d'après l'antipathie que ce prince avait pour le jeu, il ne voulût faire un exemple qui en prévînt à l'avenir les déplorables effets, et qu'il ne le choisit justement, lui S***, pour que cet exemple fût plus frappant. Mais tout ce que je tentai pour le ramener à la raison et à des sentiments d'équité fut infructueux. Il tournait en dérision ce qu'il appelait mon pathos sentimental, et finit par me proposer de me gagner mon carrick et mes chevaux, pour que j'eusse, ajouta-t-il, à prêcher pour mon propre compte. Je le quittai indigné.

De chez le militaire, je me rendis chez le diplomate, que je trouvai beaucoup plus froid. Il me fit de longues phrases pour me prouver que rien n'était plus loyal, ni plus honorable que de réveiller à minuit un jeune homme de vingt et un ans pour lui gagner sa fortune en quelques heures.

« Est-ce donc la peine de faire tout ce bruit pour la perte de quelques boumashkis (1), ajouta-t-il, quand nous voyons ici tant de réclamants pour des trônes qu'une partie perdue vient de leur enlever ! Ils en appellent aussi, mais pensez-vous qu'on les écoute ? Vous avez dû voir un monsieur qui sortait de chez moi comme vous y entriez. Eh bien ! c'est le marquis de Brignole. Celui-là est venu ici réclamer l'indépendance de Gênes. Ambassadeur de cette république expirante, voici la protestation énergique qu'il a adressée au Congrès ; lisez-la. Malgré sa logique, M. de Metternich l'a éconduit. On donne Gênes au Piémont, qui la gagne et la garde. Venise disparaît, malgré son antique sagesse. Est-ce l'Adriatique qui l'engloutit ? Non, c'est l'Autriche qui la gagne et la garde. Malte ne demande au Congrès que des armes et son rocher ; mais l'Angleterre l'a gagnée, lui dit-on, et la garde. La Prusse gagne la Saxe ; la Suède, la Norwège ; la Russie, la Pologne. L'Europe est ici autour d'un grand tapis vert : on y joue des États : un coup de dés diplomatiques y rapporte cent mille, un

---

(1) C'est le nom russe des papiers-monnaies.

million de têtes (1). Pourquoi n'y gagnerais-je pas quelques chiffons de papier quand le sort me favorise ?

— Mais à votre ami, monsieur le comte !

— Ah ! vous croyez peut-être qu'en fait de trônes même, on regarde à la parenté ? Allez, allez ; Figaro a, depuis longtemps, résolu le problème :

« Ce qui est bon à prendre est bon à garder. »

Pouvait-on répondre à de semblables maximes, autrement que par le mépris ? Je le quittai et je retournai chez Z***, pour lui annoncer le peu de succès de mes tentatives.

« J'en étais certain, me dit-il. Ah ! la morsure d'un serpent est moins cruelle que l'ingratitude d'un ami. Il n'est qu'un moyen avec de tels gens, et je l'emploierai. »

Il avait repris tout son sang-froid ; il s'habilla et sortit pour se rendre chez le grand chambellan Nariskin, dont il dépendait par sa charge de cour, et qu'il voulait, sans doute, prévenir de son désastre et de la justice qu'il comptait se faire rendre. Il m'empêcha de le suivre, et j'allai essayer seul mes chevaux, dont j'eusse désiré que la rapidité me fît échapper au souvenir pénible de ces dernières heures.

De pareils épisodes n'étaient pas rares en Russie et en Pologne. La fatale passion du jeu y était poussée à l'extrême. Elle était venue une frénésie, un délire.

Tous les jours, dans la société, on rencontrait des victimes, qui prouvaient qu'en peu d'heures des fortunes entières pouvaient changer de maîtres.

Je me rappelle qu'après la mort du comte Potocki à Tulczim, ses enfants du premier lit furent mis en possession de son immense fortune. Deux d'entre eux, élevés à l'université de Leipsick, ne recevaient, du vivant de leur père, que quelques ducats par semaine pour leurs menus plaisirs. Une fois maîtres de cet héritage, ils donnèrent tête baissée, dans tous les excès

---

(1) Ce mot de *têtes* fut consacré dans toutes les stipulations d'échanges, de morcellement de territoire ou de démembrement du royaume.

du jeu. L'ainé perdit en trois ans trente millions de florins, en jouant au pharaon contre ses intendants. Bien peu de temps après, son ami, M. de Fontenay, qui ne l'avait pas quitté, dut emprunter cent louis pour le faire enterrer à Aix-la-Chapelle où il mourut.

Quelquefois aussi les chances de ce jeu effréné présentaient les plus étonnantes révolutions : en voici un exemple. Le prince Galitzin, un des plus riches seigneurs de la Russie, était engagé dans une partie où il perdait. Terres, domaines, paysans, rentes, palais, meubles, bijoux, tout était englouti. Il ne lui restait plus que sa voiture qui l'attendait à la porte : il la joue ; en quelques coups la voiture est perdue.

Une minute après les chevaux avaient rejoint la voiture.

« Je n'ai pas joué les harnais : les harnais plaqués en argent, arrivés hier de Pétersbourg. »

On joue donc les harnais. Mais à ce moment, la chance tourne complètement et devient aussi favorable au prince qu'elle lui avait été fatale. En peu d'heures, il regagne non seulement les chevaux, la voiture, les bijoux, mais encore tout le surplus qu'il avait perdu si rapidement, et cela grâce aux harnais qui semblaient pour lui être attachés au char de la fortune. Comment l'homme n'est-il pas brisé par le choc d'aussi terribles émotions ? Galitzin ne fut pas ingrat envers l'instrument de son bonheur. A Moscou, dans son magnifique palais, j'ai vu le bienheureux harnais accroché à l'endroit le plus apparent, et protégé par une glace, comme une précieuse relique, comme un témoignage de la plus étrange vicissitude du jeu.

Pendant mon séjour en Russie, ce même prince Galitzin avait été victime d'une adroite escroquerie dont il ne sut pas se tirer aussi heureusement. Il était grand amateur de diamants et de pierres précieuses, et avait la prétention de s'y connaître. Un jour, dans les salons de jeu du club anglais à Moscou, il avise un Italien au doigt duquel étincelait une bague ornée d'un diamant de la plus belle eau et d'une grosseur rare. Le prince s'approche du porteur d'un aussi magnifique bijou, et demande la permission de l'examiner.

« Et vous aussi, mon prince, reprend l'Italien, vous y êtes pris : ce qui vous paraît un diamant n'est qu'un strass, il est vrai, de toute beauté.

— Non, jamais strass ne jeta des feux semblables : confiez-le-moi donc pour quelques heures. Je désirerais le montrer au joaillier de l'empereur, et lui prouver à quel degré de perfection l'imitation est parvenue. »

L'Italien ne fait aucune difficulté de confier sa bague au prince. Celui-ci court aussitôt chez le joaillier et lui demande quelle peut être la valeur de ce beau solitaire. Le marchand regarde, pèse, examine, et répond qu'il a rarement vu un diamant aussi parfait.

« Mais c'est un strass », s'écrie le prince tout joyeux.

De nouveau le joaillier examine, retourne la pierre en tous sens, la pèse encore et affirme que c'est bien un diamant, un diamant de toute beauté qui, dans le commerce, se vendrait au moins cent mille roubles ; et que, quant à lui, si l'on voulait s'en défaire, il le paierait de suite quatre-vingt mille. Galitzin se fait réitérer plusieurs fois l'assurance qui vient de lui être donnée et retourne au salon du jeu. L'Italien, tranquillement assis devant un tapis vert, faisait une partie de piquet. Le prince lui remet sa bague et le prie de la lui vendre : notre joueur répond qu'il n'a nullement besoin d'argent, et que, dans tous les cas, sa bague n'a aucune valeur. Galitzin insiste : l'Italien refuse. Il ne tient, dit-il, à ce bijou que par souvenir, il l'a reçu de sa mère, il a promis de ne jamais s'en séparer. Alléché par l'espoir d'un grand bénéfice, le prince lui offre dix mille roubles, enfin trente mille. L'Italien est inexorable, tout en répétant que la pierre de sa bague n'est qu'un strass. Piqué au jeu, le Russe insiste de plus belle et va jusqu'à offrir cinquante mille roublé à l'obstiné propriétaire.

« Vous l'exigez, mon prince, lui dit enfin celui-ci ; et vous tous, messieurs, en s'adressant aux joueurs, vous m'êtes témoins que c'est le prince qui me force de lui vendre pour cinquante mille roubles une bague de strass. »

— Donnez, donnez, dit Galitzin impatient, je sais à quoi m'en tenir. »

L'Italien retire la bague de son doigt et la remet au prince qui, tout enchanté de son marché, lui donne en échange un bon de cinquante mille roubles sur son intendant. Une heure après, la somme était comptée.

Le lendemain matin, Galitzin se rend de nouveau chez le joaillier de l'empereur et lui annonce qu'il vient lui vendre le diamant de la veille.

« Mais cette pierre n'est qu'un strass, répond le marchand ; un fort beau, ma foi ! C'est étonnant comme il ressemble au solitaire que vous m'avez montré hier : même forme, même taille. Un autre que vous, mon prince, y eût été trompé. »

Galitzin, consterné, reconnaît bientôt lui-même la terrible vérité : il avait été dupe d'un adroit fripon. Au moment du marché, l'Italien, par un tour habile de prestidigitation, avait substitué au diamant véritable une pierre fausse qui l'imitait à s'y méprendre. On le chercha dans toute la ville de Moscou ; mais on apprit bientôt qu'il avait pris la fuite quelques heures après avoir touché le bon de cinquante mille roubles. Quant au prince, outre le chagrin d'avoir perdu une somme aussi forte, il eut encore celui de n'être plaint de personne : il avait voulu tromper un trompeur.

L'aventure de Z*** fit grand bruit à Vienne : l'énormité de la somme perdue, le lieu, le temps, tout avait l'apparence d'un raffinement de combinaisons qu'on ne pouvait concilier avec l'âge des joueurs, puisque le plus vieux n'avait que vingt-trois ans. La suite ne confirma que trop ce que j'avais prédit à S***. Alexandre avait l'aversion la plus prononcée pour le jeu et les joueurs ; dès ce moment, il lui retira toutes ses bontés ; et huit mois après, à Paris, dans le cabinet même de l'empereur, à l'Elysée-Bourbon, S*** me disait qu'il donnerait volontiers la moitié de sa fortune pour que cette affaire ne fût jamais arrivée, ou pour m'avoir écouté quand je lui conseillais de l'assoupir.

Z*** et le comte B*** se battirent à l'épée : Z*** blessa son adversaire, et on transigea pour une somme modique. Mais l'empereur Alexandre en conserva toujours le plus vif ressentiment. Quelques années après, le jeune comte, sachant bien qu'en Russie il ne suffit pas d'être *quelqu'un*, mais qu'il faut encore être *quelque chose*, écrivit à l'empereur pour lui demander d'être attaché à la légation de Florence ; mais Alexandre lui fit répondre par un refus dans les termes suivants :

« En faveur des services rendus à notre auguste mère par le comte B***, votre père, j'excuse l'inconvenante présomption de votre demande. »

Sous la pénible impression de la scène du matin, j'avais passé une journée de réflexion et de tristesse. La ruine si rapide de Z***, le sang-froid de ses deux adversaires, les suites inévitables d'un pareil éclat, ne me disposaient nullement à prendre part aux joies quotidiennes du Congrès. L'arrivée d'Ypsilanti mit un terme à ces sérieuses pensées : il venait me proposer de l'accompagner au bal masqué que la cour donnait dans la petite salle des redoutes et qui devait être précédé de quelques tableaux en action. Je m'en défendis : il insista vivement et finit par m'entraîner.

Cette redoute ne différa que peu de toutes les précédentes : à cette époque, il y en avait une environ chaque semaine. Après quelques tours dans ces salons magnifiques qui, comme de coutume, présentaient le tableau le plus complet et le plus animé du luxe et de la joie, nous nous rendîmes dans la salle où s'exécutaient les tableaux en action. Au premier rang étaient déjà assis les souverains, les empereurs, les reines ; derrière se pressaient toutes les illustrations politiques du Congrès. Quelques instants après, la toile se leva.

Le premier tableau représenté fut *la Conversation espagnole*, et le second *la famille de Darius aux pieds d'Alexandre*, d'après la belle composition de Lebrun.

Le comte de Schœnfeldt représentait Alexandre, et la charmante Sophie Zichy, Statira. Dans les traits, dans la démarche de l'un respirait cette fierté douce du vainqueur, tempérée par la bienveillance et la modestie d'un héros ; la comtesse, plus belle encore que dans le tableau de Lebrun, exprimait à la fois l'admiration et la douleur. Les plus jeunes et les plus charmantes personnes de la cour représentaient les filles de Darius et les femmes de la suite de Statira. L'expression héroïque et touchante des principaux personnages, cette profusion de figures délicieuses, la vérité des poses, l'heureuse disposition des lumières, tout donnait à ce tableau un ensemble à la fois héroïque et voluptueux. Des applaudissements unanimes éclatèrent dans la salle.

On représenta ensuite le *Pacha de Surêne,* spirituelle comédie de M. Etienne. Les principaux rôles étaient remplis par les comtesses Sophie Zichy et Marassi, les princesses Marie de Metternich et Thérèse Esterhazy, le comte de Walstein, le prince Antoine Radzivill et quelques autres personnes des plus distinguées de la cour ; cette jolie pièce, jouée avec l'habileté de comédiens consommés, fut vivement applaudie.

La foule se porta ensuite dans la salle de danse. Une des premières personnes que je vis en y entrant fut le prince de Ligne. L'expression du bonheur brillait sur sa figure. Sa démarche avait retrouvé toute sa vivacité gracieuse. Ce n'était plus le même homme qu'à notre entrevue nocturne de la veille. Sous son bras était une femme en domino bleu : à sa taille, au son de sa voix, à l'ensemble de ses manières, on comprenait sans peine quels avaient dû être sur le rempart le désappointement et le regret du prince.

Je passai doucement près de lui :

« Il paraît, lui dis-je, que vous avez manqué de patience hier au soir.

— Vous avez raison : il faut savoir attendre. C'est le grand art de la vie. »

Je m'éloignai : mais j'avais cru reconnaître dans la femme qui l'accompagnait Mme A... P***, cette jeune et charmante Grecque dont la haute société de Vienne s'occupait tant alors. Un amour malheureux, dont le prince de C*** était le héros, avait intéressé à son sort la belle et sensible moitié des notabilités autrichiennes; son extrême beauté lui avait aisément fait un parti parmi l'autre moitié des notabilités européennes. Son roman, qu'on se contait à l'oreille, était simple et attachant. Séduite à un âge bien tendre, elle était aussitôt devenue mère. Bientôt son existence et son cœur avaient été brisés par l'abandon. Les consolateurs s'étaient présentés en foule ; mais sans doute l'expérience lui avait appris qu'une première chute ne trouve d'indulgence qu'autant qu'elle ne se renouvelle pas. Il lui fallait cependant un protecteur: elle choisit judicieusement le prince de Ligne, dont l'âge pouvait faire taire la médisance. Tout se borna, disait-on, à un commerce de lettres : celles de la jeune Grecque telles que les femmes de tous les pays et de toutes les conditions savent les écrire, et celles de l'illustre vieillard comme personne n'en écrivait plus alors. Ces dernières présentent le mélange charmant d'un sentiment plus vif peut-être que l'amitié, tempéré par la raison d'une affection paternelle.

Les quadrilles s'organisèrent promptement, contrairement à ce qui se passait dans les bals d'apparat, où l'on ne dansait guère que la *polonaise*. Quelques instants après, j'aperçus de nouveau le prince de Ligne : il était seul. Je m'approchai de lui.

« Voyez, me dit-il, cette gentille bayadère qui figure près de nous dans ce quadrille. Ne croiriez-vous pas que c'est une des plus agaçantes jeunes filles de la redoute ? Eh bien ! à son troisième mot, je l'ai devinée : c'est le jeune Alfred, frère du comte de Voyna.

— Comment, mon prince, un jeune homme ?

— Eh oui, un garçon en fille. Qu'y aurait-il de surprenant à cela ? N'ai-je pas vu votre célèbre danseur Duport s'échappant de l'académie dansante de Paris sous les habits de femme, arriver à Vienne, descendre de sa voiture de poste chez la princesse Jean de Lichtenstein, y danser toute la soirée, toujours en femme, à la grande merveille de ce cercle d'admirateurs qui, le lendemain, fut l'applaudir au théâtre de la cour, où il dansait encore en femme dans son ballet d'Achille à Scyros! Allez, allez, mon enfant, il y a eu des travestissements autre part qu'à la redoute ; et puisque vous voulez bien recueillir les bluettes poétiques échappées à mon printemps comme à mon automne, je vous ferai connaître demain un des péchés de ma jeunesse. C'est une bagatelle intitulée: *le Roman d'une nuit*. L'âge que j'avais alors peut seul me servir d'excuse. »

Il me parla ensuite du monde, de ce monde qu'il avait amèrement qualifié d'ingrat.

« Je me féliciterai toujours, me dit-il, d'avoir assisté à cette scène unique du Congrès. Dans cette foule diverse, je regarde chaque individu comme une page du grand livre de la société. Croyez-moi bien : l'homme n'est pas aussi méchant qu'on nous le peint. Malheur aux moralistes misanthropes qui ne veulent en voir que le mauvais côté! Ce sont des peintres qui n'étudient la nature que pendant la nuit. »

Au milieu de cette foule bruyante où l'on se cherchait sans se voir, où l'on se heurtait sans se reconnaître, deux dames en domino s'approchèrent de moi et m'entraînèrent loin du prince. L'une d'elles me prit par la main.

« Pourquoi donc, me dit-elle, nous avoir quittées si brusquement ? »

Cette voix, qu'on ne prenait pas la peine de déguiser, m'était entièrement inconnue.

« Quand on adresse des vers aux dames, poursuivit mon interlocutrice, il ne faut pas leur faire faire trois cents lieues pour en remercier l'auteur.

— Mais, beau masque, Vienne est à trois cents lieues de Paris, de Pétersbourg et de Naples, où parfois j'ai malheureusement adressé quelques vers aux dames. Expliquez-vous donc plus clairement, sans quoi je serai longtemps à voyager après mon héroïne inconnue.

— Eh bien ! supposons que ce soit à Pétersbourg, et que Lafont les ait mis en musique.

— Alors je ne serais pas assez vain pour que mon amour-propre s'élevât jusqu'à la source des remerciements.

— Pourquoi pas, si les louanges ont fait plaisir ?

— Oui, ajouta l'autre dame, qui n'avait pas encore parlé ; si la preuve du plaisir est le remerciement qu'on en fait. »

On a dit avec raison que souvent toute une vie s'accomplissait dans un instant. J'avais reconnu tout de suite cette voix que j'avais entendue une seule fois. Ce rêve si brillant et si bizarre, je le voyais donc encore se reproduire avec toute son illusion ! Je ne savais que répondre à ces questions qui m'étaient adressées : la liberté même de paroles que le masque autorise semblait ajouter à ma confusion. Je n'eusse pu que murmurer avec Moncrif :

> Ces mots sortis d'une bouche divine
> Ne m'ont causé que trouble et qu'embarras.
> C'est trop oser, si mon cœur le devine,
> C'est être ingrat, s'il ne devine pas.

« Quoi ! vous ne répondez rien ? me dit la même voix.

— L'oiseau timide, beau masque, peut bien chanter au lever du soleil ; l'aigle seul en ose regarder fixement les rayons. »

Je cherchai alors à attirer ces deux dames hors de la foule, pour avoir plus de liberté dans un entretien d'où le sort de ma vie allait sans doute dépendre ; mais le grand chambellan Nariskin s'approcha de nous, reconnut mes interlocutrices, prit leur bras et les entraîna loin de moi. Je n'eus plus de doute alors : j'avais revu l'ange d'un songe, dont le réveil n'aura plus lieu maintenant que dans le ciel.

J'étais resté à ma place comme étourdi de cette apparition. Je voulus me précipiter sur les pas de ces deux dominos ; je me mis à parcourir la salle comme un insensé. Mon regard était fixe et ne voyait plus. Cette musique, tour à tour bruyante ou tendre, je ne l'écoutais que comme un vain son ; le son que je cherchais, c'était celui des paroles magiques qui m'avaient si profondément remué le cœur. Mais je fis de vains efforts pour retrouver ces dames et renouer la conversation. La foule nous avait séparés à jamais.

Dans une des salles écartées, je trouvai le prince Cariati en conférence très animée avec une dame déguisée en bohémienne qui aussitôt se fit connaître. C'était la comtesse Zamoïska, notre voisine au Jaegerzeil.

« Je veux vous enrôler dans un complot, me dit-elle : il s'agit d'une malice assez compliquée, suite d'une intrigue née à ce bal, et qui se prolonge depuis quelques semaines. Le sujet que j'ai l'intention de tourmenter un peu en vaut bien la peine. Tout sera bientôt prêt avec lui. Il faut de notre côté disposer notre plan d'attaque : je compte sur vous. »

Une malice à faire, une intrigue à connaître, une conspiration sous les ordres d'une jolie femme, il n'en faut pas tant pour attirer des complices : je m'enrôlai donc. La comtesse nous quitta en riant.

Fatigué du bourdonnement des conversations, du bruit de la musique, de la monotonie enivrante de la valse, j'aperçus mon ami, M. Achille Rouen, qui se reposait seul sur un banc et paraissait assez ennuyé du bal. Je lui demandai s'il n'avait pas vu les deux dominos que je désirais si impatiemment retrouver.

« Si ce sont ceux, me dit-il, qu'accompagnait le grand chambellan Nariskin (je les reconnus à la description qu'il m'en fit), ils ont quitté le bal depuis un quart d'heure. »

Dès lors, tout l'enchantement de la soirée sembla s'être évanoui pour moi. Dans notre entretien sur le Congrès et les nouvelles du jour, le nom de M. de Talleyrand vint naturellement se placer. C'était un de ceux qu'on prononçait le plus souvent alors dans les hautes et difficiles questions politiques du moment. Achille Rouen, qui le voyait tous les jours, lui était sincèrement attaché.

« Il est impossible, me disait-il, de connaître à fond M. de Talleyrand sans l'aimer. Tous ceux qui l'ont approché le jugent sans doute comme moi. C'est un mélange indéfinissable de simplicité et d'élévation, de grâce et de raison, de critique et d'urbanité. Près de lui on apprend, sans s'en douter, l'histoire et la politique de tous les temps, et mille anecdotes sur toutes les cours ; avec lui on parcourt une galerie aussi variée, aussi instructive en événements qu'en portraits.

— Et cependant, mon cher Achille, combien ne l'a-t-on pas déchiré ! Faut-il donc que la médiocrité fasse payer si cher ses succès au talent? Ceux-là, en vérité, sont heureux dont le mérite modeste n'éveille pas l'envie.

— L'histoire dira autant de bien de M. de Talleyrand que ses contemporains en ont dit de mal. Lorsque, dans une longue et difficile carrière, un homme d'Etat a conservé un grand nombre d'amis fidèles, et qu'il ne compte que peu d'ennemis, il faut bien lui reconnaître une conduite sage et modérée, un caractère honorable, une profonde habileté. Mais, chez le prince, le cœur vaut encore mieux que le mérite. Il y a peu de temps, M. de R*** vint lui emprunter vingt mille francs : M. de Talleyrand les lui prêta ; un mois après, on apprit que, par suite d'affaires fâcheuses, M. de R*** s'était brûlé la cervelle.

« Que je suis heureux de ne pas l'avoir refusé ! dit aussitôt le prince.

Un tel mot peint l'homme.

« Mais à propos, quelle est donc cette circonstance qu'il a rappelée dernièrement chez lui, et qui, nous dit-il, eût pu influer sur toute votre destinée ?

— Ce souvenir, mon cher Achille, ne se présente jamais à ma pensée sans que j'éprouve le regret d'avoir laissé échapper une de ces occasions rares qui s'offrent parfois dans la jeunesse. Tout dépend d'un moment pour se créer une carrière, se faire un ami ou même une amie. C'est ce dieu de l'à-propos qu'il faut savoir saisir quand il se présente ; nos regrets ne l'attendrissent plus quand on a négligé le caprice de sa faveur.

« Depuis deux mois j'habitais le Raincy. M. Ouvrard (1), alors à l'apogée de sa fortune, m'avait permis de disposer d'un appartement dans le pavillon de la pompe à feu. J'avais dix-sept ans ; vous connaissez les circonstances qui m'avaient mis en rapport, à un âge si tendre, avec toute la nouvelle France d'alors.

« M. Daneucourt donnait dans la chaumière russe du parc, à la suite d'une chasse, un dîner d'apparat où l'on devait célébrer sa nomination de capitaine général des chasses. Les convives étaient MM. de Talleyrand, de Montrond (2), Ouvrard, l'amiral Bruix, les généraux Lannes et Berthier, sans autre femme que Mme Grant, qui depuis épousa le prince de Talleyrand. Malgré tant d'éléments d'intérêt et une telle réunion de gens d'esprit, la conversation languissait ; afin de la ranimer, Ouvrard me demanda comment j'avais fait, la veille, pour retourner à Paris : mon cheval s'était blessé à la chasse, et, par une coïncidence bizarre, il n'était resté dans l'écurie aucun autre cheval, ni de selle, ni de trait.

« Par un moyen assez simple, lui répondis-je, et que vous allez connaître. Quand je descendis de la pompe aux écuries, hors mon cheval à moitié fourbu, je n'en trouvai pas un seul dont je puisse disposer. Cependant, je devais être à trois heures à Paris : Mme Récamier, ce guide de mon enfance, cette providence de ma jeunesse, devait s'y trouver, et j'étais impatient de lui montrer un enfant fait homme par un baptême de joies, de chasses, de plaisirs, par le contact enfin d'hommes qui ont tant grandi depuis. Quand on ne peut se faire traîner ni porter, il est assez naturel de marcher : je pris donc le parti de m'en aller à pied.

La chaleur était accablante ; tant bien que mal, je me trouvai vers midi, au milieu de la plaine, entre Bondy et Pantin. Harassé de fatigue et tourmenté par un appétit que la route n'avait pas peu aiguisé, je

---

(1) Le célèbre spéculateur.
(2) Le comte de Montrond, inséparable de Talleyrand, avait épousé la duchesse de Fleury, Aimée de Coigny, la *Jeune captive* de Chénier.

m'arrêtai dans un moulin voisin de la grande route et m'y fis servir à déjeuner. Ce premier besoin satisfait, je songeai au second, et je demandai au meunier s'il ne pouvait pas me procurer un cheval.

« — J'ai le mien, me répondit-il ; pour un écu de six livres il est à votre service. Il vous portera commodément, et demain, en allant à Paris, je le reprendrai chez vous.

On amène le coursier : il était de la taille d'un âne, servait au même usage, et n'avait pour tout équipement qu'un bât.

— Comment ferai-je pour monter là-dessus ? dis-je au meunier. N'avez-vous donc pas une selle ? Eh ! mais j'en aperçois une pendue à la muraille.

« — Oh ! ma selle, monsieur..., ma belle selle anglaise... elle est neuve, celle-là, et je ne la loue pas.

« Je le prie, j'insiste ; mais il était têtu, le meunier, il ne se rendait à aucune de mes raisons. Je songeais, moi, à la mine que j'allais faire en traversant Paris, perché sur cet ignoble bât qui n'avait jamais charrié que de la farine ou du fumier.

Cependant, avec le cheval, il me fallait la selle.

— Voyons, Messieurs, dis-je en m'adressant aux convives, comment vous y seriez-vous pris pour vaincre l'opiniâtreté du meunier ? Vous, Ouvrard, qui, par des ressources qu'on admire, savez sustenter notre gloire militaire ; vous, Daneucourt, qui, en dépit de toutes les ruses d'un renard, remettez sur la voie dix meutes fourvoyées ; vous, Monsieur l'Amiral, qui bravez la tempête comme le canon ennemi ; vous, Messieurs Berthier et Lannes, qui, en Italie, en Égypte, vous êtes montrés les Parménions du nouvel Alexandre ; vous, Monsieur le Ministre des affaires étrangères, me tournant vers M. de Talleyrand, vous si profond observateur des personnes et des choses, qu'eussiez-vous fait pour obtenir cette selle qu'on ne voulait céder à aucun prix ?... Vous riez, Messieurs ; mais rire n'est pas répondre. Eh bien ! voici votre maître à tous, dis-je en montrant Mme Grant : son sourire me prouve qu'elle a déjà deviné le moyen. Je m'adressai à la meunière : avec quelques cajoleries, je l'intéressai à ma détresse. La selle neuve, le cheval, et, si je l'eusse voulu, le moulin, furent bientôt à ma disposition, tant est puissante, sous le chaume comme dans les palais, l'influence de la volonté féminine !

J'avais à peine achevé cette folle boutade, mon cher Achille, qu'on y applaudit en buvant à ma santé et au résultat de ma négociation. Enhardi, ainsi que tous les enfants dont on tolère le babil, je me mis à jaser à tort et à travers. Or, chaque saillie obtenait l'approbation de Mme Grant : et M. de Talleyrand, qui en était alors fort épris, parce qu'elle possédait, selon lui, ce qui doit compléter une femme : la peau douce, l'haleine douce et l'humeur douce, M. de Talleyrand, dis-je, les trouvait également à son gré. Les autres convives l'imitaient, trouvant plus aisé de suivre l'opinion d'un homme spirituel, que de prendre la peine de s'en faire une.

« En sortant de table, M. de Talleyrand m'attira dans un coin du salon, et causa longtemps avec moi. Il parut prendre plaisir au récit de mes voyages en Suède et en Danemark. Le tableau du bombardement de Copenhague auquel j'avais assisté l'intéressa : mes observations sur ces divers pays, sur l'émigration et les émigrés à Hambourg, lui parurent justes. Il me le témoigna et me dit :

— « Venez me voir demain à Paris ; je vous attendrai. Mais vous êtes bien jeune, peut-être oublierez-vous ? Promettez-moi de n'y pas manquer.

« En me disant ces mots, il me pressait les mains de la manière la plus affectueuse. Mme Grant, qui s'était rapprochée de nous, joignait ses instances aux siennes. Je promis : j'aurais dû tenir ; car c'était un de ces à-propos qui fondent souvent toute une destinée, et que le grand Frédéric nommait *Sa Majesté le hasard*.

« Mais, mon cher Achille, le bonheur est une boule après laquelle nous courons sans cesse, et que nous poussons du pied dès que nous l'avons atteinte. Le lendemain je ne fus pas à ce rendez-vous de M. de Talleyrand. Cette malheureuse timidité qui paralyse trop souvent la jeunesse avait repris le dessus. Je n'ose pas dire que je redoutais aussi les suites de cette bienveillance. Que pouvait-on m'offrir, me demandai-je, en échange de cette succession de bonheurs, de délires dont se composait ma vie ? Je craignais la fin d'un rêve dont mon insouciance cherchait à prolonger la durée. Et cependant le contact, l'affection d'un tel homme, son influence, eussent donné une autre direction à mes idées, à ma carrière, m'eussent enfin créé une autre existence. Oui, mon ami, j'avais rencontré sur ma route le dieu de l'à-propos : je n'ai pas su le saisir ; j'appris trop tard que sa faveur a des ailes comme le désir.

— Ah ! je ne m'étonne pas, me dit Rouen, que le prince, qui n'oublie rien, se soit souvenu de cette circonstance.

— Depuis lors, j'y ai souvent réfléchi, et j'ai toujours regretté de n'avoir pas fait connaître à M. de Talleyrand les motifs qui m'ont fait perdre alors un patronage que tant d'autres ambitionnaient.

— Vraiment, votre récit me rappelle ce que dernièrement à Rome on me racontait du banquier Torlonia : sa haute fortune est encore une conséquence de ces inspirations qui entraînent la destinée d'un homme.

« Torlonia, né dans une condition obscure, débuta par un petit trafic de bijouterie entre Paris et Rome. Devenu par la suite une espèce de banquier, une circonstance inespérée le mit en relation assez particulière avec le cardinal Chiaramonti. Lors de la mort de Pie VI, le conclave pour l'élection du nouveau pape dut se tenir à Venise. Faute d'argent, Chiaramonti ne pouvait s'y rendre. Torlonia lui avança à tout hasard quelques centaines d'écus. Le cardinal s'en servit pour gagner Venise, où, dans l'église de Saint-Georges, il fut élu pape sous le nom de Pie VII. En reconnaissance de ce service, le souverain pontife le nomma banquier de la cour, marquis, puis enfin duc. Aujourd'hui, grâce à ce prêt, Torlonia est un des plus riches capitalistes de l'Europe. »

Aux derniers mots de cette conversation philosophique, Ypsilanti, Tettenborn, et quelques autres amis vinrent nous avertir qu'on nous attendait au souper. Nous les suivîmes dans cette salle du banquet, où tous les convives eussent pu facilement nous fournir quelques heureux épisodes pour ajouter à l'article *à-propos* dans le dictionnaire de la fortune.

Pendant le souper on s'entretint encore de M. de Talleyrand et de la haute influence que son caractère lui avait conquise dans les délibérations du Congrès. On parla de cette discrétion impénétrable qu'il proclamait l'âme des négociations diplomatiques, et qu'il avait inspirée à toutes les personnes qu'il employait. A cette occasion on cita la réponse que M. D*** avait faite dernièrement dans une réunion où il était question de M. de Talleyrand et des particularités de sa vie.

M. D***, attaché au prince depuis vingt ans, l'avait suivi au Congrès. On supposait que cette intimité l'avait mis à même de connaître une foule de circonstances et sur le ministre et sur les événements auxquels il avait été mêlé. Pressé de questions, à toutes il répondait qu'il ne savait rien. Les questionneurs paraissaient incrédules, et insistaient davantage.

« Eh bien ! dit enfin M. D***, je vais vous apprendre sur M. de Talleyrand une particularité inconnue. Depuis Louis XV, il est le seul homme en Europe qui sache, d'un seul coup du revers de son couteau, ouvrir un œuf à la coque. Voilà tout ce que je sais de particulier sur son compte. »

On comprit la discrétion: les interrogations cessèrent.

On rapporta encore quelques-uns de ces mots si précis, si énergiques de M. de Talleyrand, qui ont survécu aux événements qui les avaient inspirés. Le prince de Reuss s'approcha de notre table, dit quelques paroles à M. Rouen et nous quitta.

« C'est son père, le prince règnant, nous dit un des convives, qui au temps du Directoire commença ainsi une dépêche officielle : « Le prince de Reuss reconnaît la République française. » M. de Talleyrand qui, en sa qualité de ministre des affaires étrangères, devait lui répondre, mit en tête de la sienne : « La République française est très flattée de faire connaissance avec le prince de Reuss. »

En quittant ces amis, je ne pouvais me défendre d'un sentiment vague de regret que faisait naître en moi le souvenir de mon aventure du Raincy. Je songeais à cette occasion que m'avait offerte M. de Talleyrand, et que mon imprévoyance avait dédaignée.

LE PRINCE DE LIGNE, Agé
(D'après un dessin contemporain)

CHAPITRE XII

Maladie du prince de Ligne. — Le comte de Witt. — L'ambassadeur Golowkin. — Le docteur Malfati. — Progrès du mal. — Les dernières saillies du mourant. — Douleur générale. — Portrait du prince de Ligne. — Ses funérailles.

Une des circonstances les plus douloureuses de ma vie, la mort du prince de Ligne, vint attrister les joies du Congrès. Telle fut sur mon cœur l'impression de cet événement si cruel, si inattendu, qu'aujourd'hui, après un quart de siècle, tous les détails en sont encore présents à ma mémoire.

Je me rendais chez cet excellent ami pour lui faire ma visite quasi quotidienne. Non loin de sa maison, je rencontrai le comte de Witt : il désira m'accompagner. Nous trouvâmes le prince couché et souffrant. Il avait pris un refroidissement à ce malheureux rendez-vous du rempart : et la veille, au bal de la redoute, où je l'avais trouvé si consolé, il avait eu l'imprudence de sortir sans manteau par un froid de dix degrés pour reconduire des dames jusqu'à leur voiture. Aucun symptôme grave ne s'était encore déclaré : il avait seulement un peu de fièvre, et la nuit avait été très agitée.

Il ne nous en reçut pas moins avec cette grâce affectueuse qui ne l'abandonnait jamais. On parla de ce pêle-mêle de Vienne, de quelques nouvelles du Congrès, enfin de l'art militaire, sujet favori du vieux maréchal aussi bien que du jeune général russe. Il traita tous ces objets avec ce ton de fine plaisanterie ou de gravité ingénieuse qui lui était familier. Le comte de Witt lui dit enfin, en prenant congé :

« La société de Vienne, mon prince, va être bien affligée de savoir son plus bel ornement malade.

— Au moins, répondit-il en riant, on ne m'appliquera

pas le mauvais calembourg du marquis de Bièvre, en disant : *Quel fat alité!* La fatuité ne fut jamais mon défaut.

Messieurs les oisifs de Vienne vont avoir une nouvelle occupation dans le commentaire de ma maladie. Je veux me bien porter, ne fût-ce que pour leur jouer un tour. »

De Witt partit.

« Jamais je ne puis voir le comte de Witt, me dit alors le prince, sans me reporter aux plus beaux jours de ma vie, aux années que je passai sous les yeux de sa ravissante mère : oui, ravissante. Ce type-là est perdu : c'était la beauté orientale et la grâce de l'Occident. Il fallait la voir, cette comtesse de Witt, quand elle parut à la cour de France : quel effet elle produisit ! Ce fut un enthousiasme universel. Je me rappelle qu'entendant à tout propos vanter ses beaux yeux, qui dans le fait étaient les plus beaux du monde, elle s'imagina que le substantif et l'adjectif étaient inséparables. Un jour l'adorable Marie-Antoinette lui disait :

« Qu'avez-vous, comtesse, vous paraissez souffrante?

« — Madame, lui répondit-elle, j'ai mal à mes beaux yeux. »

« Dieu sait si le mot fut répété, trouvé naïf, charmant, et justement appliqué à la houri qui l'avait dit ! (1) »

Je m'aperçus que la conversation le fatiguait un peu ; je le quittai non sans un vague sentiment d'inquiétude et de tristesse.

Tourmenté de ces idées sombres, désirant m'assurer si les progrès du mal que j'avais cru entrevoir le matin, étaient réels ou non, je retournai chez lui avant la fin du jour. Près de son lit étaient le docteur Malfati (2), son médecin, et le comte Golowkin, connu par l'insuccès de son ambassade en Chine. Le premier gourmandait

(1) On a déjà vu que Mme de Witt, la belle Grecque, devint comtesse Potocka. La Garde reparlera encore de sa belle protectrice.
(2) C'est ce même Malfati qui laissa des notes sur la mort et l'autopsie du duc de Reichstadt. (Voir le *Carnet historique* d'avril 1900).

le prince sur ses imprudences qui pouvaient avoir des suites graves. Depuis le matin un violent érésipèle s'était déclaré : le malade était beaucoup plus abattu. Golowkin, qui n'avait pas plus de foi que Molière dans la médecine et les médecins, cherchait à dissiper ses inquiétudes.

« N'en déplaise à la faculté, nous dit le spirituel vieillard, j'ai toujours été de la secte des incrédules, en médecine s'entend. Vous savez quels remèdes j'employais dans mon fabuleux voyage en Tauride avec la grande Catherine. Elle me pressait de me soumettre aux doctes arrêts d'Hippocrate : J'ai, madame, lui répondis-je, une manière particulière de me traiter. Suis-je malade, j'appelle mes deux amis Ségur et Cobentzel : je fais purger l'un et saigner l'autre ; et me voilà guéri.

— Les temps sont bien changés, mon prince, lui repartit le docteur un peu courroucé; et si j'ai bonne mémoire, il me semble que six lustres se sont écoulés depuis lors. Voyons : supputons un peu les années ; cela fait à mon compte...

— Halte-là, halte-là ! docteur, s'écrie vivement le malade, ne supputons rien. Mes ennemis... je ne les ai jamais comptés !... Et comment, vous, homme d'esprit, venez-vous me dire : *Les temps sont changés?* Qui pourrait se persuader qu'avec l'âge on change de figure? Ne se retrouve-t-on pas le matin à peu près comme on s'est quitté le soir ?... On s'imagine peut-être, parce que tous les genres de plaisirs sont épuisés, que je vais, pour en raviver la monotonie, donner le spectacle de l'enterrement d'un feld-maréchal? Non, non : je ne suis pas assez courtisan pour être l'acteur bénévole d'un semblable passe-temps ; je ne veux pas amuser de cette sorte le parterre royal de la salle du Congrès. »

Ces mots si connus du prince de Ligne ont toujours été étrangement défigurés. Les historiens lui ont prêté une philosophie, fort désirable sans doute, mais qui n'était pas la sienne. Tous lui ont fait dire :

« Je réserve à ces rois le spectacle de l'enterrement d'un feld-maréchal. »

Aucun d'eux ne l'avait entendu comme moi : aucun d'eux ne connaissait, ni même ne soupçonnait le véritable caractère de l'illustre vieillard.

Le prince continua : « Non : je ne compte pas de longtemps utiliser l'épitaphe de mon ami le marquis de Bonnay. Je remettrai à un autre moment le soin de faire graver son jeu de mots sur le marbre (1). »

Malfati, quoique en l'engageant fortement à se soigner, s'efforçait de le rassurer et de l'éloigner de toute idée de mort.

« Il faut en venir là, lui répondait le prince; je le sais. Cette nuit j'y ai fortement songé. La mort convient à beaucoup de monde. J'ai eu naguère la fantaisie de le prouver en plusieurs articles que j'avais écrits à la hâte. Je les compléterai plus tard. Ecoutez et voyez, vous autres, si vous vous trouvez dans ces catégories : ne vous occupez pas de moi. Quant au docteur, cela lui servira de texte, quand il prêchera la résignation à ses malades. »

Alors tirant de dessous son oreiller un livre qu'il ouvrit, il se mit à nous le lire : quelques-unes de ces réflexions, outre le mérite d'un tour original et piquant, ont aussi celui d'une philosophie douce et consolante.

Après la lecture de ce petit cours de morale, Malfati nous quitta. Golowkin, pour distraire le malade, lui parla de son ambassade en Chine : la variété des tableaux sembla le ranimer. Ecartant même peu à peu la possibilité d'un danger, il se mit à revenir complaisamment sur les circonstances de son premier âge.

« Quand j'étais enfant, nous disait-il, les dragons du régiment de Ligne me portaient tour à tour dans leurs bras. C'est de cette époque que date mon amour pour

---

(1) Voici cette épitaphe, dont le prince était le premier à rire :

> Ci-gît le prince de Ligne :
> Il est tout de son long couché.
> Jadis il a beaucoup péché,
> Mais ce n'était pas à la ligne.

le soldat. C'est là un genre d'amour qui, contrairement à l'autre, m'a été souvent payé en dévouement. »

Cependant, six ou huit heures de maladie avaient déjà assez altéré ses traits pour donner à leur expression quelque chose de sinistre. Il voulait sourire, mais ses lèvres ne pouvaient que se contracter avec effort : il se faisait entre lui et la douleur une lutte courte, mais terrible. A la fin, le courage et l'énergie l'emportèrent : la douleur resta vaincue.

Sa fille, la comtesse Palfi, entra pour lui apporter les potions que Malfati avait ordonnées : nous le laissâmes. Lorsque le comte Golowkin et moi nous fûmes sur le rempart, nous ne pûmes nous dissimuler notre vive inquiétude. Golowkin aimait le prince avec enthousiasme.

Le lendemain j'étais chez le prince à huit heures du matin avec Griffiths, qui, ayant fait toute sa vie une étude de l'art de guérir, trouvait du bonheur à le mettre en usage pour une personne qu'il chérissait. Nous trouvâmes l'illustre malade très abattu : le pressentiment de sa fin le rendait mélancolique.

« Je le sais, nous disait-il, la nature le veut. Il faut abandonner l'espace que nous occupons dans ce monde pour le livrer à un autre. Sachons nous résoudre..... Pourtant, je le sens, continua-t-il avec un vif attendrissement, quitter tous ceux que l'on aime... ah! c'est la plus grande peine de la mort! »

A ces mots, je ne pus retenir quelques larmes.

« Allons, allons, me dit-il, ne craignez rien, la *camarde* aura encore tort cette fois. Demain mon mal aura disparu comme un des songes de la nuit. »

Il se tut quelques instants, comme s'il recueillait ses ses pensées.

« Ah! quelle triste chose que le passé! s'il a été malheureux, la mémoire en est affreuse ; s'il a été heureux, qu'il est dur de se dire : Je l'ai été! Pense-t-on à ses beaux moments de gloire et de plaisir, à ses amis, à sa jeunesse, à ses premiers travaux, même aux jeux de son enfance, il y a de quoi mourir tout de suite de regret. Cependant, si je revenais au monde, je ferais presque tout ce que j'ai fait : mes vers et mes amours sont mes plus grands péchés ; le ciel n'a jamais refusé d'absolution pour ces fautes-là..... Je tâcherais seulement de ne pas faire les mêmes ingrats..... C'est égal : j'en ferais d'autres...... »

A chaque instant, les plus grands personnages de Vienne, les illustrations politiques et militaires, les souverains envoyaient demander de ses nouvelles. Le bruit de sa maladie s'était répandu dans toutes les classes ; l'inquiétude était générale, une foule nombreuse assiégeait la porte de sa maison, tant était vif l'intérêt qu'inspirait ce beau génie qui allait s'éteindre.

Dans la nuit du deuxième au troisième jour, la maladie avait fait des progrès rapides et effrayants. Sa famille, plongée dans un morne désespoir, entourait son lit. Vers onze heures, Malfati entra.

« Je ne croyais pas, lui dit le malade, faire tant de façons pour mourir. En vérité, l'incertitude et la brièveté de nos jours ne valent pas la peine d'attendre. »

Puis il se mit à parler avec la plus grande gaieté des legs qu'il avait faits.

« L'héritage ne sera pas difficile à partager : mais encore fallait-il qu'il fût en ordre ? Conformément à un antique usage, je dois laisser un legs à ma compagnie des trabans. Eh bien, je lui ai légué mes œuvres posthumes : c'est un cadeau qui vaudra bien cent mille florins. »

On avait beau changer de discours pour le distraire de ces tristes idées ; sans cesse il revenait à celle de la mort.

« J'ai toujours aimé la fin de Pétrone, nous dit-il. Voulant mourir voluptueusement comme il avait vécu, il se fit exécuter une musique charmante, réciter les plus beaux vers. Quant à moi, je ferai mieux : entouré de ce que j'aime, je finirai dans les bras de l'amitié......
Ne soyez donc pas tristes, nous dit-il quelques instants après ; peut-être ne nous séparerons-nous pas encore ? Une maladie nous sauve quelquefois d'une plus grande.

Oui, rassurez-vous, le doute est un bienfait. D'ailleurs, rien ne m'annonce que la prédiction d'Etrella doive sitôt s'accomplir.

— Quelle prédiction, mon prince, demanda le docteur?

— Ah! cela date d'un de mes derniers voyages à Paris. Le duc d'Orléans, que j'aimais beaucoup, car il savait être ami, m'entraîna un jour, au sortir du Palais-Royal, chez un sorcier qu'on appelait « le grand Etrella ». Ce bohême parisien logeait à un cinquième étage dans la rue Froidmanteau. Il prédit au duc des choses surprenantes auxquelles mon manque de foi m'empêcha de prêter une grande attention. Quant à moi, il m'annonça que je mourrais sept jours après avoir entendu un grand bruit. Depuis, j'ai entendu le bruit de deux sièges : j'ai entendu sauter deux poudrières, et je n'en suis pas mort. Or, je ne pense pas que, dans cette semaine, il se soit fait ici de grand bruit, sinon pour de petites choses, des bruits de bals, de fêtes, d'intrigues. Beaucoup de gens en vivent : je n'ai pas ouï dire que personne en meure. »

Et il s'efforçait de sourire.

Tout à coup il lui prit une faiblesse qui nous effraya. Quand il se fut un peu ranimé :

« Ah! je le sens, nous dit-il, l'âme a usé son vêtement. Je n'ai plus la force de vivre..... J'ai encore celle de vous aimer. »

A ces mots, tous les enfants se jetèrent sur son lit en baisant ses mains qu'ils arrosaient de larmes.

« Que faites-vous donc? leur dit-il en les retirant. Mes enfants, je ne suis pas encore saint. Me prenez-vous déjà pour une relique? (1) »

Cette plaisanterie nous causa une sensation cent fois plus douloureuse que ne l'eût fait une plainte déchirante. Le docteur l'engagea à prendre une potion qui lui procura quelques heures d'un sommeil paisible. A son réveil, il avait retrouvé toute sa gaieté : les idées

(1) Le mot est historique.

de mort semblaient avoir fui bien loin. Il se prit même à plaisanter sur les pronostics terribles que, dans la matinée, il avait entendus malgré son abattement.

« Malfati, le messager de la *camarde,* nous dit-il, a annoncé qu'elle pourrait bien me rendre visite ce soir. Holà ! holà ! trêve de galanterie ! Moi, qui ne manquai guère à mes rendez-vous, j'espère bien manquer à celui-là..... Oui : j'ajourne les vers que je veux, comme Adrien, adresser à mon âme prête à s'envoler. »

Une bougie brûlait sur un meuble près de la fenêtre.

« Mon ami, dit-il à son valet de chambre, éteins cette lumière : on la verrait du rempart, on la prendrait pour un cierge, et l'on croirait que je suis mort.

« Je vous le disais bien, ajouta-t-il en s'adressant à nous, les arrêts de la faculté ne sont pas sans appel. Décidément les oisifs du Graben n'auront pas encore, pour cette fois, à s'occuper de la nouvelle de ma mort. Mais pour peloter en attendant partie, voilà qu'ils débitent que l'impératrice de Russie est enceinte. »

Il continua de nous parler sur le même ton, s'arrêtant aux projets de voyages qu'il méditait pour le printemps, et aux voyages qu'il voulait terminer. Hélas ! nous étions bien loin de partager cette confiance : les ravages de la maladie n'étaient que trop visibles : nul espoir n'était désormais permis. Malfati en partant avait dit : « Le danger est grand. »

Vers le milieu de la nuit, les craintes du docteur se réalisèrent. A ce mieux de quelques heures succéda presque subitement un accablement profond. Tout à coup le malade sembla se ranimer ; il se leva sur son séant et prit l'attitude d'un homme qui veut combattre ; ses yeux ouverts brillaient d'un éclat inaccoutumé, et, dans des mouvements d'une inexprimable agitation, il se mit à crier : « ..... Fermez la porte..... Va-t'en..... La voilà qui entre ! mettez-là dehors la camarde..... la hideuse !..... » Puis il sembla lutter de toutes ses forces contre elle et repousser ses étreintes, proférant des mots sans suite, nous appelant tous à son aide. Glacés d'effroi et de douleur, nous ne lui répondions que par des sanglots. Ce dernier effort l'épuisa entièrement : il retomba sur son lit sans connaissance. Une heure après, il avait rendu son âme à Dieu. C'était le 13 décembre 1814.

Sa fille, la princesse de Clary (1), s'approcha de lui et lui ferma les yeux. Son visage n'avait plus cette expression de terreur et de colère qui le contractait un instant auparavant lors de la lutte contre la mort. Ses traits avaient repris leur calme et leur sérénité, et cette jeunesse même que lui avaient conservée si longtemps son esprit et son âme : sa bouche semblait sourire, et cet homme qui devait être extraordinaire en tout, même après sa mort, paraissait peut-être plus beau maintenant qu'il ne l'avait jamais été à aucune époque de sa vie. Sa noble physionomie eût servi de modèle au pinceau de Lesueur pour peindre ses têtes sublimes des élus du ciel. A défaut de l'auréole de la béatitude, le prince de Ligne avait celle du génie et de la bonté. Son immortalité commençait.

Au pied du lit était un ancien militaire qui était en sanglots. C'était le major Docteur que déjà plusieurs fois j'avais rencontré chez le prince. Il professait pour cet illustre vieillard une sorte de culte qui approchait du fanatisme. On disait que des liens du sang très intimes l'unissaient au maréchal ; mais soit que les pleurs qui sillonnaient cette noble figure cicatrisée fussent dus à un sentiment de reconnaissance, d'admi-

(1) Le prince de Ligne laissait trois filles : la princesse Clary, la comtesse Pallfy et la baronne Spiegel, qui ont fait souche en Autriche. Son fils aîné, Charles, qui avait épousé la délicieuse Hélène Massalska (Voir ses *Mémoires*, publiés par M. Lucien Percy), fut tué d'un boulet au passage de la Croix-aux-Bois, dans l'Argonne, septembre 1792. De ce mariage était née une fille, Sidonie. Le second fils, Louis, également mort avant son père, laissait, de son mariage avec Louise de Duras : Eugène-François-Lamoral-Charles, prince de Ligne, d'Amblise, d'Epinay, qui fut ambassadeur extraordinaire de Belgique en Angleterre et en France. De son premier mariage avec la fille du marquis de Conflans, le prince de Ligne eut un fils d'où le prince de Ligne actuel et le prince Ernest de Ligne ; du second, avec la fille du marquis de Trazegnies, une fille devenue duchesse de Beauffort ; du troisième, avec une princesse Lubomirska, il eut les princes Charles et Edouard de Ligne et la duchesse de Doudeauville.

ration ou de devoir, ils disaient assez l'étendue de sa perte et l'amertume de sa douleur.

La princesse coupa quelques boucles des beaux cheveux blancs de son père et nous les distribua. Nous les reçûmes en les baignant de larmes. Chacun comme moi aura sans doute conservé cette précieuse relique d'un homme si justement admiré.

Le prince de Ligne était sur le point d'accomplir sa quatre-vingtième année. En lui s'éteignit un des astres les plus brillants qui aient éclairé son siècle (1).

Vétéran de l'élégance européenne, il avait conservé à quatre-vingts ans presque toute la vigueur de l'âge mûr, jointe à la vivacité gracieuse de la jeunesse. Il en avait aussi tous les goûts, sans que cela parût ridicule en rien. Plein de bienveillance pour les jeunes gens, qu'il se piquait même de traiter de camarades, il en était recherché et adoré.

Sa philosophie était vraie et sans ostentation. Lors de la révolution de Belgique, il supporta avec courage la perte d'une grande opulence. Prodigue comme tous les hommes d'imagination, il avait laissé des débris de sa fortune dans toutes les capitales de l'Europe; et malgré sa prodigalité, il y avait semé encore plus d'esprit que d'argent.

La pensée de sa fin ne lui était peut-être jamais venue : la multiplicité de ses connaissances, le caprice de ses goûts, son amour pour la société dont il était l'ornement, tout entretenait chez lui une fraîcheur d'imagination, une vivacité d'affection, une jeunesse enfin dont la source était dans son esprit et dans son cœur. A tous titres il justifiait ce mot de Maupertuis :

« Le corps est un fruit vert, le moment de sa mort est celui de sa maturité. »

Le prince de Ligne était feld-maréchal, propriétaire d'un régiment d'infanterie, capitaine des trabans et de la garde du palais impérial, décoré de la plupart des

---

(1) « C'était la dernière fleur de chevalerie », a écrit Franz Graeffer, dans ses *Mémoires, Kleinen Wiener.*

ordres de l'Europe, et chevalier de la Toison d'or. Il aimait à rappeler avec un légitime orgueil qu'un de ses aïeux, Jean de Ligne, maréchal du Hainaut, avait été élu chevalier en même temps que Philippe, père de Charles-Quint.

Le deuil pour cet illustre mort ne fut pas officiellement ordonné. Cependant, ce deuil fut général ; car il était dans le cœur. Depuis longues années les Viennois avaient l'habitude de regarder le prince de Ligne comme un objet de respect et d'admiration, sentiments qu'exaltait encore le culte que lui portaient les étrangers. Sans doute aussi se rappelaient-ils à quel point l'aimait leur empereur Joseph, quelle fraternité de gloire l'avait uni à leurs guerriers célèbres, dans quelle intimité il avait vécu avec toutes les illustrations du dernier siècle. C'était les perdre une seconde fois que de se séparer de l'homme qui en parlait si admirablement et les rappelait si bien.

Je m'arrête : mes paroles pourraient paraître suspectes ; car je rendais au prince de Ligne en enthousiasme ce qu'il m'accordait en amitié. Désormais il appartient à l'histoire : c'est à elle de le juger. Elle dira, elle a dit tout ce que j'en pense.

Les funérailles du prince de Ligne eurent lieu avec tous les honneurs dus à son rang, et un éclat inconnu jusqu'alors au convoi d'un particulier. A midi, le cortège funèbre quitta sa maison : il se composait de huit mille hommes d'infanterie, de plusieurs escadrons de toutes armes et de quatre batteries d'artillerie : sa compagnie des trabans entourait le char ; les officiers portaient les insignes du deuil. Un homme d'armes à cheval, revêtu d'une armure noire, une écharpe de crêpe en bandoulière, suivait en tenant une épée nue baissée vers la terre. Venait ensuite un cheval de bataille caparaçonné d'un voile noir semé d'étoiles d'argent. Derrière le cheval, à côté de sa famille éplorée, se pressait une foule nombreuse de maréchaux, d'amiraux, de généraux de presque toutes les nations de l'Europe : le prince Eugène, les généraux Tettenborn, Philippe de Hesse-Hombourg, Walmoden, Ouwaroff, de Witt, Ypsilanti, le prince de Lorraine, le duc de Richelieu et toutes les personnes considérables qui se trouvaient alors à Vienne. Quelques-uns de ces guerriers, venus pour rendre les derniers devoirs à celui qui avait été leur modèle, étaient à cheval l'épée nue à la main.

Le cortège traversa une partie de la ville pour se rendre à l'église paroissiale des Ecossais. Après le service, on se dirigea vers le Kalemberg où le prince avait déclaré vouloir être inhumé.

Fugitif comme toutes les grandeurs de la terre, ce convoi d'un feld-maréchal passa devant les souverains. Le roi de Prusse et l'empereur de Russie s'étaient placés pour le voir, sur cette partie des remparts qui avait été rasée par les Français. Sur leur visage était peinte la tristesse. Sans doute, Alexandre se rappelait dans quelle intimité l'illustre défunt avait jadis vécu avec son aïeule la grande Catherine.

Le cortège arriva enfin à la petite église du Kalemberg : là, des larmes, des gémissements partis du cœur remplirent cette maison si longtemps heureuse par sa présence. C'était ce même *refuge* du Léopoldsberg où, peu de jours avant, j'avais passé tête à tête avec lui des heures si pleines et si rapides. Lorsque nous accompagnâmes le corps dans le caveau préparé pour lui, le soleil sembla jaloux d'éclairer le dernier asile de cet homme célèbre et vint saluer le cercueil que la terre allait renfermer (1). Les cloches tintaient tristement, comme pour annoncer au monde que tout était fini.

Les prières des morts récitées, sa famille, ses amis, ses serviteurs vinrent adresser un dernier adieu à celui qu'ils avaient aimé. Dans toutes les bouches était son éloge, et des larmes dans tous les yeux. Bénie soit la mémoire de l'homme qu'une véritable douleur accompagne dans la tombe : c'est la plus belle oraison funèbre.

---

(1) « Il sembla, dit Gentz, qu'il voulût aussi saluer une dernière fois ce favori de Dieu et des hommes! »

CHAPITRE XIII.

Incendie du palais de Razumowski. — Sa grande fortune. — Les favoris. — Les élévations et les chutes en Russie. — Le prince Koslowski. — Souvenir du duc d'Orléans. — Un mot de M. de Talleyrand. — Fête chez la comtesse Zichy. — Le prince ..... — L'empereur Alexandre et les souhaits pour la paix. — Le jour de l'an 1815. — Grand bal dans la salle des redoutes. — Dîner pique-nique de Sidney Smith à l'Augarten. — Sa vie aventureuse, ses missions et ses projets au Congrès. — Les Souverains au cabaret. — Le Roi de Bavière sans argent. — Départ et colère du Roi de Wurtemberg. — La Reine de Westphalie. — Annonce d'une partie de traîneaux. — Un bal chez lord Castlereagh.

Il semblait que tout fût épuisé à Vienne pour la satisfaction de l'illustre assemblée. Bals, parties de chasse, banquets, carrousels, le plaisir avait emprunté toutes les formes. On touchait à la nouvelle année, et afin de l'inaugurer sous les mêmes auspices d'insouciance et de gaieté, la cour autrichienne avait annoncé pour le mois de janvier seize grandes fêtes ou réunions nouvelles. Tout à coup, par une belle nuit sans lune, le palais du prince Razumowski prend feu. Favorisé par un vent assez vif, l'incendie se propage rapidement, et bientôt présente l'aspect du Vésuve en fureur. On s'émeut au loin : chacun veut être témoin de ce spectacle digne du pinceau d'un artiste. Tous les alentours sont en peu d'instants inondés de curieux.

Au point du jour, j'accourus aussi sur le lieu du sinistre. A la première nouvelle, l'empereur d'Autriche s'y était rendu. Plusieurs bataillons d'infanterie, encouragés par sa présence, maintenaient l'ordre et travaillaient à arrêter les progrès du feu. Mais leurs efforts n'avaient pu le maîtriser encore. Du milieu des toits couverts de neige s'élevaient des tourbillons de flamme et de fumée, qui par intervalle dérobaient aux regards la vue du palais. L'explosion était si violente, que les poutres embrasées semblaient tomber du ciel. Une pluie de flammèches menaçait d'une destruction totale les diverses parties de l'édifice. Les murs fendus laissaient voir de vastes appartements, de superbes galeries remplies de meubles précieux et d'objets d'art, qui devenaient aussitôt la proie des flammes. Les tableaux, les marbres étaient jetés par les fenêtres dans le jardin et dans les cours. Échappés à l'incendie, ils venaient se briser sur le pavé ou s'abîmer dans les flots d'eau et de neige fondue qui inondaient le sol. La belle salle, décorée par un grand nombre de statues dues au ciseau de Canova, n'avait pu être préservée. Elle s'écroula sous la chute des planchers. A ce moment, un sentiment profond de consternation parut courir dans cette foule immense.

Quelles réflexions faisaient naître le spectacle de ce désastre, la perte des nombreux chefs-d'œuvre que renfermait ce palais, et le souvenir des joies sans nombre dont il avait été le témoin depuis quelques mois! C'était vraiment une demeure princière. On l'admirait comme une des plus vastes et des plus magnifiques de Vienne. La construction en avait duré vingt ans. Plusieurs fois, depuis l'ouverture du Congrès, Alexandre l'avait empruntée à son ambassadeur. C'était dans ces vastes galeries qu'il avait donné quelques-unes de ces fêtes éblouissantes dont l'éclat rivalisait avec celles de la cour autrichienne : c'était là qu'il avait réuni à une table de sept cents couverts toutes les sommités politiques de l'Europe; c'était là que, trois semaines auparavant, il avait célébré, dans une fête digne d'elle, le jour de naissance de sa sœur, la grande-duchesse d'Oldembourg. Tels étaient, en un mot, les charmes et la splendeur de cette habitation, qu'un moment, disait-on, l'impératrice Elisabeth de Russie avait eu l'intention de la louer pour y passer le printemps.

Depuis longues années, Razumowski mettait sa gloire et son plaisir à l'embellir, à y accumuler tous les trésors des beaux-arts, tous les prodiges du luxe. Les appartements étaient décorés avec autant de goût que de somptuosité. A côté des salles où se trouvaient réunies les beautés de la statuaire et de la peinture, on admirait une bibliothèque peut-être unique au monde : une foule de livres précieux et de manuscrits les plus rares y étaient rassemblés. Enfin, c'était partout la magnificence asiatique dirigée par le goût européen.

Razumowski avait employé, dans les dispendieux embellissements de ce palais, une partie considérable de sa fortune : on disait même qu'elle en avait souffert. Cette fortune, qui était immense, lui venait de son père Cyrille Razumowski, le feld-maréchal, frère de ce célèbre Alexis (1) qui fut le favori et l'époux de l'impératrice Elisabeth. Les jeux du hasard, qui ne sont pas rares dans l'histoire de Russie, avaient été pour Cyrille ce qu'ils furent aussi pour le frère de Catherine Ire. Quand, de chantre de la chapelle impériale, Alexis Razumowski fut devenu l'amant et le ministre de l'impératrice, il se rappela qu'il avait un frère. Il conçoit le projet de l'appeler à la cour et de lui faire partager sa fortune. Ce frère gardait les troupeaux dans la petite Russie. On expédie des ordres pour qu'il soit amené à Pétersbourg. Prévoyant peu la destinée glorieuse qui lui est réservée, le jeune pâtre ne veut voir dans les émissaires impériaux que des recruteurs chargés de faire de lui un soldat. A ses yeux, la panetière de berger vaut mieux mille fois que la giberne de grenadier : il s'échappe et se réfugie dans les bois. Traqué comme une bête fauve, il est atteint et repris quelques jours après. Résolu à défendre sa liberté, il résiste, se débat avec fureur. Enfin, on est obligé de le garrotter. Couvert de chaînes, il prend la route de Pétersbourg, et c'est ainsi qu'il entre au palais impérial, d'où il devait ressortir peu de temps après, comblé de faveurs et de richesses, feld-maréchal et revêtu de l'importante charge d'hetman des Cosaques, charge abolie par Pierre le Grand lors de la trahison de Mazeppa. Avec le pouvoir le plus étendu, cette fonction lui donnait le

(1) Fait comte en 1744 par l'empereur Charles VII, Razumowski fut comte russe peu après et épousa secrètement l'impératrice Elisabeth à Perowo, près de Moscou.

droit de percevoir la dîme de tous les revenus dans les provinces de son gouvernement, source d'une opulence qui devint l'une des plus considérables de l'Europe.

Fin et délié, Cyrille Razumowski sut se maintenir au même degré de faveur sous le règne de Catherine II. Il passa même pour avoir contribué puissamment à l'élévation de cette princesse. Toujours il parut digne de ces faveurs inouïes de la fortune par sa magnificence et la bonté de son cœur. On citait plusieurs traits qui prouvaient en lui autant de noblesse que de générosité. Il avait un intendant qui, depuis longtemps, dirigeait ses affaires, et avait gagné sur l'esprit de son maître un extrême ascendant. Un pauvre gentilhomme de la petite Russie, voisin des domaines du maréchal, était en contestation avec lui pour une portion de territoire. Le bien en litige composait pour le gentilhomme la presque totalité de son patrimoine : ce n'était rien pour le maréchal. Cependant l'intendant voulait que celui-ci s'en emparât. Le gentilhomme savait combien le cœur de Razumowski était juste et droit. Au lieu de remettre le sort de sa fortune aux chances d'un procès, toujours incertaines en Russie, et surtout contre un adversaire aussi puissant, il se décide à aller auprès du maréchal lui-même plaider sa cause à Pétersbourg. Instruit de son départ, l'intendant le devance. Il peint à son maître la juste réclamation du gentilhomme comme une prétention sans fondement ; il le circonvient et lui arrache enfin la promesse de ne céder à aucune sollicitation, de repousser toutes les prières. Bientôt après, le pauvre gentilhomme arrive et explique sa cause. La justesse, la force de ses raisons touchent le maréchal : son cœur s'émeut à la peinture d'une ruine dont il serait la cause. Aussitôt toutes les promesses arrachées par l'obsession de son intendant sont oubliées. Sans dire un mot, il quitte le gentilhomme et passe dans une pièce voisine. Là, il rédige en quelques lignes un acte d'abandon du territoire contesté au profit de son adversaire. De retour au salon, il le présente au gentilhomme. Celui-ci y jette les yeux : passant tout à coup de la crainte à la joie la plus vive, il se précipite aux genoux de Razumowski et lui exprime sa reconnaissance d'une voix entrecoupée par l'émotion. A ce moment entre l'intendant : le maréchal se retourne vers lui, et lui montrant le gentilhomme à genoux :

« Tu vois, lui dit-il en souriant, tu vois où je l'ai amené. »

Scène digne de servir de pendant à celle de Sully et d'Henri IV à Fontainebleau, quand le roi dit au ministre son ami :

« Relevez-vous, Rosny ; ces gens-là croiraient que je vous pardonne. »

André Razumowski, son fils (1), créé prince depuis quelque temps seulement par l'empereur Alexandre, en récompense de ses importants services, avait hérité de plusieurs de ces qualités qui accompagnent si bien une grande opulence. Son goût pour les beaux-arts était vif et éclairé. Véritable type du grand seigneur, personne mieux que lui ne savait déployer toutes les grâces de la politesse diplomatique. Fastueux dans ses goûts, grand dans ses projets, il s'aperçut un jour qu'il pouvait abréger le chemin qui le séparait du Prater, et fit jeter un pont sur un bras du Danube. Ambassadeur près la cour autrichienne, il avait des relations intimes avec M. de Metternich, le grand metteur en œuvre. Plusieurs fois, par sa dextérité, il avait dissipé les nuages amoncelés dans les discussions du Congrès.

Cependant on était parvenu à se rendre maître du feu : la partie du palais donnant sur les jardins n'existait plus. Dans la foule des curieux, j'aperçus le prince Koslowski. Depuis la mort du prince de Ligne, il me semblait qu'un instinct d'amitié et de réflexion me rapprochât de cet autre ami. Si, auprès du vieux maréchal, j'avais admiré ces trésors d'expérience et de raison, cette appréciation fine et délicate de la société, auprès du prince russe je trouvais une hauteur de vues, une

---

(1) Un autre fils, Alexis, fut ministre de l'instruction publique sous Alexandre Ier.

indépendance d'expressions sur les hommes et les événements politiques, trop rares chez les diplomates. Sa conversation pleine de verve attachait en même temps que sa franchise commandait l'affection.

Je l'abordai.

« Voilà, me dit-il, un chapitre à ajouter à la nomenclature déjà si longue des élévations et des chutes en Russie. Razumowski est fort heureux d'en être quitte cette fois pour une moitié de palais brûlé. Lui aussi, il a connu la faveur et la disgrâce, le pouvoir et l'exil... En vérité, c'est un roman bien philosophique que l'histoire de mon pays : on y ferait un excellent cours de morale sur le danger des vanités et la fréquence des révolutions. Quels exemples frappants depuis moins d'un siècle ! Menzikoff (1), de garçon pâtissier devenu prince et général, puis jeté subitement dans l'exil le plus affreux ; Biren (2), de domestique élevé au rang des souverains, et pendant neuf ans maître de l'empire, chargé de fers un jour par Munnich son rival, en présence de ses propres gardes glacés d'épouvante, expiant son élévation par une disgrâce inouïe, pour remonter une seconde fois sur le trône (3) ; Munnich puissant un jour, succombant aux intrigues de cour, et relégué vingt ans dans les déserts de la Sibérie (4) ; le chirurgien Lestocq, après avoir renversé la régente Anne, couronné Elisabeth et conseillé son règne, jeté en prison, relâché, puis oublié (5) ; la princesse Daschkoff, l'âme de cette conspiration qui détrôna Pierre III pour don-

---

(1) Devenu, grâce au genevois Lefort, confident de Pierre-le-Grand, il fut le favori de Catherine Ire. Les Dolgorouki obtinrent son exil en 1727 ; il mourut deux ans après.

(2) Biren, ou plutôt Bühren, était en effet fils de paysan et exerçait un emploi servile dans la maison d'Anne, duchesse de Courlande. Celle-ci en fit son favori, et quand elle monta sur le trône de Russie lui donna le trône de Courlande. Biren se fit exécrer par son gouvernement tyrannique.

(3) Sous Catherine II, Biren, en effet, recouvrait tous ses biens.

(4) Le feld-maréchal Munnich, exilé de 1742 à 1762, fut rappelé par Pierre III, et essaya vainement de défendre le prince lors de la Révolution de palais qui le renversa. Néanmoins il resta à la cour de Catherine, et mourut en 1767.

(5) Auber a écrit la musique d'un opéra appelé Lestocq.

ner le trône à sa femme; et bientôt après repoussée, exilée par celle dont elle se vantait imprudemment d'avoir inspiré les desseins et préparé la grandeur ; enfin, sous nos yeux, les conjurés qui ôtèrent à Paul Ier la couronne et la vie, objet de la rigueur du nouveau souverain qui leur doit sa puissance (1).

« Eh bien, continua-t-il, quand nous eûmes quitté le théâtre de l'incendie, en Russie les élévations sont quelquefois aussi bizarres dans leurs causes que les catastrophes sont terribles dans leurs effets ; jugez-en : Parent du prince Kourakin, j'avais été placé près du grand chancelier Romanzoff. Un jour, ce ministre me dictait une dépêche importante: Je ne sais comment je fis, mais au lieu de la poudrière, dans ma précipitation, je pris l'écritoire et la renversai...: sur la dépêche? Non pas ; mais sur la belle culotte blanche du grand chancelier. Cette écritoire renversée a décidé de mon avancement. Romanzoff se garda bien de conserver auprès de lui un secrétaire aussi maladroit. Il me donna une place de conseiller d'État; fonction où je n'avais qu'à diriger, et fort peu à écrire. Sans cette frivole circonstance, je languirais peut-être encore dans les rangs subalternes.

Peu d'hommes réunissaient comme le prince Koslowski autant de vivacité et d'intelligence dans le travail, jointes à une élocution pleine de feu et d'entraînement. Son instruction était profonde et variée, sa mémoire admirable. L'histoire n'avait point de secrets pour lui : il possédait toutes les transactions diplomatiques, qui, depuis plusieurs siècles, ont réglé le sort de l'Europe. Sa manière de juger les hommes était celle d'un homme d'État philosophe. Il appréciait en ami de l'humanité toutes ces questions politiques que l'intérêt particulier dénature si souvent. Partisan de tous les progrès, il aimait à rappeler qu'à l'exemple d'un personnage illustre, dont il a été question déjà, il avait reçu, lui aussi, de la main d'un postillon autrichien

(1) Pahlen, l'âme du complot qui fit périr Paul Ier fût, en effet, disgrâcié presqu'aussitôt Alexandre monté sur le trône.

certaine correction également très méritée. Voyageant fort jeune sur les frontières de Prusse, il s'était emporté jusqu'à frapper son conducteur qui ne pressait pas ses chevaux au gré de son impatience. Celui-ci avait riposté avec son fouet et vigoureusement flagellé l'apprenti diplomate.

« C'est pourtant cet Autrichien, disait le prince en riant dix ans après, qui m'a donné ma première leçon de libéralisme. »

Employé dans la diplomatie, Koslowski franchit rapidement les premiers grades. Ministre plénipotentiaire auprès du roi de Sardaigne, il eut le bonheur de sauver la vie à plusieurs Français naufragés et faits prisonniers. Napoléon envoya aussitôt la décoration de la Légion d'honneur à ce représentant d'un souverain son ennemi. C'était au moment de la guerre de Russie. La récompense honorait également et l'ambassadeur de Russie et l'empereur français.

C'est à Cagliari, vers cette même époque, que le prince Koslowski avait connu le duc d'Orléans, depuis roi des Français. Une même ardeur de science, un même désir de connaître tout, rapprocha bientôt ces deux intelligences. Tous deux avaient nourri leurs jeunes années de fortes et substantielles études. Dans sa vie si agitée le prince français avait pu les fortifier par les enseignements du malheur. Ils faisaient ensemble de longues promenades sur le bord de la mer et prenaient plaisir à passer en revue les gigantesques événements accomplis sous leurs yeux. Quelquefois ils lisaient Shakespeare dont la langue et les beautés leur était également familières. Cette lecture n'était interrompue que par les cris d'admiration du diplomate russe, par les savantes et délicates remarques de l'exilé français.

Souvent au Congrès j'ai entendu Koslowski rappeler les détails de cette intimité qui avait laissé en lui un vif souvenir malgré la différence de l'âge : car dix ans les séparaient.

« L'instruction du duc d'Orléans m'étonne et me

confond, disait-il : sur quelque sujet que ce soit, sciences, histoire, économie politique, il me tient tête et me bat. Mais ce que j'admire surtout en lui, c'est sa courageuse résignation dans le malheur, c'est sa profonde connaissance des hommes. Il les voit tels qu'ils sont, et cependant il les juge sans amertume. Proscrit, il a tourné constamment des yeux de regret vers sa patrie, et toujours il a refusé de se joindre à ceux qui voulaient la reconquérir les armes à la main. Ce n'est pas de lui qu'on pourrait dit qu'il n'a rien appris et rien oublié : homme, prince, il est de son siècle. »

La comtesse Zichy donnait un grand bal que les souverains devaient honorer de leur présence. Dans toute la ville on ne s'entrenait que de l'incendie de la nuit, qui privait la capitale de l'Autriche d'un de ses plus beaux ornements. Le dommage, évalué à plusieurs millions, était irréparable sous le rapport des arts. Mais l'oubli arrivait bien vite alors ; et le soir chacun répétait un mot de M. de Talleyrand. Quand ce funeste événement lui fut annoncé, il allait se mettre à sa toilette :

« C'est tout ce qu'on pouvait attendre de mieux d'un courtisan », avait-il répondu.

Et, tranquillement, il avait livré sa chevelure aux mains de ses valets de chambre.

La réunion de la comtesse Zichy était magnifique, et l'une des plus nombreuses qu'on eût vues depuis longtemps. Tous les souverains s'y étaient rendus. Leur arrivée était impatiemment attendue. On étudiait leurs moindres regards, on scrutait leurs pensées les plus intimes. A les voir ainsi réunis, l'expression de la joie brillait sur toutes les physionomies. Le bruit avait couru depuis quelques jours, et semblait se confirmer que généralement les questions, même les plus irritantes, étaient enfin terminées, que l'accord le plus parfait régnait entre ces maîtres du monde, divisés un moment, et que la nouvelle année s'ouvrirait par la proclamation de quelques grandes décisions et d'une paix générale.

Autour des souverains se groupaient toutes les illustrations de la monarchie autrichienne, M. de Metternich, le feld-maréchal prince de Schwartzemberg (1), les princes Stahremberg, Lobkowitz, Sinzendorff, Rosemberg, Philippe de Hesse, et tant d'autres qu'il serait trop long de nommer ici.

Dans cette foule animée de mille sentiments divers, on remarquait le jeune prince G*** de***. Fils d'un roi, frère de celui qui devait l'être un jour, le prince G*** n'en était pas moins aussi simple et naturel que spirituel et beau. Une circonstance bien frivole en apparence, et objet de mille commentaires, fixait sur lui tous les regards. Depuis quelques jours, en forme de décoration unique, il portait constamment une marguerite à sa boutonnière. Renouvelée tous les jours, cette fleur villageoise paraissait l'indice d'une recherche assez étrange dans une saison où les champs ensevelis sous la neige n'en fournissaient pas aux amants des hameaux. Sans doute une pensée de cœur, un tendre souvenir, disait-on, se voilaient sous ce modeste emblème. Si on avait à décrire tous les romans qui se multipliaient chaque jour sous nos yeux à cette époque d'ivresse ou plutôt de délire, les expressions manqueraient. Au

---

(1) Charles-Philippe, prince de Schwartzenberg, né en 1771, mort en 1819. Il entra de bonne heure au service et parcourut rapidement tous les grades de l'armée. Après deux campagnes contre les Turcs, il fit les guerres de la Révolution ; général-major en 1796, lieutenant-feld-maréchal en 1799. Après la mort de Paul Ier en 1801, il fut chargé d'aller à Saint-Pétersbourg rétablir les relations amicales entre l'Autriche et la Russie. En 1805, il est sous les ordres de Mack et se soustrait, avec une partie de la cavalerie, à la capitulation d'Ulm. Ambassadeur en Russie en 1809, il revient presqu'aussitôt faire campagne ; il est général de cavalerie après Wagram, puis envoyé à Paris où il négocie le mariage de Napoléon et de Marie-Louise. On se rappelle l'incendie qui éclata à l'hôtel de l'ambassade pendant un bal et fit périr plusieurs personnes dont la princesse de La Leyen. En 1812, il commande le corps auxiliaire que l'Autriche fournissait à la France et est nommé feld-maréchal. Après la défection des troupes autrichiennes, Schwartzenberg est à la tête des armées alliées (1814). Il entre dans Paris après la capitulation signée par Marmont. En 1815, il commande encore une partie des alliés. De retour à Vienne il est nommé président du Conseil aulique de guerre. Schwartzenberg jouissait en Autriche d'une grande réputation militaire qui semble exagérée. Il fut surtout un négociateur habile et un homme de bon conseil.

milieu de ces puissances tourbillonnant dans l'espace d'une ville ceinte de remparts, dans cette vie de luxe et de plaisir, dans cette multitude d'êtres venus de si loin pour se rencontrer sur un même point, toutes les idées, toutes les sensations se résumaient dans un seul et même instinct, le plus fort, le plus impérieux de tous, l'amour. Toutes ces jeunes et belles figures, surmontées du simple casque de chevalier ou de la couronne de prince et de duc, parlaient un même langage, celui de la passion aux pieds de la souveraine, aux pieds de la modeste bourgeoise. L'air de Vienne semblait embrasé. Dans chaque réunion on respirait un parfum qui allumait les sens. Cette ville, en un mot, offrait le mélange unique peut-être des plaisirs intellectuels et artistiques de l'Italie et de l'existence matérielle de l'Allemagne.

On chercha, on connut bientôt le secret qui se cachait sous l'emblème de la marguerite. On apprit que cette fleur des champs rappelait au prince un nom chéri, celui de la comtesse***. Un jour il visitait avec cette dame, objet de ses pensées, les serres impériales. L'amour est superstitieux; et de tout temps ce fut pour les amants une douce habitude de consulter l'avenir sur la durée et l'étude d'un sentiment qui fait leur bonheur. La comtesse cueille une marguerite, l'interroge suivant l'usage, et la dernière feuille amène le mot si désiré *passionnément*. Le mot est salué par un mutuel sourire : des regards sont échangés, de ces regards qui disent : Vous êtes compris. Le prince cueille une autre fleur et l'attache à sa boutonnière. Mais ce n'est pas tout ; l'oracle avait été cru ; le ciel avait reçu des serments, et le jardinier de Schœnbrunn cent florins pour le bienheureux pot de marguerites. Une fleur placée chaque matin près de son cœur venait rappeler à l'amant un serment qui d'ordinaire se tient mieux aux champs qu'à la cour.

Cependant, au son d'un nombreux orchestre, la polonaise avait commencé ses gracieuses évolutions. L'empereur Alexandre, selon son habitude, marchait en tête de la colonne dansante. Sa partenaire était la comtesse de Parr, aussi distinguée par les grâces de sa personne que par la finesse de son esprit. Minuit sonne : la nouvelle année commence. L'Autriche, on le sait, a conservé précieusement cette vieille coutume de nos pères, de saluer par des vœux et des souhaits de bonheur l'avènement de la première heure de janvier. Au son de l'horloge, la comtesse s'arrête, et se tournant vers l'empereur de Russie :

« Que je suis heureuse, sire, lui dit-elle, d'être la première à offrir à un si grand souverain des souhaits pour la nouvelle année. Permettez-moi aussi d'être auprès de Votre Majesté l'interprète de l'Europe entière pour le maintien de la paix générale et l'union de tous les peuples. »

De pareils vœux, exprimés par une belle bouche, ne pouvaient manquer d'être bien accueillis. Alexandre accepta donc avec grâce la requête et l'avocat. Il répondit que tout son espoir, tous ses vœux étaient d'atteindre ce but si désiré, et qu'aucun sacrifice ne lui coûterait pour consolider une paix qui était le premier besoin de l'humanité.

Un cercle immense s'était formé : aux derniers mots de cette protestation impériale, un petit hourra féminin s'éleva de toutes parts, sorte d'ovation qui ne parut pas déplaire à Alexandre. Car, à quelques-unes des belles qualités de Louis le Grand, il s'appliquait surtout à joindre la noblesse des manières et la galanterie. L'orchestre reprend la mélodie interrompue, et la polonaise s'achève au milieu d'un murmure de joie et d'applaudissements étouffés.

C'est ainsi que commença sous les plus heureux auspices cette année 1815, qui devait pourtant, quelques mois après, voir la lutte se ranimer plus acharnée que jamais, et se terminer par la catastrophe de Waterloo. Dès le matin, une foule considérable, malgré la rigueur du froid, couvrait le Graben et les autres places publiques. Chacun semblait attendre cette annonce d'une paix générale, d'une réconciliation qui devaient, au dire de certains nouvellistes, signaler l'arrivée du nouvel an. On s'interrogeait avec une anxiété mêlée d'une incrédulité croissante à chaque instant. Tout ce qu'on put savoir, c'est que la cour autrichienne, pour éviter à ses hôtes l'ennui des compliments de bonne année et l'embarras de menteuses félicitations, avait supprimé la réception officielle d'usage. Quant aux décisions du Congrès, le même secret impénétrable continua de les envelopper, et chacun put à son aise continuer le commentaire quotidien sur les dissensions des puissances et la langueur qu'elles allaient imprimer aux fêtes du mois de janvier.

Un nombre infini de voitures sillonnaient la ville en tous sens : parmi ces équipages, on remarquait, comme éclipsant tous les autres par son luxe et sa tenue, celui de lord Stewart, ambassadeur d'Angleterre. Dès le matin, l'impératrice Marie-Louise était venue de Schœnbrunn offrir ses vœux à son auguste père. Etrangère à tout ce qui se passait à Vienne, jamais elle n'assistait à aucune réunion, à aucune fête de cour, ni cérémonie publique. Cependant elle était accueillie partout avec une grande déférence. Pendant les premiers temps de son séjour à Schœnbrunn, elle avait conservé les armoiries impériales de France sur les panneaux de sa voiture, les écussons des harnais et les boutons des livrées. Dans une visite qu'elle avait précédemment faite à l'empereur son père, quelques voix s'étaient exprimées assez hautement sur ce qu'on appelait une inconvenance. Marie-Louise avait entendu ces observations : dès ce jour, elle avait fait effacer les dernières traces de son passage sur le trône de France, et quand nous aperçûmes sa voiture, nous y reconnûmes son chiffre substitué à celui de Napoléon et les couleurs de sa nouvelle livrée.

Cependant, malgré les fâcheux pronostics du Graben sur le caractère grave que prenaient les discussions du Congrès, le palais impérial, dès neuf heures du soir, pouvait à peine contenir la foule immense qui s'y était portée. Les souverains, les notabilités politiques et diplomatiques étaient réunis dans la belle salle dite des

Cérémonies : la cour autrichienne y donnait un bal d'apparat. Non loin de là, la grande salle des redoutes était remplie d'une multitude de masques, de dominos. Griffiths et moi nous nous y étions rendus. C'était comme d'ordinaire l'aspect le plus gai, le plus animé : à peine pouvait-on circuler, tant les assistants, curieux ou acteurs, étaient pressés. Comme d'ordinaire aussi, un seul sentiment, celui du plaisir, semblait électriser cette joyeuse assemblée. Après quelques tours, nous nous retirâmes, confondus de voir une telle insouciance succéder si rapidement et s'allier à de si importantes préoccupations.

Une des réunions les plus curieuses du Congrès de Vienne fut sans contredit le dîner au pique-nique auquel l'amiral Sidney Smith s'avisa de convier les souverains, les notabilités et les âmes philanthropiques que cette capitale comptait alors dans ses murs. L'idée de rassembler tant de personnages éminents et de faire payer à chacun son écot ne pouvait manquer de leur plaire par sa sincérité même, au milieu de ces jouissances incessantes dont ils étaient gratuitement rassasiés. Aussi, les convives en grand nombre avaient-ils répondu à son appel.

Sir Sidney Smith n'avait pas été attiré au Congrès par un simple motif de curiosité. Son but était aussi bien politique que philanthropique. Et, sans être investi d'aucune mission officielle, il s'était créé autant d'occupations que le représentant de la puissance la plus influente. Ses projets ne démentaient pas sa vie aventureuse, dont les épisodes tenaient autant du roman que de l'histoire.

Marin dès l'enfance, resté sans fonctions après la guerre d'Amérique, il passa au service de la Suède. Par suite de la glorieuse bataille navale de 1791, il fut nommé grand-croix de l'ordre de l'Epée ; peu après, il alla chercher de l'emploi auprès du gouvernement turc. Rappelé au bout de quelques mois par une proclamation du roi d'Angleterre, il se trouva avec lord Hood au siège de Toulon. Dans le courant de 1796, en station devant le Havre, il s'empara d'un corsaire français qu'un calme plat l'empêcha d'emmener. Un matelot ayant secrètement coupé le câble du navire amariné, la marée montante l'entraîna dans la Seine, où, attaqué par des forces supérieures, il dut se rendre. Conduit à Paris, il fut d'abord renfermé à la prison de l'Abbaye, puis à celle du Temple. C'est de cette dernière que ses amis, au moyen d'un faux ordre du ministre de la police, parvinrent à le faire évader : circonstance bien simple en elle-même, mais qui devait plus tard faire échouer sous les murs de Saint-Jean-d'Acre les plus gigantesques projets, et peut-être empêcher la révolution de l'Orient. Qu'on cherche ensuite de grandes causes aux événements !

Revenu en Angleterre, Sidney Smith obtint le commandement du *Tigre*, vaisseau de quatre-vingts canons, et fut chargé de surveiller les côtes d'Egypte. Après avoir bombardé Alexandrie, il fit voile pour la Syrie, où sa présence et ses conseils engagèrent le pacha à défendre Saint-Jean-d'Acre. On sait que par son secours et sa résistance opiniâtre, il détermina la levée du siège. Ce fut à ce sujet qu'il fut gratifié par le sultan d'une aigrette de grand prix, et par Napoléon de ce compliment non moins flatteur : « *Ce diable de Sidney Smith m'a fait manquer ma fortune.* »

De retour à Londres, il reçut de cette ville le droit de cité, auquel était jointe une magnifique épée. Nommé membre de la Chambre des Communes, il siégea jusqu'à la rupture de la paix d'Amiens. Pourvu alors d'un nouveau commandement et nommé contre-amiral en 1805, il se rendit dans la Méditerranée, où il prit Caprée après un siège de quelques heures. Quand Bonaparte eut, en 1807, déclaré que la maison de Bragance avait cessé de régner, il transporta au Brésil le prince régent de Portugal et sa famille. Depuis lors, il était demeuré sans emploi.

Mais le repos ne pouvait guère convenir à sa nature : le Congrès de Vienne lui parut une magnifique occasion de déployer l'activité de son esprit. On le vit donc arriver un des premiers. Il se présentait comme fondé de pouvoirs de l'ancien roi de Suède, Gustave IV, qui, sous le titre de duc de Holstein, l'avait chargé d'une réclamation relative au trône qu'il avait perdu. Sa qualité d'ancien officier de la marine suédoise et de chevalier de l'ordre de l'Epée, avait appelé sur lui cette honorable confiance.

Dès l'ouverture des conférences, sir Sidney Smith s'empressa de soumettre au tribunal suprême de l'Europe la déclaration de son auguste client. Le moment semblait bien choisi : tous les jours à Vienne, les mots *justice, réparation, légitimité* étaient religieusement invoqués. En faisant appel à la conscience des souverains, le monarque déchu les pressait avec leurs propres arguments. Dans sa note, Gustave-Adolphe rappelait : qu'il n'avait été détrôné que par l'influence de Bonaparte avec lequel il avait refusé toute relation, surtout depuis le meurtre du duc d'Enghien ; que la nation suédoise, en l'excluant du trône, n'avait fait que de céder à une nécessité politique et aux menaces des grandes puissances ; qu'au moment où il avait signé son acte d'abdication, il était prisonnier ; que cependant il avait constamment refusé de renoncer aux droits de son fils ; qu'il espérait que ce prince, parvenu à sa majorité, saurait se prononcer d'une manière digne de lui, de ses illustres aïeux et de la nation suédoise ; qu'au surplus, il ne demandait pas le trône pour lui-même.

Mais, en politique, les arguments les plus logiques ne sont pas ceux qui ont le plus cours. Les jours, les mois s'écoulaient sans qu'il fût le moins du monde question de rendre son sceptre au roi détrôné. Econduit dans son ambassade par une sorte de résistance inerte, Sidney Smith ne se décourageait pourtant pas.

« Si contre toute possibilité, disait-il souvent, j'échoue devant ce tribunal auguste, je porterai sans crainte la cause qui m'est confiée devant celui de mon pays. Tant que nous aurons un Parlement en Angleterre, il y aura une tribune pour toute l'Europe. J'y demanderai comment un roi légitime se trouve dépouillé de ses droits ; par quel motif le plus constant ennemi de Bonaparte a succombé victime de ses intrigues ; pourquoi l'on abandonne à l'infortune celui qui le premier a attaqué le colosse avec toute l'ardeur d'un chevalier. Ne sait-on pas que Napoléon ne lui a jamais pardonné ses reproches sur le meurtre du duc d'Enghien, non plus que d'avoir, à cette époque, ordonné à son ambassadeur de quitter Paris, et enfin d'avoir renvoyé au roi de Prusse sa décoration de l'Aigle noir qu'il venait d'offrir aussi à Bonaparte ?

Si l'on m'objecte que Gustave-Adolphe a signé son abdication, je répondrai qu'il n'était pas libre alors ; qu'un père ne peut attenter aux droits de son fils, un souverain détrôner sa dynastie. Ce prince descendant du grand Gustave, de Charles XII, ne doit-il pas inspirer ici l'intérêt qui se rattache à de si beaux souvenirs ? Lorsque, de toutes parts, on invoque bien haut les principes de l'équité, osera-t-on, par la plus étrange contradiction, rejeter les plus sacrés : ceux d'une hérédité fondée sur la gloire, consacrée par les siècles ? Enfin, si l'histoire doit être désormais le seul juge des actes arbitraires, c'est à elle que Gustave-Adolphe en appellera : la postérité, plus équitable que le Congrès des rois, dira de ce prince que si de brillantes singularités ont pu le rendre un objet d'envie ou d'inimitié, c'est qu'il est rare que la méchanceté ne se venge pas d'une brillante destinée par la calomnie. Quant à moi, ajoutait l'amiral, courtisan des grandeurs déchues, je serai constant à mes principes, à mes affections ; je défendrai jusqu'au bout tous les droits de la légitimité et du malheur. »

En vain on lui répondait que l'intérêt des peuples, la foi des promesses, le besoin de la paix, ont aussi leurs droits ; que l'Europe ne pouvait annuler les actes solennels, et peut-être aussi ces traités secrets qui assuraient à Bernadotte et à sa dynastie la paisible possession du trône de Suède ; qu'elle ne récompenserait jamais par une spoliation les éminents services rendus par lui à la cause commune ; qu'elle ne l'expulserait pas du pavois où l'avait élevé le vœu général des Suédois, pour leur imposer le monarque qu'ils avaient rejeté; que, dans la position douteuse de Gustave-Adolphe, il fallait savoir supporter le malheur avec dignité pour le rendre respectable ; qu'enfin, quand on est déchu, on ne peut être plaint qu'en évitant d'attirer l'attention. Mais, malgré l'indifférence du Congrès et du public, Sidney Smith n'en persistait pas moins dans ses honorables tentatives en faveur d'une cause désormais perdue.

La négociation de son dîner pique-nique avait rencontré moins d'obstacles. A Vienne, il était plus aisé d'organiser une partie de plaisir que d'obtenir la restitution d'un trône dans une assemblée qui semblait prendre pour devise de dépouiller les faibles au profit des forts. Le but de cette convocation générale était une souscription à la tête de laquelle l'amiral s'était placé. Le produit, avait-on dit dans le principe, était destiné à l'achat d'une immense lampe d'argent pour le Saint-Sépulcre de Jérusalem. Mais on sut bientôt que les sommes que Sidney Smith espérait réunir seraient consacrées au rachat de chrétiens détenus en Barbarie. Déjà il avait proposé au Congrès d'organiser une expédition maritime dans le but d'anéantir les puissances barbaresques, mettre un terme à leurs brigandages et détruire à jamais ce trafic honteux des esclaves blancs en Afrique. C'est à lui que devait naturellement appartenir le commandement de cette armée antipirate. Mais on avait autre chose à penser qu'à décréter une croisade ; et ce nouveau Pierre l'Ermite dut se contenter du moyen plus simple de racheter les esclaves avec l'or sollicité du plaisir. Transportant en Autriche les usages d'Albion, un dîner lui avait semblé le lien nécessaire de cette œuvre d'humanité.

Un bon nombre de billets fut donc placé et le jour fut pris. L'Augarten, ce beau palais, parfaitement disposé pour une solennité de ce genre, fut désigné comme lieu de réunion. Yann, le traiteur par excellence, se chargea de tous les détails culinaires de ce gala philanthropique. Le prix du billet pour le dîner était fixé à trois ducats de Hollande, celui pour le bal qui devait suivre, à dix florins. Le service avait été annoncé pour cinq heures dans la belle salle où se pressait jadis la cour de Marie-Thérèse et de Joseph II : une table en fer-à-cheval y était dressée. Cette salle était décorée avec beaucoup de magnificence et de goût, et garnie tout alentour par une profusion d'étendards de toutes les nations. Un orchestre était placé à chaque extrémité.

Les souverains avaient accepté, et, on peut le dire, avec un empressement marqué. Les grands personnages du Congrès, ministres, généraux, ambassadeurs, avaient apporté aussi leurs ducats. Parmi les cent cinquante convives, on pouvait compter autant d'altesses que de semi-souverainetés, de guerriers et d'hommes illustres. Des gens à cheval, placés de distance en distance, annonçaient l'arrivée des monarques par des fanfares. Ces entrées éclatantes, qui se pratiquent ainsi sur la scène anglaise, prouvaient que l'amiral n'avait pas oublié le théâtre de Shakspeare.

Yann avait fait de son mieux : or, bien que ce mieux fût à souhait, bien que la Bohême, la Hongrie, les Etats héréditaires eussent fourni leurs productions les plus recherchées, on eût sans doute dîné mieux encore aux tables de la cour. Mais ici c'était un repas de cabaret, un repas à chacun son écot : cette nouveauté avait paru si bizarre pour les têtes couronnées ou à couronner, que pas une n'y avait manqué. C'était vraiment un étrange et curieux spectacle.

Personne n'a oublié le repas où Voltaire fait dîner Candide à Venise avec sept rois détrônés. Depuis lors, on n'en avait jamais vu autant réunis dans une taverne ou cabaret. Si le nombre de ceux attablés à l'Augarten n'était pas tout à fait le même, au moins n'étaient-ils pas détrônés, mais bien couronnés, au contraire, et bien resplendissants. La comparaison inverse se présentait à tous les esprits. Involontairement aussi, on pensait à quelques-unes de ces solennités où naguère les rois se pressaient autour de Napoléon victorieux : quelques voix en parlaient, mais bien bas.

Pendant la première partie du banquet, les orchestres avaient exécuté les airs nationaux des divers pays. Au second service, l'amiral, en bon Anglais fidèle aux coutumes britanniques, prit la parole et n'épargna ni les toasts ni les discours. Le sujet du sien était naturellement relatif au but de la réunion : bien qu'on eût pu y trouver quelques longueurs, un père de la Merci n'eût pas prêché avec plus d'onction le rachat des esclaves. Le résultat dut singulièrement le flatter : car il s'éleva à plusieurs milliers de ducats. Les empereurs s'étaient inscrits chacun pour mille, et les autres suivant leur fortune ou leur philanthropie.

Sidney Smith avait fini son homélie; les services étaient épuisés : tous les vins de Hongrie, du Rhin et d'Italie avaient été dégustés et vantés selon leur mérite : on allait enfin quitter la table. Tout à coup, ainsi que de raison, se présente le sommelier de Yann, qui, entre deux symphonies d'Haydn, un plat de vermeil à la main, vient réclamer de chacun des convives la somme de trois ducats d'or de Hollande, prix fixé pour le banquet, la musique et l'éclairage, ce qui faisait la somme de cinq mille quatre cents francs environ.

Or, quelques mois plus tard, je me trouvai à Londres au dîner que les souverains reçurent de la Cité. Le nombre des convives était, à vrai dire, un peu plus considérable. Le bal aussi peut-être fut un peu plus nombreux. La dépense, quoique la fête fût presque entièrement semblable, se monta à vingt mille livres sterling (500,000 francs). Autres lieux, autre total.

Mais une petite circonstance qui manqua au banquet de Londres vint égayer celui de l'Augarten. C'est un épisode qui vaut à lui seul tout un livre, et rappelle celui si facétieusement raconté par Voltaire; non pas qu'il s'agît d'un roi traqué par les huissiers comme le malheureux Théodore, ce souverain éphémère de la

Corse ; mais bien du plus adorable et du plus adoré des rois trônants, Maximilien-Joseph de Bavière.

Le kerner de Yann avait commencé sa collecte et recueilli la mise de l'empereur Alexandre et du roi de Danemark : arrivé à Sa Majesté Bavaroise, le plénipotentiaire du tavernier lui présente intrépidement sa requête formulée par les six ducats d'or qui brillent au fond de son plat. L'excellent Maximilien porte la main à la poche de son gilet, puis à l'autre, puis à celle de son habit : recherche inutile ; poches, goussets sont aussi complètement veufs d'espèces qu'au joyeux temps où le prince Max n'y rencontrait qu'un vide que les usuriers de Paris avaient refusé de combler. Hâtons-nous de le dire, sans doute ce roi, le modèle des rois, avait versé tout le contenu de sa bourse dans quelque main qui s'était tendue à lui, ainsi qu'il le faisait chaque jour à Munich pour les infortunés qui ne l'imploraient jamais en vain. A la première visite des poches succède une autre visite non moins infructueuse. En vain Sa Majesté allonge les doigts et les introduit jusque dans les derniers recoins : il faut qu'elle se résigne, elle est décidément sans argent.

Décontenancé comme un écolier pris en faute, le roi se met à interroger du regard la longueur entière de la table, et avise tout au bout le comte Charles de Rechberg son chambellan. Il pense avoir trouvé son sauveur : son supplice va finir. Mais Rechberg qui est là pour son argent et pour son compte a entamé une conversation fort animée avec M. de Humboldt. Enthousiaste comme un auteur qui parle de son livre, il s'entretient du grand ouvrage sur la Russie qu'il vient de publier, et qui lui donne un rang parmi les littérateurs les plus distingués. Rechberg ne voit pas la détresse de son souverain, et laisse tous ses gestes, tous ses regards sans écho.

Cependant le sommelier impassible attend, et, son plat à la main, demande son salaire.

Le regard du roi va alternativement du collecteur à Rechberg, et de Rechberg au collecteur. Sa confusion est telle que, semblable à Richard III d'Angleterre, il serait à s'écrier : « Trois ducats ! trois ducats !... Mon royaume pour trois ducats. »

A la vue de cette scène bizarre, un rire, dont on cherche vainement à comprimer l'éclat, circule autour de la table comme une étincelle éclectrique. En vérité, pour complément il n'y manque plus, comme au banquet royal de Venise, que les recors à la porte guettant le roi Théodore. Dieu sait comment Sa Majesté de Bavière serait sortie de cet embarras, si ses voisins ne se fussent enfin décidés à y mettre fin. Déjà le prince Eugène s'était levé, et allait satisfaire cet entêté kellner qui, fidèle à ses instructions, prouvait qu'il était meilleur collecteur qu'adroit courtisan. Mais l'empereur Alexandre le devance : d'un geste il rappelle le sommelier, et vide sa bourse dans le plat de vermeil, non sans rire tout haut et de bien bon cœur. Ce que voyant, les assistants se mettent à l'imiter. Quant au bon Maximilien, après avoir beaucoup rougi, il finit par surmonter son embarras et rire plus haut que les autres d'un épisode qui peut-être lui rappelait sa jeunesse.

Ainsi se termina cette petite scène dont j'ai gardé le souvenir, et que je retrace ici avec le charme qui se rattache à toutes les actions de ce bon prince.

Le repas achevé et payé, les souscriptions remplies, on passa dans la salle du bal. C'était un vrai pêle-mêle, moins animé qu'une redoute, moins solennel qu'un bal de la cour, mais peut-être plus curieux pour l'œil d'un observateur. On y voyait peu de dames de haute lignée, celles-là étaient déjà saturées de fêtes, mais en revanche un grand nombre de petites bourgeoises qui ne comptaient sur rien moins que sur une altesse ou un ambassadeur pour un menuet ou une valse. Malheureusement presque toutes avaient gâté leur visage d'ordinaire si frais et si gracieux par des atours de mauvais goût. Bien qu'achetées à grands frais, ces riches parures dont elles étaient surchagées convenaient infiniment moins à leurs charmantes figures que le classique bonnet d'or phrygien.

A peine entrés dans le bal, les souverains se retirèrent : à leur exemple la plupart des illustres convives du banquet s'éclipsèrent aussi peu après.

Les jolies bourgeoises attendirent vainement qu'une main aristocratique vint chercher la leur et les entraînât dans le tourbillon d'une valse. Il leur fallut se contenter, comme à l'ordinaire, des nouveaux arrivants pour cavaliers. Toutes cependant utilisèrent complètement les dix florins, prix du billet : le jour paraissait qu'elles ne songeaient pas encore au départ.

Réunie à celle du dîner, la dépense de ce bal ne se monta, dit-on, qu'à quinze mille florins ; huit mois après, la fête de Guildhall donnée aux souverains par les marchands de Londres, et dont j'ai déjà parlé, coûta un demi-million de francs. Et on se plaignait pourtant de la cherté excessive de Vienne. Qu'eût-ce donc été si le Congrès se fût tenu à Londres?

Telle fut cette fête qui fournit à Sidney Smith l'occasion de faire un long discours (1) et d'ajouter à ses titres, qui n'étaient déjà que trop fastueux, celui du président des chevaliers nobles. En vérité, c'était dommage de voir un homme qui avait des droits réels, en chercher d'autres en dehors de sa valeur, et souvent de bien insignifiants. On disait que, comme auxiliaire à ses vues d'humanité, il avait sollicité et obtenu un bref du pape qui l'autorisait à créer une société dans le but d'abolir à jamais l'esclavage. Ce qui était un peu plus positif c'était le concours des puissances et leur argent.

Tous les souverains s'étaient empressés de manifester leur adhésion à ces projets philanthropiques par leur souscription et leur présence à son pique-nique, tous à l'exception de deux, l'empereur François et le roi de Wurtemberg. Le premier, retenu dans son palais par une vive indisposition, avait donné mille ducats ;

---

(1) La conversation de Sidney Smith ne brillait pas par la concision. On pense bien que la défense de Saint-Jean-d'Acre en faisait le sujet habituel. Aussi le prince de Ligne, qui avait eu la patience d'en écouter plusieurs fois le prolixe récit, l'appelait-il *Long-Acre*, qui est le nom d'une des rues les plus longues de Londres. *(Note de l'Auteur.)*

le second avait depuis deux jours quitté Vienne, et son brusque départ faisait l'objet de toutes les conversations.

Naturellement impérieux et irascible, l'immense roi Frédéric supportait avec impatience l'allure si lente des discussions diplomatiques. Dans les réunions d'apparat on le voyait presque toujours ou soucieux ou grondant : il n'était pas le seul ; car, on le sentait, les passions s'agitaient sous ces fleurs. Une occasion se présenta où son caractère se déploya dans toute sa fougue. Parmi ce conflit de réclamations soumises au Congrès, la noblesse immédiate d'Allemagne avait cru pouvoir aussi se mettre de la partie : elle avait donc envoyé ses députés chargés de revendiquer pour elle son ancienne position et ses droits. Dans une conférence à laquelle assistait Sa Majesté de Wurtemberg, on parlait de cette prétention et de la restauration du saint empire romain. Le roi se contenait avec peine. Enfin, quand il fut question de mesures qui pouvaient restreindre les prérogatives des souverains, il se leva en fureur. Devant lui était une table, à laquelle malheureusement on n'avait pas, comme à la table impériale, fait l'échancrure obligée pour y loger son énorme capacité. Soulevé par la proéminence abdominale du monarque, le meuble est renversé avec fracas. La mauvaise humeur du roi s'en augmente : il rentre précipitamment dans ses appartements, et le soir même quitte la capitale de l'Autriche, non sans recommander à ses plénipotentiaires de repousser constamment toutes les demandes de la noblesse. Quant au prince Guillaume, son fils, il était resté, bien plus occupé des beaux yeux de la grande-duchesse d'Oldemburg que de toutes les questions du Congrès.

Ce caractère dominateur, le roi de Wurtemberg le montrait aussi bien dans ses relations avec sa famille que dans l'exercice de sa puissance. On en avait vu un exemple quand il avait imposé à son fils un mariage contre son gré ; il le déploya non moins violemment dans sa conduite à l'égard de sa fille qui avait épousé Jérôme, roi de Westphalie, frère de Napoléon. A peine ce dernier fut-il tombé, qu'il voulut que sa fille rompît aussi son mariage. Attachée à son époux par une affection vraie et par son titre de mère, l'ex-reine de Westphalie opposa aux volontés de son père un refus inébranlable.

« Unie par des liens que la politique avait formés, lui écrivit-elle, je ne viens pas retracer le bonheur que j'ai dû à mon mari pendant sept années ; mais eût-il été pour moi le plus mauvais des époux, si vous ne consultez, mon cher père, que ce que les vrais principes de l'honneur me commandent, vous me direz vous-même que je ne puis l'abandonner lorsqu'il devient malheureux, et surtout lorsqu'il n'est pas cause de son malheur. Ma première idée, mon premier mouvement ont été d'aller me jeter dans vos bras, mais avec lui, le père de mon enfant. Où serait d'ailleurs ma tranquillité, si je ne la partageais pas avec celui auquel je dois aujourd'hui plus que jamais mes consolations ? »

Dans une autre lettre, elle s'exprimait encore ainsi :

« Forcée par la politique d'épouser le roi mon époux, le sort a voulu que je me trouvasse la femme la plus heureuse qui puisse exister. Je porte à mon mari tous les sentiments réunis : amour, tendresse, estime. Un temps viendra, je l'espère, où vous serez convaincu que vous l'avez mal jugé : et alors vous retrouverez en lui comme en moi, les enfants les plus respectueux et les plus tendres (1). »

Une aussi noble résistance finit par désarmer la volonté de son père. Bizarre destinée ! ce prince avait, obéissant à des raisons politiques, marié son fils et sa fille tous les deux contre leur vœu : le fils trouva le bonheur dans la rupture de son mariage, et la fille dans le maintien du sien.

Cependant, cette sortie du roi de Wurtemberg acheva de ruiner les espérances de la noblesse allemande. Quelques jours après, les députés, rassasiés de promesses sans perspective de réalisation, n'attendirent

---

(1) On sait quelle femme admirable fut la Reine Catherine.

pas qu'on les éconduisît tout à fait, et quittèrent aussi la capitale de l'Autriche. On ne leur épargna pas les épigrammes qui accompagnent ordinairement l'insuccès : on mit leur départ sur le compte de leurs finances épuisées ; le lendemain on n'enparla plus.

Tous les esprits étaient en émoi par l'annonce d'une fête nouvelle : il s'agissait d'une partie de traîneaux. La neige, dont une couche assez épaisse couvrait la terre, et le froid vif qui se soutenait depuis quelques jours, avaient fait naître l'idée de ce divertissement emprunté au rigoureux climat de Pétersbourg et de Moscou. La cour autrichienne faisait d'immenses préparatifs, et devait y déployer une magnificence destinée à rappeler les pompes du carrousel impérial.

En attendant que les apprêts fussent terminés, les plaisirs annoncés pour le mois de janvier se succédaient chaque jour. Les fêtes que les discussions devaient, disait-on, faire languir, étaient plus brillantes, plus joyeuses que jamais. A cette époque, lord Castlereagh donna un grand bal d'apparat. A Vienne, toutes les réunions avaient leur cachet : généralement les bals particuliers donnés par les hauts personnages diplomatiques, quoique taillés sur le même patron, ne présentaient pas la même physionomie, ni les mêmes scènes. On eût pu nommer, par exemple, celui de milord un bal de vanité ; car s'il était somptueux, il était sérieux comme l'orgueil et froid comme la prétention. Oui, on eût dit que l'orgueil et la prétention que milady avait, au carrousel, attachés sur son front avec l'ordre de la Jarretière de son mari, l'avaient suivie dans les salons dorés, parfumés et brillantés de son hôtel. La somptuosité du souper ne put réchauffer le glacial de cette soirée. Quant à milord, selon son habitude, au milieu de toutes ces fêtes si animées, où tout était enivrement et plaisir, il paraissait préoccupé et profondément soucieux. Lors même que Sa Seigneurie dansait, on eût dit que, par les mouvements si rapides d'une gigue ou d'un rit écossais, elle semblait vouloir se dérober aux graves pensées qui l'oppressaient

Lord Castlereagh songeait-il à fuir les désappointements d'une politique insidieuse et avortée? méditait-il déjà la dernière scène du drame politique de sa vie, lorsque le stoïcisme de Caton, joint aux sombres effets du spleen, le fit échapper par un suicide à de tardifs et importuns regrets? C'est un point que l'histoire n'a pas encore éclairci.

CHAPITRE XIV.

Quelques originaux au Congrès. — M. Aïdé. — Bon mot du prince de Ligne. — Mme Pratazoff. — M. Foneron. — Le vieux juif. — Sa noblesse et sa morale. — M. Raily. — Ses dîners et ses convives. — M. O'Bearn. — Les deux ducs. — La fin d'un joueur. — Bal à l'*Apollo sall*. — Les Souverains incognito. — Zibin et le Roi de Prusse — Charles de Rechberg et le Roi de Bavière. — Le menuet. — Le Roi de Danemark. — Récit du bombardement de Copenhague. — La leçon d'allemand.

Cette scène unique du Congrès semblait un composé de mille tableaux divers formant un tableau général. Chacun des acteurs était un roman complet, et la vie de la plupart eût pu faire de longs poèmes. Les originaux ne manquaient pas, comme on le pense bien, dans ce pêle-mêle de bigarrures : leur présence n'était pas une des moindres singularités.

Au nombre de ces types que n'ont pu oublier les hôtes de Vienne, figurait en première ligne un M. Aïdé. C'était un de ces cosmopolites auxquels beaucoup d'assurance tient lieu de recommandation et de généalogie. Son existence était un problème et sa fortune une énigme. Né à Smyrne, il était venu jadis fort jeune à Vienne. Son costume oriental et le titre de prince du Liban dont il s'affublait l'avaient à cette époque fait remarquer. Lors du Congrès, un peu plus modeste, il avait mis bas et la principauté et l'habit musulman. On le voyait partout: pas un salon, pas une réunion dont il ne fût l'hôte obligé. Du reste, fort accommodant sur les sociétés, n'épousant aucune des querelles ni des affections du moment, vivant également bien dans tous les camps, entre tous les partis. On remarquait cependant qu'il fréquentait plus particulièrement la maison de lord Castlereagh, qui semblait le protéger par égard pour son secrétaire intime. Des intérêts de commerce les avaient, disait-on, réunis jadis à Smyrne.

La manie de cet original était de se faire présenter. Un nouvel arrivant ouvrait-il son salon, l'idée fixe de M. Aïdé était de trouver un introducteur qui lui en facilitât l'entrée. Souvent il s'adressait à des personnes qu'il connaissait à peine. Sa tenacité ne se rebutait jamais. Le prince de Ligne, dont il avait cent fois mis l'obligeance à contribution, finit pourtant par s'impatienter de ces présentations multipliées; et un jour que l'obstiné Grec revenait sans pudeur à la charge :

« Je vous présente, dit-il, un homme très présenté et très peu présentable. »

L'excellent prince disait que souvent il s'était repenti de ce qu'il appelait ce très mauvais bon mot. L'épigramme fut répétée et mit M. Aïdé à une sorte de mode, sans le refroidir sur le chapitre des présentations. Quelques années après le Congrès, voyageant en Angleterre, les manières élégantes qu'il avait acquises par la fréquentation de la bonne compagnie où il avait été si souvent présenté, captivèrent, aux eaux de Cheltenham, le cœur d'une jeune personne fort riche qu'il épousa. L'incertitude de son sort semblait fixée enfin, lorsque, pour un sujet frivole, une présentation, assura-t-on, il se prit de querelle avec le jeune marquis de B*** dans un bal chez M. Hope. Un duel s'ensuivit : M. Aïdé fut tué sur la place.

Une individualité non moins curieuse, surtout pour les souvenirs qu'elle rappelait, était la vieille comtesse Pratazoff, cette favorite de Catherine II, et qui avait jadis rempli auprès d'elle une charge d'intimité que les Anglais nommeraient « inexpressible ». A Vienne, on la citait comme une célébrité. C'est au prince de Ligne que je dus encore de voir cette physionomie du siècle passé. « Notre connaissance date de loin, me disait-il un jour en me conduisant chez elle : car elle était aussi de ce fabuleux voyage en Crimée, non pas, je pense, par raison d'*en cas*, mais parce que l'impératrice s'était fait de son esprit et de sa conversation une habitude dont elle ne pouvait se passer : la faveur chez les rois tient à si peu de chose ! Ne croyez pas, ajouta-t-il en riant, que je regarde comme peu de chose la charge dont elle était revêtue. L'amour, en se voilant les yeux, répondrait qu'elle est fort significative et souvent nécessaire. »

L'amie de l'impératrice s'était sans façon établie à l'auberge. En entrant dans le salon, je vis, assise sur un sofa, une prodigieuse masse qui le remplissait de tout son volume. A la quantité de joyaux dont elle était chargée, on eût pu se figurer une idole indienne. Sur sa tête, au cou, aux bras, brillaient des diadèmes, des bracelets, des colliers de diamants, des portraits enrichis de pierreries : d'immenses girandoles pendues aux oreilles se jouaient jusque sur les épaules. Cette boutique de joaillerie me parut avoir soixante et dix ans.

A notre arrivée, elle voulut se lever, mais elle retomba aussitôt sur son sofa. Elle prit le prince par la main, et lui fit, non sans efforts, une place auprès d'elle. S'apercevant que je le suivais, elle m'adressa de ces phrases polies et mignardes dont les Russes de son temps connaissaient si bien le vocabulaire. La conversation s'engagea ensuite sur le beau temps évanoui des féeries de l'Ermitage. On déifia le passé, on médit du présent. Mais le plus curieux de cette heure de visite fut que le prince, oubliant les trente ans écoulés depuis le voyage de Crimée, se mit à traiter en jeune fille cette énorme douairière, ne l'appelant que *petite* et *mon enfant*. Quant à la comtesse, elle acceptait ce persiflage en minaudant avec le sérieux le plus comique.

Nous la quittâmes enfin : j'allai inscrire sur mes tablettes le portrait de cette marionnette qui venait montrer à l'Europe de Vienne le spectacle de sa vieille personne, de ses vieilles parures et de ses vieilles prétentions.

Un autre original était un Anglais nommé Foneron. Longtemps banquier à Livourne, il y avait amassé une grande fortune, et était venu vivre en Autriche. Aussi bossu qu'Esope, aussi prévoyant que le Phrygien, et doué d'un cœur sensible, il avait calculé tous les inconvénients d'une union avec une femme à la taille de circassienne. Dans cette sage prévision, il avait cherché et trouvé une jeune personne de la figure la plus ravissante, mais plus contrefaite encore que lui-même. Il offrit sa main : elle fut acceptée, car la jeune fille était pauvre. Le mariage eut lieu. Quoique fait secrètement, il n'eut encore que trop de témoins. Jamais couple, en vérité, ne fut plus bizarrement assorti. Mais partout on a de l'indulgence pour les amphytrions.

Or, malgré les brocards sur sa taille et sur celle de sa compagne, M. Foneron mettait sa gloire et son bonheur à donner, lors du Congrès, les plus excellents dîners. Il est peu d'étrangers qui, admis à cette table somptueuse, n'aient gardé la mémoire des repas du vendredi et des biftecks classiques qu'on y servait. On eût pu nommer M. Foneron le cuisinier du Congrès. Dans cette foule innombrable de prétendants, de solliciteurs, il ne réclamait rien, ni indemnité, ni titres, ni cordons. Ses titres, ses cordons, c'étaient ses dîners. Son unique ambition eût été de présider le *beef-steak's club* de Londres.

A l'une de ces réceptions, j'avais rencontré M. Ank***, juif de nation, et qui ne démentait pas l'instinct de sa race pour l'or. Il en avait énormément : il en était littéralement cousu. Mais sa réputation d'avarice égalait sa réputation d'opulence. Il lui prit en fantaisie de m'inviter à déjeuner. Curieux de voir s'il était vrai que rien ne fût plus fastueux qu'un avare, j'acceptai.

Son appartement avait quelque chose de cette exiguïté proprette qui vous pénètre et vous glace. Peu de feu ; point de tapis ; quelques meubles rares et usés. Le déjeuner fut à l'avenant. Pour me contraindre sans doute à faire pénitence de tous les festins dont on était saturé, il m'offrit uniquement un peu d'eau noire qu'il appela du chocolat. Quand j'eus avalé courageusement ce brouet lacédémonien, il se mit à me montrer ses richesses artistiques. M. Ank*** était numismane : il avait une des plus riches et des plus complètes collections de médailles qui fût à Vienne, rivalisant avec celle si célèbre du comte Vitzay. Je vis ensuite quelques tableaux assez beaux, puis un vrai fouillis de bric-à-brac qu'il réunissait moins par amour de l'art que dans une idée de lucre ; car il mettait à toutes ces vieilleries une valeur follement exagérée.

J'avais accepté le chocolat ; je l'avais bu ; je continuai donc à avaler le calice. Quand il m'eut tout montré, il tira d'une armoire en fer un carton rempli entièrement d'effets à ordre, de lettres de change et de billets de caisse. Il y en avait pour une somme immense.

« Là-dedans, me dit-il, ne sont pas des titres de parchemin, ni des blasons écussonnés, mais des lettres de noblesse qui font pâlir toutes les aristocraties, et qui ne dérogent jamais. Là, point de mésalliance, point de tache d'or. L'or, depuis que sa première parcelle a été épurée par le feu, est la seule généalogie toujours pure, toujours fière, toujours brillante. Trouvez-moi une noblesse qui lutte de quartiers et d'hommages avec celle-là, je me prosterne devant elle. »

Et il caressait ses billets, il en agitait les feuillets de manière à me prouver quel était l'énorme total de cette noblesse à échéance et de ce blason au porteur.

« Avec cela, continua-t-il, le monde est un immense paradis où nul fruit n'est défendu. Quoi qu'en disent les moralistes à la façon de Sénèque, voilà le mobile de toutes les vertus ; voilà aussi le mobile de tous les plaisirs. Oui, j'ai là tout, sans trouble, sans embarras, sans remords, tout depuis le palais le plus somptueux, les équipages les plus riches, les repas les plus exquis, jusqu'à la femme la plus belle. »

En disant ces mots, il étreignait son carton plus étroitement que le vieillard ne serre sa bourse dans la *Scène du Déluge*, de Girodet.

« Assez, assez, monsieur Ank***, lui dis-je ; non seulement vous anéantissez la vertu, mais vous justifieriez le crime. Pourquoi un brigand ne s'excuserait-il pas de vous tuer, en disant qu'il veut juger, lui aussi, si la réalité que lui procurerait votre or ne vaudrait pas toutes vos illusions ? »

J'eus assez, comme on le pense bien, de l'homme, de

son déjeuner, de sa morale et de son carton. Je le quittai, me promettant bien de ne plus le revoir.

Un autre Anglais, qui disputait alors à M. Foneron l'honneur de traiter les étrangers et ses compatriotes, était M. Raily. Grâce à sa prodigieuse dépense, il devait l'emporter bientôt, au dire de quelques personnes, sur l'exquise confortabilité des *family dinners* de son rival. Peu soucieux d'augmenter le nombre de ses convives, j'avais constamment négligé toutes les occasions de me procurer des invitations dont M. Raily n'était pas avare.

« Je veux te le faire connaître, me disait un jour Griffiths, un observateur doit tout voir et tout étudier. M. Raily, ainsi que plusieurs autres originaux, figurera très bien dans tes souvenirs, au moins par le mérite de la variété. »

Je me laissai entraîner. Pendant le trajet, je questionnai Griffiths et lui demandai quelques détails sur le personnage que nous allions visiter.

« M. Raily, me dit-il, me paraît être un de ces individus mystérieux et singuliers à la manière du comte de Saint-Germain (1) et de Cagliostro, qui vivent de tout, excepté de leurs revenus. Quand tu l'auras vu, je me réserve de te donner de lui une plus complète biographie. Je l'ai rencontré partout, dans mes divers voyages, toujours déployant un faste qui exige de grandes richesses ou d'habiles moyens de s'en procurer. Je l'ai d'abord vu dans l'Inde, chez milord Cornwallis ; depuis, je l'ai retrouvé à Hambourg, en Suède, à Moscou, à Paris lors de la paix d'Amiens ; il arrivait, me dit-il, de Madrid. Enfin, le voici à Vienne où son luxe écrase les plus opulents. On dirait qu'il veut en

---

(1) Le comte de Saint-Germain se prétendait âgé de deux mille ans, et trouvait des gens assez simples pour le croire. Un jour, à table, se tournant vers son valet :

« Ne trouves-tu pas, lui dit-il, que monsieur, en lui désignant un des convives, a une grande ressemblance avec Jésus-Christ ?

— J'en demande pardon à Votre Excellence, lui répondit l'impudent valet, mais il n'y a que trois cents ans que j'ai l'honneur d'être à son service. » *(Note de l'Auteur.)*

faire oublier l'origine. Ses dîners sont fort recherchés et ses invités du plus haut rang ; car il prise surtout les titres et qualités chez ses convives. Un duc assis à sa table le fait épanouir d'aise ; une excellence le ravit ; une altesse royale le met au comble du bonheur : si l'étiquette permettait aux majestés d'y venir, il en perdrait, je crois, la raison. Tu en jugeras ; car je ne doute pas qu'il ne nous invite, ne fût-ce que par ostentation. »

M. Raily avait établi sa résidence temporaire dans le magnifique hôtel du comte de Rosemberg. Il nous reçut avec une politesse affectée, commune à tous les hommes qui ne sont pas affables par un instinct particulier ou par une habitude constante de mœurs. Il mit une extrême importance à nous parler de sa maison, de ses meubles, de ses équipages, de ses domestiques ; passant à ses dîners, il énuméra les altesses, les hommes célèbres qu'il y invitait, et finit par nous dire, ainsi que Griffiths l'avait prévu :

« Si vous vouliez bien, messieurs, excuser une trop courte invitation, je vous prierais de me faire l'honneur de dîner aujourd'hui chez moi, avec les princes héréditaires de Bavière et de Wurtemberg, le grand-duc de Bade, l'amiral Sidney Smith, plusieurs ambassadeurs et chargés d'affaires, et d'autres personnes de distinction qui sont sans doute de votre connaissance. »

Certain que le tableau de cette réunion serait piquant, Griffiths se hâta d'accepter ; et nous laissâmes l'heureux maître de maison vaquer aux apprêts de son sérénissime banquet.

A six heures, nous étions introduits de nouveau dans ses magnifiques appartements. Bientôt après, on annonça le dîner. La table était dressée dans une longue galerie, au bout de laquelle s'élevait en gradins un buffet à la mode anglaise. L'argenterie, le vermeil, les cristaux disposés en profusion par étages, témoignaient plutôt de l'opulence compacte que du goût délicat. L'amphitryon tout radieux fit mettre à sa droite le prince royal de Bavière, et le prince royal de Wurtemberg à sa gauche; puis, altesses, généraux, ministres, etc., se placèrent comme ils le jugèrent bon. Quant à moi, un heureux hasard me fit asseoir à côté de l'amiral Sidney Smith. Sa conversation intéressante, où se retraçaient tous les faits dont il avait été le témoin depuis vingt-cinq ans, venait fort à propos pour rompre la monotonie du banquet.

Il était difficile d'imaginer un repas plus somptueux : cependant, malgré l'abondance et la recherche des mets, la finesse des vins, la profusion de tout, les heures paraissaient lentes et les convives impatients d'en finir. Personne n'avait pris la tâche d'animer ou de généraliser la conversation. La plupart des personnages éminents, que la curiosité ou l'importunité avaient réunis autour de cette table, semblaient gênés de leur position. Quant à M. Raily, il était persuadé qu'un repas auquel assistaient presque exclusivement des princes, des diplomates, des grands seigneurs, devait être nécessairement la première chose du monde.

On passa ensuite dans le salon où l'on servit le café et les glaces. Suivant un usage russe, que sans doute M. Raily avait rapporté de Moscou, plusieurs tables étaient couvertes de bijoux, d'objets précieux et de brillantes bagatelles des divers pays qu'il avait parcourus, ce qui donnait à cette pièce plutôt l'aspect d'une boutique à l'encan que d'un appartement de bonne compagnie. Un nombreux orchestre se mit en devoir d'exécuter un concert; mais le charme de la musique ne put parvenir à combattre l'ennui et la gêne qui s'étaient impatronisés dans ces salons. A neuf heures, on avait quitté la table ; avant dix heures, tous ces nobles hôtes avaient quitté M. Raily.

Dans un salon écarté, l'on avait dressé quelques tables de whist qui occupèrent les plus embarrassés de leur contenance. Un petit groupe entoura un vieillard sec, à l'œil vif, d'une assez grande taille, droit encore. C'était M. O'Bearn, qui naguère avait passé pour le premier et était probablement le plus ancien joueur de l'Europe. Il avait fait du jeu l'occupation de sa vie, sa profession ; il en avait vécu et en vivait encore. Il prenait plaisir à conter quelques-unes des aventures de jeu, et y mettait le plus désespérant accent irlandais qui fut jamais ; en voici une entre autres :

« Depuis longtemps, nous dit-il, le duc de H*** désirait jouer avec moi. Je ne me fis pas prier pour lui procurer cette petite satisfaction. Il choisit le piquet : nous commençâmes la partie à neuf heures du soir, et le lendemain, quand le soleil parut, je gagnais à Sa Seigneurerie plus d'or que son père n'en avait amassé dans son gouvernement général de l'Inde. Après le dernier coup qui était d'une somme énorme et qu'il perdit encore, le duc se leva et me dit :

« M. O'Bearn, je doute que ma fortune entière puisse vous payer ce que je perds. Je vais vous envoyer mon intendant. Il comptera avec vous et vous remettra les titres de mes propriétés.

— Très bien, milord, lui répliquai-je ; ces paroles sont d'un homme d'honneur. Mais ne croyez pas que je me laisserai gagner en procédés : il ne sera pas dit que j'aurai réduit à la besace un des plus beaux noms de notre Chambre Haute. Comme il n'est pas juste non plus que j'aie passé une nuit blanche sans résultat, ce qui est peu ma coutume, permettez que je fasse venir un prêtre et un notaire. Devant le prêtre, vous allez jurer que vous ne toucherez jamais une carte de votre vie, et le notaire dressera un acte par lequel vous me constituerez une rente viagère de mille livres sterling.

« Je n'ai pas besoin de vous dire, ajoutait le vieux joueur, que ces conditions furent acceptées et religieusement remplies. Jamais, depuis lors, le duc de H*** n'a joué, et voici un demi-siècle que je touche scrupuleusement les arrérages de ma rente. »

Un autre trait que nous contait ce vétéran du tapis vert n'est pas moins caractéristique :

« Peu de temps avant la Révolution, continua M. O'Bearn, j'étais venu à Paris. Je logeais comme de coutume à l'hôtel d'Angleterre. On y jouait à cette époque assez gros jeu. Le soir de mon arrivée, je descendis au salon ; les tables étaient dressées ; je m'assieds près de l'une. Deux messieurs jouaient au piquet. Le duc de Gramont, qui était alors le roi de la mode, le type de l'élégance et de la prodigalité, vient s'asseoir précisément en face moi. Il me regarde et se prend tout à coup à dire avec ou sans intention :

« On nous parle beaucoup de ces Anglais qui risquent des sommes énormes soit au jeu, soit dans les paris. Ici, nous n'en voyons jamais de ces Anglais-là.

« Je ne réponds rien. Quelques instants après, un coup douteux se présente.

« Je parierais bien pour monsieur, dit le duc en désignant un des joueurs.

« — Et moi, dis-je aussitôt en montrant l'autre, je parie pour monsieur huit mille livres sterling (200,000 francs).

« — Combien, monsieur, avez-vous dit ?

« — J'ai dit que je parierais huit mille livres sterling.

Le duc, après ce qu'il avait dit, ne pouvait reculer.

— C'est tenu, monsieur, me répond-il.

Le coup se joue ; le duc perd. Il se lève et vient à moi.

« Milord, me dit-il.

— Je ne suis point milord : je suis master O'Bearn, que désirez-vous ?

— Je ne pourrai peut-être pas vous acquitter sur-le-champ une somme aussi considérable.

— C'est assez, monsieur, je vous accorde tout le temps que vous voudrez. Mais sachez que, quand je joue, j'ai toujours l'argent dans ma valise.

Peu de temps après, il me paya, et fut sans doute un peu moins prompt à parler sur les Anglais. Quant à moi, j'ai toujours été fort enchanté d'avoir donné une bonne leçon au duc de Gramont. »

Cependant, toutes les tables de jeu furent bientôt abandonnées. Le petit nombre d'auditeurs qui s'était groupé autour de M. O'Bearn prit congé sous divers prétextes. Nous nous échappâmes, inaperçus, nous demandant comment on pouvait prodiguer tant de peines et dépenser tant d'argent pour arriver à un résultat aussi complètement nul. Chaque membre de cette réunion avait eu l'air de se demander pendant et après : « Comment et pourquoi sommes-nous ici ? »

« Eh bien, l'as-tu deviné ? me dit Griffiths en sortant. Cet homme dont l'opulence t'étonne ici même, où tout est luxe et somptuosité, cet homme est un joueur. Nous avons encore en Angleterre quelques échantillons de ces caractères du siècle dernier. Depuis que Charles II avait légué à son peuple le funeste engouement du jeu, être joueur était pour ainsi dire une position avouée. Tu sais tout ce qu'on a dit de la jeunesse du prince de Galles, de sa passion pour le jeu, passion qui eut pour lui de si terribles conséquences. La plus déplorable fut de réunir autour de sa personne royale des gens qu'on eût à peine osé saluer hors des salons de Carlton-House. Il suffisait d'être joueur, ce qu'on nommait beau joueur, pour que les portes de la résidence royale vous fussent ouvertes. Ces messieurs, après les tournées qu'ils faisaient chaque année en Angleterre aussi régulièrement que les magistrats à chaque session, prenaient d'ordinaire leur essor pour leurs tournées européennes. Ils en rapportaient d'immenses moissons. De ce nombre étaient M. Raily et son convive M. O'Bearn.

« M. Raily est né à Bath, cette ville si fréquentée par toutes nos sommités. Entré dans le monde avec peu de fortune, il prit d'abord pour modèle son devancier dans cette carrière, un certain M. Nash. Cet autre personnage qu'on appelait le beau Nash fut pendant quarante ans le régulateur de la mode à Bath. Son autorité dans ce genre était sans bornes et ses jugements sans appel. Enfin, on l'avait surnommé le roi de Bath. A l'exemple de son maître, M. Raily se posa comme le prince des salons et des boudoirs. Mais bientôt, lassé de n'être le héros que d'aventures galantes, il se mit à en chercher de plus fructueuses. De sa ville natale, il passa aux capitales des trois royaumes, puis à celles de l'Europe.

Il sut les exploiter fort heureusement. Maintenant il revient de Pétersbourg : il en a rapporté ces morceaux de vaisselle plate, cette profusion de perles et de diamants qui le font ressembler à un joaillier, et de plus, assure-t-on, un crédit d'un million de florins, chez le banquier Arnstein. En vérité, tout cela est fabuleux. Puisse-t-il ne pas justifier tôt ou tard le proverbe anglais qui dit : Celui qui veut faire fortune dans un mois est ordinairement pendu la première semaine ! »

Étranges vicissitudes du jeu ! trois ans ne s'étaient pas écoulés que je retrouvai M. Raily à Paris. Toute cette opulence s'était évanouie. Aux brillantes illusions d'un moment avait succédé la plus sombre réalité. Il se présenta chez moi non plus avec cet aplomb que donne la fortune, mais avec l'air humble d'un solliciteur à jeun. Je l'eus à peine interrogé sur sa vie à Paris, que, sans périphrase, sans détour, il me répondit :

« Je n'ai plus rien : meubles, argenterie, diamants, votre infernal salon des Étrangers a tout englouti. »

Il me décrivit alors avec désespoir ces révolutions du sort, si communes pourtant dans la vie d'un joueur.

« J'ai tout épuisé, dit-il en terminant ; voyez-vous ce bracelet ? ce sont les cheveux de ma femme bien-aimée. Il eût suivi le reste, si vos prêteurs sur gage eussent voulu m'en donner un écu.

— Eh ! monsieur Raily, pourquoi ne vous adressez-vous pas à toutes ces illustrations que vous traitiez si magnifiquement à Vienne ?

— Je l'ai fait : je n'ai reçu aucune réponse. »

Je le priai d'accepter quelques secours. Peu d'années après, je sus que cet homme, dont le faste avait étonné Vienne même à l'époque du Congrès, et chez qui les rois avaient mangé, était mort de faim.

Depuis son aventure de jeu, je voyais fréquemment Z...ski (1). Il semblait que le désastre éprouvé par ce jeune homme et les efforts que j'avais tentés pour en

(1) Zawadowski.

prévenir les suites m'eussent rapproché de lui. Après un dîner que nous avions fait ensemble à l'auberge de l'Impératrice d'Autriche, il me proposa de le suivre à un bal qui s'était ouvert, depuis quelque temps déjà, dans un magnifique local appelé le Salon d'Apollon. J'acceptai, et nous nous rendîmes à ce temple du plaisir.

Ce qu'on créait alors à Vienne avait une empreinte de grandeur digne du temps et des hôtes qu'on désirait y fêter. Néanmoins, pour donner une idée exacte de cet établissement unique, il faudrait reproduire en entier l'un des plus brillants chapitres de ces contes arabes qui ont tant émerveillé notre enfance. L'*Apollo Sall*, œuvre de M. Moreau, architecte français, est sans contredit un des monuments les plus curieux de la capitale de l'Autriche. L'extérieur est d'un goût noble. A l'intérieur, dans un local immense, on trouvait les salons somptueux d'un palais, les bosquets d'un jardin. D'un kiosque turc aux vives couleurs on passait à la hutte d'un Lapon. Ici des allées bordées d'un frais gazon, plantées de rosiers et d'arbustes odoriférants, présentaient la plus riante variété. Au centre de la salle du souper s'élevait un rocher immense, d'où s'échappaient, parmi des fleurs, des cascades d'une eau vive, retombant dans des bassins remplis de poissons. Tous les styles d'architecture se disputaient la décoration de cette enceinte : le moresque bizarre, le grec si pur, le gothique découpé. Tout ce qui pouvait enfin multiplier ou varier les jouissances du regard s'y trouvait réuni. Ici le scintillement des bougies sur mille lustres de cristaux coloriés ; plus loin, la douce clarté de lampes d'albâtre, imitant l'astre paisible de la nuit, répandaient dans cette salle les teintes lumineuses appropriées à chaque destination. Et tandis que les rigueurs de l'hiver couvraient de neige la terre d'alentour, on y goûtait la tiède fraîcheur du printemps en respirant les parfums les plus suaves.

La foule était extrême quand nous entrâmes : on prétendait que le nombre des assistants s'élevait au moins à huit ou dix mille personnes. Dans toutes les réunions du Congrès, je n'avais pas encore vu, je l'avoue, un assemblage à la fois plus brillant et plus bizarre : c'était un aspect vraiment unique, un monde en miniature.

Peu à peu chacun trouva à se caser selon son goût dans cette foule immense. Le contenu ne sembla bientôt plus en disproportion avec le contenant, et l'on put circuler à peu près librement.

La première personne que j'aperçus fut Zibin, qui se promenait avec le roi de Prusse. Zibin était traité si familièrement par Sa Majesté que, comme il est très petit, et que le roi était très grand, ce dernier lui tenait exactement la tête sous le bras. Malgré la gêne de cette position, mon jeune courtisan en paraissait flatté à un tel point, qu'il ne l'eût sans doute pas changée contre les coussins du plus moelleux sofa de l'Orient.

Entraîné par les rencontres qu'il avait faites, mon compagnon m'avait quitté depuis quelque temps. Dans cette solitude bruyante je cherchais un ami qui doublât mon plaisir en le partageant. Un heureux hasard me fit rencontrer presque à la fois le général Tettenborn et le prince Philippe de Hesse-Hombourg. Mon cœur était toujours à l'aise avec eux. Nous nous mîmes à parcourir ensemble tous les détails qu'offrait cette somptueuse enceinte. Nous nous assîmes ensuite sous le péristyle à l'entrée des salons, pour pouvoir guetter les nouveaux arrivants : de ce nombre furent presque tous les souverains.

Cette liberté attachée à leur incognito dans les bals publics, les leur faisait vivement préférer à la cérémonieuse étiquette des bals de cour. Aussi, dans toutes ces réunions publiques, les monarques, plus communicatifs, semblaient-ils même reconnaissants de ce qu'on voulait bien oublier les distances.

Le roi de Bavière arriva un des derniers. Il était accompagné des deux princes ses fils, et suivi du comte Charles de Rechberg, son chambellan. Rechberg nous aperçut, et quittant un moment Sa Majesté, il accourut vers nous. Mais comme son service ne lui permettait pas de s'éloigner pour longtemps, il nous pressait de souper avec lui, dès que le roi se serait retiré, et fortifiait son invitation de toutes ces petites phrases d'amitié qui excluent un refus. Aux derniers mots de son affectueuse péroraison, voilà qu'il se sent doucement pincer l'oreille, et qu'une voix très peu courroucée lui dit :

« Allons, allons, coureur, pourquoi donc m'abandonnez-vous là ? »

Il se retourne : le tireur d'oreille était Maximilien-Joseph. Nous nous levons aussitôt.

« Ne bougez pas, Messieurs, nous dit cet excellent prince, avec ce ton de bonté qui lui était si familier. N'importe où je vais, je n'ai pas plutôt tourné la tête que, zeste, Monsieur a disparu, et qu'il me faut faire l'office de crieur public pour le rappeler. »

Rechberg s'excusa sur notre rencontre inattendue, et n'eut pas de peine à se faire pardonner. Il était facile de voir, par le ton de la remontrance et la correction même qui l'accompagnait, combien il possédait l'affection de son souverain.

Placé en face de la porte, je vis entrer le comte de Witt qui aussitôt vint à moi.

« Puisque vous m'avez précédé ici, dit-il, vous allez m'y servir d'introducteur.

— Bien volontiers. »

Et, comme j'avais plusieurs fois fait le tour de ces salles, je le guidai partout.

« Ce spectacle enchanteur et varié, disait-il, ne rappelle-t-il pas les fêtes que l'impératrice Catherine donnait lors des glorieux événements de son règne, et dont le récit est encore dans la bouche de ma mère ?

— Ah ! plutôt, parlez des fêtes si ravissantes qu'elle-même ordonnait dans son palais de Tulczim, fêtes dont elle était l'âme et le plus bel ornement. Que parfois on trouve, mon cher comte, dans les résidences des rois ce faste éblouissant des cours, on le conçoit ; mais que dans une campagne de l'Ukraine on rencontre un palais de Rome antique, les jardins de Babylone, le goût de

Versailles s'alliant aux recherches les plus exquises du luxe, voilà ce qu'on a peine à croire ; voilà pourtant ce qui se groupait à Tulczim autour de votre mère, de cette ravissante création de la Grèce, de cette fille des contrées brûlantes où naquit Aspasie, où Junon sortit du ciseau de Scopas. Voilà ce que rappellent, sans l'effacer, tous les prodiges qui se voient à Vienne. »

Dans un quinconce chinois, où était dressé un billard, nous trouvâmes le roi de Danemark accompagné d'un seul chambellan. Alexandre Ypsilanti m'aperçut et s'approcha en prononçant mon nom à haute voix. A ce nom, le roi se retourna et me reconnut sur-le-champ, quoique je ne l'eusse pas vu depuis l'époque où il n'était que prince royal.

« Avez-vous appris l'allemand, me demanda ce prince en souriant, depuis votre départ de Copenhague?

— Non, sire, mais je n'ai pas oublié la brève leçon que Votre Majesté a bien voulu me donner. »

Il s'informa alors de ma famille avec le plus vif intérêt, me demanda si elle était en France, et entra dans des détails qui me prouvèrent combien est grande chez les souverains la faculté du souvenir.

Il était impossible de réunir plus d'amabilité et de bonhomie, de gaieté sans familiarité avec une instruction plus solide. Ce prince faisait, pour captiver, tous les frais qu'on aurait pu attendre d'un courtisan qui veut plaire. Les années n'avaient apporté aucun changement à sa personne. Il était toujours très mince avec un visage très pâle, un très long nez et des cheveux d'un blond blanc qui ôtaient de l'expression à sa physionomie. C'était enfin cette même figure qui autrefois avait excité ma gaieté et mon effroi. Mais, en même temps, si ces traits me rappelaient une circonstance pénible de ma vie, ils me retraçaient aussi une époque mémorable, un acte de générosité et d'indulgence de ce noble cœur, qui le peindront mieux par un trait que le plus volumineux panégyrique.

Lorsque le roi de Danemark nous eut quittés :

« Qu'avez-vous donc voulu dire à Sa Majesté, me

demanda le comte de Witt, par sa première leçon d'allemand ? Quant à ce qu'il vous ait reconnu, comme s'il vous eût quitté depuis huit jours, n'en soyez pas surpris : les souverains ont tous de la mémoire.

— Le roi vient de me rappeler une circonstance dont le récit serait un peu long. Permettez-moi de le remettre à demain. »

Nous entrâmes dans la grande salle du bal où circulaient, confondus dans la foule, les rois, les généraux, les bourgeois, les hommes d'État, coudoyés par des artisans, agacés par des grisettes ; mais, nouveaux Almavivas, tous ces illustres personnages se trouvaient plus flattés des préférences de quelques naïves *Rosines*, que des œillades étudiées des coquettes expertes de la cour.

Zibin, qui avait dégagé sa tête de la glorieuse étreinte de l'étau royal de Sa Majesté Prussienne, vint nous rejoindre. Je lui fis compliment sur l'insigne bienveillance dont il avait été l'objet : il en paraissait fier.

« Pour la conserver, lui dis-je, n'oubliez pas les recommandations du prince de Ligne, de celui qui fut notre maître à tous. Soyez modéré dans vos éloges. On ne prend plus les rois avec des paroles. Il n'est qu'un certain air d'admiration dont ils aient encore de la peine à se défendre ; mais voilà tout. Des louanges à la Lauzun, répétait-il souvent, ne séduiraient pas nos modernes Louis XIV. »

De compagnie avec quelques majestés, nous contemplions les graves bourgeois de Vienne figurant le menuet obligé.

« Qui croirait, dit Zibin, que cette danse a pris naissance au village ? A voir sa lourde monotonie, on ne s'imaginerait pas que, dans son principe, elle fut fort gaie. Introduite à la cour, sa pétulance s'est changée en gravité ; maintenant elle est triste à mourir.

— Ah ! dit le comte de Witt, si l'incomparable prince de Ligne ne nous avait pas été enlevé, c'est lui qui nous rappellerait encore les menuets qu'il dansa au grand Trianon avec la charmante marquise de Coigny (1).

— Le prince de Ligne, reprit Zibin, a lui-même appelé le menuet *une grâce stupide*.

— Assurément, dis-je à mon tour, c'est avant de l'avoir dansé qu'il qualifiait ainsi le menuet. Je pense, comme vous, qu'on s'en acquittait un peu mieux jadis à la cour de France qu'on ne le fait aujourd'hui à Vienne. Croyez cependant que les anciennes traditions de la danse grave ne sont pas perdues sans retour.

— Mais où les retrouver? s'écria-t-on autour de moi.

— Eh bien, pour peu que cela vous plaise, je vais vous en faire juges. »

A ces mots, je m'approche de la jeune princesse de Hesse-Philippstadt que je venais d'apercevoir avec sa mère.

« Princesse, lui dis-je en lui présentant la main, faites-moi la grâce de m'aider à convaincre ces messieurs qu'on sait encore danser le menuet de cour. »

Elle accepte : Zibin me prête son chapeau d'uniforme. Me rappelant les leçons d'Abraham, qui avait aussi été le maître de danse de la jeune princesse, nous nous mettons à figurer avec assez de précision cette danse de caractère. Quant à ma charmante partenaire, par la souplesse et la grâce de ses pas, elle eût mérité qu'un autre don Juan d'Autriche partît en poste de Bruxelles et vînt incognito pour la voir danser, ainsi qu'il le fit au Louvre pour Marguerite de Bourgogne. Les éloges ne lui furent pas épargnés : et nos critiques furent obligés de convenir que l'antique menuet n'était pas encore détrôné.

Cependant, le comte de Rechberg, qui réunissait ses convives, me cherchait dans toutes les salles, ne se doutant pas que, champion improvisé, je soutenais, au milieu du salon principal, l'honneur de la danse

---

(1) Née de Conflans, celle qui fut aimée peut-être platoniquement de Lauzun. Sa fille épousa le général, depuis maréchal Sébastiani. Le prince de Ligne lui adressa, de Russie, de charmantes lettres qu'a publiées M. de Lescure. (Librairie des Bibliophiles.)

classique. Dès que j'eus reconduis la jeune princesse à sa mère, il nous entraîna dans la salle du souper. A la table voisine de la nôtre étaient assis le prince Koslowski, Alfred et Stanislas Potocki, quelques Russes attachés à l'empereur, et, plus loin, Nostiltz, Borel, Palfy, le prince Esterhazy. On se porta des santés, on fit assaut de bons mots : l'esprit pétillait comme le vin de Champagne.

Les deux princes de Bavière soupaient avec nous. Le hasard m'avait placé près du plus jeune, le prince Charles. Il est difficile d'avoir, au printemps de la vie, une plus charmante figure : mais loin d'en tirer vanité, il semblait dédaigner ce fragile avantage et n'ambitionner les suffrages que pour le mérite solide qu'il possédait au plus haut degré. Grâce au séjour que j'avais jadis fait à Munich, il m'était permis de lui parler d'événements et de personnes qui nous intéressaient également. Je lui rappelai ce terrible désastre qui avait plongé dans la désolation la capitale du roi son père, lorsque le pont de l'Isar fut emporté par les flots, circonstance mémorable où ce jeune prince avait donné des preuves si nobles de sang-froid et de courage. C'était le 12 septembre 1813, au retour d'une chasse où je l'avais accompagné, nous venions de traverser ce pont quelques instants auparavant. Tout à coup, une digue qui borde la rivière s'était rompue. Les débris avaient encombré son lit : les eaux s'étaient bientôt accrues dans une proportion effrayante. La curiosité avait porté les habitants en foule sur le pont pour en contempler les effets. Mais la crue de l'eau avait été si rapide que, ne trouvant plus d'écoulement sous les arches, sa force avait entraîné le pont tout entier et une grande partie des spectateurs qui le couvraient. N'écoutant que son amour de l'humanité, le prince Charles avait, au péril de ses jours, sauvé plusieurs infortunés que le courant allait engloutir. La reconnaissance et l'admiration publiques l'en avaient récompensé.

On parla de Vienne, de ses plaisirs, de ses fêtes

variées, des jolies femmes qui l'embellissaient, sujets intarissables de conversation.

« On nous comble de prévenances ici, me disait ce prince : c'est une féerie continuelle que ce séjour. On pourrait lui appliquer ce qu'une de vos spirituelles Françaises me disait de Paris : *C'est le lieu du monde où l'on peut le mieux se rassasier de plaisir.*

— Sans doute, prince, pour ceux à qui les distractions tiennent lieu de tout ; mais il faut aussi quelque chose pour le cœur, ne fût-ce que pour laisser reposer la tête.

— Ah ! depuis quand, à Vienne, est-il un cœur oisif ? N'ai-je pas ici toute ma famille avec moi ? que puis-je désirer de plus ?

— Quelqu'un qui est à Munich, prince... »

A ces mots, il se prit à rougir comme une jeune fille de seize ans.

Le prince royal, aujourd'hui roi de Bavière (1), était à côté du comte de Rechberg qui lui faisait de son mieux les honneurs du souper. Moins beau, moins brillant que son frère, le prince royal possédait une érudition profonde et variée. Il connaissait et cultivait les Muses. Aux nobles sentiments d'un prince appelé à gouverner les hommes, il joignait l'amour des arts, le goût des institutions utiles qui contribuent si puissamment à les rendre heureux. Monté sur le trône, il a su réaliser tout ce qu'avait promis sa jeunesse.

Avec de tels auxiliaires, Rechberg n'eut point de peine à égayer son souper. Avant de se séparer, les deux tables voisines se réunirent à la nôtre ; et comme les libations furent en proportion des convives nouveaux, le vin coulait à flots, les saillies se succédaient sans interruption. Enfin, à trois heures du matin, il fallut songer à la retraite.

Z...ki et moi nous nous étions perdus dans cette

---

(1) Sous le nom de Louis Ier (1825-1848). Il abdiqua alors et fut remplacé par son fils, Maximilien II. Le Roi Louis, qui encouragea beaucoup les arts et les artistes, venait fréquemment à Paris. Il est mort en 1868.

foule. Comme je traversais la salle du bal encore pleine de monde, je l'aperçus. Ainsi que moi, il avait trouvé un dédommagement. A son bras était une femme en domino, à la taille svelte et légère : leur conversation paraissait fort animée. Je lui envoyai de loin un salut d'adieu, et souhaitai que l'amour lui fît oublier les rigueurs de la fortune.

Enfin, ivre de vin, de gaieté et de plaisir, chacun regagna le temple des songes.

Le lendemain, le comte de Witt fut exact au rendez-vous.

« Expliquez-moi donc, je vous prie, ce que le roi de Danemark a voulu dire par vos progrès dans la langue allemande, et à quel événement se rattache votre connaissance ?

— Vous savez, lui répondis-je, que souvent un mot, un geste, une inflexion de voix nous rappellent subitement des scènes de notre vie qui semblaient disparues depuis longtemps de notre mémoire. Le passé renaît alors avec toutes ses couleurs ; les impressions qui sommeillaient se raniment, et telle en est la puissance, qu'on trouve une sorte de volupté à se retracer des époques douloureuses, des pertes cruelles : on en trouve jusque dans les larmes que leur souvenir nous arrache. Je l'ai éprouvé bien vivement hier.

Pendant le cours de la Révolution française, mon père avait constamment refusé d'émigrer. Proscrit, comme coupable de patriotisme et de dévouement, il n'avait pu dérober sa tête à l'échafaud qu'en se cachant dans la demeure d'un ami. Quand le délire de sang fût calmé, il crut pouvoir revendiquer une patrie qu'il n'avait jamais abandonnée. Mais porté encore sur les listes fatales, poursuivi par des haines aveugles et acharnées, proscrit de nouveau après le 18 fructidor, il fut obligé, pour échapper à une mort non moins terrible, de fuir.

De fuite en fuite, il m'entraîna avec lui jusqu'à Hambourg. Nous y éprouvâmes toutes les privations attachées à cet exil volontaire et précipité. Invités par le comte de Fersen à nous rendre en Suède, nous quittâmes la ville hanséatique, et, à travers les landes du Holstein, nous gagnâmes à pied Copenhague. Le peu de ressources que nous avions alors ne nous permettaient pas de faire autrement la route.

Mon père, à l'époque de son ministère aux affaires étrangères(1), avait connu très particulièrement à Paris le comte de Lowendahl. Ce seigneur nous reçut en Danemark avec une grande bienveillance. Jadis mon père, dans ses relations avec le Danemark, avait pu être agréable à cette cour ; il s'en fit un titre pour solliciter du prince royal quelques secours pécuniaires que réclamait bien impérieusement notre position. Le comte s'offrit de me présenter à Son Altesse et d'appuyer notre requête de tout son pouvoir. La veille du jour où, par son entremise, cette audience du prince m'était accordée, je me promenais seul dans le parc de la résidence royale de Fredericksberg. Au détour d'une allée écartée, j'aperçois un jeune homme vêtu d'un habit gris clair, sautillant en marchant, portant un parapluie sous le bras, et donnant l'autre bras à une très jolie personne. La figure de ce jeune homme me paraît si étrange, qu'avec toute la légèreté française que ne tempérait guère une gaieté d'écolier, je m'arrête pour le contempler à mon aise. Aussitôt un rire, dont je ne puis modérer les éclats, l'instruit de l'effet que sa vue produisait sur moi. J'aurais dû facilement voir, au regard très courroucé qu'il me lançait, combien le choquait cet impertinent examen ; mais, plus sa figure exprimait de colère, plus elle me paraissait grotesque, et mon insolente gaieté ne cessa que lorsque je l'eus entièrement perdu de vue.

Le lendemain, sur la recommandation du comte de Lowendahl, je fus reçu au palais. Les gardes de la porte me laissèrent passer, et bientôt, au travers d'une

(1) Le marquis de Chambonas, on l'a vu dans la préface, fut un instant ministre des affaires étrangères de Louis XVI, en juin 1792, en remplacement de Dumouriez ; dénoncé à la Tribune comme ayant caché la marche des troupes prussiennes, il quitta le ministère à la fin de juillet.

longue suite de galeries resplendissantes du faste de l'ancienne cour, je parvins jusqu'à une portière de velours qui donnait entrée dans un dernier salon. Un page de service m'introduisit dans la salle du trône attenante au cabinet du prince : et là, mon placet à la main, j'attendais qu'il plût à Son Altesse de m'admettre en sa présence. Bientôt les portes s'ouvrent : un chambellan sort et prononce mon nom. Je m'avance ; de la main, très poliment, il me fait signe d'entrer. Tout à coup j'aperçois debout, dans le fond de la pièce, le jeune homme que la veille j'avais si outrageusement offensé. Je reconnais ses traits, son habit gris : mais à l'étoile brodée sur sa poitrine, à son large cordon bleu en sautoir, je ne puis plus douter que ce ne soit le prince royal de Danemark. Je vous laisse à penser quelle dut être ma frayeur. Frappé d'effroi comme si j'eusse mis le pied sur un serpent, je me rappelle et mon rire hors de propos et le courroux qu'il avait excité. Immobile, indécis, ne sachant plus si je dois avancer ou fuir, il me semble voir fondre sur moi tous les châtiments que n'avait que trop mérités mon imprudente gaieté. En vérité, dans cet état d'angoisse, je serais encore, je pense, cloué à cette place fatale, malgré les instances du chambellan pour me faire avancer vers Son Altesse. Heureusement, la jeune femme à qui le prince royal donnait le bras la veille, et qui n'était autre que sa charmante sœur la princesse d'Augustembourg, traversa le salon pour se rendre dans l'appartement de son frère. Rassuré par sa figure angélique, je m'introduisis sur ses pas, espérant m'en faire une égide contre une rigueur qui eût été pour nous, dans cette circonstance, le dernier des malheurs.

Baissant les yeux, rouge de confusion, je tends au prince, en tremblant, le papier que mon père m'avait remis. Le prince me regarde fixement, me reconnaît sans doute ; mais, sans en rien témoigner, il lit attentivement mon placet, puis le présentant à sa sœur :

« Encore une victime de cette Révolution française », lui dit-il.

Il entra ensuite dans quelques détails sur notre position, et s'enquit avec bonté de nos ressources, de nos desseins. Enhardi par son ton de bienveillance, je lui compte tout ce que nous avions souffert depuis notre départ de France, notre douloureux pèlerinage au travers de l'Allemagne, notre projet de nous rendre en Suède, et notre espoir d'y trouver un appui dans l'amitié du comte de Fersen pour mon père.

La princesse écoutait le récit de nos malheurs avec cet intérêt qui les fait promptement oublier. Quand j'en vins à cette partie de notre voyage à pied, et au tableau de toutes les privations qui en avaient été la suite :

« Mais sans doute, vous savez l'allemand? me dit le prince.

— Hélas! non, répondis-je, et voilà ce qui a rendu ce voyage si pénible.

— Pauvre enfant, dit la princesse, si jeune encore, et avoir déjà tant souffert! Elle a dû vous sembler bien longue la route de l'exil à travers nos tristes champs de sable! »

Et quelques larmes roulaient dans ses beaux yeux. Ah! partout où se trouvent des misères humaines, le ciel envoie des femmes pour les adoucir!...

Tout s'harmonisait dans cette charmante princesse: la délicatesse de ses traits, la grâce de sa taille, la modestie de son maintien, le doux son de sa voix. Ce qu'elle disait d'affectueux était d'autant plus attachant que sa sensibilité paraissait plus profonde. Voilà le véritable empire, et aujourd'hui, quand je la peins ainsi, c'est le souvenir qui lui rend un culte de reconnaissance.

La princesse continua de m'adresser diverses questions sur ma famille, mon éducation et les souvenirs de ma patrie. Cependant le prince royal avait écrit quelques mots sur mon placet.

« Je répondrai demain à votre père, me dit-il en me le rendant. Passez maintenant à ma chancellerie; vous y recevrez cent frédérics d'or, ce qui vous mettra à même de voyager moins péniblement. »

— Allez, monsieur, ajouta la princesse, allez, je vous souhaite le bonheur; mais si vous ne le trouvez pas en Suède, revenez en Danemark chercher un refuge; du moins vous y trouverez le repos. »

Le prince, en me congédiant, appela son chambellan et lui ordonna de me conduire à son trésorier.

Ah! quelle leçon! m'écriai-je en quittant cette providence visible, ce jeune homme qui se vengeait en roi de l'impertinence d'un enfant malheureux. Dans l'effusion de ma gratitude, si je l'eusse osé, je serais tombé à ses pieds. Mais cette leçon n'a pas été sans fruit; car en vérité, depuis ce temps, je n'ai jamais eu à me reprocher un trait semblable d'impertinente étourderie.

— Jusque-là, me dit le comte de Witt, je vois bien une leçon de savoir-vivre; mais je ne vois pas une leçon d'allemand?

— M'y voici : Peu de jours après, avec cet argent mon père arrêta notre passage à bord d'un navire qui partait pour Stockholm; mais les vents contraires nous retenaient en rade. Dans la nuit du 2 avril 1801, nous sommes réveillés par le bruit d'une très vive canonnade : on se lève à la hâte, on s'interroge; bientôt le jour, qui commençait à poindre, vient fixer nos incertitudes.

Toute la flotte anglaise, sous les ordres des amiraux Parker et Nelson, favorisée par le vent et la marée, bravant le feu des batteries de Kronembourg, avait forcé le passage du Sund, entreprise jusqu'alors inexécutable. Cette escadre formidable, placée en vue de la ville qu'elle pouvait foudroyer, venait sommer le Danemark de lui livrer sa flotte, ou de rompre son traité d'alliance avec la Suède et la Russie.

La consternation devint générale parmi nous : il ne fallait qu'un signe de l'amiral anglais pour nous capturer ou nous couler bas. Nelson dédaigna une si facile victoire, et pendant les pourparlers on envoya des chaloupes pour remorquer les bâtiments marchands. Peu d'instants après, nous rentrions dans le port. A peine y étions-nous débarqués, que le combat naval s'engagea. Si l'attaque fut vive et impétueuse, la défense fut héroïque. Pas un seul habitant qui ne courût aux armes pour repousser cette odieuse agression. L'amour de la patrie confondait tous les rangs : nobles et artisans, marchands et bourgeois, chacun semblait rivaliser de zèle et d'enthousiasme. On lisait sur leur chapeau : *Tous pour chacun, chacun pour tous.* Le prince royal déploya le plus grand courage pendant cette lutte sanglante, lutte à laquelle il devait si peu s'attendre. Descendant en ligne directe du souverain de l'Angleterre (1), il voyait, sans aucun antécédent hostile, sa capitale et sa flotte menacées par les ordres du propre frère de sa mère. A quoi servent donc pour le repos des Etats les alliances de famille et les liens de parenté ?

Il eût été dangereux de pas prendre part à cet enthousiasme de résistance. Rentrés à notre ancienne auberge, je suppliai mon père de me permettre d'aller me mêler au combat : il y consentit. Armé d'une épée qui pouvait bien remonter au roi Canut, et que m'avait prêtée mon hôtesse, je me rendis sur la jetée. J'y fus témoin d'un combat naval dans un port, spectacle le plus horrible dont le regard puisse être frappé, et que l'imagination puisse concevoir.

Jamais le Danemark n'avait été engagé dans une lutte si meurtrière ; jamais peut-être les Danois n'eurent-ils l'occasion de déployer plus noblement leur courage national. Ardents, infatigables, à l'enthousiasme qui les animait, on eût dit une population de héros. Quant à moi, immobile à la pointe de la jetée, balançant sur mon épaule ma longue épée qui m'eût aisément servi de lance, j'étais posé là comme en vedette. Personne ne s'en étonnait. De plus jeunes enfants que moi se disputaient l'honneur d'être placés à des postes aussi périlleux.

La ville était en flammes ; les bombes y pleuvaient de toutes parts. Les chaloupes canonnières danoises ripostaient bravement au feu des vaisseaux anglais.

---

(1) On se rappelle que Caroline-Mathilde, reine de Danemarck, était la sœur de George III et la fille de Frédéric-Louis, prince de Galles, lui-même fils de George II.

Tout à coup une bombe tomba sur le vaisseau danois l'*Indfœdstretten,* et le fit sauter. Une affreuse illumination éclaira le ciel : aussitôt la mer et le rivage furent couverts de débris, de cadavres, de membres sanglants. Quelques instants plus tôt nous eussions été victimes de cette catastrophe ; car, alors qu'on remorquait dans le port notre vaisseau hollandais, nous avions été contraints d'aborder l'*Indfœdstretten* pour y faire vérifier nos passe-ports.

Cependant, le combat continuait plus acharné et plus terrible. Immobile devant cette scène de feu et de sang, je contemplais avec effroi les effets de ce spectacle encore présent à mon souvenir comme le plus horrible tableau que la destinée ait jeté sous mes yeux.

Tout à coup je me sens frappé sur l'épaule, et j'entends quelques mots allemands qui me sont adressés. Je me retourne : c'était le prince royal, que la confusion du moment avait séparé de sa suite. Il était encore vêtu de son son petit habit gris. Il me reconnaît.

« Eh ! que faites-vous ici ? me dit-il.

— J'essaye de m'acquitter, monseigneur.

— C'est très bien... Courez porter ce papier au capitaine Albert Turach que vous voyez là-bas sur le port prêt à s'embarquer pour prendre le commandement d'une batterie flottante ; courez, et rappelez-vous bien le mot *augemblicklich.*

— Comment, mon prince ?

— *Augemblicklich,* ce qui en allemand signifie *à l'instant.* Vous lui direz ce mot en lui remettant mon ordre.

Je cours aussitôt : Turach reçoit l'ordre et se précipite dans un canot, où des rameurs de tout âge, de toute condition, n'attendaient qu'un chef pour démarrer.

Quand je revins, le prince royal s'était éloigné. Je l'aperçus sur une batterie flottante d'où il contemplait l'action, animait par sa présence et son exemple cette population généreuse, fière de combattre et de mourir sous ses yeux. Oh ! oui, en revoyant ce jeune prince beau de valeur et de patriotisme, j'expiai une seconde fois par un enthousiasme de respect et d'admiration le rire moqueur du parc de Fredericksberg !

Vous connaissez l'issue de cette action : les Danois s'y couvrirent de gloire, mais le carnage fut affreux. Plus de six mille hommes y périrent. Le feu était partout : bourgeois, soldats, étudiants, tous s'attelaient aux pompes, amenaient des tonneaux remplis d'eau, se précipitaient sur les flammes que rien ne pouvait éteindre. Enfin, Nelson, pour arrêter l'effusion du sang et prévenir l'entière destruction de Copenhague, dépêcha un parlementaire au prince royal.

Le prince envoya promptement sa réponse : soudain ce drame sanglant, qui avait la ville et la rade pour théâtre, interrompit son action meurtrière. Nelson vint à terre, et se rendit au palais à travers une population exaspérée. Lui, calme et fier, marchait comme s'il eût encore commandé sur son bord. Suivant ses pas, je me frayai un chemin dans la foule, et pénétrai avec lui jusque dans l'intérieur des appartements. Le prince royal le conduisit à son père, que la perte de sa raison empêchait du moins de connaître et d'apprécier les désastres de la capitale.

Sous la loi de l'impérieuse nécessité, les conditions imposées par l'Angleterre furent acceptées. Le traité offensif et défensif entre le Danemark, la Suède et la Russie fut résilié. Si, dans le combat, le prince royal avait été admirable de courage et de sang froid, dans ces conférences il fut également noble et digne.

Depuis lors, Frédéric (1) est monté sur le trône ; et quoique, à côté des vastes États qui se sont formés de toutes parts, le Danemark ne soit guère maintenant qu'une grande et belle seigneurie, armoriée d'une couronne royale, tant d'événements divers n'ont pas ôté la mémoire à cet excellent prince. Vous le voyez, il a conservé le souvenir d'une circonstance frivole en apparence, mais qui cependant, bien importante dans ma vie, est impérissable dans mon souvenir.

(1) Régent depuis 1784, il devint Roi en 1808.

CHAPITRE XV

Cérémonie funèbre pour l'anniversaire de la mort de Louis XVI. — Réunion chez M. de Talleyrand. — Discussion au sujet de la Saxe et de la Pologne. — Ordre du jour du grand-duc Constantin. — Un factum de M. Pozzo di Borgo. — Partie de traîneaux. — Spectacle et fête au château de Schœnbrunn. — Le prince Eugène. — Souvenir de la reine Hortense. — L'impératrice Marie-Louise à la vallée de Sainte-Hélène. — Deuxième partie de traîneaux. — Rencontre d'un convoi.

Une imposante cérémonie vint enfin apporter une trêve à ces divertissements. Vingt-deux ans s'étaient écoulés depuis que l'infortuné Louis XVI avait porté sa tête sur l'échafaud, et sa mémoire n'avait pas encore reçu l'expiation d'un deuil solennel et public. Au moment où tous ces rois réunis travaillaient de concert à la paix de l'Europe, ils ne pouvaient manquer de protester, par une éclatante manifestation contre un attentat qui, en ébranlant leurs trônes, semblait avoir été le signal de cette guerre désastreuse. Aussi, quand M. de Talleyrand, comme chef de la légation française, sollicita l'agrément du gouvernement autrichien pour faire célébrer un service funèbre lors du néfaste anniversaire du 21 janvier, sa demande fut-elle accueillie avec un douloureux empressement. Bien plus, l'empereur François voulut que cette cérémonie eût lieu dans la cathédrale de Saint-Etienne, qu'elle fût environnée d'une pompe extraordinaire, et que les dépenses en fussent supportées par le trésor impérial.

MM. Isabey et Moreau furent chargés de faire tous les dessins et de diriger les préparatifs. Conformément au vœu de l'empereur, ils y déployèrent la plus grande magnificence et cet éclat funéraire qui accompagne les obsèques des rois. Au centre de la vieille basilique, s'élevait, à une hauteur de soixante pieds, un immense baldaquin orné des attributs de la royauté. Quatre statues colossales, placées aux quatre angles du cénotaphe, représentaient la France répandant des pleurs, l'Europe apportant le tribut de ses regrets, l'Espérance guidant l'âme du vertueux monarque au séjour de l'immortalité, et la Religion tenant à la main ce sublime testament, modèle de charité et de pardon. La nef tout entière avait disparu sous une immense tenture noire richement brodée en argent : à chaque pilier apparaissait l'écusson de la maison de France. Une multitude innombrable de cierges et de bougies répandaient une vive clarté sous ces sombres voûtes fermées à la lumière du jour.

Une tribune entièrement drapée de velours noir rehaussée de franges d'argent avait été préparée pour les souverains. La nef et le chœur étaient réservés aux personnes invitées, et les parties latérales au public. Les billets d'invitation étaient ainsi conçus dans les termes de la plus grande simplicité :

« Les ambassadeurs de Sa Majesté Très Chrétienne vous prient d'assister au service qui sera célébré le 21 janvier dans l'église cathédrale de Saint-Étienne. »

Bien avant l'heure fixée pour le commencement de la cérémonie, une foule immense inondait l'enceinte du temple gothique. Tous les Français présents à Vienne avaient, quel que fût leur rang, reçu des lettres de convocation : pas un n'y avait manqué. Les chevaliers de la Toison d'or et les ambassadeurs en grand costume occupaient les premières places dans le chœur. Derrière eux se pressaient toutes les notabilités, tous les hôtes princiers et les autorités de la ville de Vienne. Un détachement des régiments des gardes et de la garde noble hongroise faisait le service autour du catafalque, comme aux funérailles des empereurs. L'empereur François avait voulu donner ainsi un haut témoignage de ses sentiments. Dans la nef on voyait un nombre considérable de dames toutes vêtues de noir et enveloppées de longs voiles de deuil, substitués, pour quelques heures, aux fleurs, aux diamants, aux brillantes parures de tous les jours.

A onze heures, on sonna l'arrivée de l'empereur François, de l'empereur de Russie, des rois de Prusse, de Bavière et de Danemark, des reines et de l'impératrice de Russie. L'impératrice d'Autriche, retenue dans son palais par sa mauvaise santé, que les émotions douloureuses ne pouvaient que compromettre encore plus, s'était seule abstenue de paraître à cette cérémonie. Le prince Léopold de Sicile, comme seul membre de la maison de Bourbon, et M. de la Tour-du-Pin, ambassadeur de France, se présentèrent au parvis du temple et conduisirent les souverains à la tribune impériale. L'office commença aussitôt.

Malgré ses quatre-vingt-quatre ans, le vénérable archevêque de Vienne, prince de Hohenwarth, avait voulu officier. Un saint respect, une vive et religieuse émotion régnaient dans cette immense réunion à la vue de ce sarcophage royal, et de ce pontife en cheveux blancs appelant sur le vertueux roi la miséricorde divine. Quelles réflexions faisait naître la présence de tous ces monarques pieusement agenouillés non loin de ce tombeau qui rappelait un si grand attentat et une si grande infortune ! Tous tenaient par des alliances ou des traités à l'illustre maison de France, la plus ancienne de l'Europe.

M. Zaignelins, Français d'origine et curé de l'église Sainte-Anne de Vienne, prononça en français un discours où l'on remarqua de grandes beautés ; quelques personnes prétendirent que M. de Talleyrand y avait mis la main. Son texte était celui-ci : *Que la terre apprenne à craindre le nom du Seigneur*. L'orateur rappela d'abord la puissance et la gloire de cette monarchie française qui datait de quatorze siècles. Il peignit ensuite à grands traits la marche rapide de la Révolution qui, en trois ans, avait renversé de fond en comble cet antique édifice. Dans ces désastres inouïs, il montra le doigt de Dieu qui *élève et abaisse les trônes*. Enfin, après avoir appelé les prières des assistants sur Louis XVI et sur Marie-Antoinette d'Autriche, il termina en citant les principaux passages de ce testament qu'on a si bien appelé le code le plus héroïque de la charité. Là était pour Louis la plus belle oraison funèbre. Quand M. Zaignelins descendit de la chaire, des larmes coulèrent de tous les yeux.

Deux cent cinquante voix exécutèrent ensuite, sans aucun accompagnement, un *Requiem* composé par Neukomm, élève d'Haydn. Des amateurs s'étaient joints aux musiciens : ils formaient deux chœurs, dont l'un était conduit par Salieri, le maître de chapelle de l'empereur. L'effet en fut admirable. Écouté dans le plus profond recueillement, cet hymne de douleur semblait moins une prière adressée au ciel pour la vertueuse victime qu'une association aux sublimes paroles de pardon qu'on venait d'entendre.

Les frais occasionnés par cette solennité funèbre s'élevèrent à près de cent mille florins, et furent payés entièrement par la cour autrichienne.

Un ordre exprès de l'empereur avait, pour ce jour-là, suspendu tous les divertissements quotidiens. Le soir, une foule inaccoutumée s'était rendue dans les salons de M. de Talleyrand. Tout y était grave comme d'ordinaire ; car les discussions politiques y trouvaient plutôt accès que les fêtes et les plaisirs. La question polonaise y était agitée, plus vive, plus ardente que jamais, et, en apparence, plus éloignée de sa solution.

L'incorporation de la Pologne à son empire était, lors du Congrès de Vienne, le premier vœu de l'empereur Alexandre. Soutenu dans cette prétention par le roi de Prusse auquel, en revanche, il sacrifiait et abandonnait la Saxe, il avait pensé ne rencontrer aucun obstacle sérieux. Mais, dès les premières conférences, une vive opposition s'éleva contre cette double spoliation et l'espèce de marché dont elle était l'objet. En ce qui concernait la Saxe, M. de Metternich et M. de Talleyrand résistaient au renversement d'un prince adoré de ses sujets et qui, pendant quarante ans, avait honoré le trône par sa probité, par la réunion de toutes les vertus. Ils espéraient, en déniant la Saxe à la Prusse, que ce refus entraînerait la rupture de l'accord entre le czar et le roi Frédéricic-Guillaume ; par suite, ils se flattaient que le Congrès pourrait constituer dans le grand-duché de Varsovie une Pologne indépendante. L'Angleterre qui, dans le principe, avait paru favorable aux prétentions de la Prusse et de la Russie, vaincue par les raisonnements des deux ministres autrichien et français, avait fini par se joindre à eux. La discussion s'était envenimée malgré les bons offices et l'intercession du délié Razumowski. C'est dans une de ces conférences orageuses, que le grand-duc Constantin s'était emporté contre M. de***. Enfin, lors d'une autre réunion, Alexandre s'adressant à lord Castlereagh, n'avait pas craint de dire que huit millions de Polonais se lèveraient à sa voix pour soutenir ses justes demandes et l'indépendance de leur patrie (1).

Mais, sous cette question de la Pologne, se cachait dans l'avenir une autre question bien autrement vaste et importante pour l'équilibre général. Napoléon n'avait pas encore prononcé ces mots fameux, que « avant cinquante ans l'Europe serait française ou cosaque. » Mais déjà plusieurs esprits prévoyants s'alarmaient avec raison de voir la Russie maîtresse sur la Vistule. Dans le but de la *refouler vers ses âpres climats*, et de soustraire la Pologne à sa domination, l'Autriche, la France et l'Angleterre s'unirent par un traité secret du 10 janvier 1815. L'influence de M. de Talleyrand avait déterminé ce pacte ; car déjà il penchait pour l'alliance anglaise, à la réalisation de laquelle il a travaillé avec tant d'ardeur quinze ans plus tard. C'est ce même traité que les ministres de Louis XVIII laissèrent aux Tuileries lors de la fuite du 20 mars, et que Napoléon s'empressa d'envoyer à l'empereur Alexandre. Ce dernier en conserva contre M. de Talleyrand une rancune qu'il ne put surmonter : ce fut même une des causes qui, après la deuxième restauration, éloignèrent constamment le diplomate français du ministère et des affaires.

(1) Finalement, le grand-duché de Varsovie redevint royaume de Pologne, sous la protection de l'empereur Alexandre, avec un vice-roi qui fut le grand-duc Constantin.

Cependant on supposait que le grand-duc Constantin, éloigné de Vienne par la volonté de son frère et maître, n'était occupé exclusivement que de revues et de parades, objet unique de sa passion. Personne ne songeait à la guerre, et tous les vœux appelaient la paix. Tout à coup, on reçoit à Vienne une proclamation adressée par le grand-duc à la nation polonaise, et dans laquelle il semblait l'appeler aux armes. Cet étrange manifeste était ainsi conçu :

« A l'armée polonaise :

« Sa Majesté l'empereur Alexandre, votre puissant protecteur, vous fait cet appel : réunissez-vous autour de vos drapeaux ; armez vos bras pour défendre votre patrie et pour maintenir votre existence politique. Pendant que cet auguste monarque prépare l'heureux avenir de votre pays, montrez-vous prêts à soutenir de votre sang ses nobles efforts. Les mêmes chefs qui, depuis vingt ans, vous ont conduits sur le chemin de la gloire sauront vous y ramener. L'empereur apprécie votre bravoure : au milieu des désastres d'une guerre funeste, il a vu votre honneur survivre à des événements qui ne dépendaient pas de vous. De hauts faits d'armes vous ont distingués dans une lutte dont le motif vous était étranger ; à présent que vos efforts ne seront consacrés qu'à la patrie, vous serez invincibles. Soldats et guerriers de toutes armes, donnez les premiers l'exemple de toutes les vertus qui doivent régner chez vos compatriotes. Dévouement sans bornes pour l'empereur qui ne veut que le bien de votre patrie, amour pour son auguste personne ; obéissance, discipline, concorde : voilà les moyens d'assurer la prospérité de votre pays qui se trouve sous l'égide de l'empereur. C'est par là que vous arriverez à cette heureuse situation, que d'autres peuvent vous promettre, mais que lui seul peut vous procurer : sa puissance et ses vertus vous en sont les garants. »

Deux points surtout dans cette œuvre excitaient un profond étonnement. Le grand-duc, en engageant les Polonais à se serrer autour de l'empereur son frère, en sollicitant leur dévouement à sa personne, devançait la décision souveraine du Congrès. La question était soumise à ce tribunal suprême : rien n'était encore décidé; et cependant Constantin proclamait le czar protecteur de la Pologne. En second lieu, que signifiaient ces menaces de guerre, cet appel aux armes quand toute l'Europe travaillait à la consolidation d'une paix générale? Contre qui les Polonais, guidés par la Russie, voulaient-ils donc se battre? Contre les autres puissances qui leur refusaient leur indépendance? Mais, en vérité, se flattait-on d'en imposer à la Pologne et de lui donner le change en dénaturant la réalité des faits? Pouvait-elle être aveuglée par ces protestations en faveur de sa nationalité?

Depuis que cette proclamation, un moment démentie, avait acquis un caractère d'authenticité, la discussion qu'elle avait soulevée étouffait toutes les autres. Dans le salon de M. de Talleyrand, elle était le sujet de toutes les conversations. On le savait partisan de la Saxe et de la Pologne. On n'ignorait pas qu'avec M. de Metternich il était l'âme de cette résistance prévoyante et calme aux projets de la Russie.

« Avez-vous lu, disait au milieu d'un groupe M. L***, un mémoire rédigé par M. Pozzo di Borgo et relatif à la Pologne? On s'en entretient beaucoup dans le monde politique. L'auteur y démontre, par une foule de raisons, que ce pays ne doit pas être érigé en pays indépendant, mais doit être incorporé entièrement à la Russie.

— Que M. Pozzo, reprit-on, se soit fait l'ennemi des principes et de la personne de Napoléon, cela se conçoit et s'explique par ce venin des *vendette* corses qui se lèguent de génération en génération. Dans sa patrie, à lui, la haine est un héritage de famille : Dieu seul sait où elle remonte et quand elle s'éteindra. Mais qu'a fait à M. Pozzo cette malheureuse nation polonaise, pour qu'il vienne combattre le bon vouloir qu'on lui témoigne ici?

— M. Pozzo défend la cause du pays qui l'a adopté. Employé par la Russie, il est devenu Russe.

— Mais le dévouement ne peut aller jusqu'à l'ingratitude. La mémoire du cœur serait-elle donc déniée à l'écrivain politique jusqu'à faire oublier à M. Pozzo que ce fut le prince Adam Czartoryski qui l'accueillit lors de son arrivée en Russie, qui le conduisit et fut en quelque sorte le premier des degrés du temple de la fortune où il aspire à monter ? M. Pozzo revenait alors de Constantinople, où ses efforts pour se bien poser auprès de l'amiral Siniavin avaient été paralysés par les menées où le mérite du comte Capo d'Istria. Il lui fallait réparer à Pétersbourg l'échec reçu au Bosphore et tenter une nouvelle chance. Le prince Adam fut pour le voyageur apprenti diplomate une véritable providence. Ecrire aujourd'hui un mémoire contre la patrie du prince, c'est s'attaquer à son étoile. C'est peut-être être habile en politique; mais, je vous le demande, est-ce juste en gratitude (1) ?

— Vous savez que M. Pozzo réclame la priorité du conseil de faire marcher les armées alliées sur Paris?

— Oui, mais on prétend aussi qu'après l'événement, l'avis a été réclamé par bien d'autres prophètes. S'il eût échoué, on verrait sans doute aujourd'hui moins d'oracles.

— Eh bien ! il est probable que M. Pozzo ira loin. »

Pour réussir en politique, il faut oublier famille, amis, patrie, fouler aux pieds la reconnaissance, étouffer les affections les plus chères, renier les principes de toute votre vie, les succès et la gloire sont à ce prix.

Une fatalité inaccoutumée semblait s'attacher à la partie de traîneaux préparée par la cour autrichienne. Commandée plusieurs fois, elle avait été toujours ajournée par suite du changement de température. Un jour le froid semblait promettre pour le lendemain une surface dure et polie nécessaire à ces chars du Nord :

---

(1) Le factum de M. Pozzo di Borgo, écrit avec un art et une adresse infinis, est une des œuvres les plus remarquables qu'ait vues éclore le Congrès de Vienne.   (*Note de l'Auteur.*)

mais le dégel survenait et ramollissait la couche de glace répandue sur la terre. Enfin, une franche gelée se décida, une neige abondante l'avait précédée : la promenade impériale fut de nouveau pompeusement annoncée.

Dès le matin une foule immense se pressait sur la place Joseph où les traîneaux étaient rassemblés. Presque tous avaient été construits à neuf ; ceux qu'on avait destinés aux empereurs et aux souverains, disposés en forme de calèche, étaient ornés avec tout ce que le goût et la richesse réunis pouvaient produire de plus magnifique : ils étincelaient de vives couleurs rehaussées d'or ; les coussins en velours vert-émeraude étaient garnis de bordures et de franges du même métal. Les harnais aux armes de la maison impériale étaient accompagnés de clochettes d'argent.

Les traîneaux préparés pour les hauts personnages du Congrès et la noblesse autrichienne ne le cédaient à ceux des souverains ni en élégance ni en richesse. On y voyait briller la soie, le velours et l'or. Tous enfin étaient attelés de chevaux de prix, couverts de peaux de tigre et de riches fourrures, et dont les crinières tressées étaient parées de nœuds et de rubans. Leur ardeur, excitée par le bruit des clochettes, pouvait à peine être contenue, tant ils paraissaient impatients d'emporter dans l'espace ces légers équipages.

Cependant, en attendant le signal du départ, les promeneurs privilégiés étaient réunis dans les salons du palais impérial. A deux heures, l'ordre est donné : l'illustre compagnie descend et prend place selon l'ordre des préséances pour les souverains, et, pour les autres, selon le rang que le hasard leur a indiqué. Chaque cavalier reçoit une dame que le sort lui a assignée pour compagne de route. Une fanfare de trompettes se fait entendre. Le cortège se met en marche.

Un détachement de cavalerie s'avance, précédant les sergents et les fourriers de la cour, montés sur des coursiers richement caparaçonnés. Ils sont suivis d'un immense traîneau attelé de six chevaux et portant un orchestre de timbaliers et de trompettes. Le grand écuyer Trauttmansdorff, à cheval avec ses hommes d'armes, vient ensuite ; puis, immédiatement après, les traîneaux des souverains. Le premier est celui de l'empereur d'Autriche guidant la charmante Elisabeth, impératrice de Russie ; dans le second, Alexandre conduit la princesse d'Auesberg ; puis viennent le roi de Prusse avec la comtesse Julie Zichy, le roi de Danemark avec la grande-duchesse de Saxe-Weimar, et le grand-duc de Bade avec la grande maîtresse de la cour comtesse Lazanski. Vingt-quatre jeunes pages richement vêtus en costumes du moyen-âge, et un escadron de la garde noble hongroise escortent les traineaux des souverains.

L'impératrice de Russie est enveloppée dans une large pelisse de velours vert doublée d'hermine : elle est coiffée d'une toque de même couleur, ornée d'une aigrette en diamants et semblable à celle que portait ordinairement la grande Catherine. Les autres dames sont également garanties du froid par des pelisses de velours où l'œil remarque les plus riches couleurs : celle de la grand-duchesse de Weimar est rose, aussi bordée d'hermine, fourrure qui, en Autriche, est réservée exclusivement aux personnes du sang impérial. Les autres couleurs, telles que le pourpre, l'amarante, sont relevées par les plus rares et les plus élégantes fourrures.

Arrivent ensuite les autres traîneaux, au nombre de trente environ, portant les notabilités de la cour et les hôtes princiers qu'elle s'est chargée de divertir. Pour traverser la ville, le cortège ne marche qu'au pas ; la foule attentive peut reconnaître et saluer au passage les illustrations qu'une course plus rapide va emporter tout à l'heure. L'archiduc palatin conduit la grande-duchesse d'Oldembourg, enveloppée dans un manteau de velours bleu dont la nuance tendre se marie si bien avec sa charmante figure. Derrière eux le prince royal de Wurtemberg guide la princesse Lichtenstein. Quelque belle que soit sa partenaire, il ne quitte pas des yeux le traineau où se trouve celle qu'il idolâtre, et semble se plaindre du sort qui ne l'a favorisé qu'à demi. Au prince Guillaume de Prusse est échue notre charmante *reine* la comtesse Fuchs. Le prince Léopold de Sicile est avec la princesse Lubomirska, le prince Eugène avec Mme d'Appony, le prince royal de Bavière avec la comtesse Sophie Zichy, l'archiduc Charles avec la comtesse Esterhazy, le prince Auguste de Prusse avec la comtesse Batthyany, le comte François Zichy avec milady Castlereagh, le comte de Wurbna avec la comtesse Walluzew, le duc de Saxe-Cobourg avec la belle Rosalie Rzewuska. Toutes les toilettes de ces dames sont éclatantes de richesses et d'élégance : les hommes portent généralement des polonaises garnies des plus brillantes fourrures.

Vient ensuite un escadron de piqueurs à la livrée impériale ; puis la marche est fermée par plusieurs équipages de réserve et un autre grand traîneau à six chevaux portant un orchestre de musiciens vêtus à la turque, qui exécutent des symphonies guerrières. Après avoir traversé lentement les principales rues et places de Vienne, le cortège se range sur deux lignes ; les chevaux, livrés à leur impatience, s'élancent au galop sur la route de Schœnbrunn.

En quelques instants, la troupe dorée fut arrivée au rendez-vous. Cependant, comme il y avait eu quelque dérangement dans ces frêles équipages, on s'était rallié à mi-chemin près du monument élevé au roi Jean Sobieski en mémoire de la délivrance de l'Autriche. C'est une pyramide triangulaire construite sur le lieu même où le grand vizir Kara-Mustapha avait planté sa tente pendant le siège. Quand le brillant cortège eut disparu à nos yeux, il n'y eut qu'un cri dans ce nombre infini de spectateurs sur la beauté unique de ce coup d'œil. On admirait moins la magnificence et le luxe déployés par la cour et la noblesse autrichienne que la réunion de ces personnages illustres. Il avait fallu une occasion aussi solennelle que le Congrès pour rassembler tant de têtes couronnées, tant de célébrités en tout genre, tant de femmes remarquables. C'était en vérité un tableau tel que beaucoup de siècles n'en voient pas de semblables, et dont le nôtre, disait-on, ne sera pas témoin une seconde fois.

L'impératrice d'Autriche, le roi et la reine de Bavière, ainsi que plusieurs princesses dont la frêle santé avait redouté l'intensité du froid, s'étaient rendus en voiture au palais de Schœnbrunn. On y avait préparé une fête magnifique pour laquelle avaient été distribuées un grand nombre d'invitations. Le retour ne devait avoir lieu que pendant la nuit à la lueur des flambeaux. Après le banquet, auquel étaient nécessairement conviées toutes les personnes qui avaient eu l'honneur du traîneau, les acteurs du théâtre de la ville devaient représenter une des plus jolies pièces de la scène française, la *Cendrillon*, de M. Étienne, traduite en allemand. Un grand bal devait suivre le spectacle. Nous nous rendîmes de bonne heure à Schœnbrunn, le prince Koslowski, le comte de Witt et moi.

Lorsque les traîneaux furent arrivés, ils se formèrent en cercle autour de l'étang glacé de Schœnbrunn, qui, poli comme un miroir, était couvert de patineurs dans les costumes les plus élégants des diverses contrées du Nord. Là, cette population fugitive exécuta toutes les évolutions d'un art dont la souplesse et la grâce forment la base et le rudiment.

Les uns, glissant moelleusement, donnaient à leurs corps les formes les plus variées ; d'autres, attelés à des chars à la Panurge, à des cygnes aux ailes argentées, à des gondoles légères, parcouraient de longues distances, entraînant avec la rapidité du regard des essaims de beautés accourues à ce joyeux rendez-vous d'hiver. Ça et là, des tentes bariolées de toutes les couleurs se déployaient avec élégance. Des groupes de marchands ambulants, glissant sur leurs patins comme à une kermesse hollandaise, venaient offrir des boissons fortifiantes aux débutants essoufflés.

Partout c'était une vie centuplée par le mouvement, tableau orignal sans cesse varié, qui s'embellissait du cadre unique formé par les traîneaux de la cour, par la nombreuse livrée tant à pied qu'à cheval, par toute l'escorte enfin qui, à grand'peine, contenait la foule des curieux accourus du voisinage de Vienne pour s'ébattre à ce nouveau genre de plaisir.

Un jeune homme attaché à l'ambassade d'Angleterre, sir Édouard W***, membre du club des patineurs de Londres, accoutumé à émerveiller sur la Serpentine les promeneurs de Hyde-Park, exécuta des passes, des pirouettes, des crochets doubles et triples avec une agilité surprenante.

Émule du chevalier de Saint-George, qui, sur le bassin de Versailles, traçait le nom de Marie-Antoinette, sir Édouard W*** traça, du fer de son patin, le chiffre des reines, des impératrices et des autres célébrités féminines qui avaient quitté leurs traîneaux pour applaudir à son adresse. D'autres encore, avec moins de perfection sans doute, formèrent les pas les plus bizarres, le saut de Zéphire, la chinoise, la guirlande et la valse. Ce dernier pas fut exécuté par deux dames hollandaises qui, dans le costume si pittoresque des laitières de Sardam, enlevèrent tous les suffrages et furent universellement applaudies.

Je ne dirai rien du coup d'œil que présentait la salle de spectacle, si ce n'est qu'il était éblouissant comme d'ordinaire; mais l'aspect qu'offraient les salons était vraiment enchanteur. Les plantes les plus rares des serres impériales, des myrtes, des orangers chargés de fleurs, couvraient les escaliers, les vestibules, les salles de danse, décoration plus ravissante encore, par le contraste du froid intense qui sévissait au dehors. Après la représentation de *Cendrillon,* à laquelle on avait ajouté quelques ballets gracieusement dessinés, la foule se pressa dans ces salons où le parfum et la variété des fleurs nous reportaient aux plus beaux jours de l'année. On dansa ensuite quelques polonaises.

« Je ne puis nier, me disait le comte de Witt, que cette partie de traîneaux n'ait été une chose belle, élégante, merveilleuse même pour nous autres Russes, qui sommes pourtant habitués à des magnificences de ce genre. Je ne disconviens pas non plus que cette fête, qui nous rappelle le printemps, ne soit digne du reste : et en vérité, du train dont on mène nos plaisirs, nous serons heureux si la satiété n'amène pas le dégoût. Cependant, j'aurais voulu, pour ajouter quelque chose de neuf à tout ce qu'on nous offre ici, et pour compléter cette fête d'hiver, qu'on construisît sur le lac de Schœnbrunn un palais tout de glace pour y recevoir et y traiter la royale société.

— Comment, tout de glace, général ?

— Oui, tel que celui que l'impératrice Anne fit construire sur la Newa. Mais vous, qui avez habité Pétersbourg, n'avez-vous pas entendu parler de cette fête ?

— Nullement ; quelle est-elle donc ?

— Il y avait à la cour de l'impératrice Anne, un prince G***, qui en était devenu le bouffon. L'impératrice voulut le marier : on lui choisit une femme assortie à ses habitudes, et pour célébrer dignement la noce, on construisit sur la Newa, comme je vous le disais, un palais de glace. Les colonnes, les murs, les frontons, à l'intérieur l'ameublement, les tables, les lustres et jusqu'au lit des époux, tout était d'eau gelée, façonnée par d'habiles ouvriers. Pour donner plus de variété à cette construction extraordinaire, des blocs d'eau coloriée et congelée avaient été employés aux ornements. Quand de riches tapis eurent été étendus dans les appartements, quand des milliers de bougies les éclairèrent, la cour se rendit en traîneaux à ce fantastique palais, et la fête commença. On exécuta des danses cosaques au son des mélodies les plus bizarres, puis un souper auquel assistèrent mille convives fut servi. Au milieu du repas, quatre cosaques apportèrent en grande pompe un bœuf entier aux cornes dorées et qu'on avait fait rôtir également sur la glace dans la cour du palais : après avoir fait le tour de la table, ce monstrueux rôti fut abandonné aux gens de service. Vint enfin le moment de coucher les mariés ; alors on entendit une salve d'artillerie tirée avec des canons également de glace.

Jusque-là tout avait bien été pour le pauvre G*** et sa fiancée. Mais, quand on les eut déshabillés et mis au lit, et que la glace commença à fondre autour d'eux, ils se mirent à faire des grimaces et des contorsions qui n'étaient nullement celles de l'amour. Comme, devant la cour, ils n'osaient quitter leur couche nuptiale, ils furent tous deux, on le conçoit, fort peu satisfaits de ce passe-temps impérial. Mais, à part la noce, le souvenir de cet étrange et magnifique palais s'est transmis jusqu'à nous. Je regrette, je l'avoue, que MM. les Membres du comité des fêtes n'aient pas renouvelé ce spectacle magique d'un immense château de cristal. »

J'avais aperçu le prince Eugène à peu près seul ; je m'approchai de lui. Il voulut bien, avec sa grâce ordinaire, me faire reproche de ce que j'étais resté longtemps sans aller le voir, quoique je l'eusse souvent rencontré chez notre amie la comtesse Laure.

Dans toutes les cérémonies où il était obligé de paraître, Eugène se faisait remarquer par une dignité calme.

Cependant, quelque équivoque que fût sa position à Vienne, il y avait trouvé de nobles amitiés. On sait que l'empereur de Russie lui témoignait la plus vive affection : leur intimité faisait également honneur au prince déchu et au puissant empereur. Cet intérêt, cette protection du czar s'étendaient jusque sur la reine Hortense. Sachant combien, dans sa conduite souvent irréfléchie, elle avait besoin de conseil, Alexandre avait envoyé à Paris un agent diplomatique nommé Boutiakin, chargé de la protéger et de la guider.

Eugène venait de recevoir des lettres de cette sœur chérie qui semblait avoir hérité de toutes les grâces féminines de sa mère. Hortense y épanchait ses douleurs : et on sait combien, à cette époque, elles furent poignantes. Les discussions de famille, la mort de sa mère, la menace d'être privée de ses enfants, tout semblait s'ajouter pour elle à la perte d'une brillante position. En m'en parlant, le prince avait peine à contenir son attendrissement. Dès lors je me promis bien de me faire un titre de ces confidences, afin de me rapprocher un jour de cette femme intéressante, pour qui une couronne enlevée n'était que le moindre des chagrins. Mon vœu fut plus tard réalisé, non pas à Paris, comme je l'espérais, mais dans le lieu qui alors lui servait de refuge. C'était en 1819 : elle était exilée. A cette époque, je revenais de Pologne où j'avais passé plusieurs années, et je rentrais en France. Me trouvant à Augsbourg, j'appris que celle qui ne s'appelait plus que la duchesse de Saint-Leu y résidait. Elle avait autrefois mis en musique des romances de moi. J'invoquai cette circonstance et la bienveillance que son frère, le prince Eugène, m'avait témoignée lors du Congrès, pour solliciter l'honneur de lui être présenté. Sa réponse, qu'elle m'envoya aussitôt, mit un nouveau prix à la faveur qu'elle m'accordait.

Je ne la connaissais encore que par la renommée et mes entretiens avec son frère ; mais, dès les premiers instants, il me sembla que je la retrouvais comme après une longue absence, et que je devais l'obligeance de son accueil aux liens d'une ancienne amitié. Tout en elle s'harmonisait parfaitement : l'expression angélique de ses traits, ses discours, son maintien, la douceur de sa voix et de son caractère. Ce qu'elle disait d'affectueux était d'autant plus touchant que son cœur seul le dictait ; elle animait si bien ses tableaux, qu'on se croyait présent ou acteur dans la scène. Elle avait un art magique pour instruire et pour séduire ; et cette séduction sans artifice jetait dans le cœur des traces profondes sur lesquelles le temps est sans pouvoir.

C'est dans ces courts instants d'une conversation intime que je pus juger que tout le bien qui m'en avait été dit n'était pas exagéré. Quelle profonde sensibilité au souvenir de la perte de sa mère, dans le récit si tragique de la mort de madame de Broc, son amie ! mais, dès qu'elle parlait de son frère, de ses enfants, des arts, sa figure s'animait et paraissait réfléchir tout le feu de sa pensée. Il était bien difficile, en me détaillant son existence actuelle, qu'elle ne revînt pas sur le sujet de sa constante peine, son exil.

« Vous retournez dans votre patrie ? » me dit-elle.

Ce mot de patrie s'échappa de son sein avec un profond soupir.

« Oh ! continua-t-elle, une chambre ; oui, une seule chambre au sixième étage à Paris, voilà tout ce que je désire. »

Et des larmes roulaient dans ses yeux. Je l'avais à peine connue cette patrie, perdue pour moi presque au berceau. Et cependant c'est en courant la retrouver que je comprenais bien sa douleur de ne plus la revoir. Elle parla des mesures prises pour l'en éloigner avec cette résignation qui se plaint et ne murmure pas. Enfin, après deux heures de conversation, je ne sus ce qu'il fallait admirer le plus, de sa raison, de son esprit ou de son cœur.

Le soir on servit le thé.

« C'est un usage que j'ai conservé de la Hollande, me dit-elle ; mais ne supposez pas, ajouta-t-elle en rougissant, que ce soit pour me rappeler un temps si brillant, hélas ! et déjà si loin »

Plusieurs visites lui vinrent du voisinage, d'autres de Munich. Elle les reçut, et dut être flattée des égards empressés qu'on lui témoignait. Ne les devant plus qu'à l'estime, elle pouvait les croire plus sincères que les adulations dont l'intrigue la fatiguait aux cours de Saint-Cloud et de La Haye. Pendant la soirée, elle me montra quelques bons tableaux de peintres des diverses écoles, et une collection d'objets précieux que la succession de sa mère avait beaucoup augmentée. La plupart de ces brillantes bagatelles se rattachaient à des époques ou à des personnes célèbres : on eût pu nommer son musée un précis de l'histoire moderne. On fit ensuite de la musique. La duchesse chanta en s'accompagnant : elle y mit cette âme qui l'inspirait quand elle composait. Elle venait de terminer une suite de dessins ingénieusement appropriés à ses romances : comment ne pas aimer cet art charmant qui semble donner une action à la pensée ? Le lendemain, je reçus d'elle, comme souvenir, ce joli recueil que le temps rendra sans doute plus précieux.

A minuit, je pris congé d'elle, peut-être sans espoir de la revoir jamais. Mais, en quelque lieu que le sort me conduise, cette journée sera ineffaçablement gravée dans mon cœur ou dans mon souvenir. En effet, on se plaît à rendre hommage aux grandeurs tombées, quand elles possèdent, comme Hortense, le don d'un génie aimable et naturel, joint au charme d'une âme tendre.

Cependant l'heure du retour à Vienne avait sonné. Une fanfare de trompettes se fait entendre. Enveloppés dans leurs manteaux, les illustres promeneurs se dirigent vers la cour du palais ; rangés sur deux files, les traîneaux les attendaient. Chacun reprend la place que le sort lui avait donnée le matin. Une symphonie guerrière retentit de nouveau. Le cortège se met en marche : les rapides équipages emportés au galop glissent et disparaissent laissant dans l'horizon une traînée fantastique de lumière au travers de la neige et du givre suspendus aux arbres de la route.

Pendant que le palais de Schœnbrunn était ainsi témoin de ces plaisirs enivrants, que faisaient ceux pour qui ce beau lieu n'était qu'une prison ? Fuyant tout contact avec les hôtes joyeux du Congrès, Marie-Louise et son fils avaient préféré s'éloigner d'une partie de plaisir qui ne pourrait leur rappeler que de douloureux souvenirs. Dès le matin, tous les deux s'étaient rendus en traîneaux à Bade, dans la riante vallée de Sainte-Hélène où est élevé un joli pavillon. L'impératrice déchue y passa la journée, donna à dîner à sa petite cour, et ne revint que dans la soirée à Schœnbrunn. Étrange rapprochement de noms entre la vallée de Sainte-Hélène où Marie-Louise allait cacher ses douleurs, et cette île fameuse, appelée aussi Sainte-Hélène, où son mari devait, quelques mois après, ensevelir sa gloire et ses désastres.

Le lendemain, l'empereur d'Autriche fit présent à Alexandre du traîneau doré que celui-ci avait monté,

Pour faire voir quel prix il attachait au cadeau, le czar le fit soigneusement emballer et l'envoya à Pétersbourg. On calcula que les dépenses de cette promenade et de la fête donnée à Schœnbrunn s'élevèrent à trois cent mille florins environ.

Vingt-sept ans se sont écoulés depuis cette époque si gaie du Congrès de Vienne. Combien de ces promeneurs que j'ai vus, jeunes alors, et pleins de gloire, entraînés par le traîneau rapide, ont été emportés depuis par l'impitoyable mort! Combien d'entre eux ont été moissonnés avant le temps! L'empereur Alexandre, dont la jeunesse et la courtoisie animaient toutes ces solennités, l'empereur d'Autriche, les rois de Prusse, de Bavière, le prince Eugène si bon, si cordial, sont descendus dans le tombeau : l'impératrice d'Autriche si gracieuse, si amie des arts, la charmante Élisabeth de Russie, sa belle-sœur la grande-duchesse d'Oldenbourg, la comtesse Julie Zichy, Mme de Fuchs (1), ont été enlevées par des coups aussi funestes qu'inattendus. Combien d'autres femmes, dans la fleur de la beauté, et dont les grâces embellissaient ces joyeuses réunions, ont été fauchées quand, pour elles, la vie était à son aurore. Et parmi les notabilités militaires ou politiques combien ont disparu de la scène du monde : de Wrede, Schwartzemberg, Talleyrand, Dalberg, Castlereagh, Capo d'Istria! Que d'amis ont été enlevés à mon affection : Koslowski, de Witt, Ypsilanti! En vérité, le sillon presque inaperçu du traîneau glissant sur la neige polie, me suis-je dit bien souvent, est l'image de notre rapide passage ou plutôt de notre apparition sur la terre.

---

(1) C'est dans une lettre que le landgrave de Hesse-Hombourg écrivait à l'auteur, et où, avec les expressions de la plus touchante sensibilité, il déplorait la mort du duc d'Orléans, qu'il lui apprit dans ces termes celle de leur commune et si regrettée amie la comtesse de Fuchs :

« J'ai, de mon côté aussi, une perte à vous annoncer, qui vous sera sensible, c'est la mort de la pauvre comtesse de Fuchs, qui, après avoir souffert le martyre pendant une longue maladie, s'est éteinte le 29 juin dernier, ayant toujours conservé son amabilité et sa douceur, avec une patience digne d'un ange. »

(*Lettre du landgrave de Hesse au comte de La Garde du 28 juillet 1842.*)

CHAPITRE XVI

Soirée chez Mme de Fuchs. — Le prince Philippe de Hesse-Hombourg. — Les nouvellistes de Vienne. — Le village français en Allemagne. — Le prince Eugène. — Souvenir du Consulat. — L'hôtel de Calais. — Tribulations de M. Denneville. — Mme Récamier. — Retour d'émigration. — Une amie d'enfance ou la magie d'un nom. — Bal chez lord Stewart. — Alexandre proclamé Roi de Pologne. — Le prince Czartoryski. — Confiance des Polonais. — Le comte Arthur Potocki. — Les Révolutions de Pologne. — L'esclavage. — Vanda. — Ivan ou le serf polonais.

A une soirée chez notre charmante *reine* la comtesse de Fuchs, toute notre coterie était réunie autour d'elle : je dis coterie, car elle avait aussi la sienne. A défaut de traités diplomatiques, sa grâce et l'amitié en formaient le lien. La conversation roulait sur quelques nouvelles dérobées, assurait-on, au secret qui *enveloppait* les hautes délibérations du Congrès.

On demandait au prince Philippe de Hesse-Hombourg si le sort du landgraviat de sa famille était fixé soit par les décisions du Graben, soit par les décisions un peu plus sérieuses du congrès.

« Rien n'a encore transpiré, répondit-il ; mais on pense que cette principauté recevra une légère augmentation. »

Et alors il entra dans quelques détails intéressants sur l'origine de cette maison, l'une des plus illustres de l'Allemagne par son ancienneté et ses alliances, et sur cette souveraineté à laquelle il ne pensait pas être appelé un jour.

« La principauté de Hesse-Hombourg, continua-t-il, offre une des singularités les plus curieuses des temps modernes. C'est une petite colonie de religionnaires français qui s'y est réfugiée lors de la révocation de l'édit de Nantes. Le landgrave Frédéric accueillit avec empressement ces malheureux proscrits par l'intolérance de leur roi ; il leur donna des terres à cultiver, et vendit sa vaisselle d'argent pour venir à leur secours. Ils ont fondé un village auquel ils ont donné le nom de Frédérikstorff. Chose étonnante ! depuis plus de cent ans ils ont conservé sans altération le langage, les mœurs, le costume, toutes les habitudes en un mot de leur patrie et de leur siècle. C'est une espèce de république : le pasteur la gouverne. Isolés dans un vallon au centre de l'Allemagne, quoique à la porte de leur pays, ces hommes semblent n'avoir point assisté aux grands événements qui viennent de s'accomplir. Ils ont ignoré la révolution française, ou n'en ont que vaguement entendu parler. Français par les mœurs, par le souvenir, par le cœur, ils ne songent plus à la patrie qui autrefois a repoussé leurs pères.

— Dans mes voyages, dis-je, j'ai trouvé aussi une colonie semblable, qui a poussé plus loin sa migration. C'est en Russie, aux environs de Macarief, qu'elle a porté ses pénates. Elle a conservé également la langue et le costume du temps, sans même omettre la volumineuse perruque que chacun connaît. »

Je m'étais rapproché du prince Eugène : cruellement froissé par les événements qui venaient de s'accomplir, il aimait à faire retour vers le passé. Son souvenir, franchissant les dix années de l'empire, se reportait surtout avec une sorte de regret mélancolique sur l'époque du consulat qui fut pour lui une ère de bonheur, car elle avait été celle de l'espérance. C'était en vérité un moment bien remarquable que ces quatre années : tout alors demandait à renaître de la confusion où l'avaient plongé les saturnales du Directoire. Rien encore n'était stable ; mais déjà on pouvait s'apercevoir qu'on marchait à grands pas vers une régénération sociale. Il régnait un abandon de plaisir irrésistible ; ce n'était pas la licence qui l'avait précédé, c'était comme un bruit lointain et affaibli de cette licence se régularisant de jour en jour. La prodigalité était extrême : l'or semblait couler à flots : les fortunes militaires et administratives s'étaient faites si rapidement, qu'on n'en connaissait pas encore le prix. Une foule d'émigrés, qui rentraient et retrouvaient leurs biens et leur patrie, se dédommageaient, par des jouissances continuelles, des privations sans nombre éprouvées sur la terre d'exil; d'autres, heureux d'avoir échappé à la mort ou à la proscription, suivaient ce torrent des joies du moment, et répandaient cette fortune qu'ils avaient été à la veille de perdre avec la vie. Enfin, comme si tout eût dû coopérer à l'illustration de cette époque, ce fut peut-être celle qui compta le plus de beautés célèbres. Non pas que le hasard eût fourni alors un type de femmes plus remarquables : mais l'or, insoucieusement prodigué, mettait comme par enchantement en lumière des femmes qui, restées dans une condition obscure, auraient passé inaperçues ; placées sur le pavois, elles empruntaient à l'opulence, dont elles étaient environnées, une partie de cet éclat qui éblouit les regards.

Nous passions en revue toutes les joies de ce temps si remarquable ; nous rappelions principalement le souvenir de la femme qui fut la *reine d'alors*, Mme Récamier. C'était chez elle que se réunissait la meilleure compagnie du temps, et tout ce que Paris attirait d'étrangers de distinction. C'était en elle que semblaient se résumer l'élégance et l'éclat de ce moment. Eugène avait assisté souvent à ses réceptions, que l'Europe n'a point oubliées.

« Cette époque, disais-je au prince, restera toujours gravée dans ma mémoire, non pas seulement par le brillant de ses fêtes, par le retentisssement de notre gloire militaire, mais par une circonstance qui a fait époque dans mon existence. Vous le savez, mon prince, il est des instants où la fortune, lasse de vous prendre pour jouet, vous élève du plus profond de l'abîme à une région de bonheur. J'en fis alors une bien curieuse épreuve.

— Quelle est donc cette circonstance ? s'écria vivement la comtesse Laure. Il faut nous la faire connaître.

— C'est un épisode un peu long. Cependant, si vous voulez me prêter quelques instants d'attention, je vous obéirai.

— Eh bien soit, parlez, nous vous écoutons tous.

« Les résolutions les plus imprévues sont souvent dues aux causes les plus frivoles. C'est peut-être un mot, un seul mot qui a décidé de mon avenir. En faut-il davantage au destin, alors que, par un caprice, il nous prend au plus bas de l'échelle pour nous transporter au sommet, au moment même où l'on balançait entre *l'asphyxie et la Seine ?*...

Chacun connaît l'inconvénient de ces petits noms qu'on donne aux enfants, et qui se continuent jusqu'à une époque où devient prodigieusement ridicule ce qui n'était auparavant que mignard et gracieux. C'était autrefois une mode en France, comme ici, comme partout de conférer au jeune âge ce second baptême d'amitié. Or, ce qu'on a fait ou dit la veille paraît tout simple à faire ou à dire le lendemain. On appelait donc, à Paris comme à Vienne, de grands adolescents du nom de Fanfan, Dédé, Lolo, et autres petits sobriquets du cœur, aussi doux à entendre qu'à prononcer. Je serais bon avocat pour défendre cette cause ; car, moi aussi, j'ai été caressé d'un de ces noms enfantins ; et bien m'en prit de me le rappeler dans un jour décisif pour moi. Oui, ce nom, tolérablement niais, fut un talisman qui me valut celui de toutes les fées.

Napoléon avait renversé le gouvernement méprisé du Directoire. Assez fort pour être clément, il permettait de revoir leur patrie à tous ces malheureux qui ne l'avaient abandonnée que pour soustraire leur tête à l'échafaud. Je venais de quitter mon père à Amsterdam. Il avait résolu de m'envoyer à Paris pour y voir ses gens d'affaires, et y trouver des ressources qui lui manquaient sur la terre d'exil. A cet effet, il m'avait confié à un compatriote, M. Clément, dont nous avions fait la connaissance en Hollande, et qui retournait en France. Nous partîmes ensemble pour Paris.

Nous descendîmes à l'hôtel de Calais, rue Coquillière. M. Clément y trouva des lettres de sa famille partie depuis quelques jours pour Dijon, et qui l'y appelait instamment.

En me quittant, il me [recommanda aux soins du maître de l'hôtel, M. Chaudeau, pâtissier de son état, qui consentit à me garder, bien que mon apparence n'annonçât pas une grande dépense, ni même les moyens d'en payer une petite.

Je me trouvai installé dans une modeste chambre au cinquième étage, du prix de douze francs par mois.

Quant à mes repas, je les combinais toujours d'après l'exiguïté de ma bourse. Je n'insisterai pas sur cette existence plus que précaire.

Néanmoins, j'éprouvai d'abord tout l'enivrement du retour à la patrie. J'avais *salué* Paris avec ce ravissement qui fait crier : « Terre, terre ! » aux matelots après une longue navigation. J'étais bien jeune encore : mais, en si peu d'années, je venais de vivre beaucoup et vite. Voyages, tempêtes, combats, privations, dangers de mort, j'avais tout connu. Cependant il me semblait que, la veille encore, j'avais erré sous les marronniers des Tuileries, dans les galeries du Palais-Royal, où je me retrouvais après un exil de trois ans. Je traversais avec une vive émotion les passages, les places, les ponts : je les parcourais avec autant de hâte que si Paris dût encore m'échapper. Je revoyais la Seine, telle qu'une vieille amie. Tout m'était nouveau ; tout m'attendrissait facilement ; oui, tout jusqu'aux cris sauvages des négociants ambulants qui pullulent dans les rues de Paris. Il me semblait reprendre possession de ce tout. C'est qu'à seize ans on a tant d'avenir ! Tout ce qui est probable alors semble possible : on dirait que, par droit de jeunesse, on doive commander au monde entier... Mais combien fût sombre le réveil de ce songe éveillé !

Je commençai mes visites aux gens d'affaires dont mon père m'avait indiqué la demeure. Les uns étaient absents, d'autres feignaient sans doute d'avoir perdu tout souvenir. Je me gardai bien d'aller réclamer la pitié de mes compagnons de jeux et d'études, me rappelant ces mots qu'à Hambourg Colleville me répétait sans cesse :

« — Sachez vous passer de tout plutôt que d'être réduit à demander un service à celui que vous croyez votre meilleur ami. »

Aussi, d'ordinaire, je remontais le soir à mon gîte aérien, harassé de fatigue et peu disposé à dire avec Pope :

« Tout ce qui est, est bien ! »

Il est vrai que, pour compatir à mes peines, je n'y trouvais que la pauvre servante Marie. Afin de me distraire du découragement empreint sur mes traits, l'excellente fille choisissait toujours des histoires capables de me figer le sang au cœur.

Il y a quelques mois, me disait-elle, un jeune et joli garçon nommé Denneville habitait la chambre où vous êtes. Du matin au soir il écrivait, c'était un savant ; puis il chantait pour se distraire, en s'accompagnant de la guitare ; car, de plus, il était artiste. Tout cela était bon ; mais, bien qu'il fît peu de dépense, le pauvre garçon n'acquittait jamais un mémoire, et depuis sept mois qu'il logeait à l'hôtel, on ignorait encore la couleur de son argent. Ce n'est pas qu'il n'en promît chaque jour ; mais en vain écrivait-il à sa famille qui habitait Reims. Il n'est pire sourd, dit-on, que celui qui ne veut pas entendre : et rien de rien n'arrivait de la Champagne. Il y a des parents bien durs, ah ! oui, bien durs ! C'est pourquoi ce pauvre jeune homme répétait souvent qu'il n'est pas de meilleur parent qu'un louis d'or, ni de plus véritable ami que le mont-de-piété.

M. Chaudeau, furieux de ne se voir payé que de mauvaises raisons, perdit patience, et n'attendit qu'un moment opportun pour cesser, disait-il, d'être dupe.

Un soir que M. Denneville était descendu en pantoufles et en robe de chambre pour faire une emplette chez le papetier en face, voilà que M. Chaudeau monte ici, pose un cadenas à la porte et met ainsi sous un scellé de fer la totalité du bagage de son pauvre locataire. Quand celui-ci revint, son papier à la main, il trouve sur le palier son impitoyable créancier qui lui enjoint d'aller chercher un gîte ailleurs.

« C'est inhumain, n'est-ce pas, monsieur, de renvoyer ainsi son débiteur, pour ainsi dire tout nu? Prières, promesses, menaces, tout fut inutile. Il fallut que le malheureux prît son parti et redescendît dans la rue pour s'y promener, comme un fantôme, avec grande chance d'y mourir de froid ; car c'était au mois de novembre.

Dix heures sonnaient, les boutiques commençaient à se fermer. Le pauvre jeune homme ne savait où chercher un refuge, n'ayant en perspective que l'arche d'un pont ou un corps de garde pour chambre à coucher. Voilà qu'à la pointe Saint-Eustache il est accosté par une malheureuse femme, une ouvrière qui, touchée au récit de sa déplorable situation, le conduit dans sa chambre, l'y fait souper, et le garde ainsi près d'un mois, partageant tout avec lui.

Mais ce qu'il y a de plus surprenant dans cette histoire, c'est la fin. L'amant de cette pauvre fille était domestique d'un général. Le général cherchait un secrétaire. Le domestique s'intéresse assez au protégé de la Providence pour partager avec lui ses hardes, comme la pauvre fille avait partagé son pain ; puis il présente M. Denneville à son maître. Sa physionomie lui plaît : il est agréé, et le général l'emmène à l'armée d'Italie, où il allait commander une division.

Or, monsieur, tout ce qui va en Italie et n'y est pas tué, en revient riche. C'en fut ainsi de M. Denneville ; à son retour il était cousu d'or. Il paya tout ce qu'il devait à M. Chaudeau. Mieux encore, il acheta, précisément en face de l'hôtel, un petit fonds de mercerie pour en faire présent à la pauvre fille qui l'avait si à propos secouru.

On pense bien que de tels tableaux ne nuançaient pas agréablement mes songes. Ce grand homme, expulsé de la chambre que j'habitais, et se promenant dans la rue vêtu de blanc, son rouleau de papier à la main, m'apparaissait comme à don Juan la statue du commandeur. Dans mon anxiété, je lui substituais parfois la figure de mon hôte, tenant d'une main son mémoire et un cadenas de l'autre. Je ne dormais plus ; je mangeais à peine. Mon esprit tuait mon corps, et j'allais succomber à cette terrible lutte, car je n'en prévoyais pas le terme.

J'étais allé à l'hôtel Choiseul qui avait été habité par ma famille : il était transformé en une maison de ventes publiques (1). J'en parcourus les appartements, tous étaient encombrés de meubles et de marchandises que l'on offrait à l'encan. Rien, hélas ! ne nous y appartenait plus. Le portier même avait été changé ; et quelque invraisemblable ou romanesque que cela puisse paraître, je n'y retrouvai de connaissance que Castor, pauvre chien de garde, encore dans sa loge. Remuant la queue et les oreilles, Castor vint me lécher les mains quand je m'approchai de lui pour le caresser. Dirai-je ce que me firent éprouver ces caresses ? Ah ! sans peine on le comprendra. Quand le cœur est brisé, il devient sensible même à la pitié d'un chien.

Sans cesse je pensais aux anciens amis de ma famille. Parmi eux, j'avais entendu citer M. Récamier comme le plus riche banquier de l'époque, et sa femme comme la beauté la plus à la mode. J'avais connu Mme Récamier avant son mariage et au moment où elle arrivait à Paris. Enfants l'un et l'autre, nos parents habitaient la même maison. Nos études et nos jeux étaient souvent interrompus par les scènes de la Révolution. Je conservais toujours le souvenir de ces premières années ; mais elle, le gardait-elle encore ? Je l'avais complètement perdue de vue depuis près de six années remplies de tant d'événements. Une fausse honte me retenait : je ne pouvais me résoudre à m'offrir à une semblable opulence dans un état si voisin de la misère.

---

(1) C'est sur l'emplacement de cet hôtel, rue Grange-Batelière, qu'est maintenant l'Opéra. (*Ecrit en 1842.*)

L'opéra de la rue Le Pelletier brûla en 1874. Sur l'hôtel Choiseul et la Grange-Batelière, lire un curieux chapitre de *Paris démoli*, par Edouard Fournier.

Cependant les jours s'écoulaient et j'avais épuisé mes dernières ressources. En vain avais-je essayé d'emprunter sur le portrait de Louis XVI, dernier don de ce prince malheureux à mon père, son ministre fidèle et dévoué. Que faisait à des marchands d'argent l'image d'un roi qui ne fut grand que par ses vertus et ne vivait plus que pour l'histoire?

Je rendis compte à mon père de ma position ; je lui annonçai les démarches infructueuses que j'avais faites, et lui demandai de nouvelles instructions. Je reçus en réponse une lettre datée de la Hollande. Il me disait de rester encore quelque temps à Paris; mais si je n'y réussissais pas, de revenir à Amsterdam ; que M. Vandenberg, le maître de l'hôtel où nous avions logé, m'y faciliterait le moyen de le rejoindre en Angleterre, où des affaires importantes l'appelaient sans retard.

Quelle nuit je passai au reçu de cette lettre! Il est des situations trop pénibles à décrire, des douleurs qui se conçoivent, mais qu'on ne peut exprimer. Je me voyais livré à moi-même, sans ressources, à Paris, sans mère, sans parents, sans ami, semblable à ceux qui cherchent et ne trouvent pas, à ceux qui pleurent et que l'on raille, qui aiment et que l'on méprise. Partir pour Amsterdam, me disait-on ; mais comment? Ah ! combien il avait dû coûter à mon père pour se décider à m'écrire ainsi ! Peut-être croyait-il que déjà l'expérience m'avait donné la sagesse des années, et que ce trajet de mille lieues que j'avais franchi avec lui m'avait appris à vaincre les obstacles. Mais alors je n'étais pas seul : son courage soutenait le mien. Aujourd'hui son absence me laissait sans aucun autre appui que l'avenir et Dieu.

Je dormis d'un sommeil agité et inquiet qui n'est pas le repos, qui n'est que l'oubli de la souffrance. Je réfléchissais à cette lutte cruelle que le monde allait me faire subir : je me voyais jeté au milieu de la foule pour y gagner un pain amer en le disputant au reste des hommes. Les jours me semblaient des siècles ; car, si le bonheur a des ailes, comme disait le prince de

Ligne, le malheur a des jambes de plomb. Pauvres insensés que nous sommes! à quinze ans, nous croyons avoir fatigué le destin ; au moindre orage, nous courbons la tête, nous disons : « Plus d'espoir » ; à soixante ans, nous espérons encore !

Enfin, de ce conflit d'idées jaillit une résolution. Il était temps : je n'entrevoyais nulle chance de temporiser, ni de faire patienter M. Chaudeau dont la figure se refrognait de jour en jour. Je n'hésitai plus à me rendre chez Mme Récamier. Je savais qu'elle était à sa campagne de Clichy-la Garenne. Je me décidai donc à courir implorer son appui, comme on implore celui d'un ange du ciel, alors que tout vous manque sur la terre.

Par une belle matinée du mois de mai, je quittai la rue Coquillière pour me rendre au château de Clichy. Je m'encourageais, chemin faisant, par tout ce que me retraçait ma mémoire des jours fleuris de mon jeune âge. Dans cette évocation de mes premières années, l'image de Mme Récamier, de celle qui avait été la compagne de mes joies si vives, de mes chagrins si courts, m'apparaissait incessamment. Me rappelant une à une toutes les marques d'affection vraie qu'elle m'avait constamment prodiguées, je repoussais loin de moi la crainte qu'une immense fortune, qu'une haute position sociale lui fissent méconnaître ou dédaigner son premier ami, bien qu'il revînt à elle sans appui, proscrit et malheureux.

Le cœur bien agité, je monte à pas lents cette colline qui mène à la barrière de Clichy.

Lorsque j'eus atteint la barrière qui domine majestueusement Paris, je continuai de marcher à travers quelques pauvres cabanes éparses dans la campagne. J'étais loin de penser alors qu'à cette même place s'élèverait plus tard une jolie ville (1) peuplée de quinze mille habitants, ayant ses cafés, ses bains, son théâtre, et disputant à Passy l'avantage d'être le *Tibur* des gens de lettres et des artistes effrayés du fracas de Paris.

---

(1) Les Batignolles.

Au revers de la colline, la pente douce et moelleuse d'un tapis de verdure me conduisit à l'avenue de Clichy. J'avançais aussi légèrement sous ces arbres séculaires que si, au retour de la chasse, je fusse venu heurter à la porte du manoir paternel. A l'aspect de la grille du château, cette assurance factice m'abandonna tout à coup.

Me recevra-t-elle? me reconnaîtra-t-elle?... Mon sang, échauffé par une marche rapide, se glaçait à cette question. J'eusse rétrogradé peut-être s'il n'eût fallu m'avouer qu'avancer vers ce point, le seul pur et bleu dans tout mon horizon, c'était l'unique chance de trouver un asile.

Arrivé au pavillon du concierge, je tire la chaîne attachée à la porte. La clochette résonne timidement à ma timide secousse. Cependant, on avait entendu, car une voix de l'intérieur crie à Laurette d'aller ouvrir la grille.

Laurette! me dis-je. Ce joli nom doit appartenir à une jeune fille, et la sympathie de nos âges me rendra sans doute son accueil favorable. Cette illusion fut bientôt détruite, et j'eusse ri de ma méprise, si mon pauvre cœur eût été dans ce moment susceptible de quelque joie. Au lieu de la petite Laurette, bergère d'opéra, que je me me figurais voir accourir portant houlette armée de rubans et pannetière fleurie, voici que se présente une paysanne voûtée, ridée, vieille comme le temps. Laurette était vêtue d'une jupe de tiretaine rayée noir et blanc, et tenait, en guise de houlette, la grosse clef de la grille. A mes demandes, elle répond en m'indiquant du doigt la porte du vestibule; car, aux petits coups répétés qu'elle se donnait de la main sur l'oreille, je m'aperçus, à ma seconde question, qu'elle était sourde.

Tremblant, incertain, j'hésitais à faire un pas de plus, tant c'est un cruel jour que celui où le besoin vous conduit en suppliant à la porte même d'un ami. Mais déjà la grille massive criait sur ses gonds en se refermant. Laurette avait regagné son pavillon, et force me fut de continuer en avant une marche qu'il ne m'était plus permis de rendre rétrograde.

Je traverse donc la cour à pas lents, et je monte, plus lentement encore, ce large perron de l'antique résidence des ducs de Lévis, désirant et craignant tour à tour d'en atteindre la dernière marche. Je sonne : un domestique se présente : ôtant mon démesuré tricorne, avec cet air d'humilité qui dénature les mouvements de l'homme malheureux, d'une voix que je m'efforce de rendre assurée, je lui demande si je pourrais avoir l'honneur de parler à Mme Récamier. A la façon dont il se prit à m'examiner, je pensai qu'habitué dans ces temps d'orages à voir beaucoup de naufragés aborder à ce port d'espérance, il me classait parmi cette foule de nécessiteux qui, chaque jour, réclamaient les secours de l'inépuisable bienfaisance de sa maîtresse.

« Je vais savoir, me dit-il, si madame est visible ; mais qui lui annoncerai-je, monsieur ? »

Je lui donne mon nom.

Satisfait sur ce point, il me prie de m'asseoir. Quelques instants se passent, et Joseph, ainsi se nommait le domestique, ne revient pas. Brisé par l'inquiétude, je me lève de cette banquette où il m'est impossible de rester et je me mets à arpenter en tous sens ce large vestibule, pavé de marbre, tapissé de sombres portraits, peintures d'un autre âge, usés comme le passé, comme lui oubliés et sur lesquels je m'efforce en vain de saisir un sourire favorable.

On sait combien celui qui vient demander une grâce contemple avec une attention minutieuse les lieux où il attend son sort. Ainsi faisais-je, et mon anxiété sera comprise par cette classe de solliciteurs qui, depuis quarante ans, s'est vue incessamment repoussée du parvis de tous les pouvoirs ; comprise par ces coupables de misère qu'éveille chaque matin la voix impérieuse du besoin, cette voix hurlant à leur oreille :

« Lève-toi, sollicite, rampe, obtiens ou meurs...... »

Joseph revient enfin ; mais ce n'est plus cette figure semi-bienveillante qui m'avait accueilli à mon entrée.

« Madame regrette de ne pouvoir vous recevoir aujourd'hui, monsieur. N'ayant pas l'honneur de vous connaître, elle vous prie de lui adresser par écrit ce qui motive votre visite. »

De ne pas me connaître ! mes lèvres murmuraient douloureusement ces mots. Frappé de stupeur, je n'y voyais plus. Ne pas me connaître !......... Tout semblait me manquer à la fois dans ce monde, le présent, l'avenir, l'amitié et mon courage aussi. Des larmes, que déguisaient mal les cornes de mon chapeau, roulaient pressées sur mon visage !......... A seize ans, on en répand encore dans les peines de la vie. On n'a pas encore cette force d'âme qui ne s'acquiert qu'à l'école du malheur.

Bien que consterné de cette faiblesse, je ne pouvais cependant me résoudre à quitter la place. En effet, par ce même prodige de l'imagination qui, dans quelques secondes de sommeil, offre en songe une longue série d'objets divers (1), la mienne me retraçait aussi spontanément l'escalier roide et tortueux aboutissant aux mansardes de l'hôtel de Calais, et mon impitoyable hôte m'y attendant son mémoire à la main pour m'en disputer la possession comme à mon expulsé prédécesseur. Mais plus encore ! quels mots affreux venaient en réalité de retentir à mon oreille ! Juliette, la compagne, l'amie de mon enfance, ne se souvenait plus même de mon nom !

Or, pendant ce triste colloque intérieur, Joseph debout, immobile, regardant incessamment certaine ouverture de vestibule, ne m'indiquait que trop son impatience de clore à jamais sur moi la porte de cette

---

(1) Je pourrais citer, à l'appui de cette assertion, la vision dont le comte de Lavallette parle dans ses mémoires et qu'il m'avait racontée à Augsbourg chez la duchesse de Saint-Leu. La veille du jour qui précéda celui fixé pour son exécution, il se vit en songe monté sur la fatale charrette, une multitude de corps sans tête étaient aux fenêtres dans la rue Saint-Honoré qu'il parcourut dans toute sa longueur : il ne s'éveilla qu'au pied de l'échafaud. Cet horrible cauchemar n'avait duré que l'espace de temps que le geôlier avait mis pour ouvrir et fermer une porte, à peine quelques minutes. (*Note de l'Auteur*.)

demeure. Mais, bien que son regard semblât me dire : « Comment, vous êtes encore là ? » je ne bougeais pas. Cloué à cette place, je ne pouvais renoncer à ma dernière espérance. Soudain, par une de ces inspirations spontanées dues souvent aux positions désespérées, je me souviens que, pendant mon enfance, je n'ai jamais porté qu'un petit nom d'amitié ; que Mme Récamier ne m'a jamais appelé que de ce nom ; aussitôt, saisissant avec force le bras de Joseph :

« Veuillez bien, monsieur, retourner encore une fois près de Mme Récamier, et lui dire que c'est Lolo, Lolo qui revient de Suède et la conjure de lui permettre de la voir un instant. »

A la façon dont Joseph refrogna sa figure à cette nouvelle requête, je dus craindre qu'il ne me tînt pour fou. Lolo, la Suède, quel rapport pouvait-il exister entre tout cela et sa maîtresse ? Aussi, me semblait-il peu disposé à tenter ce nouveau message ; mais je l'en priai d'un air si pénétré qu'il parut s'y décider enfin, comme on accorde à un malade abandonné du médecin la dernière fantaisie dont il attend sa guérison.

Me voici donc seul encore, marchant à grands pas dans ce vestibule, laissant librement couler des larmes dont je n'avais plus à rougir devant un œil étranger, et me recommandant avec ferveur à ma providence, celle qui planait sur notre navire dans la Baltique en fureur, celle qui m'avait fait surgir de l'abîme glacé du lac Méler, protégé au bombardement de Copenhague, et à laquelle je demandais maintenant un miracle non moins décisif peut-être que ceux auxquels j'avais précédemment dû la vie.

Souvent, a dit le poète arabe, il suffit d'une minute pour accomplir une destinée, comme il suffit d'un éclair au ciel pour percer tout un nuage. Au plus fort de mon oraison mentale, j'entends au loin un concert d'accents féminins éclater sur tous les tons ; une voix les domine : quelle voix, grand Dieu ! celle des esprits célestes que peint Milton ne produit point d'impressions plus ravissantes. Cette voix, je l'ai reconnue.

Puis aussitôt la porte s'ouvre : Mme Récamier, entourée de trois jeunes filles presque aussi belles qu'elle-même, accourt à moi en s'écriant :

« Mon ami ! mon pauvre Lolo ! c'est donc vous ! »

Et ses yeux, fixés sur les miens, se remplissent de pleurs, tandis que mon visage se baigne des plus douces larmes que j'aie versées de ma vie.

« Oui, c'est moi, répondis-je. Ah ! je retrouve en vous l'ange de mes rêves. »

Et je couvrais de baisers ses mains, ses vêtements, car ma voix n'eût pu rendre l'ivresse que j'éprouvais. Comment, en effet, exprimer ce délire ? je riais, je pleurais, j'extravaguais. Serré enfin dans des bras amis, mes souffrances faisaient place à des transports que mon cœur pouvait à peine contenir.

Mme Récamier m'entraîna au salon : mes pieds chancelaient en la suivant, tant mon émotion était forte. Je semblais demander grâce à mon bonheur. Là se succédèrent les mille et mille questions dictées par cette curiosité féminine qui s'allie si bien à un tendre intérêt. Il fallut d'abord énumérer cette succession d'événements tristes ou gais de ma vie d'enfance si remplie et tant abrégée. Mais aussi, sous combien de formes consolantes se variaient les témoignages d'amitié et de sympathie ! comme ces jolies mains, en se joignant, se levaient au ciel ! comme tous ces beaux yeux se mouillaient de pleurs ! comme ces bouches charmantes disaient ensemble : « Pauvre malheureux enfant ! » C'est aussi ce qu'à Copenhague la belle princesse royale de Danemark avait dit au récit de mes longues misères. Ah ! dans quelque rang que le malheur se confie à une femme, c'est toujours une oreille attentive qui l'écoute, un cœur compatissant qui lui répond.

Dès que j'eus succinctement tracé mon itinéraire de Paris à Stockholm et de Tornéo en France, mon jeune auditoire et moi nous n'exprimions plus qu'un seul et même sentiment, la joie de se revoir et la promesse mille fois répétée par Mme Récamier de ne jamais m'abandonner, de me servir de guide et d'appui. Et tout cela exempt de cet air de protection qui blesse et qui dessèche le cœur, tout cela dit simplement avec ce ton de bonté naturelle que nulle femme ne possède comme elle.

Mais, si Juliette était ravissante de bonté, Dieu! qu'elle était belle aussi! Qu'on se retrace la souplesse de sa taille, le charme de ses beaux yeux et de son sourire, sa brune chevelure donnant plus d'attrait à l'éclat de son teint, la grâce de toute sa personne, et on aura une idée bien imparfaite encore de cette beauté si célèbre. Mais ce que la parole serait impuissante à rendre, c'est l'expression céleste de sa physionomie, où se reflétaient le calme et la pureté de son âme ; voilà ce que l'art humain n'a peut-être reproduit jamais que dans les sublimes Vierges de Raphaël.

Après plusieurs heures consacrées à des récits cent fois interrompus et repris, il fallut aller goûter le repos.

Que cette première nuit à Clichy fut différente de celle qui l'avait précédée ! Ébloui par une vision consolante, des songes dorés balancèrent mon sommeil. Ah ! c'est que je n'étais plus un exilé dans ce monde. Déjà sans souci sur l'avenir, toutes les mauvaises fortunes du proscrit étaient sorties de ma mémoire ; je me sentais protégé, encouragé, respirant une atmosphère de luxe et d'opulence qui me ramenait à mes premiers jours. J'avais trouvé ma providence dans un palais. Aussi, éveillé par les premiers rayons d'un soleil pur et brillant, j'allai à ma fenêtre ; je l'ouvris. Le temps était superbe, l'air semblait embaumé, tout dans la nature paraissait heureux comme moi. Je contemplais les riants ombrages du jardin auxquels le chant d'une multitude d'oiseaux semblait prêter une voix harmonieuse. J'admirais la variété et la profusion des fleurs du parterre; plus loin, les détours sinueux de la Seine qui baignait les murs du parc. Je ne pouvais rien voir de tout cela d'un œil indifférent. C'était la terre promise que mes regards contemplaient avec ivresse. Alors, plein d'une émotion religieuse, tombant à genoux, je bénis Dieu d'avoir donné cette fois à ma providence le cœur d'une amie et les traits d'un ange pour venir à mon secours.

Vous avez voulu, mesdames, entendre un chapitre de ma vie si tourmentée : la mode seule a pu me servir d'excuse. »

Ce récit mit fin aux causeries de la soirée.

Le lendemain nous nous retrouvions presque tous à une fête dont l'éclat éblouissant ne valait pas le bonheur du cercle intime de la comtesse de Fuchs. Lord Stewart, ambassadeur d'Angleterre, donnait un grand bal dans le magnifique hôtel Stahremberg, sa résidence, pour célébrer la naissance de sa souveraine. Rien n'avait été épargné pour que cette réunion fût digne de cette circonstance mémorable et de la puissance que milord représentait. Milord avait déployé une magnificence, ou pour mieux dire une profusion dont peu de fêtes jusqu'alors avaient offert le modèle.

Seulement, Son Excellence, qui avait la prétention de se singulariser en tout, et à qui ses singularités ne réussissaient pas toujours, avait imaginé de joindre à ses billets d'invitation une injonction polie de venir à son bal en costume du temps de la reine Elisabeth. Ses compatriotes le comprirent aisément, et ils étaient nombreux à Vienne. La plupart des autres invités s'étaient dispensés d'obtempérer à la requête ; mais il suffit de ceux qui avaient adopté le costume pour produire un effet très remarquable.

Quant à milord, il portait son uniforme de colonel de hussards, dont la couleur écarlate était tellement cachée sous les broderies et le nombre infini de décorations civiles et militaires, qu'on eût pu le prendre pour le blason vivant de toutes les chevaleries de l'Europe.

A part cette singularité, le bal fut ce qu'étaient les bals de tous les autres jours : beaucoup de souverains, de princes, de grandes dames, d'illustrations politiques, un souper merveilleux, une loterie de charmantes futilités anglaises, qu'une dame, habillée exactement comme la reine Elisabeth, distribua à toute l'assemblée. Puis on dansa jusqu'au jour, ce qui cependant commençait à devenir rare à Vienne où les bals de cour se prolongeaient rarement au delà de minuit.

Pendant ce temps toutes les incertitudes sur la question polonaise avaient cessé. Le résultat des conférences du congrès, que Vienne et l'Europe attendaient avec une égale impatience, était connu enfin. Alexandre venait d'être proclamé roi de Pologne.

Pendant quatre mois cette réunion avait été le but exclusif de sa pensée. Ses efforts, l'habileté de ses ministres, la profonde conception de leurs vues étaient couronnés de succès. Le duché de Varsovie et la plus belle partie du territoire polonais étaient définitivement incorporés à son empire. La porte de l'Occident lui était ouverte.

Dans les phases qu'a subies cette négociation, deux objets surtout viennent frapper l'esprit : l'habile conduite du gouvernement russe et la confiance des Polonais. Quand la chute de Napoléon eut fait évanouir les dernières espérances de ce peuple, ses regards se tournèrent vers Alexandre. Persuadé qu'il lui rendrait son ancienne existence, qu'il reconstituerait en Pologne un royaume indépendant, il reporta sur lui son affection et ses vœux. Ni les souvenirs du passé, ni les leçons de l'histoire, ni les avertissements de quelques esprits plus clairvoyants, rien n'avait pu lui ouvrir les yeux.

Alexandre et son ministère, il faut l'avouer, avaient soigneusement exploité cette disposition. La plus grande modération fut affichée : les promesses les plus séduisantes furent prodiguées à la nation polonaise : les rêves d'indépendance, les idées de constitution libre furent flattés et entretenus. Les officiers russes en Pologne reçurent ordre de témoigner la plus grande déférence pour les autorités civiles et militaires. Enfin, au mois de septembre 1814, avant même qu'Alexandre traversât la Pologne pour se rendre au Congrès, quand le général Krazinski était entré à Varsovie avec sa division, le feld-maréchal Barclay de Tolly avait été le féliciter à la tête de son état-major. L'union la plus franche en apparence régnait entre les généraux des deux nations.

. Mais, dès les premières conférences des plénipotentiaires, malgré les protestations du czar en faveur de la nation polonaise, son système d'agrandissement fut bientôt dévoilé. En vain le roi de Prusse, intimement d'accord avec lui, soutenait toutes ses demandes. Le Congrès résista longtemps avant de donner son assentiment. La France, l'Autriche et l'Angleterre opposaient un refus absolu. On a vu plus haut comment Alexandre alla même jusqu'à dire qu'il soutiendrait, les armes à la main, ses prétentions et la liberté de la Pologne. Enfin, de guerre lasse, le Congrès céda, et la patrie des Jagellons, des Sobieski, fut réunie à la Russie.

A peine cette décision fut-elle rendue qu'Alexandre s'empressa de l'annoncer au gouvernement de Varsovie. Dans une lettre écrite de sa main au comte Ostrowski, président du sénat, il s'exprimait ainsi :

« En prenant le titre de roi de Pologne, j'ai voulu satisfaire au vœu de la nation. Le royaume de Pologne sera uni à l'empire par les liens de sa propre constitution. Si le grand intérêt du repos général n'a pas permis que tous les Polonais fussent réunis sous un même sceptre, je me suis efforcé d'adoucir les rigueurs de cette séparation et de leur obtenir partout la jouissance paisible de leur nationalité. »

Fidèle à son système, Alexandre faisait sonner bien haut le mot de nationalité au moment où venait d'être accompli et consacré le partage qui devait plus tard en être la ruine.

Parmi les notabilités polonaises qui, à Vienne, avaient défendu cette cause avec le plus d'intelligence et de courage, il faut placer en première ligne le prince Adam Czartoryski. Passionné pour l'indépendance de son pays, il s'était flatté d'en voir le régénérateur dans la personne d'Alexandre. Quand l'empereur, lors de son voyage de Russie à Vienne, s'était arrêté à Pulawi, séjour de cette antique famille, la princesse mère, ses deux fils, Adam et Constantin, ses deux filles, la princesse de Wurtemberg et le comtesse Zamoïska lui avaient fait la plus brillante réception. A leurs yeux, c'était lui dont la main devait relever leur patrie de ses ruines. Alexandre, de son côté, professait une haute estime pour le caractère du prince Adam. Même au Congrès, le bruit avait couru un moment qu'il allait le nommer son ministre des affaires étrangères en remplacement de M. de Nesselrode, et plus tard qu'il lui réservait la vice-royauté de Pologne (1). On n'a jamais su jusqu'à quel point ces bruits pouvaient être fondés : était-ce un hommage rendu à la loyauté et aux talents du prince Adam? Était-ce un calcul pour abuser les esprits? Depuis lors, l'Europe a su comment ce prince a été le martyr de la cause à laquelle il avait voué toute sa vie.

Mais enfin quelle devait être dans l'avenir la portée de cette décision du Congrès? Placée sous le sceptre de l'autocrate russe, la Pologne remonterait-elle au rang des nations? Ou bien, comme ces fleuves qui viennent dans l'Océan perdre leurs flots et leur nom, allait-elle s'engloutir dans les immenses limites de l'empire moscovite? Telles étaient les questions qui s'agitaient un jour chez la princesse Sapieha. Dans son salon étaient réunis autour d'elle le comte Arthur Potocki, le comte Komar, le prince Radzivill, le prince Paul Sapieha, la princesse Lubomirska, la comtesse Lanskaronska et plusieurs autres dames. Si l'illusion est permise, c'est surtout quand il s'agit de la patrie : dans cette réunion, les cœurs étaient généralement ouverts à l'espérance d'une restauration politique : tous les esprits croyaient à la réalisation des promesses d'Alexandre.

---

(1) Ce fut le grand-duc Constantin qui fut nommé vice-roi.

CHAPITRE XX

L'empereur Alexandre, le roi de Prusse et l'officier de marine. — Surprise à l'impératrice de Russie. — Continuation des fêtes. — Un bal chez M. de Stakelberg. — Paul Kisselef. — Brozin. — Fête donnée par le prince de Metternich. — Incendie de la salle de bal. — Fêtes et banquet à la Cour. — Ompteda. — Chronique du Congrès. — Le parfum accusateur. — Souvenir de l'impératrice Joséphine et de Mme Tallien. — Un roman à la Cour.

Le comte de Witte entra un matin chez moi en riant aux éclats.

« Qui vous rend si gai, mon cher général, lui dis-je ?

— Une aventure que vient de me raconter Ouvaroff : elle est fort plaisante, mais bien qu'il en tienne les détails de l'empereur Alexandre lui-même, on aura peine à la croire.

Un jeune marin, protégé du comte de Nesselrode, qui, par une coïncidence bizarre, n'était jamais venu à Pétersbourg, et ne connaissait pas l'empereur, a été expédié à Vienne porteur de dépêches importantes. Alexandre, ici comme dans sa capitale, vous le savez, aime à parcourir à pied les rues et les promenades. Ce matin, Sa Majesté sortait du palais revêtue d'une simple capote d'uniforme, quand elle avise un jeune officier de sa marine, botté, éperonné, qui semblait s'orienter et interroger du regard l'entrée de la résidence impériale, incertain du point vers lequel il dirigerait son gouvernail. Alexandre l'aborde.

« Vous paraissez chercher quelque chose, lui dit-il.

— C'est vrai, répond le marin. J'ai une dépêche à remettre à l'empereur de Russie. On m'a enseigné le palais de Burg : m'y voici. Mais, à Vienne depuis quelques instants seulement, je ne sais à qui m'adresser pour me guider et m'introduire. »

Alexandre est charmé de l'air franc et ouvert du jeune

homme. Il lui paraît plaisant de prolonger un peu son incognito.

« Vous ne trouveriez pas l'empereur maintenant ; dans ce moment il n'est pas au palais. Mais à deux heures il pourra vous recevoir. »

La conversation s'entame sur le ton le plus familier et le plus amical. Le czar interroge notre officier sur sa famille, sa carrière, ses espérances. Il apprend de lui qu'entré fort jeune dans la marine il n'est jamais venu à la cour, et n'a jamais vu son souverain. Enfin, après une demi-heure de promenade et de conversation, Alexandre se tournant vers le marin, lui dit affectueusement :

« Monsieur, vous pouvez me remettre vos lettres ; je suis Alexandre.

— Mauvais plaisant, répond l'autre en riant, vous, vous l'empereur ?

— Oui, l'empereur de Russie.

— Allez donc ; comme je suis l'empereur de la Chine, moi.

— Et pourquoi ne seriez-vous pas l'empereur de la Chine ?

— Vraiment oui, comme vous êtes celui de la Russie, » reprend le joyeux enfant de Neptune.

Alexandre, de plus en plus charmé d'un quiproquo qui promet de devenir comique, prend goût à la plaisanterie. Les gais propos, les réparties joyeuses continuent. On atteint le rempart. Bientôt l'empereur aperçoit le roi de Prusse qui se dirige de leur côté.

« Savez-vous l'allemand ? dit-il à son compagnon.

— Pas un mot, » répond l'autre.

Aussitôt Alexandre le devance, aborde Frédéric-Guillaume, et lui dit quelques mots en allemand ; puis, revenant au jeune marin et le prenant par la main.

« Voici, lui dit-il, une bonne occasion de vous faire connaître le roi de Prusse. Sire, un officier de ma flotte que j'ai l'honneur de présenter à Votre Majesté.

— Ah ! de mieux en mieux, s'écrie l'autre, monsieur, le roi de Prusse ; vous, l'empereur de Russie ; moi, l'empereur de la Chine. Trois souverains... pourquoi pas? mon capitaine dit bien qu'il l'est, après Dieu, sur son bord... A propos, comment vont les affaires de la Prusse? se porte-t-on bien à Berlin? En vérité, c'était un incontestable héros, que votre prédécesseur le grand Frédéric? Comme aussi votre aïeul, Pierre Ier de Russie, de réformatrice mémoire, dit-il en s'inclinant devant Alexandre. Tout grands qu'ils étaient, je doute qu'ils eussent imité mon grand'père, qui, à la bataille de Tchesmé, se fit sauter avec son bâtiment plutôt que de se rendre aux Turcs. »

Bien que la liberté de ces propos approchât de l'insolence, tout cela était dit par le marin avec cette franchise et cette gaieté qui sont l'apanage de cette profession. Non seulement les deux souverains ne s'en blessaient pas, mais leur rire témoignait qu'il s'en amusaient beaucoup.

On était arrivé à la porte d'une guinguette. Très poliment l'officier offre à ses interlocuteurs d'y entrer pour continuer l'entretien le verre à la main. Entraînés par cette folie du moment, les deux souverains acceptent. Des rafraîchissements sont servis : on s'attable, on trinque familièrement en continuant à deviser sans contrainte et avec l'abandon qu'une royale débauche autorise dans un pareil lieu.

« A votre santé, mon frère, dit Guillaume de Prusse à Alexandre de Russie.

— Vrai Dieu, répond l'empereur, il ne manque à la solennité d'un pareil toast que l'artillerie obligée des batteries de nos capitales.

— Qu'il en soit comme vous le désirez, dit le marin saisissant son pistolet et se disposant à l'armer. Voilà un canon de petit calibre qui y suppléera. »

Il allait tirer, ameuter la foule, et changer en une scène scandaleuse ce qui n'était qu'un joyeux badinage. Ce n'est pas sans peine que l'on détourne le danger d'une démonstration si bruyante. Enfin on quitte la place : mais le marin tient obstinément à payer la dépense, et l'on doit lui céder : on sort de la taverne. »

Arrivés sur le bastion, la foule commence à environner les deux monarques et leur prodigue les marques de déférence accoutumées. M. de Richelieu aborde Alexandre avec respect, et le traite de majesté. Le jeune officier, qui a servi sous les ordres du duc à Odessa, le reconnaît : il pâlit, il se trouble, il voit qu'il a été la dupe d'une mystification royale. Mais, bientôt rassuré par l'air de bonté d'Alexandre, il s'empresse de lui remettre ses dépêches. L'empereur les prend avec un sourire gracieux et malin, et, du geste le plus bienveillant, congédie le jeune marin qui reçoit une invitation à dîner pour le jour même... Bien certainement cette circonstance bizarre d'un passe-temps royal le poussera plus loin que ne l'eussent fait vingt ans de service, ou la plus éclatante action. Il n'aura pas besoin d'aller, comme son grand'père, chercher, à l'aide d'un baril de poudre, sa récompense au ciel.

Mais, pendant que nos rois s'amusent, continua le général, les impératrices et les reines ne veulent pas rester en arrière. Vous savez que c'est aujourd'hui l'anniversaire de la naissance de l'impératrice de Russie. Or, tous les anniversaires, toutes les fêtes du calendrier sont des occasions pour le plaisir, et le plaisir n'en laisse échapper aucune. Hier matin, l'impératrice d'Autriche, les grandes duchesses d'Oldembourg et de Saxe-Weimar, affublées de vêtements bizarres, se sont fait annoncer sous des noms supposés chez l'impératrice Elisabeth. Après quelque hésitation, on s'est reconnu, on a beaucoup ri : des cadeaux magnifiques ont été offerts, et, ainsi que la surprise, acceptés de la meilleure grâce du monde.

— Le prince de Ligne, mon cher général, en parlant de tous ces souverains que le plaisir enivre, les appelait des rois en vacances ; en vérité, à les voir se divertir ainsi comme des enfants, il eût pu les nommer des écoliers en vacances. »

Le comte me pressa de l'accompagner le soir à un grand bal que M. de Stackelberg, ambassadeur de Russie, devait donner pour fêter la naissance de sa souveraine. Je le lui promis : ce devait, assurait-on, être la dernière réunion russe ; car on annonçait que toutes les affaires seraient enfin terminées pour le carnaval. Plusieurs souverains songeaient à quitter Vienne, et lord Castlereagh était appelé à Londres pour l'ouverture du parlement anglais.

Quoique, très souvent depuis les premiers jours du Congrès, de pareils bruits eussent été répandus à Vienne, on pouvait, cette fois, croire à leur vraisemblance. Quatre mois s'étaient écoulés depuis que le plaisir avait ouvert aux représentants de l'Europe les portes du sanctuaire où ses destinées allaient être fixées : l'équilibre et la paix allaient probablement sortir de ce long enfantement.

Que dire du bal de M. de Stackelberg après toutes les descriptions des féeries de cette époque ? Il semblait vraiment qu'une sorte de lutte s'établît entre les représentants des grandes puissances, lutte de magnificence et de bon goût.

Une des premières personnes que j'aperçus dans cette éblouissante réunion fut le général Ouvaroff. Debout et immobile selon son habitude, il portait à son doigt cette bague mystérieuse qui ne le quittait pas, et sur laquelle était gravée une tête de mort. Etait-ce un souvenir de la mort de la princesse S*** qui s'était empoisonnée par amour pour lui ? C'est ce que je n'ai jamais pu savoir.

Près de lui était le colonel Brozin, et le comte Paul Kisseleff, tous deux aides de camp de l'empereur Alexandre. Le premier, beau et brave militaire, eut plus tard le dangereux honneur de succéder à son maître dans le cœur de la belle Narischkin : car il n'était donné qu'à Louis XIV d'être aimé d'une La Vallière, d'une femme qui se donnât à Dieu en cessant d'être à son roi. Le second, militaire de la plus haute distinction, s'est acquis, depuis, une réputation méritée comme administrateur des principautés de Valachie et de Moldavie. On se sentait pris d'abord d'une sorte de sympathie pour son caractère intrépide et brillant. Enthousiaste de tout ce qui est grand et noble, il était véritablement passionné pour Alexandre qu'il aimait comme un bienfaiteur, et qu'il chérissait par ce penchant naturel qui attache l'une à l'autre deux âmes faites pour s'entendre. Le général Paul Kisseleff a épousé, depuis, la fille aînée de la célèbre comtesse Sophie Potocka. Il est chargé aujourd'hui de l'un des ministères les plus importants de l'empire russe.

Ici, le prince Dolgoroucki, fils de cette belle princesse Dolgoroucki, pour laquelle Potemkin fit bombarder la forteresse d'Oczakoff pendant toute une nuit, est entouré d'un cercle nombreux au milieu duquel on distingue les princes Gagarin et Troubestkoï, l'aide de camp Pankratieff, etc.

Plus loin, M. de Talleyrand cause froidement avec MM. de Wintzingerode et de Hardemberg. Dans le bruit et l'enivrement du plaisir, sa physionomie impassible exprime le même calme que dans la salle du Congrès, où vient de s'agiter le sort de l'Europe et de sa patrie.

Déjà plusieurs valses et polonaises avaient été exécutées : on pria la princease B*** de danser la tarentelle, cette jolie danse napolitaine, que, dans son enfance, ses jeunes compagnes de Parthénope exécutaient avec elle sous ce beau ciel qui l'a vue naître. Cédant au vœu général, elle se plaça au milieu du salon, fit une révérence pleine de grâce ; puis, saisissant un tambour de basque, elle donne le signal à la musique, et commence ce pas léger, animé, voluptueux qui s'harmonise si bien avec l'ivresse dont l'air de Naples est empreint. Tantôt elle agite son tambour au-dessus de sa tête, et en fait sonner les grelots avec une incroyable dextérité ; tantôt, le frappant de la main, du coude, des genoux, de la tête, elle parcourt le cercle qui l'entoure avec tant de légèreté, qu'elle semble à peine effleurer le parquet qui la porte. Ces pas vifs et pressés, ce mélange de pudeur et de volupté, rappelaient, par leur souplesse et leur grâce, les poses de l'antiquité conservées dans les arabesques d'Herculanum, ou, mieux encore, celles des ravissantes filles de la baie napolitaine. Si on l'eût osé, les applaudissements eussent éclaté avec transport, mais un murmure universel et non moins flatteur vint prouver à la charmante Terpsichore l'admiration de tous les spectateurs.

Souvent, quand mon souvenir m'a reporté vers ces fêtes où j'ai vu la noblesse russe à Pétersbourg, à Moscou, à Vienne, déployer une telle recherche d'élégance et de richesse, je me suis rappelé ce que me disait mon ami le comte Tolstoy sur les difficultés que Pierre Ier eut à vaincre pour contraindre ses boyards de s'amuser à l'européenne. L'opposition avait été si violente qu'il ne put en triompher qu'en publiant un long règlement; et quiconque s'en écartait encourait les peines les plus sévères. Bien que son inébranlable volonté eût décidé que ces fêtes auraient un caractère européen, on touchait encore trop à la barbarie pour qu'elles ne s'en ressentissent pas. C'était au son du tambour que les bals de la cour étaient annoncés par la ville. Les dames s'y rendaient à cinq heures du soir : elles devaient être vêtues à la mode suivie alors dans les autres cours de l'Europe. L'impératrice mère seule, qui était une Narischkin, était exempte de la loi générale, et conservait le vêtement des dames russes. Pierre, qui ne s'épargnait jamais dans les ordres qu'il prescrivait aux autres, se tenait en faction à la porte du palais, un esponton à la main. Ainsi, Louis XIV à Saint-Cyr, gardait la porte du théâtre lors des représentations d'Esther. Les grandes duchesses offraient des rafraîchissements aux convives : vins de France, hydromel et bière forte. A la porte d'entrée, faisant face à l'empereur, un chambellan tenait deux urnes, renfermant un grand nombre de numéros. Chaque cavalier et chaque dame entrant dans le bal en tirait un, et, bon gré mal gré, se trouvait associé avec le numéro correspondant, comme jadis les athlètes du pugilat aux jeux olympiques. Les bals masqués étaient encore plus extraordinaires. On cherchait à s'y distinguer par les costumes les plus bizarres : et la joie, les danses étaient en harmonie avec les costumes.

Mais quelques années ne s'étaient pas écoulées que les leçons de l'illustre réformateur avaient déjà porté leurs fruits. Sous Catherine Iʳᵉ, sous Elisabeth, on vit le plaisir suivre la même progression que la puissance et l'influence russes. Cette dernière princesse affectionnait surtout les bals masqués : elle en donnait un magnifique le premier jour de chaque année ; les dames étaient tenues d'y paraître en hommes, et les hommes en habits de femmes. L'impératrice, qui était fort belle en homme, prenait grand plaisir à ce déguisement. Puis vint le règne de Catherine II, qui sembla destinée à épuiser tous les genres de gloires et de plaisirs. Sans parler de ses magnifiques carrousels, il suffira de rappeler ses réunions et ses bals au château de Tzarskoë-Selo, et les fêtes de Potemkin au palais de la Tauride : l'imagination humaine ne peut aller au delà. Enfin, dans les premières années de ce siècle, et à l'époque du Congrès de Vienne, il n'était pas de nation qui comprît le plaisir mieux que la nation russe, et qui sût mieux lui imprimer un cachet de politesse et de grandeur.

Ainsi, chaque jour voyait une fête nouvelle succéder à la fête de la veille, sans que cette continuation de plaisir parût amener la satiété. Pendant que M. de Stackelberg célébrait la naissance de sa souveraine, l'empereur François réunissait pour le même objet les têtes couronnées, les princes, les autres notabilités politiques ou militaires à un grand concert dans une des salles de la résidence impériale. Un dîner splendide avait précédé le concert. Deux jours auparavant M. le prince de Metternich avait aussi donné un grand bal auquel avaient assisté tous les hôtes de la cour autrichienne. Mais je m'aperçois que je touche bientôt au terme de ma course et que je n'ai pas encore parlé de cet homme d'Etat, l'un des personnages les plus saillants de notre époque. Qui n'a essayé de peindre M. de Metternich !... Ainsi que M. de Talleyrand, il a eu de son vivant tous les honneurs de l'histoire ; mais, quoique son portrait ait déjà été tracé par des mains plus exercées que la mienne, je ne puis résister au désir de le montrer, moi aussi, tel que j'ai pu le juger au travers de cette auréole de puissance et de réserve diplomatique dans laquelle il a vécu depuis sa jeunesse.

M. de Metternich, à cette époque, pouvait passer encore pour un jeune homme. Ses traits étaient parfaitement réguliers et beaux; son sourire plein de grâce; sa figure exprimait la finesse et la bienveillance; sa taille moyenne était aisée et bien prise, sa démarche remplie de noblesse et d'élégance. C'est surtout dans le beau dessin d'Isabey, représentant les plénipotentiaires au Congrès, qu'on peut se former une idée exacte de tous ces avantages extérieurs auxquels son cœur n'était pas insensible. Au premier coup d'œil on se plaisait à voir en lui un de ces hommes auxquels la nature a prodigué tous ses dons les plus séduisants, et qu'elle semble n'appeler qu'aux frivoles succès de la société. Mais, si l'on considérait attentivement sa physionomie, où sont empreintes à la fois la souplesse et la fermeté; si l'on scrutait la profondeur de son regard, à l'instant la supériorité de son génie politique se décelait : on ne voyait plus en lui que l'homme d'Etat habitué au gouvernement des hommes et au maniement des grandes affaires.

Mêlé depuis trente-cinq ans aux gigantesques commotions qui ont remué l'Europe, M. de Metternich a montré la haute aptitude de son esprit, cette rare pénétration et cette sagacité qui prévoit et dirige les événements. Sa décision, fruit d'une longue méditation, est immuable; sa parole est incisive, comme il convient à l'homme d'Etat qui est sûr de la portée de tout ce qu'il dit. Ajoutez à cela que M. de Metternich est un des plus charmants conteurs de notre époque.

En politique, on lui a reproché d'être asservi à la loi de l'immobilité : certes, un esprit aussi élevé que le sien a bien compris qu'il n'est pas dans la destinée de l'homme de rester stationnaire, et que, dans notre siècle, rester immobile ce serait reculer. Mais il sait aussi que les secousses ne sont pas le progrès, et qu'il faut, dans le gouvernement des hommes, tenir compte de leurs habitudes et de leurs besoins réels. Si le moment n'est pas venu de porter sur M. de Metternich un jugement définitif, l'histoire contemporaine doit se borner à constater le bonheur calme et sans nuages que son gouvernement immobile et silencieux a su donner aux Etats héréditaires de l'Autriche ; ce bonheur, qui leur suffit, est déjà un titre de gloire qu'on ne saurait méconnaître.

Les fêtes de M. de Metternich lors du Congrès avaient un caractère particulier, tout à fait en rapport avec sa personne, si on peut s'exprimer ainsi. Au luxe le mieux entendu, à une recherche extrême dans les détails, se joignait un grandiose sans confusion. Il semblait que, sous ce point de vue, une sorte de préséance leur appartînt comme elle appartenait au prince dans les conférences diplomatiques de la chancellerie d'Etat.

Ce fut vers la fin de janvier que fut donnée cette réunion. Elle eut lieu à la maison de campagne que M. de Metternich possède à une petite distance de Vienne. Quoique le froid fût excessif, la foule des assistants était immense, et, comme d'ordinaire, on y voyait réunies toutes les illustrations de l'Europe, toutes les plus jolies femmes du moment. Le prince et la princesse en faisaient les honneurs à l'envi et avec une certaine grâce coquette qui s'efface de jour en jour, maintenant que l'on croit avoir tout fait quand on s'est borné à ouvrir la porte de ses salons. En vérité, en voyant tout le soin que cet illustre maître de maison se donnait pour plaire à ses invités, on se rappelait que naguère, au début de sa carrière, il avait brillé à Paris par le charme de ses manières. Si, depuis, sa position avait démesurément grandi, elle ne lui avait rien enlevé d'une urbanité qui, pour un favori, ne laisse pas que d'être un parfait auxiliaire au bon vouloir de la fortune.

Une magnifique salle de danse avait été construite pour cette fête sur l'emplacement du jardin ; elle était ornée avec ce luxe et cette richesse de décors qu'on apportait dans tout. Les gradins étaient couverts de femmes éblouissantes de toilette et de beauté. L'œil ne quittait cette riante perspective que pour se reporter sur un spectacle non moins brillant, la variété infinie des uniformes, des broderies, des décorations qui remplissaient le milieu de la salle.

Le lendemain, un bruit sinistre se répandit dans la ville. Cette salle de bal si élégante, avait été, pendant la nuit, dévorée en partie par le feu. Les gens superstitieux ne manquaient pas à Vienne. Ce fâcheux événement servit de texte à de nombreux pronostics. On rappelait les malheurs qui avaient signalé le mariage de Louis XVI, et l'incendie de l'hôtel du prince de Schwartzemberg à Paris au moment de l'union de Napoléon avec la fille des Césars : triste analogie avec les fêtes qui célébraient sa chute dans la capitale de son beau-père, et non loin du lieu d'exil de sa femme et de son fils. La haute position qui appartenait à M. de Metternich dans les débats de l'Europe, la présidence que ses collègues lui avaient déférée, venaient donner plus de consistance encore à ces lugubres conjectures. Pourquoi faut-il qu'elles se soient si tristement réalisées?

Quelques jours après, sans autrement s'inquiéter de toutes les prédictions des Nostradamus viennois, la cour autrichienne célébrait gaiement la fête du roi de Danemarck, de la reine de Bavière, du duc de Saxe-Weimar et du grand-duc de Bade, qui tombaient le même jour. Un grand gala, auquel le public était admis comme curieux, réunissait toutes les têtes couronnées. Je suivis la foule, désireux de contempler un coup d'œil qui ne devait probablement pas se renouveler de si tôt. C'était en vérité quelque chose de bien important que ce banquet, par le nombre et le rang des convives. *Sire, Votre Majesté* s'entendait à tous les coins de la table; altesses royales, altesses impériales, grands-ducs, ducs, n'y étaient, après tout, que des sujets haut placés. Qu'on ajoute à tout cela le rang des officiers servants, écuyers, échansons, panetiers, pour la plupart aussi princes souverains ou altesses sérénissimes ; qu'on se figure des milliers de bougies faisant étinceler les cristaux et reluire la vaisselle d'or massive de la maison impériale, le parfum des fleurs se mêlant à l'harmonie des instruments, la douce familiarité, l'intimité de ces maîtres du monde tempérant la majesté de leur réunion, et on conviendra que c'était un spectacle unique à contempler.

C'est dans ces galas d'apparat qu'on servait de ce vin de Tokai dont le prix exorbitant est évalué de cent vingt à cent cinquante florins la bouteille. L'empereur en avait de plus de cent ans dans sa cave ; ce précieux nectar ne voyait le jour que dans les occasions solennelles, quand il s'agissait de fêter quelque grand anniversaire, ou de porter quelques santés souveraines.

Le hasard m'avait placé non loin du baron Ompteda. Nous sortîmes ensemble pour nous rendre au théâtre de la Porte de Carinthie. On y donnait *Flore et Zéphire*, ballet exécuté par les danseurs de l'Opéra de Paris. La salle était pleine comme d'habitude. Peu soucieux des entrechats et des pirouettes, je me promenais avec Ompteda, certain, s'il était en verve, d'être bientôt au fait de la chronique du Congrès : personne mieux que lui n'avait le talent de recueillir et d'habiller les nouvelles du Graben et des salons.

« Que dit-on de nouveau ? demandai-je à mon spirituel interlocuteur.

— Tout est fini, ou près de l'être. Les nuages sont dissipés. C'est au départ de lord Castlereagh que l'Europe doit enfin l'heureuse issue des négociations.

— Milord était donc le seul obstacle à la paix ?

— Vous n'y êtes pas : depuis quatre mois on conférait sans pouvoir se mettre d'accord. Tout à coup, milord est rappelé en Angleterre pour l'ouverture du parlement. Vous comprenez qu'il ne pouvait s'y présenter sans apporter au moins quelques nouvelles ; il a donc ranimé les délibérations, hâté la conclusion des affaires, pressé les résultats. Pourquoi les autres nations n'ont-elles pas aussi des parlements à ouvrir ?

« La cour d'Autriche est fort à l'aise, continua le baron. L'aréopage européen a prononcé sur le sort de Naples et de son roi improvisé, Joachim. Le trône va être rendu à la branche des Bourbons. Vous savez que la chancellerie impériale avait pris le parti de ne pas notifier le décès de la reine Caroline, ne sachant quel titre lui donner. L'embarras a disparu.

— Oui, je me rappelle qu'on avait mis en avant un honnête prétexte. La cour, disait-on, ne voulait pas attrister les fêtes du Congrès, en pleurant officiellement la fille de Marie-Thérèse. Ainsi, en réalité, elle ne voulait pas, ou plutôt n'osait pas trancher cette question d'étiquette réservée à la diplomatie. On va donc prendre le deuil de la pauvre reine au moment où il conviendrait plutôt de chanter un *Te Deum* pour le retour de son époux au trône de ses pères.

— Un de vos diplomates très influent ici a une façon toute particulière de faire arriver à Vienne des nouvelles de Paris pour les accommoder à sa guise : il envoie à Mme la duchesse son épouse un projet de dépêche. Le secrétaire docile le transcrit. Huit jours après, l'estafette le rapporte, puis on montre en confidence des notes de la cour des Tuileries qui n'y ont été ni dictées ni chiffrées. En vérité, on aurait pu leur éviter les cahotements du voyage.

— Vous avez entendu parler du duel qui vient d'avoir lieu entre le prince de *** et le comte *** ?

— Oui, j'ai appris que les deux champions, quoique blessés tous les deux, l'étaient si légèrement que leurs amis n'ont aucune inquiétude.

— Le public de Vienne, reprit Ompteda, s'égayerait bien s'il connaissait le sujet de la querelle. La femme d'un de ces messieurs a une passion malheureuse pour les parfums, ou plutôt pour un parfum dont elle se fait gloire d'être l'inventeur. C'est un mélange d'eau de rose et de musc assez fort pour mettre en fuite toutes les femmes vaporeuses de l'Italie. Comme cette dame, belle encore, quoique n'étant plus de la première jeunesse, allait souvent dans le monde, ce malencontreux parfum y était si connu qu'entrait-elle dans une pièce, sa présence était aussitôt trahie par l'odorat. Voici qu'un matin son mari, le prince *** arrive chez son ami le comte M***. A peine a-t-il mis le pied dans les appartements que, saisi par une odeur qu'il ne connaît que trop, il s'écrie :

« Ma femme est donc venue ici ?

— Non sans doute, répond le comte.

— Tu le nies. Alors elle y est encore. Et si je me mets à la chercher, je ne la suivrai pas longtemps à la piste. »

Par suite d'une vive explication, où l'un nie et l'autre affirme, les deux amis mettent l'épée à la main dans la chambre même, et pendant qu'ils se blessent mutuellement, la dame s'esquive par un escalier dérobé. Cette mésaventure aurait dû la guérir. Mais non ; elle n'en continue pas moins à s'inonder de cette maudite essence, qu'on pourra bien appeler le parfum accusateur.

On déplore avec raison l'accident qui vient de coûter la vie au jeune duc Louis d'Aremberg. Précipité par son cheval sur les dalles de la place Joseph, il a été relevé mort. Et que l'on envie encore les avantages d'une haute naissance ! Voyez si l'auréole du rang protège de la foudre. Le père du jeune duc a perdu la vue à la chasse, d'un coup de feu ; sa mère a été guillotinée en France ; son frère s'est expatrié par suite d'un duel où il a tué son adversaire ; enfin sa sœur a péri dans l'incendie du bal donné par le prince Schwartzemberg à Paris. Fallait-il donc s'appeler d'Aremberg pour qu'à ce nom s'attachât tant de fatalité (1) ?

« Vous n'étiez pas au dernier bal donné par le banquier Gey-Muller ?

— Non ; mais j'ai assisté déjà à une fête de ce genre chez le baron d'Arnstein, et ce fut pour moi, ici où tout est merveilleux, un spectacle vraiment incroyable que celui de l'aristocratie financière luttant de luxe avec la cour autrichienne, et la surpassant peut-être.

— Ce qui a signalé la réunion de Gey-Muller, c'est

---

(1) La mort d'un autre membre de la famille d'Aremberg s'ajoute au dramatique nécrologe : en 1870, le prince d'Aremberg, attaché militaire d'Autriche à Saint-Pétersbourg, fut assassiné par un moujik.

moins la profusion, l'élégance, la recherche exquise du souper, qu'une chute, non pas la chute d'un empire, on y est maintenant assez accoutumé, mais celle de la jolie Mme Pereyra, la fille du baron d'Arnstein. Elle valsait avec le prince Dietrichstein : entraînée par la rapidité de cette valse russe, qui tourbillonne comme une avalanche, embarrassée dans les plis de sa robe, elle est tombée avec son cavalier ; et tous deux ont roulé au milieu de la foule. Je vous laisse à penser quelle fut leur confusion. Il faut en convenir : les princes du nom de Maurice sont poursuivis par une sorte de fatalité. Au carrousel impérial vous avez vu Maurice Lichtenstein précipité avec son cheval sur l'arène. Voici cet autre Maurice qui se met à pivoter sur son dos au lieu de tourner sur ses jambes : il ne faut pas disputer des goûts.

— Trêve, mon cher baron, trêve de plaisanteries : ce sont des pierres que, sans le savoir, vous jetez dans mon jardin. Pareille mésaventure m'est arrivée jadis au salon des Étrangers à Paris. Mais, pour tout dire, ma jolie partenaire était masquée, ce qui lui épargna la peine de rougir. Je dus en outre à cette chute d'entendre une conversation qui, à cette époque, avait tout l'intérêt d'une scène de drame.

« C'était lors des premières années du consulat. La meilleure compagnie de l'Europe affluait alors à Paris. La France, avide de jouir après les orages sanglants de la Révolution, semblait saisir tous les moyens d'oublier ses souffrances. Les salons de Frascati étaient le rendez-vous ou plutôt le temple du plaisir. Ici une foule de gens de tout rang, de tout sexe, à la faveur d'un domino, venaient à une table de jeu risquer, dans une nuit, le fruit de vingt ans de travail, ou le produit des plus ingénieuses spéculations. Là, dissimulées par une légère surface de carton et une enveloppe de soie, s'agitaient les intrigues politiques ou amoureuses les plus piquantes ; plus loin, des quadrilles, où figuraient Vestris, Bigottini, Millière, faisaient assaut de grâces et de légèreté. Je valsais avec Mme R*** : la foule qui nous entourait était immense. Embarrassée dans son domino, ma partenaire fait un faux pas, tombe et m'entraîne. Nous nous relevons aussitôt : mais tout émue de cet accident, Mme R*** me prie de la conduire hors de la salle. Fort à point nous rencontrons le marquis de Livry qui nous fait conduire dans ses appartements à l'étage supérieur.

L'air plus pur et quelques spiritueux eurent bientôt dissipé le malaise de Mme R***. Nous nous disposions à redescendre dans les salons, lorsque nous entendons une conversation assez vive dans la pièce voisine.

Beaumarchais a dit que pour entendre il faut écouter : persuadés qu'il ne s'agissait que d'une intrigue de bal, nous nous approchons de la cloison. A travers sa mince épaisseur nous distinguons deux voix de femmes. Nous allions nous retirer, désappointés, quand le nom de Bonaparte frappe notre oreille. Ce nom, le talisman de cette époque, attire de nouveau notre attention ; nous entendons l'une de ces dames dire à l'autre :

— Je vous proteste, ma chère Thérézina, que j'ai fait tout ce que l'amitié pouvait attendre de moi, mais vainement. Ce matin encore j'ai tenté un nouvel effort. Il ne veut rien entendre. En vérité, je suis à me demander ce qui peut l'avoir si fortement prévenu contre vous. Vous êtes la seule femme qu'il ait rayée de la liste de celles admises dans mon intimité. Craignant qu'il ne vous fît un affront personnel, ce dont je ne me consolerais jamais, j'ai hasardé de venir ici seule avec mon fils. On me croit couchée au château : mais j'ai voulu vous voir pour calmer votre tête et me justifier à vos yeux.

— Je n'ai jamais douté de votre cœur ni de votre attachement, Joséphine, répondait l'autre dame : leur perte me serait mille fois plus douloureuse que les préventions de Bonaparte. Ma conduite a été assez digne pour que l'on puisse s'honorer de mes visites : et certainement je ne vous en ferai pas sans son aveu. Mais ne lui souvient-il plus que la première démarche de Tallien, après le 10 thermidor, fut de nous ouvrir les portes du cachot où toutes deux nous attendions la

mort ? Peut-il avoir oublié que celui dont je porte le nom a nourri vos enfants pendant toute votre captivité. Ces enfants, les siens aujourd'hui, il ne les a sans doute pas consultés avant de vous interdire ma présence. Il n'était pas consul alors que je partageais avec vous
. . . .
Mais pardon, Joséphine, pardon ! . . . . . .
« Ici des sanglots l'interrompirent.

— Calmez-vous, ma chère Thérézina ; laissons passer le premier orage, et tout s'arrangera. Mais gardons-nous de l'irriter davantage. Il en veut beaucoup à Ouvrard, et l'on dit que vous ne recevez que lui.

— Eh ! veut-il donc, reprit Thérézina indignée, parce qu'il gouverne la France, tyranniser aussi nos cœurs ? Faudra-t-il sacrifier tout, jusqu'à nos affections les plus intimes et les plus chères ? »

Comme elle achevait ces mots, on frappa à la porte. C'était Eugène de Beauharnais qui venait chercher une de ces dames.

« Partons, lui dit-il : voici une heure que vous êtes absente; le conseil est peut-être fini : que dirait le premier Consul s'il ne vous trouvait pas en rentrant ?

« Nous nous éloignâmes à petit bruit, Mme R*** et moi.

« Quittons ce bal, me dit-elle en descendant ; ce que nous pourrions y voir ne vaudrait pas ce que nous venons d'entendre.

— L'une de ces dames était Joséphine, celle qui allait, bientôt après, être saluée du nom d'impératrice ; l'autre était Mme Tallien, aussi célèbre par son extrême beauté que par ce caractère énergique à qui la France dut le renversement de Ropespierre. »

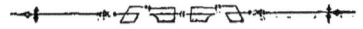

CHAPITRE XVIII

Ouvrage du comte de Rechberg sur les gouvernements de l'Empire russe. — Le Roi de Bavière. — Poème polonais de Sophiowka. — Mme Potocka ou la belle Fanariote. — Son enfance. — Détails sur sa vie. — Coup d'œil sur le parc de Sophiowka. — Souscription des Souverains. — Etat actuel de Sophiowka.

Le comte Charles de Rechberg avait composé un ouvrage intéressant sur les cinquante-deux gouvernements de l'empire russe. Ce livre, à la fois historique et pittoresque, traite de l'éthnologie des peuples depuis la grande muraille jusqu'à la Baltique, et de la Crimée au pôle ; il contient la description exacte des diverses provinces considérées sous leurs rapports politiques et commerciaux, et des recherches sur les antiquités qu'on y trouve encore, ce qui jettera un grand jour sur quelques migrations des peuples primitifs. Le plus grand luxe avait été déployé dans cette publication enrichie de magnifiques gravures coloriées.

Le prix, qui variait de dix-huit cents à deux mille cinq cents francs, aurait pu être un obstacle au succès de cette œuvre. Rechberg heureusement trouva le plus puissant auxiliaire dans son souverain le roi de Bavière. De protecteur de l'auteur, cet excellent prince voulut devenir le protecteur du livre. Il le recommandait partout avec cette bonté paternelle qui le faisait adorer. Il sollicitait les souscripteurs, et, grâce à cette bienveillante intervention, le comte en plaça un grand nombre d'exemplaires.

Un tel succès, obtenu dans une réunion de tant de personnes diverses, me donna aussi l'idée de faire imprimer un ouvrage que m'avaient inspiré la poésie et la reconnaissance.

En 1811, j'avais passé à Tulczim, chez la comtesse Sophie Potocka, une année qui embrasse toute une vie, si le bonheur en centuple la durée. Souvent j'avais accompagné cette dame à Sophiowka, jardin situé près d'Humang, et l'une des plus ravissantes créations que l'esprit puisse concevoir. Le comte Félix Potocki, pour immortaliser la femme qu'il adorait, y avait déployé une magnificence et un goût qui surpassent tout ce que l'Europe entière peut offrir en ce genre. Trembecki, le poète le plus célèbre de la Pologne, avait, à l'âge de soixante et dix ans, retrouvé tout le feu de la jeunesse, et composé sur ce jardin un poème qui passe pour un chef-d'œuvre. Il est, en effet, peu de Polonais instruits qui ne puissent en dire des fragments.

Ce double titre à l'immortalité était digne de la femme dont la beauté fut proverbiale, et que la fortune s'était plu à guider d'une position obscure jusqu'aux sommités des rangs les plus opulents et les plus considérés de l'Europe. Son histoire serait un épisode remarquable des temps où elle a vécu : n'y eût-il dans sa vie que le fait extraordinaire d'avoir été vendue deux fois d'abord par sa mère, ensuite par son mari, ces circonstances suffiraient pour jeter un vif intérêt sur les événements qui se rattachent à sa merveilleuse existence. Mais, lorsqu'on a vu comme moi le luxe de ses fêtes, l'éclat inouï de ses parures, le grandiose de ses palais, l'étendue de sa puissance, c'est le mot quand elle a pour base la possession de dix villes, cent villages et cent mille âmes dispersées sur un territoire de quarante lieues dans la riche et fertile Ukraine ; lorsqu'on a vu tout cela et qu'on se reporte au sort que lui avait fait sa naissance, on est confondu de ces élévations dues à l'amour, ce magicien sans égal. On se rappelle bien Catherine Ire, d'esclave livonienne faite impératrice, et tant d'autres exemples encore : l'esprit n'en est pas moins comme étourdi de ces subites transitions.

Mme Potocka était née à Constantinople. On sait que les grandes familles grecques, qui résident dans cette ville, ont éprouvé toutes les vicissitudes de la fortune, conséquences des révolutions. Il n'est pas surprenant de voir au Fanar les membres de ces anciennes races princières passer tout à coup de l'extrême opulence à l'extrême pauvreté, parfois même obligés d'embrasser un état et souvent un métier.

Dans une petite rue, non loin du palais de Suède, vivait un artisan pauvre, quoique descendant sans conteste de la race impériale des Comnènes. Il avait plusieurs enfants, et parmi eux une fille dont la naissante beauté faisait l'admiration de tout le voisinage et l'envie de ses jeunes compagnes.

M. de B***, gentilhomme français, secrétaire de l'Ambassade, se promenait un jour à cheval dans les rues écartées de Pera, accompagné d'un janissaire du palais de France. Près du tombeau du comte de Bonneval (1), il aperçoit dans un groupe d'enfants une jeune fille de treize à quatorze ans, telle que le beau sang de la Grèce peut seul en produire. Frappé de la régularité de ses traits, du feu de ses regards, de l'élégance de sa taille, il s'arrête et lui fait signe d'avancer. Un fonctionnaire diplomatique est une puissance à Pera. La jeune fille obéit. Le marquis met pied à terre, lui demande son nom, l'interroge sur sa famille.

« Mon nom est Sophie, lui répond cette charmante fille. Nous sommes Grecs d'origine, et d'une illustre naissance, à ce que dit ma mère. Mais des malheurs successifs nous ont réduits à exercer un état pour vivre. Mon père est boulanger. »

Le marquis est ébloui de cette beauté ravissante ; il est touché par le charme de sa voix, il admire son esprit naïf et précoce. Après quelques autres questions il quitte Sophie, mais la charge de dire à sa mère qu'il l'attend le lendemain au palais de France.

Le jour suivant, la pauvre mère paraissait devant M. de B***. Longuement interrogée sur sa position,

---

(1) Le célèbre comte-pacha qui devint sujet turc. Sur ce singulier personnage, outre des *Mémoires* apocryphes qui contiennent quelques détails vrais, voir le *Mémoire* sur le comte de Bonneval dans les *Mélanges* du prince de Ligne, et *Une Ambassade française en Orient sous Louis XV*, par M. Albert Vandal.

elle avoue en fondant en larmes que leur misère est extrême, que le fruit de leur travail est insuffisant pour satisfaire des créanciers impitoyables. Le marquis lui propose alors de prendre soin de sa fille, de la conduire en France, et termine en lui offrant une somme de quinze cents piastres pour subvenir à ses pressants besoins. Le premier mot de la mère est un refus. Mais, d'un côté, cet argent qui va faire cesser leurs angoisses, de l'autre le sort brillant réservé à sa fille bien-aimée, se présentent à son esprit. Enfin, après bien des hésitations, des larmes, des brisements de cœur, elle se décide à un si grand sacrifice. L'abandon de sa fille consenti et signé, elle reçoit en échange les quinze cents piastres, faible compensation au trésor qu'elle cédait : marché monstrueux pour nous sans doute, mais moins étonnant dans un pays où l'on est accoutumé à voir les femmes devenir une marchandise (1).

Investi des droits paternels, M. de B*** en remplit scrupuleusement les devoirs. Il corrigea l'éducation de Sophie, qui, on le conçoit sans peine, était plus que négligée : il lui prodigua tous les soins, lui donna tous les maîtres ; et, l'art secondant la nature, quand il fut rappelé par sa cour, Sophie à seize ans était devenue un modèle de beauté et de perfection dans tous les genres.

Prêt à partir, pour éviter à son élève les dangers d'un voyage de mer, il voulut revenir par la Pologne et l'Allemagne. Ravissant à l'Orient un de ses précieux trésors, après avoir traversé la Turquie d'Europe, il arriva enfin à Kaminieck Podolski, la première forteresse des frontières russes.

Le comte Jean de Witte, descendant du grand pensionnaire de Hollande, en était gouverneur. Il accueillit le noble voyageur avec les prévenances les plus attentives et l'engagea à prolonger quelque temps son séjour à Kaminieck. Mais les égards dus au rang du marquis n'étaient pas la seule cause de tant d'empressement. Le

(1) N'est-ce pas là, presque mot pour mot, le commencement de l'histoire de Mlle Aïssé ?

général n'avait pu voir Sophie sans ressentir l'effet de ses charmes et en devenir passionnément amoureux. Instruit par elle de sa position précaire, sachant que, ni servante, ni maîtresse, elle n'était qu'une espèce de propriété mobilière achetée pour quinze cents piastres, il n'hésita pas à faire suivre sa déclaration d'amour d'une offre de mariage. Le comte, fort bel homme, à peine âgé de trente ans, était déjà lieutenant général et en grande faveur près de Catherine II, sa souveraine. La prévoyante Grecque n'eut garde de refuser cette première faveur du sort, et, sans balancer, elle accepta la main qui se donnait.

Cependant, on pouvait bien supposer que le diplomate ne consentirait jamais à se séparer d'un bien auquel il attachait tant de prix. Le général-gouverneur attendit donc que Son Excellence fît seule une promenade à cheval hors de la forteresse. Faisant alors lever les ponts levis, il se rendit à l'église avec Sophie, et un pope y bénit le jeune couple. Pendant que la cérémonie s'achevait au son de toutes les cloches des églises de Kaminieck, Son Excellence se présenta devant les fossés de la place demandant à y rentrer. On lui fit connaître par envoyé tout ce qui venait de se passer, et pour corroborer la narration, on lui montra le contrat de mariage dressé en bonne forme, ainsi que cela se pratique à tous les dénoûments de comédie.

Pour éviter à la belle délinquante les reproches assez sévères que lui eussent mérités sa précipitation et son ingratitude, le général fit prier la suite de Son Excellence de plier bagage et de quitter la forteresse pour rejoindre le diplomate *extra muros*; il la chargea de tous les dons que Sophie avait reçus du marquis, sans en excepter les quinze cents piastres du contrat primitif; la jeune épousée y joignit une lettre où elle s'excusait de son mieux d'avoir disposé de sa main et de son cœur sans l'aveu de son second père. M. de B*** ne put qu'exhaler en reproches et en imprécations une colère qui, assurément, n'était pas sans motifs. Convaincu cependant qu'il ne pouvait rester toute sa vie à contempler les bastions de la forteresse ; qu'en outre, il était peu probable que les deux cours se brouillassent pour venger un affront sans remède et faire restituer cette autre Hélène à Ménélas, le marquis se rappela fort à propos ces deux vers de *la Coquette corrigée :*

> Le bruit est pour *le fat*, la plainte est pour *le sot ;*
> L'honnête homme trompé s'éloigne et ne dit mot.

Il se retira à petit bruit, se promettant bien de ne plus trafiquer d'une marchandise, précieuse sans doute, mais qui n'a de valeur qu'autant qu'elle se donne et qu'elle ne s'achète pas.

Après une lune de miel qui dura quelques années, et pendant laquelle il eut un fils, le comte de Witte obtint un congé et voyagea dans toutes les cours de l'Europe avec sa belle Grecque. Ce fut partout un véritable triomphe. La rare beauté de Sophie, à laquelle se joignaient toutes les grâces moelleuses et piquantes de l'Orient, fit de son voyage une succession d'enchantements. Ce fut à cette époque que le prince de Ligne, de qui je tiens tous ces détails, confirmés souvent par elle-même, la connut à la cour de France. Il la retrouva ensuite, au siège d'Ismaël, l'objet des hommages du prince Potemkin.

Les rois, les hommes d'Etat, les guerriers, les sages, aux pieds de cette femme ravissante, donnaient, disait-il, l'idée de Socrate, de Périclès, d'Alcibiade venant auprès d'Aspasie épurer leur goût et la finesse de leurs discours.

On peut donc l'en croire quand il disait :

> La nature prudente et sage,
> Force le temps à respecter
> Le charme de ce beau visage
> Qu'elle n'aurait pu répéter.

J'arrive rapidement à la seconde époque de sa vie qui sert merveilleusement de complément à la première. Le comte Félix Potocki, au commencement des troubles de la Pologne, s'était fait un grand parti par l'influence de son rang et de son immense fortune.

Eloigné momentanément de la cour, il revenait d'un voyage en Italie quand il rencontra le comte et la comtesse de Witte à Hambourg. Il devint éperdument amoureux de Sophie, et sans entrer dans les détails d'un roman qui, bien que court, fut rempli d'incidents, je passe au dénoûment qu'il brusqua d'une façon nouvelle. Rien n'est plus facile en Pologne que de divorcer. Cet abus de la loi y est porté si loin que j'ai connu un M. Wortzel qui n'avait pas moins de quatre femmes vivantes portant son nom. Le comte Potocki profita donc de cet avantage. Ayant pris d'avance toutes les mesures nécessaires, il entra un matin chez le comte de Witte.

« Je ne puis plus vivre sans votre femme, lui dit-il. J'ai la certitude de ne pas lui être indifférent. J'aime mieux vous devoir mon bonheur et vous en conserver une reconnaissance éternelle. Voici deux papiers : l'un est un acte de divorce, il n'y manque que votre signature, celle de la comtesse y est déjà ; l'autre est un bon de deux millions de florins à toucher ce matin chez mon banquier. Terminons cette affaire à l'amiable, ou autrement si cela vous plaît mieux : mais terminons. »

L'époux se rappela sans doute les ponts-levis de Kaminieck, se résigna comme le secrétaire d'ambassade, signa, et la belle Sophie, de comtesse de Witte qu'elle était, devint dans la journée même, comtesse Potocka, et réunit aux prestiges de sa beauté les avantages d'une opulence qui n'avait point d'égale en Europe.

Un moment même, elle put se flatter d'une plus haute fortune. Lorsqu'en 1791 la plupart des grands de la Pologne convinrent de sacrifier une partie de leurs privilèges au repos de la patrie, Catherine, afin de donner plus d'importance à cette confédération, voulut que le comte Potocki en fût le chef. Pour le décider, elle fit même briller la couronne à ses yeux. Un jour qu'à la suite d'une solennité elle venait de détacher son diadème, elle le plaça sur la tête du comte Potocki, et lui dit en souriant :

« Comte, cela vous irait bien. »

Chacun sait quelles furent les suites de cette confédération et comment furent tenues les paroles jurées.

Ce rêve évanoui, Potocki s'attacha dès lors à embellir des preuves de son amour l'existence d'une femme qu'il idolâtrait. Les arts, les talents, le luxe des divers pays de la terre, vinrent ajouter au bonheur dont il l'entourait. Pour satisfaire à ses désirs, à ses moindres fantaisies, il réalisait tout ce que l'imagination peut inventer de féerique. Un jour, elle souhaitait une parure de perles ; le comte lui demanda un an pour lui en offrir une digne d'elle. Il envoya dans toutes les capitales de l'Europe et de l'Asie le dessin d'une perle, et fit savoir aux joailliers qu'il payerait mille louis chacune de celles qui seraient égales au modèle en grosseur et en orient. Cent perles furent ainsi réunies, et à la Sainte-Sophie suivante, il attachait au cou charmant de sa femme un collier de cent mille louis.

A la mort du comte Potocki, Sophie recueillit cette colossale fortune, tant par suite des avantages qu'il lui avait faits, que comme tutrice des enfants nés de son deuxième mariage. Ce fut peu de temps après que je la connus à Pétersbourg, et que je l'accompagnai dans sa terre de Tulczim. C'était encore à cette époque une ravissante créature que cette célèbre Sophie. Sa beauté était réellement merveilleuse et telle que l'offrent aux yeux charmés les exilés du Fanar. Ses traits réguliers, ses vives couleurs, ses yeux noirs étincelants, lançant les feux de l'amour, la souplesse, la grâce de sa taille, formaient un de ces ensembles qui servirent jadis aux statuaires de la Grèce pour créer les divinités.

Il faudrait des volumes pour donner une idée de la vie qu'on menait dans ce séjour enchanté de Tulczim. Sophie voyait la vie de si haut qu'elle ne semblait plus appartenir à la foule qui l'entourait et que sa beauté amenait sans cesse à ses pieds. Ce n'est pas qu'elle fût vaine ou impérieuse, non ; mais elle était belle, elle le savait. Ce culte de tous les instants en avait fait une idole, et de l'autel où on l'avait placée, elle payait l'encens d'un regard, l'éloge d'un sourire. Reine par la beauté, elle semblait dire : Le monde, c'est moi.

Sophie rassemblait autour d'elle tous les genres de plaisirs. Son palais était le temple de l'hospitalité. L'étranger qui venait y demander un asile était royalement hébergé pendant quinze jours. Des chevaux, des équipages, des serviteurs étaient mis à sa disposition, sans qu'il lui fût imposé l'obligation de se montrer à la comtesse. Le seizième jour il devait se présenter enfin, ne fût-ce que pour prendre congé. Et cela se pratiquait, non sous la tente de l'Arabe du désert, ni dans la hutte du Lapon, mais dans un palais enchanté dont Sophie était la fée; aussi me disait-elle : « On me fait à Tulczim des visites de trois ans (1). »

Sensible, généreuse, chacun de ses jours était marqué par un bienfait. Elle s'occupait elle-même de l'administration de ses biens qui, littéralement, étaient un royaume. Elle adoucit le sort de ses vassaux, perfectionna l'agriculture, encouragea l'industrie et le commerce. Le matin, tout aux affaires, elle régissait ses vastes domaines; le soir, tout aux plaisirs, elle les variait sous cette multitude de formes que fait naître le goût, lorsqu'il commande à une opulence sans égale.

Je me rappelle entre autres une fête qu'elle donna à Mme Narischkin, l'objet des pensées de l'empereur Alexandre. Elle dura trois jours : spectacle en diverses langues, ballets, concerts, chasses, illuminations, feux d'artifice, rien ne fut oublié. La comtesse en fit les honneurs à la belle Maria Antonia avec une grâce qu'on ne peut rendre (2).

Vers la même époque, je l'accompagnai dans un voyage qu'elle fit en Crimée pour prendre possession de terres qui lui étaient concédées par une faveur

---

(1) La maison était tenue sur un pied princier; six demoiselles de compagnie, des peintres, des musiciens, des médecins, des écuyers, soixante domestiques, quarante chevaux, etc. (*Mémoires du Général Comte de Rochechouart*, p. 141.)

(2) Cf. *Mémoires* de Rochechouart.

impériale, et où elle voulait fonder une ville nommée Sophiopolis.

A la pointe méridionale de la Crimée s'élève un double promontoire. C'est là que fut le temple desservi par Iphigénie. Entre ces deux promontoires est une vallée délicieuse où règne un printemps perpétuel : les oliviers et les orangers y viennent en pleine terre. Les Grecs, pour rendre hommage à la beauté de ce site, l'ont appelé Kaloslimen. Là devait être érigée cette Sophiopolis que les arts eussent embellie à l'envi. Nous montâmes au sommet du cap Laspi ; la comtesse y fit placer un pavillon d'où elle pût inspecter les travaux. C'est dans ce même lieu que Catherine II resta frappée d'admiration à la vue du tableau qui s'offrait à ses regards, regrettant que l'Euxin, qui s'élevait jusqu'à l'horizon, lui cachât Constantinople. Sophie aussi attacha longtemps ses regards et sa pensée sur ce Pont qui lui dérobait son berceau. Repassant rapidement dans sa mémoire cette suite d'événements qui avaient composé son heureuse vie, sans doute elle en reporta l'hommage reconnaissant vers la source ; car ses beaux yeux furent longtemps fixés vers le ciel, et je vis des larmes briller dans leur azur.

Désirant éterniser le souvenir de la femme qu'il avait tant aimée, le comte Potocki voulut qu'un jardin portât le nom de Sophie, et surpassât en magnificence, comme en goût, ce que l'antiquité et les temps modernes offrent de plus remarquable.

Pour exécuter ce projet, il choisit un vaste espace où la nature sauvage pût se prêter aux embellissements de l'art. Il y fit travailler par corvée deux mille paysans pendant dix ans, et dépensa vingt millions. Des quartiers énormes de rochers furent transportés et des rivières détournées. Enfin, près d'un lieu qui n'est connu que par l'exil d'Ovide, il réalisa, au milieu des steppes du Yedissen, ce que l'imagination du Tasse a prêté aux jardins d'Armide.

Pendant mon séjour à Tulczim, je visitais souvent ce

beau jardin, et toujours je restais en extase devant cette création unique.

Un obélisque d'un seul bloc de granit, de soixante pieds de haut, et sur lequel sont gravés ces mots en grec : Ερος το Σοφια (l'Amour à Sophie), indique par qui et pour qui ce beau lieu fut créé. D'un vaste bassin jaillit un jet d'eau, le plus élevé de l'Europe. Ici, la rivière Kamionka se précipite d'une élévation prodigieuse sur des rochers, s'y brise et remonte en brouillards épais ; là, de sombres grottes formées par des rochers immenses qui semblent suspendus dans les airs, laissent apercevoir la cascade sous mille points de vue différents. Gravissant un chemin taillé dans la pierre, on se trouve sur une élévation d'où l'œil domine, à perte de vue, un lac aux flots azurés, et qui rappelle le poétique saut de Leucade. Une pente douce conduit à l'entrée d'une caverne profonde, appuyée sur un seul bloc de granit d'où s'échappe une source abondante. On la quitte pour un amphithéâtre entouré d'un double rideau de peupliers d'Italie, arbre dont la Pologne doit la conquête au comte Potocki. Plus loin, le lac reparaît : un léger esquif emporte le voyageur sous une voûte obscure où, pendant vingt minutes, il disparaît et glisse sous des masses de rochers suspendus. Au centre du lac s'élève une île où, parmi des massifs d'arbres consacrés au deuil, reposent les cendres de Trembecki, au milieu des créations immortalisées par son génie. Sur le penchant d'un coteau jaillit la source de la fontaine de Sophiowka, garantie par sept blocs de granit posés en pyramides, et qui se soutiennent par leur propre poids : ouvrage digne des Romains. L'eau, en s'échappant de cette grotte merveilleuse, va par un canal souterrain jaillir à quelques pas dans un bassin de marbre. Parvenu au sommet d'une montagne, l'on découvre en entier ce beau lieu qui se déroule comme un magique panorama.

A cette esquisse imparfaite d'un jardin sans égal, qu'on ajoute tout ce que l'art peut lui prêter de charmes, une profusion de temples, de colonnes de tous les styles, de statues en marbre et en bronze, mille points de vue différents qui sont tous des tableaux exquis, l'eau se reproduisant à chaque pas sous une forme nouvelle, et l'on avouera qu'il était impossible de rien admirer ensuite, sinon celle pour qui l'amour avait créé tant de merveilles.

Tel était le séjour qui avait ranimé la muse septuagénaire de Trembecki. Entraîné par l'espoir d'acquitter envers cette noble famille Potocki une dette de reconnaissance, j'avais tenté, pendant mon séjour à Tulczim, de traduire en vers français les belles inspirations du barde polonais. Quand ma tâche fut achevée, je désirai compléter cette œuvre et lui donner un luxe qui pût suppléer à son mérite littéraire. Le comte Jean Potocki me prêta l'appui de sa profonde érudition, et M. Willam Allen, peintre paysagiste anglais, aujourd'hui directeur de l'Académie royale de peinture à Edimbourg, la magie de ses pinceaux. Je comptais publier cet ouvrage en France, lorsque le désir d'assister à Vienne aux scènes uniques qui allaient s'y produire, m'amena dans la capitale de l'Autriche. Témoin du succès obtenu par le comte de Rechberg, grâce à l'assistance du roi Maximilien; environné de tous les prodiges des arts qui venaient se grouper autour de cette réunion des souverains, je pensai à placer mes vers sous le patronage des célébrités européennes que le Congrès avait rassemblées. Je me mis en quête; je devins solliciteur dans l'espoir d'inscrire en tête de ma traduction des noms dont la célébrité devait lui servir d'égide.

L'intimité dans laquelle on vivait à Vienne rendait facile tout ce qui ailleurs eût demandé des démarches sans nombre. Chez tous les souverains, sans même demander une audience, il suffisait de se présenter pour être reçu. En peu de jours ma liste de souscription fut remplie. L'empereur et l'impératrice de Russie s'inscrivirent les premiers pour plusieurs exemplaires; les rois de Prusse, de Danemark, de Bavière, tout ce que Vienne comptait alors d'illustre dans son sein suivit bientôt cet exemple.

Je fis fondre des caractères polonais : l'impression fut confiée aux presses du célèbre Strauss ; j'employai le burin de Krudner. Rien ne fut négligé enfin pour donner à cette publication tout le luxe dont une pareille entreprise est susceptible.

Les premiers exemplaires venaient d'être tirés, lorsqu'on apprit le débarquement de Napoléon à Cannes. Dès lors, on s'occupa fort peu de littérature et de poésie, mais beaucoup de conférences diplomatiques. de déclarations, de préparatifs de guerre. Presque tous les souscripteurs quittèrent Vienne sans retirer leurs exemplaires. Moi-même j'abandonnai cette ville peu de temps après pour me rendre à Paris ; et de ma tentative il ne me resta que le souvenir de la réception gracieuse des souverains, et un des recueils les plus curieux d'autographes nominaux qu'un auteur puisse se vanter de posséder. J'avais au moins essayé de m'acquitter envers la Pologne.

Quand, à Vienne, Russes et Polonais souscrivaient indistinctement pour la publication des chants de Trembecki, on était bien loin de penser que, quinze ans plus tard, ce beau jardin serait enlevé à la famille de son fondateur. Confisqué par suite de la dernière révolution de Pologne, Sophiowka a été réuni aux domaines de l'empereur de Russie. On lui a même ôté son nom, qu'il devait à l'amour : aujourd'hui c'est Czaritzine-çad (le jardin de la czarine). Mais il est au monde quelque chose de plus puissant que les armes, que la conquête, que les décrets des rois : c'est l'empire du souvenir et de la poésie. Les beaux vers de Trembecki resteront, et dans les âges à venir ils diront toujours le nom, le seul nom de Sophiowka (1).

---

(1) La comtesse Potocka, cet astre merveilleux qui apparut un jour, Sophie, la belle Fanariote, était morte à Berlin le 2 juin 1823.
(*Note de l'Auteur.*)

CHAPITRE XIX

Déjeuner chez M. de Talleyrand pour l'anniversaire de sa naissance. — M. de Talleyrand et le manuscrit. — La princesse-maréchale Lubomirska. — Le carnaval. — Arrivée de nouveaux étrangers. — Le prince Koslowski. — Chaos de réclamations. — Les indemnités du roi de Danemark. — Bruits du Congrès. — Arrivée de Wellington à Vienne. — Le carnaval. — Fête de l'empereur d'Autriche. — Une redoute masquée. — Le diadème, ou la vanité punie. — Un million : le jeu et l'esclavage, anecdote moscovite.

Parmi les souvenirs du Congrès que j'ai gardés avec le plus de reconnaissance, est celui d'une réunion intime et pour ainsi dire de famille chez M. de Talleyrand. C'était un déjeuner auquel n'assistaient exactement que les personnes de son ambassade, d'autres de son intimité, et quelques-uns des rares Français qui se trouvaient alors à Vienne. Ce repas matinal était donné pour l'anniversaire de sa naissance : le prince entrait ce jour-là dans sa soixante et unième année. J'eus la bonne fortune d'être du nombre des conviés.

Les personnes qui aiment à recueillir les moindres particularités d'un homme célèbre, n'ont pas oublié de noter les minutieuses recherches de la toilette du prince de Talleyrand, et de la coquetterie de son petit lever. Effectivement ce lever tenait à la fois du Mazarin et de la Pompadour. Curieux d'en étudier les détails, je suivis dans la chambre à coucher MM. Bogne de Faye et Rouen qui allaient présenter leurs félicitations à leur illustre patron.

En ce moment le diplomate-modèle faisait son apparition hors des épais rideaux de son lit. Un petit nombre d'intimes des deux sexes se trouvaient déjà réunis. Enveloppé dans un peignoir de mousseline plissée et gaufrée, le prince procéda à la toilette de son abondante chevelure qu'il livra, comme l'homme entre deux âges de La Fontaine, non pas à deux femmes, mais à deux coiffeurs qui se mirent à s'escrimer à l'envi, et terminèrent par cet ensemble de cheveux flottants que chacun connaît. Vint ensuite le tour du barbier étuviste, puis le nuage de poudre : la toilette de la tête et des mains achevée, on passa à celle des pieds, détail moins récréatif, attendu l'odeur nauséabonde de l'eau de Baréges employée à fortifier sa jambe boiteuse. Tout cela irréprochablement terminé, nous pûmes, sans être valets, juger en robe de chambre ce héros de la diplomatie. Il m'y parut peut-être mieux qu'en habit de ministre, l'homme de l'à-propos, le modèle de ces manières nobles et courtoises qui ne sont plus hélas ! qu'un souvenir.

Quand toutes ces ablutions d'eau et de parfum furent achevées, le premier valet de chambre, qui n'avait d'autre fonction que de surveiller l'ensemble, s'avança pour mettre la cravate qu'il noua d'un nœud fort galant. Vinrent ensuite les autres parties de l'ajustement. Hâtons-nous d'ajouter que toutes ces transformations furent exécutées avec une aisance de grand seigneur et un abandon plein de convenance qui ne laissaient voir que l'homme sans s'inquiéter de ses métamorphoses.

A table, non seulement M. de Talleyrand déploya sa grâce et son urbanité ordinaires, mais il fut plus aimable que dans ses salons d'apparat, où, malgré son air insouciant, on pouvait s'apercevoir qu'il s'observait. Ce n'était plus ce silence habituel qu'il avait élevé, disait-on, jusqu'à l'éloquence, comme il sut élever l'expérience jusqu'à la divination. Pour être moins profond, son discours maintenant n'en avait peut-être qu'un charme plus irrésistible : il partait du cœur et s'épanchait sans contrainte.

Bien que Mme Edmond de Périgord fût présente, ce fut le prince qui fit entièrement les honneurs. Il servit tous les plats, offrit de tous les vins, adressant à chaque convive quelques paroles bienveillantes et spirituelles. Si parfois quelqu'un tentait d'amener la conversation sur la politique, qu'à Vienne certains esprits voulaient impatroniser partout, à l'instant même il parlait d'une chose ou d'un fait tellement étrangers aux questions du moment, qu'on eût pu croire que la diplomatie lui était totalement antipathique. Il nous avoua qu'il aimait qu'on lui souhaitât sa fête, à ce point que d'ordinaire il en chômait deux : la Saint-Charles et la Saint-Maurice, sans oublier l'anniversaire de sa naissance.

« Ces deux saints, ajouta-t-il, si jamais la fantaisie me prenait d'écrire ma vie, seraient pour mes souvenirs les meilleurs jalons : avec leur aide je pourrais coordonner toutes mes années, tristes ou heureuses, et dire où je me trouvais lors de leur apparition dans le calendrier. »

Mme de Périgord vint à dire qu'elle avait reçu, le matin même, un manuscrit en latin sur l'histoire de Courlande, que l'auteur dédiait au prince Louis de Rohan, le mari de sa mère.

« Un manuscrit ! interrompit vivement le prince, ce mot me rappelle une des circonstances les plus piquantes de ma vie. Lorsqu'à mon retour d'Amérique je me trouvais à Hambourg, j'avais fait la connaissance d'un monsieur qui, ainsi que moi, logeait à l'auberge de l'*Empereur romain*. Je m'étais rencontré avec lui à table d'hôte ; bref il m'avait prié de lire le manuscrit d'un ouvrage de sa composition, je ne me souviens plus sur quel sujet. J'en acceptai la corvée, et je montai dans ma chambre. Or, ce même jour, je fus chez MM. Dechapeaurouge, mes banquiers, prendre sur le reste d'un fort mince crédit quinze louis environ. Le soir, en rentrant, j'ouvre le manuscrit pour le parcourir, et, entre les feuillets, je dépose mon petit trésor enveloppé d'un papier. Voilà qu'à six heures du matin on frappe violemment à ma porte ; on entre ; c'était mon auteur. Il m'apprend qu'il va s'embarquer à l'instant même pour Londres, et vient me réclamer ses précieuses élaborations. Dans le trouble que me cause ce réveil en sursaut, je luis fais signe de reprendre son manuscrit placé sur ma table, je lui crie avec humeur : Bon voyage ! me retourne dans mon lit et me rendors. Hélas ! le malheureux m'emportait ma somme, et le hasard avait fait pour lui ce que sans doute libraire n'eût jamais fait pour son manuscrit. Je ne le revis pas, ni mes quinze louis non plus ; et je dus bien tristement retourner chez MM. Dechapeaurouge retirer le très peu qui m'y restait, en jurant bien qu'on ne me prendrait plus à examiner des manuscrits. »

On passa dans un petit salon, où, sur une table, nous vîmes tous les cadeaux qu'on venait de lui envoyer de Paris. Il y en avait de la duchesse de Luynes, de la princesse de Vaudémont, de Mme Tyskewicz, et d'une foule d'autres dames, qui, connaissant son goût pour les souvenirs attentifs, ne manquaient jamais de les renouveler aux trois époques qu'il venait de citer. Sur un divan étaient étalés tous ses ordres, et Dieu sait s'il en avait ! Chose remarquable ! les plus étincelants de pierreries étaient donnés par les plus petits princes.

Il continua pendant quelque temps de s'entretenir avec nous, mettant dans ses moindres discours un laisser-aller gracieux et de bon goût, qui contrastait visiblement avec sa réputation diplomatique. Son expression était constamment simple : une sorte de bonhomie, relevée par l'attitude et la politesse d'un grand seigneur, régnait dans toute sa personne.

Enfin, quand il nous quitta pour se rendre chez M. de Metternich, je ne pouvais accorder tout ce qu'on disait sur son caractère. On a prétendu que, sous le rapport de l'esprit, M. de Talleyrand en robe de chambre était loin d'être ce qu'il paraissait en habit brodé, qu'en un mot la toilette lui était nécessaire pour ainsi dire. Quant à moi, je l'ai vu dans les salons de Paris, de Vienne, de Londres. Une seule fois j'ai été reçu dans l'intimité de sa famille ; eh bien ! de tous les souvenirs que j'ai conservés de cet homme célèbre, le dernier est, sans contredit, le plus présent à ma pensée, le plus vivace.

Parmi les salons qui pouvaient disputer à celui de M. de Talleyrand la palme du bon ton, de l'élégance et de la sociabilité la plus exquise, il faut citer en première ligne celui de la princesse-maréchale Lubomirska (1). Fixée à Vienne depuis bien des années, cette dame semblait avoir accepté la tâche d'ouvrir sa maison aux étrangers qui désiraient lui être présentés, et dans cette mémorable occasion elle n'avait pas failli à son mandat d'hospitalité. Personne mieux qu'elle ne pouvait donner une idée exacte de ce qu'était cette existence fabuleuse des grands de Pologne au plus beau temps de leur splendeur. Elle réunissait en elle tout ce que l'on savait de la grandeur des Potocki et des Czartoryski, de la magnificence des Radzivill, de la noble façon d'être des Lubomirski, et de tant d'autres dont le souvenir est impérissable. Son palais, situé près des remparts, ses serviteurs, son entourage, tout chez elle et en elle présentait un ensemble qui participait de l'Europe et de l'Asie. Lié particulièrement avec son

(1) Il est souvent question, dans les mémoires du temps, de cette princesse Lubomirska, dite la princesse-maréchale. Elisabeth Czartoryska, princesse Lubomirska, était cousine du roi Stanislas-Auguste qui, dans sa correspondance avec Mme Geoffrin, la désigne sous le nom d'Aspasie. « Malgré tout le passé, j'aime toujours tendrement Aspasie. Mais plus je l'aime, et je suis peiné de l'extrême ennui qui la poursuit à un point qu'elle est réellement très malheureuse, et désire continuellement de changer de place sans réussir, je crois, à trouver le contentement nulle part. (Lettre du 11 mars 1767.) — De son côté, la comtesse Potocka-Wonzowicz née Tyszkiewicz (dont M. C. Stryienski a récemment publié les curieux *Souvenirs*), parle plusieurs fois de la princesse qui était la grand'mère de son mari. Mme Potocka ne lui épargne pas du reste les épigrammes. « Il n'était guère possible de rencontrer une personne qui joignit, à autant de qualités supérieures, des travers aussi extraordinaires. Elle n'aimait ni ses enfants, ni son pays, et, par ennui, elle ne cessait de se déplacer. Etrangère à tout, hormis aux vieilles traditions de la Cour de France, elle connaissait bien mieux le siècle de Louis XIV que les évènements qui avaient bouleversé sa patrie... Elle détestait toute idée nouvelle; Napoléon n'était, pour la princesse, qu'un *misérable* que des circonstances *fortuites* avaient porté à un degré d'élévation où il ne pouvait se soutenir. Elle évitait de parler de lui, et lorsqu'elle se trouvait contrainte de proférer ce nom abhorré, elle appelait l'empereur le *petit Bonaparte*. Fidèle aux Bourbons, elle porta le deuil du duc d'Enghien et combla de bienfaits tous les émigrés qu'elle put ramasser sur les grandes routes. » (Elle recueillit, entre autres, l'évêque de Laon, Mgr de Sabran, dans son château de Lançut où les plus grands honneurs étaient rendus au prélat émigré.) La princesse Lubomirska était généreuse, fonda des hôpitaux et des écoles. « En revanche, continue Mme Potocka, elle était dure et injuste pour ses enfants qui l'adoraient. » Sur Lançut, voir *Dix ans d'exil*, par Mme de Staël, voir aussi les *Mémoires du prince Adam Czartoryski*, 2 vol., Plon, 1887.

petit-fils le prince Frédéric, j'étais accueilli par elle comme une ancienne connaissance.

Le mois de février, en ramenant quelques rayons de soleil, avait aussi ramené l'essaim des nouvellistes et des oisifs sur le Graben, d'où le froid et la neige les avaient exilés : qu'on y ajoute une affluence infinie de nouveaux étrangers plus nombreux peut-être qu'aux premiers jours du Congrès, et que le carnaval avait attirés à Vienne, et l'on se fera encore difficilement une idée de la foule des curieux qui couvraient les places, les remparts et les promenades publiques. Les spectacles, les bals de la redoute, que la vogue délaissait un peu, étaient plus suivis que jamais. C'était une recrudescence de plaisir : et, comme si l'Europe entière eût été destinée à ce joyeux pèlerinage de Vienne, il n'était plus question de la fin du Congrès, si souvent annoncée et toujours démentie.

C'était le cas de répéter le mot du prince de Ligne : « Le Congrès ne marche pas, il danse ». Effectivement, à la multiplicité des bals parés, masqués, costumés qui se succédaient depuis quelques jours avec une fureur nouvelle, on aurait pu graver en gros caractères sur une colonne au milieu de cette place, ce qu'on écrivit jadis sur l'emplacement de la Bastille : *Ici l'on danse.*

Le prince Koslowski me tenait au courant des interminables séances du Congrès. Je le questionnais :

— Mais au moins les autres arbitres sont-ils d'accord ?

— Pas le moins du monde. La question de la Pologne est vidée ; mais toutes les autres sont encore à régler. Le sort de la Saxe et de son roi n'est pas encore fixé ; la Prusse persiste à demander les anciennes provinces belges, les pays de Trèves et de Cologne. La France, qui redoute un pareil voisinage, ne veut pas de la Prusse sur la rive gauche du Rhin. D'un autre côté, elle insiste pour que le trône de Naples soit rendu à la branche des Bourbons. Enfin, c'est un conflit inextricable. Croiriez-vous que le roi de Danemark s'est mis aussi de la partie et réclame ce que chaque souverain est convenu d'appeler ses indemnités.

— Demande imprudente, sans doute! Frédéric eût dû se trouver très heureux, dans ce chaos de prétentions, de passer inaperçu. »

Effectivement, entre tous ces souverains qui devaient quitter Vienne enrichis des dépouilles de leurs voisins, le roi de Danemark seul était destiné à rester bien strictement enfermé dans ses anciennes limites. Aussi tout le monde répéta-t-il sa réponse à Alexandre quand ils se séparèrent :

« Sire, vous emportez tous les cœurs avec vous, lui avait dit le czar.

— Les cœurs peut-être, sire, mais pas une seule âme », répondit le roi avec un sourire malin.

Pour comprendre l'allusion spirituelle de ce mot, il faut se rappeler qu'âme veut dire sujet, et que, dans les décisions du Congrès, on calcula toujours en supputant le nombre d'habitants des pays abandonnés. Sous ce rapport, le roi de Danemark avait été un des souverains les moins bien traités.

« Enfin, poursuivit Koslowski, hier le duc de Wellington est arrivé à Vienne. Les diplomates comptent beaucoup sur sa coopération. On espère que l'estime que les souverains lui portent aplanira les difficultés qui entravent les délibérations, et qu'il obtiendra des sacrifices que lord Castlereagh n'avait pu déterminer.

— Milord, dit-on, part chargé, non pas de trophées diplomatiques, mais de présents. Aux décorations qui lui manquaient encore et que les souverains, grands et petits, se sont empressés de lui envoyer, l'empereur d'Autriche a ajouté des vases magnifiques sortis de sa manufacture. Milady sera bien glorieuse de ce cadeau impérial.

« Irez-vous ce soir au bal de la redoute? me dit le prince quand je le quittai : Wellington doit s'y rendre; tout Vienne y sera. »

Etrange bizarrerie! dans une ville qui réunissait

presque toutes les illustrations contemporaines, l'arrivée de Wellington avait mis en émoi la cour et la diplomatie : la cour, parce que c'était du nouveau et qu'on ne savait pas trop où en prendre ; la diplomatie, parce qu'on assurait qu'il venait pour remplacer Castlereagh dont la politique était généralement blamée : et ce n'était pas une petite affaire que d'avoir à traiter avec un collègue nouveau. M. Wellesley Pool, membre de la Chambre des Communes et parent du duc, était arrivé en même temps que lui. C'était un des Anglais les plus brillants qui se trouvassent à Vienne : possesseur d'une fortune immense, doué d'une instruction profonde et variée, il faisait honneur à la nation qu'il représentait.

La curiosité était donc excitée au plus haut point. Chacun désirait connaître un homme pour qui la fortune des armes avait été si continuellement favorable, qui, par l'opiniâtreté et la persévérance, avait su lutter contre le génie de Napoléon. Les souverains s'empressèrent de lui faire visite, il ne fut sorte d'honneurs et d'égards dont on ne le comblât. Le soir, quand le bruit se fut répandu qu'il se rendait à la redoute de la cour, plus de sept à huit mille spectateurs se pressaient dans les salons. Lorsqu'il fit son entrée accompagné de lord Castlereagh, et donnant le bras à une dame masquée que l'on présuma être Milady Castlereagh, toute la foule se précipita sur ses pas. Bien qu'accoutumé à cet empressement général, il dut être flatté d'un pareil témoignage. Enfin, ce qui ne fut pas la moindre particularité de son arrivée, c'est qu'elle occasionna un jeu considérable sur les effets publics, qu'il fit perdre et gagner plusieurs millions en quelques jours. Car, à Vienne comme partout, le jeu de la bourse saisissait la moindre occasion pour opérer de ces fluctuations rapides, causes de tant de chutes et d'élévations soudaines.

La fête de l'empereur d'Autriche, qui tomba au milieu de ces folles joies, se passa entièrement en famille. La santé de ce prince ne permit pas de célébrer cette solennité avec toutes les pompes qui se déployaient d'ordinaire. La réunion, pour être moins nombreuse, n'en présenta pas moins un spectacle rare : presque tous les membres s'appelaient frères ou cousins ; et ces frères étaient les souverains les plus puissants de l'Europe. Dès le matin, l'empereur Alexandre les avait précédés tous. Vêtu de l'habit de général autrichien, et donnant le bras à sa charmante épouse, il était venu présenter ses vœux et ses bouquets avec cette simplicité cordiale qui donne tant de charme aux expressions de l'amitié. Depuis quelque temps, ces monarques avaient adopté chacun des sociétés particulières où ils vivaient dans une sorte d'intimité. Néanmoins, quand ils se réunissaient, il était impossible de montrer une plus affectueuse familiarité.

Les bals de la redoute étaient plus fréquentés que jamais. Griffiths et moi nous nous rendîmes un soir à l'une de ces réunions qu'on eût pu nommer la lanterne magique du Congrès, tant étaient nombreux et variés les personnages qu'on y passait en revue. La foule était si considérable, qu'après avoir ouvert toutes les salles, on fut obligé de fermer les portes et de refuser l'entrée à un grand nombre de curieux.

Rien ne pouvait donner une idée de l'insouciante animation qui planait sur cette réunion formée de tant d'éléments divers. Dans la foule je retrouvai le prince Koslowski.

« A voir de tous côtés, lui dis-je, ces échanges de doux propos, de doux regards, d'étreintes plus douces encore, on pourrait appeler la redoute de Vienne une bourse où l'on trafique des effets galants.

— Beaumarchais l'avait dit avant vous de l'Opéra de Paris. Mais vous pourriez ajouter, comme appendice, que de semblables effets ont cours sur toutes les bourses dansantes de l'Europe.

« Remarquez, poursuivit le prince, cette jeune femme si simplement masquée en paysanne calabraise. Elle paraît s'être souvenue de ce qu'un mouvement de vanité coûta jadis à sa mère. Cette mère, qui était un peu alliée à ma famille, éprouva qu'un diadème impérial blesse parfois cruellement le front, quand bien même la politique ne se rattache nullement à cet essai. »

La dame était jolie : l'anecdote promettait d'être piquante. Je priai mon spirituel conteur de me la faire connaître. Il me satisfit en ces termes :

« Un jour, l'impératrice Catherine voulut faire nettoyer la masse énorme de joyaux de toute espèce entassés dans des coffres qui, depuis le règne de Pierre le Grand, recélaient ainsi des valeurs dont on avait à peine connaissance au palais. Craignant quelques larcins dans cette revue générale, l'impératrice nomma deux capitaines aux gardes pour inspecter et surveiller les travaux. Le père de notre joli masque fut désigné. La vue de toutes ces richesses fascina tellement les yeux et la tête des deux inspecteurs, qu'ils conçurent la funeste pensée d'un vol. Tous deux s'entendirent pour dérober une partie de ces trésors, espérant que la soustraction passerait inaperçue. Ce coupable butin fut donc partagé entre eux. L'un, à qui échut un lot de perles, se hâta de les envoyer à Amsterdam par un homme affidé. Là, vendues secrètement, l'argent qu'il en reçut fut employé par lui au rachat de terres engagées par sa famille, et qu'il eut la prudence de substituer sur la tête de son fils. L'autre, dont la part se composait de diamants, attendit le printemps pour se rendre en Angleterre, se promettant d'en tirer un meilleur parti par lui-même que par le concours d'un agent.

Au nombre des objets dérobés se trouvait un diadème dont la valeur dépassait cent mille roubles. Tous ces objets avaient été soigneusement cachés dans le coin le plus reculé de son appartement. Mais une fatalité semble toujours s'attacher au crime : sa femme découvre la cachette. En vain son mari lui jure que ce diadème ne lui appartient pas, que c'est un dépôt d'honneur. Elle le prie, non pas de le lui donner, mais de le lui laisser porter à un bal de la cour, ne fût-ce qu'un instant. Lui résiste; mais elle tourmente, supplie et pleure tant, que le capitaine, amoureux fou de sa femme, cède malheureusement à ses prières, espérant que ce joyau, qui n'avait pas vu le jour depuis cent ans peut-être, ne serait reconnu d'aucune personne de la génération nouvelle.

La jeune femme qui ne sentait pas que ce diadème lui brûlait le front, arrive au bal de l'Ermitage. Je vous laisse à penser de quels regards d'admiration et d'envie fut saluée cette merveilleuse parure. Jusque-là tout allait bien. Mais, voici qu'au plus fort de ce triomphe, la vieille demoiselle Pratasoff, placée derrière le fauteuil de l'Impératrice, entend Catherine s'extasier aussi sur le feu que jetaient ces brillants.

Madame, lui dit sa confidente en se penchant à son oreille, que Votre Majesté ne soit pas ainsi émerveillée. Ce diadème est celui de l'impératrice votre tante : vingt fois je le lui ai vu porter. »

Ces mots sont pour Catherine un trait de lumière : elle se lève, s'approche de la jeune femme qui, enchantée de son triomphe, avait, comme Cendrillon, oublié sa promesse de ne porter ce joyau qu'un instant.

« Pourrais-je vous demander, madame, lui dit l'impératrice, quel est le joaillier qui vous a monté ces belles pierres ? »

La jeune femme troublée nomme au hasard un bijoutier. L'impératrice, après quelques mots insignifiants, la quitte. Cependant la pauvre femme continue de danser avec ce malencontreux diadème suspendu sur sa tête, plus menaçant que l'épée de Damoclès. L'impératrice envoie en toute hâte un aide de camp s'enquérir auprès du bijoutier désigné depuis quand et pour qui il a monté ce diadème. Le bijoutier n'en a aucune connaissance. Cette réponse arrive immédiatement au palais : l'impératrice interpelle de nouveau l'imprudente.

« Vous vous êtes jouée de moi, madame, lui dit-elle : votre bijoutier nie vous avoir vendu ce diadème. Je désire positivement savoir d'où il vous est venu, ajoute-t-elle avec sévérité. »

La jeune femme, interdite, balbutie ; les soupçons de Catherine se changent en certitude. A l'instant l'ordre est donné d'arrêter les deux inspecteurs infidèles. Tous deux, jugés et reconnus coupables, furent envoyés en Sibérie. Mais, par une étrange bizarrerie, celui qui avait vendu les perles en Hollande, et placé cette fortune sur la tête de son fils, n'en fut pas dépouillé, tandis que les diamants trouvés dans la maison de l'autre furent soigneusement rapportés au trésor. Lorsque, après quelques années d'expiation, l'impératrice fit grâce aux deux coupables, le premier put croire que la justice n'était qu'une fable, le second dut maudire toujours sa folle condescendance qui lui coûtait sa réputation et son avenir. Quant à la jeune femme, elle avait payé bien chèrement un éclair de vanité et le plaisir d'écraser un instant ses rivales. »

Après avoir fait quelques tours dans les salles, nous quittâmes de bonne heure, Griffiths et moi, le palais de Burg. La soirée était belle. Nous regagnions à pied le Jaeger-Zeil. En passant devant l'hôtel du comte de Rosemberg, nous le vîmes resplendissant de lumières. Des valets, magnifiquement vêtus, traversaient les cours, portant des plateaux chargés de glaces et de fruits. Une musique harmonieuse, des éclats bruyants de voix témoignaient de la joie qui paraissait y régner.

« Il me semble, dis-je à mon ami, que ton compatriote, M. Raily, traite aujourd'hui plus somptueusement que de coutume ses hôtes royaux. A ce train-là, son crédit de un million chez le banquier Arnstein sera bientôt épuisé.

— Après celui-là, d'autres encore, me répondit Griffiths ; la carrière des joueurs de profession est tellement parsemée de faits imprévus, d'épisodes bizarres ; la fortune leur vient tant et si souvent en aide, que les mots ruine, chance, témérité, opulence, se présentent à chaque ligne de leur biographie. Parfois aussi, dans ce tourbillon, viennent luire des éclairs de générosité, de dévouement, de grandeur. Si le vulgaire était initié à l'énigme de ces existences, alors disparaîtrait le prestige fantastique qu'il voit dans le sort de ces Bohêmes de cours, de tripots et de palais.

« L'origine de ce crédit d'un million de florins se rattache à un fait que M. Raily m'a conté lui-même depuis notre dernière visite, et qui caractérise merveilleusement les ressources infinies du jeu. »

Nous étions arrivés : mon ami s'exprima ainsi :

« Un matin, à la porte de l'hôtel qu'habitait M. Raily à Moscou, près du pont des Maréchaux, s'arrête un équipage élégant attelé de quatre chevaux à longs crins flottants, superbement harnachés.

Un homme d'une trentaine d'années, d'une physionomie ouverte et gracieuse, en descend. Il se fait annoncer et se présente avec ces manières aisées qui servent toujours d'excellent passe-port à l'homme, qui n'aurait pas d'autre recommandation pour se pousser dans le monde.

« Veuillez excuser ma visite, dit-il à M. Raily, en français très pur. Mais j'ai eu l'avantage de vous rencontrer quelquefois dans des réunions publiques ; je me suis fait un titre de cette circonstance, et j'espère qu'elle me servira d'excuse. »

M. Raily le reconnaît aussitôt et se hâte de lui offrir un siège, en lui demandant en quoi il pourrait lui être agréable.

« Ce dont j'ai à vous entretenir, monsieur, est pour moi d'une haute importance. Mais permettez-moi, avant toute confidence, d'exiger de vous une promesse : que vous consentiez ou que vous refusiez de me rendre le service que je viens réclamer de vous, veuillez vous engager à m'en garder le secret. »

M. Raily promet sans hésiter ; le jeune homme poursuivit :

« Je me nomme Swerkof-Feodorowith, je suis marchand de première classe. Vous savez sans doute quel rang nous tenons parmi la bourgeoisie : j'habite ici dans votre voisinage ; mais ma maison de commerce et ma résidence habituelle sont à Toula.

Vous êtes, m'a-t-on dit, un gentilhomme anglais, résidant depuis quelques mois à Moscou, et, comme toutes les personnes distinguées de votre pays, vous jouez gros jeu et très noblement. C'est aussi ce que nous faisons en Russie. C'est ce qui, plus ou moins, se pratique partout. Mais on dit encore, monsieur, que vous jouez heureusement, et je vous en félicite, car c'est un moyen d'éviter d'être dupe. Excusez-moi si j'ajoute que c'est sur cette réputation que j'ai pris la liberté de me présenter à vous.

— Que peut-il y avoir de commun entre mes habitudes, leurs résultats favorables ou contraires, et la visite que vous me faites, répond Raily assez surpris de ce début?

— Non, monsieur ; je ne joue jamais ; je ne connais même aucun jeu.

— Qu'est-ce donc alors?

— Je viens, dit le jeune russe d'un ton solennel et donnant tout à coup à sa figure l'expression d'une gravité douloureuse, je viens pour une tentative dont le succès peut dépendre de vous, mais à laquelle cependant le jeu ne sera pas étranger.

— J'écoute, monsieur.

— J'ai entendu faire l'éloge de votre noble caractère ; j'y ai eu foi et je suis venu mettre en vos mains un bien dont un Anglais prise si haut la valeur, la liberté! »

A ce mot de liberté, prononcé avec une exaltation impossible à décrire, M. Raily fixe sur le jeune homme un regard étonné, comme si tout ce qu'il venait d'entendre n'eût pu être pris que pour un jeu. Le Russe comprit sans doute sa pensée, il se hâta d'ajouter :

« Ce mot, dans ma bouche, vous paraît étrange, monsieur. Le premier bienfait de Dieu, après la vie, n'est-ce pas ce principe de tout ce qui est noble, généreux et grand, n'est-ce pas la liberté? Eh bien! cette vie, sans laquelle l'autre n'est rien, moi, monsieur, j'en suis privé à jamais : moi, j'en parle comme l'aveugle qui soupire après la lumière : moi, je suis esclave, monsieur, et peut-être est-ce à vous qu'il est réservé d'effacer de mon front ce stigmate ignominieux, ce signe de l'opprobre que la loi nous contraint de graver sur nos portes (1), ce blason d'infamie que nous léguons de génération en génération, comme le signe dont le doigt de Dieu marqua le front de Caïn.

— Que puis-je à tout ceci ? Monsieur, expliquez-vous.

— Voici ma prière : dans ce tourbillon qu'on est convenu d'appeler le grand monde, vous rencontrez le comte K***, enseigne au régiment des chevaliers-gardes. C'est un des jeunes gens le plus en renom au club des Anglais : il étonne, par sa témérité, son luxe et son arrogance, les joueurs et les parieurs les plus avantureux.

— Il est vrai, notre connaissance ressemble presque à une liaison intime.

— Oui, liaison sans importance, j'ose le dire ; car il lui manque une base : l'estime. Vous n'estimez pas le comte, monsieur, et en cela vous suivez l'opinion commune. De la vanité qu'il prend pour de l'orgueil, de l'impudence pour du courage, du bavardage pour de l'érudition, et qui pis est, rien là, dit-il en se touchant le cœur, absolument rien : ni âme, ni entrailles ; tel est le comte, monsieur. On connaît de pareils êtres, on ne les estime jamais, jamais on n'est leur ami.

— Voilà un portrait peu flatté : après.

— Après !... Eh bien ! monsieur, je le dis la honte au front, l'enfer au fond de l'âme, cet homme j'en suis l'esclave ; cet homme est mon maître ! »

Après un moment d'émotion, il continua : « Le père du comte actuel habitait une de ses terres près d'Orel. Mon père, attaché très jeune à sa personne, gagna sa confiance, le servit fidèlement et mérita que le comte en mourant lui laissât une somme assez importante ; mais sans songer à l'affranchir. Ainsi que d'autres sujets intelligents, mon père employa cet argent à tra-

(1) La loi obligeait en Russie un serf, quelque riche qu'il soit, d'inscrire sur sa porte : Yvan, fils d'Yvan, serf du prince...

fiquer de pelleteries et de fourrures avec la Russie méridionale. Heureux dans ses entreprises, sa fortune s'accrut rapidement, et dès lors il proportionna le train de sa maison à son opulence. Pendant mon enfance, mon père avait recueilli chez lui une des victimes de la révolution française que l'exil avait jetées dans notre pays. M. de B***, homme d'un grand savoir, soigna mon éducation. Il fut pour moi un second père ; je lui dois le peu que je vaux. Connaissant notre position de serfs, plusieurs fois il me proposa de m'y soustraire en le suivant à l'étranger. Mais j'eusse dû abandonner pour jamais ma patrie ; mon père fût devenu passible de ma fuite ; son moindre châtiment eût été d'être contraint à quitter son habitation splendide pour retourner à son labeur d'esclave. Une autre cause, encore plus forte que la raison, m'attachait à cet ignominieux vasselage : l'amour, monsieur ! J'aimais et j'étais aimé ; et, bien que je repoussasse la pensée d'associer à mon sort une femme jeune, bien née, qui en s'unissant à moi eût elle-même cessé d'être libre, je me flattais que le temps abolirait ces lois iniques, que bientôt l'empereur Alexandre, régénérateur moral de son pays, comme son illustre aïeul Pierre le Grand le fut de son peuple, qu'Alexandre briserait notre joug de fer ; qu'il nous traiterait comme les paysans qui habitent les bords de la Baltique, comme les serfs de quelques-uns de ses domaines impériaux (1) ; qu'on pourrait lui devoir l'émancipation morale de quarante millions d'êtres pensants, dont l'intelligence n'est que comprimée sous le joug d'un pouvoir arbitraire. Mais nos maîtres lui pardonneraient plus aisément les grands excès du pouvoir arbitraire que l'usage de ce même pouvoir en faveur de l'humble classe de ses sujets. J'espérais que, libre enfin, je conduirais Eudoxie à l'autel, non pas souillée du bandeau de laine de l'esclave,

---

(1) Un des bienfaits du règne de l'empereur Alexandre est l'ukase qui défend et abolit la vente individuelle des sujets d'une terre : ils ne peuvent maintenant être cédés qu'en masse avec la propriété foncière. (*Note de l'Auteur.*) On sait que sous Alexandre II, le servage a été aboli.

mais rayonnante sous la couronne blanche et pure attachée à la tête de l'épouse affranchie. J'ai espéré vainement jusqu'à ce jour. Mon père mourut ; je continuai son commerce, et le portai jusque dans l'Orient. En peu d'années je doublai par des spéculations heureuses la fortune déjà grosse qu'il m'avait amassée.

— Mais que ne proposez-vous au comte de vous racheter?

— Il refuserait, monsieur. Il n'est pas de la classe de quelques propriétaires fonciers qui sollicitent un système raisonné d'émancipation. »

Il fit un sombre tableau de l'état des serfs, puis il reprit avec un accent plus pénétré :

« Eh bien ! monsieur, le terme de cet amas de misère, la possession de la femme que j'idolâtre et qui mourra comme moi, si nous ne pouvons être unis, la liberté, cet objet ardent de mes vœux depuis que je respire, tous ces biens, je puis vous les devoir ; et alors, pour moi, vous aurez été plus qu'un homme, plus qu'un ami, vous aurez été presque un Dieu !

— Que faut-il faire ? je suis disposé à tout tenter ; parlez, expliquez-vous.

— Vous jouez, monsieur. Ce qui pour vous n'est peut-être qu'un délassement, est chez le comte K*** une passion effrénée. Il lui sacrifie tout, ce qui infailliblement l'entraînera dans l'abîme. Rien ne sera donc plus facile que de l'engager avec vous. Amenez-le à mettre en jeu une petite terre qu'il possède sur les bords du Volga ; c'est un village qui ne compte pas plus de cinquante feux, et dont l'industrie consiste à fabriquer des clous. Cette terre, il ne la vendrait à aucun prix, j'en suis certain, sans quoi j'en serais depuis longtemps possesseur. Mais dans le paroxysme fébrile du joueur, il peut la risquer, il peut la perdre : tout est là. C'est dans ce village que je suis né, qu'est né mon père, qu'habite le reste de ma famille ; cette terre à moi, nous sommes tous libres. Vous voilà maître, monsieur, de mon secret et de mon sort. Prononcez ! si vous consentez à me venir en aide, votre parole me suffit, et dès lors poussez vos enjeux, doublez-les, centuplez-les, triomphez à tout prix. Vous avez sur ma caisse un crédit illimité, puisez-y sans réserve. Quelle que soit votre chance, fût-elle opiniâtrement contraire, dût-elle même me ruiner, je vous conserverai encore une reconnaissance éternelle pour m'avoir compris, pour avoir écouté ma prière, et tenté de me rendre heureux et libre. »

— Raily promit tout : ils se séparèrent.

— Cela t'expliquera comment le comte et Raily furent bientôt en présence. Manœuvrant habilement, l'Anglais se laissa d'abord vaincre. Enivré par le succès, son adversaire devint littéralement l'ombre de son corps : il le suivait en tous lieux, à la chasse, au bal, à la promenade, au théâtre ; il ne le quittait plus. Jamais courtisan de Versailles ou de Saint-James ne fut plus exact au lever et au coucher de son roi.

Le pharaon, jeu très à la mode à Moscou, fut aussi celui où les deux antagonistes s'escrimèrent. Le comte tenait la banque ; la somme perdue par Raily s'élevait déjà à près de cinquante mille roubles. Dieu sait comme le Russe y prenait goût ! Mais enfin, l'autre tailla à son tour, et dès cet instant la chance tourna.

Or, une après-dînée, le sort favorisa tellement M. Raily, qu'il gagna tout ce que le comte K*** possédait en roubles, en papier, en objets d'art, enfin jusqu'aux saintes images richement enchâssées dans l'or et les pierres fines, et auxquelles un Russe attache un prix inestimable ; il gagna tout, et quand le jour parut, cet amas de richesses se trouva amoncelé autour de la table qui leur avait servit d'arène.

Cependant le comte proposait de jouer encore, mais seulement argent blanc, ce qui signifie des chiffres en forme de mise tracés à la craie sur le tapis vert, et qui se traduisaient par : à crédit. M. Raily fait mine de se retirer, de sonner ses gens pour qu'ils placent dans sa voiture tout ce qu'il y avait de portatif dans son riche et volumineux butin.

A cette vue, le comte redouble ses instances pour

l'engager à rester. Il se mit à le prier d'un air si humble, puis si passionné, demandant une revanche du ton dont on sollicite la plus grande faveur, que Raily juge l'occasion favorable et le moment décisif pour accomplir la promesse qu'il a faite à son jeune protégé.

Il replace sur la table l'or, les bijoux, les billets.

« Comte, lui dit-il, je suis beau joueur, et vous allez en juger. J'ai la fantaisie d'être propriétaire moscovite, ne fût-ce que pour la bizarrerie du fait. Vous possédez un petit domaine sur les bords du Volga, si vous consentez, je le joue contre tout ceci. »

Il faut connaître l'empire de cette passion sur celui qu'elle ronge et calcine, pour concevoir que, dans cet instant où tout espoir de réparer sa perte lui échappe, Lucifer lui proposât-il de jouer son âme contre un ducat, il n'hésiterait pas à accepter la partie. Sans même répondre donc, le comte K*** court à son secrétaire, en retire le titre de cette propriété, et vient avec un transport de joie le jeter en enjeu sur l'or qui tapissait la table.

Décidément la chance était en faveur de M. Raily. Ils n'avaient pas joué dix minutes qu'il était suzerain de cette terre promise, et qu'un but tant désiré était atteint. Saisissant le contrat qui l'en rendait possesseur et les cinquante mille roubles que précédemment il avait perdus :

« Comte, lui dit-il en se levant, quitte ou double pour le reste. »

Le comte nomme une couleur et la nomme juste.

— Reprenez tout ceci, dit l'Anglais, ma nuit est assez payée.

« Puis ils se quittèrent les meilleurs amis du monde : le Russe ravi de cette revanche si prompte et si désintéressée, Raily charmé du bonheur dont il allait combler son nouvel ami.

Le jour même, l'heureux joueur écrit à Féodor en lui renvoyant ses cinquante mille roubles et lui annonçant qu'il avait à sa disposition le titre du domaine du Volga. Peu d'heures après, il le voit arriver conduisant par la main une jeune personne, belle, fraîche, blonde, comme toutes les filles du Nord, et qu'il lui présente : c'était Eudoxie, celle qu'il aimait tant, celle dont il était aimé. Tous deux alors tombant aux genoux de M. Raily :

« Vous êtes notre maître, notre père, lui disent-ils ; bénissez-nous, achevez votre œuvre sublime de régénération. »

Raily les relève, les presse vivement dans ses bras, surpris lui-même des pleurs qu'il verse en abondance.

« Qu'il vous doive son bonheur tout entier, dit-il en s'adressant à Eudoxie, et lui remettant l'acte de propriété. La loi inique, jusque dans sa prévision, interdit à l'esclave affranchi de posséder un domaine ; mais vous êtes libre, vous ; vous êtes noble, Madame ; et cette même loi permet cependant que, le serf de vos terres élevé au rang de votre époux, cette injuste exclusion disparaisse. Vous êtes donc propriétaire en vertu de ce titre ; conduisez Féodor à l'autel : ce sont vos chaînes seules que désormais il devra porter. »

Dans une joie indicible, Eudoxie cache sa rougeur et de bien douces larmes dans le sein de son amant.

« Monsieur, lui dit le jeune marchand, nous ne serions pas assez forts, elle et moi, pour rester toute notre vie chargés d'un pareil fardeau de reconnaissance. Heureux si, dans une telle infortune, vous daignez accepter ce faible tribut de notre gratitude, car nous ne serons réellement heureux qu'à cette condition. »

Il faut le dire à la louange du joueur, il hésitait à recevoir le prix d'une action qui n'avait d'autre mérite que son succès.

« En vous suppliant, reprend Féodor, de garder ce témoignage de notre gratitude, nous ne nous croyons pas encore quittes. De grâce, acceptez ce souvenir, Monsieur, ajoute-t-il en tombant encore à genoux, ou reprenez votre bienfait. »

M. Raily ne résista plus ; peu de jours après, il quitta Moscou. Le portefeuille contenait un million de roubles et ces mots : *A l'homme libre qui m'a fait libre.*

CHAPITRE XX

L'atelier d'Isabey. — Son dessin des plénipotentiaires au Congrès de Vienne. — La sépulture impériale aux Capucins. — Souvenir des tombes de Cracovie. — Le prédicateur Werner. — La cathédrale de Saint-Étienne. — Bal d'enfants chez la princesse Marie Esterhazy. — L'impératrice Elisabeth de Russie. — La galerie de tableaux du duc de Saxe-Teschen. — L'empereur Alexandre et le prince Eugène. — Les tableaux du Belvédère. — Le Roi de Bavière. — Anecdotes.

Un des monuments du Congrès de Vienne qui eut le privilège de réunir tous les suffrages, privilège que n'ont pas obtenu généralement les décisions de cet auguste aréopage, est l'historique et beau dessin d'Isabey, représentant une séance des plénipotentiaires. L'artiste s'occupait alors d'y mettre la dernière main; nous nous rendîmes un matin chez lui, Griffiths et moi.

Sa galerie de portraits, qui comprend les personnages célèbres de tous les pays de l'Europe, était déjà considérable. On y voyait figurer les rois, les empereurs, les ministres, les généraux, les beautés célèbres de l'époque, et surtout celles dont Vienne abondait alors, et qui venaient confier la reproduction de leurs traits à sa touche élégante et spirituelle : Napoléon, Alexandre, Metternich, Joséphine, Hortense, la princesse Bagration, l'impératrice Elisabeth, etc. Chez tous ces modèles, Isabey avait saisi avec le plus rare bonheur le caractère de la physionomie, le genre d'esprit, le type de beauté particulier à chacun d'eux.

Notre attention se porta ensuite sur ce dessin qui, sous le nom du *Congrès de Vienne*, rattachera celui de son auteur aux hommes illustres qu'il a retracés. Tout le monde connaît cette composition. Elle représente la salle du Congrès au moment où le prince de Metternich y introduit le duc de Wellington. Lord Castlereagh est au milieu, le bras appuyé sur un fauteuil ; près de lui, M. de Talleyrand est vu de face, reconnaissable entre tous à son immuable imperturbabilité. Les autres plénipotentiaires, MM. de Nesselrode, de Humboldt, de Hardemberg, de Stakelberg, etc., sont groupés autour de la table où se signèrent les destinées de l'Europe. Chacune des figures a l'expression qui lui est propre, et leur ressemblance frappante a confirmé à cet égard la réputation méritée de l'artiste. Isabey a vaincu aussi une des grandes difficultés de ces œuvres d'apparat, la froideur et le défaut d'ensemble ; avec une extrême habileté il a su donner à tous ses personnages des attitudes variées. Enfin, ce qui ne devait être qu'une collection de portraits, est devenu un véritable tableau, monument pour les arts aussi bien que pour l'histoire.

Dans le principe, lord Wellington ne devait pas figurer dans cette composition, puisqu'il n'arriva à Vienne qu'au mois de février 1815, et pour remplacer lord Castlereagh. Cette arrivée nécessita dans la disposition du dessin un changement important, c'est-à-dire l'addition d'un nouveau personnage. Ce motif lui a fait choisir le moment de l'introduction du duc, combinaison qui lui a permis de ne pas déranger les autres figures. Isabey nous expliqua avec beaucoup d'esprit et de gaieté comment le nouvel arrivant avait témoigné quelque mécontentement de se trouver ainsi relégué dans un coin du tableau, où il n'est vu que de profil. Le spirituel artiste avait calmé ce petit mouvement d'humeur en lui montrant qu'une fraise, à la mode du seizième siècle, dessinée sous ce profil, lui donnait une ressemblance parfaite avec Henri IV. L'explication avait paru satisfaisante au général anglais, et elle lui fit oublier la malencontreuse place nécessitée par les exigences de l'art.

Un autre incident particulier avait signalé les premières démarches du peintre. Au nombre des mandataires européens devait nécessairement figurer le baron de Humboldt (1), dont le nom n'a pas besoin d'éloge. On avait prévenu Isabey qu'il trouverait une grande résistance auprès de cet homme d'Etat, auquel on connaissait une aversion décidée à laisser faire son portrait. Il l'avait même refusé à la princesse Louise Radzivill, sœur du prince Ferdinand de Prusse. Prévenu de cette singularité et même un peu intimidé, Isabey se présente chez le diplomate. Son embarras feint ou réel augmente la proverbiale bonne humeur du baron qui, fixant sur lui ses gros yeux bleus à fleur de tête, lui répond ainsi :

« Regardez-moi bien, et convenez que la nature m'a donné un visage trop laid pour que vous n'approuviez pas la loi que je me suis faite de ne jamais dépenser un sou pour mon portrait. N'est-ce pas? la nature rirait bien à mes dépens, si elle découvrait en moi cette sotte vanité. Elle doit voir que je reconnais le mauvais tour qu'elle m'a joué. »

Frappé de cette réponse, le peintre regarde avec stupéfaction la figure hétéroclite du ministre. Rappelant bientôt son esprit et sa gaieté :

« Mais aussi, reprend-il, je compte bien ne demander à Votre Excellence aucune récompense de la peine très agréable que je prendrai. Je ne viens solliciter que la faveur de me *donner* quelques séances.

— N'est-ce que cela? Je vous en donnerai tant que vous voudrez. Ne vous gênez pas. Mais je ne puis renoncer à mon principe de ne rien dépenser pour ma laide figure. »

Effectivement, le spirituel diplomate posa devant l'artiste autant de fois qu'il le désira. Lorsque la gravure parut, son portrait fut trouvé le plus ressemblant de tous, et souvent il disait :

---

(1) Diplomate, homme d'Etat, philologue célèbre, né à Potsdam en 1765, mort en 1835. Il avait signé le traité de Paris avec le prince de Hardemberg, et il assistait au Congrès de Vienne. — Ses œuvres (*Recherches sur les habitants de l'Espagne, sur la langue Chinoise, sur Gœthe, Wieland, Schiller*, etc.) ont été réunies en six volumes. Berlin, 1841-1848.

« Moi, je n'ai rien payé pour mon portrait. Isabey a voulu se venger de moi. Il m'a fait ressemblant. »

En quittant l'atelier du peintre, nous nous dirigeâmes vers la ville. Sur le pont du Danube, nous aperçûmes la princesse Hélène Souwaroff, le général Tettenborn et Alexandre Ypsilanti ; ils marchaient dans la même direction que nous ; ils allaient, nous dirent-ils, dans le Mehl-Grub, à l'église des Capucins, visiter les tombeaux de la famille impériale ; ils nous proposèrent de les y accompagner ; nous acceptâmes.

Arrivés à la chapelle sépulcrale, un moine, après avoir allumé une large torche, nous précéda dans les caveaux. On y compte neuf tombes d'empereurs, treize d'impératrices, et, en tout, à peu près quatre-vingts de membres de la race impériale.

C'est dans cette chapelle souterraine, nous dit le moine, que Marie-Thérèse, pendant trente années, entendit chaque jour la messe en présence même du sépulcre qu'elle avait fait préparer pour elle à côté de celui de son époux.

Cette illustre souveraine avait tant souffert dans les premiers jours de sa jeunesse, que le pieux sentiment de l'instabilité de la vie ne la quitta jamais au milieu même de ses grandeurs. Les exemples d'une dévotion sérieuse et constante ne sont pas rares chez les maîtres de la terre. Comme ils n'obéissent qu'à la mort, son irrésistible pouvoir les frappe davantage. Les difficultés de la vie se placent entre nous et la tombe ; tout est aplani pour les rois jusqu'au terme, et cela même le rend plus visible à leurs yeux.

« Ce trait de Marie-Thérèse, nous dit Tettenborn, me rappelle que lorsque Joseph II eut permis au public l'entrée du jardin de l'Augarten, une dame de la cour vint se plaindre à lui de ne pouvoir s'y promener avec ses égaux.

« Si chacun devait être réduit à la société de ses égaux, lui répondit l'empereur, il ne me resterait donc plus pour prendre l'air, que le caveau des Capucins, puisque c'est là seulement que je retrouverais les miens. »

Après avoir contemplé, quelques instants, ces monuments de marbre et d'airain, magnifique témoignage de notre néant, dépositaires de ces illustres poussières, nous remontions mélancoliquement les marches du caveau, lorsque les feux de plusieurs torches annoncèrent l'arrivée d'une société nombreuse : nous reconnûmes la princesse Bagration, les princes Koslowski, Gallitzin, Scheremeteff, et quelques personnes de marque. Depuis quelque temps, c'était une mode pour les étrangers de visiter les curiosités de la ville de Vienne. Au moment de leur arrivée, l'enivrement du plaisir, plus tard la rigueur du froid, avait mis empêchement à ces excursions scientifiques. Le retour du soleil de février avait levé l'obstacle : aussi plus que jamais, les églises, les palais, les galeries, étaient encombrés de curieux. Notre conducteur nous dit que presque tous les hôtes de Vienne et même les souverains étaient venus plusieurs fois visiter ces caveaux. Ainsi, les fêtes conduisaient naturellement ces heureux du siècle à réfléchir sur les tombeaux ! De tout temps la poésie s'est plu à rapprocher ces images ; mais le sort aussi est un terrible poète, qui ne les a que trop souvent réunies.

Enfin, comme nous quittions l'église, MM. de Nesselrode, Pozzo di Borgo, le duc de Richelieu, M. Amstedt, venaient aussi visiter ce séjour de la mort.

« Sans doute, dit Ypsilanti en les apercevant, ces têtes si agitées veulent étudier ici le repos. »

Nous nous dirigeâmes vers les remparts. La conversation avait repris un ton sérieux en rapport avec les objets que nous venions de quitter. La princesse Hélène compara ces caveaux des Capucins à ceux du monastère de Petchersky à Kiew, où l'on voit la plupart des saints du couvent placés dans des bières ouvertes. Ces précieuses reliques attirent, dans l'antique capitale de la Moscovie, une foule de pèlerins qui s'y rendent à pied de Kasan et d'autres villes qui touchent à l'Asie.

« Rien ne prouve mieux, dit la princesse Hélène, la force du sentiment religieux. Seul il fait entreprendre et terminer ces pèlerinages lointains qui, sans lui, paraîtraient impossibles..... Mais, ajouta-t-elle, l'espoir des récompenses à venir allège les maux présents.

— Dans mon passage à Cracovie, repris-je, j'ai visité, dans les souterrains de la cathédrale, les tombeaux des rois de Pologne. Les bières y sont également ouvertes, et les corps embaumés, dont le temps semble avoir respecté les formes, sont encore couverts de tous les attributs de la royauté. Le manteau d'hermine, le sceptre, le diadème étincelant de pierreries, tous ces hochets d'un pouvoir évanoui, présentent un contraste frappant avec l'aspect inflexible de la mort. Ces traits jadis si nobles, contractés et noircis, ces restes de chevelure s'échappant de l'étreinte du bandeau royal, ce mélange palpable de grandeur et de néant, laissent à l'esprit une impression profonde. Ce tableau d'une destruction successive semble dire à celui qui le contemple :

« Vis, toi que la vie n'a pas encore abondonné, la mort saura bien t'apprendre à mourir.

« Cependant ces images du passé sont moins terribles quand l'airain ou le marbre déguise, comme ici, les effets visibles du trépas : ou bien, en m'adressant à la princesse, quand les monuments sont décorés d'inscriptions rappelant un souvenir glorieux, comme à l'église de l'Annonciation de Saint-Pétersbourg (1). »

C'était un jour de fête : les remparts étaient couverts d'une foule innombrable.

« Comme cette classe d'artisans donne, par sa mise aisée et ses figures riantes, la meilleure preuve de la récompense qui ne manque jamais à l'industrie heureuse, dit la princesse.

— Il est vrai, reprit Griffiths : jamais à Vienne on ne rencontre de mendiants. Les établissements de charité

---

(1) La princesse Souwaroff est née Narischkin. Sur le magnifique tombeau de marbre, destiné aux membres de cette famille, une inscription indique le seul titre qu'elle soit jalouse de revendiquer : *Pierre Ier est sorti de leur sang.* (*Note de l'Auteur.*)

sont administrés avec beaucoup d'ordre et de libéralité. La bienfaisance publique et particulière est dirigée avec un grand esprit de justice. Le peuple, ayant en général plus d'aptitude industrielle et d'intelligence commerciale que dans le reste de l'Allemagne, conduit bien sa propre destinée. Tout ici porte l'empreinte d'un gouvernement paternel, sage et religieux. Et, sans adopter l'exagération poétique de Wolzang-Menzel, qui dit que Vienne est assise au milieu de ses campagnes comme une perle enchâssée dans de l'or, on peut affirmer qu'il n'est pas de capitale en Europe qui puisse lui être comparée pour le charme des sites, la vie pleine de calme et d'incurie qu'on y mène. On s'aperçoit partout que le pays est heureux. Mme de Staël appelait l'Allemagne le pays de la pensée : on pourrait nommer Vienne la patrie du bonheur.

— Ce qui, ajoutai-je, donne d'ordinaire à Vienne une physionomie toute particulière et singulièrement animée, c'est la multitude d'étrangers répandus dans les rues : Juifs, Turcs, Arméniens, Croates, Bohémiens, tous revêtus de leurs costumes nationaux. A voir chacun d'eux se livrer aux occupations et au commerce de son pays, on se croirait au milieu d'un grand bazar européen. Ce coup d'œil si pittoresque est bien en ce moment un peu effacé par celui des uniformes et des broderies ; mais la ville ne s'en plaint pas, dit-on. Car, grâce au carnaval qui l'a encombrée de nouveau, tout est redevenu d'un prix excessif. Et les marchands, quand on leur en parle, vous répondent comme il y a quatre mois :

« Eh ! le Congrès ! »

Cependant nous apercevions de loin la flèche élégante de la cathédrale de Saint-Etienne.

« Ne seriez-vous pas tentée, dis-je à la princesse Souwaroff, d'assister à un des spectacles qui en ce moment ont le privilège d'exciter la curiosité publique ?

— Lequel donc ? car on se perd dans les spectacles de Vienne.

— Une prédication du révérend M. Werner, passe-temps fort édifiant. »

La princesse avait entendu parler de ce nouvel apôtre sur lequel une existence tourmentée, un talent véritable, et surtout des antécédents singuliers appelaient l'attention générale. Elle accepta de se rendre à Saint-Etienne, curieuse, comme nous, de connaître ce simple prêtre qui, au milieu de si grands intérêts et de plaisirs si variés, avait encore trouvé le moyen de passionner la foule.

Avant de marcher sur la trace des Massillon et des Bossuet, M. Werner avait été luthérien et poète dramatique. Il était auteur de plusieurs tragédies représentées avec succès et sur lesquelles il avait répandu les teintes romantiques les plus prononcées. Portant dans ses compositions théâtrales toute l'énergie de sa conviction religieuse, il s'était étudié à y peindre les commencements du luthéranisme sous les couleurs les plus séduisantes. Une circonstance à la fois poétique et romanesque avait signalé l'histoire de sa conversion au catholicisme. Un soir, il se promenait à Vienne sur la place de la cathédrale, en proie à une de ces sombres rêveries, apanage particulier des poètes germaniques. Dans son exaltation, il contemplait cette masse imposante et les tours gothiques dont la cime se perd dans les nuages. Tout à coup la porte s'ouvre ; un prêtre vénérable, vêtu de blanc, escorté de deux jeunes enfants, paraît et va porter à un mourant les dernières consolations de la religion ; une torche répand sur sa marche une lumière tremblante. Frappé de ce spectacle, le poète luthérien s'arrête et regarde avec respect le saint cortège s'éloigner et disparaître comme une mystérieuse apparition. A l'instant son imagination est frappée, son cœur est ému ; la grandeur et la sublimité de la religion catholique se révèlent à son esprit dans ce fait pourtant si simple d'un vieux prêtre portant le saint sacrement à un malade. Dès ce moment M. Werner est catholique. Il quitte Vienne, se rend à Rome, et abjure son erreur dans la basilique de Saint-Pierre.

Enfin, après avoir vécu deux ans dans un ermitage aux pieds du Vésuve, il était revenu en Allemagne, et passant du théâtre à la chaire, il s'était mis à prêcher. La singularité de sa conversation, son talent de prédicateur, sa diction où se retrouvaient encore l'exaltation et les couleurs tour à tour sombres et brillantes de sa poésie c'autrefois, tout avait concouru à le mettre à la mode. Chaque fois qu'il devait parler, l'église pouvait à peine contenir les flots des assistants pieux ou curieux.

Les directeurs de théâtres, voyant le succès obtenu par le prédicateur, imaginèrent de remettre à la scène les tragédies du poète. La spéculation fut heureuse. Le matin, on venait se presser à la parole du nouveau saint Paul, et le soir la mémoire toute pleine encore des citations de l'Ecriture et des Pères, les mêmes auditeurs allaient applaudir *Attila, Luther, le Fils de la Vallée*, et les autres œuvres de l'hérétique converti. Désolé de ces applaudissements, M. Werner se croyait obligé de lancer l'anathème du haut de sa chaire contre ses premières erreurs, qu'il aurait voulu anéantir. Mais plus il tonnait, plus le contraste semblait piquant, et son double succès de prédicateur et d'auteur dramatique allait toujours croissant.

Nous eûmes quelque peine à trouver de la place dans la cathédrale, tant l'assemblée était nombreuse. On y voyait des princes, des généraux, des grandes dames, et, ce qui était non moins bizarre, des gens appartenant à toutes les communions chrétiennes. L'apôtre parut enfin, et débita un long sermon en allemand. Je n'en compris pas un mot; et probablement n'étais-je pas le seul parmi ces nombreux étrangers que la curiosité avait attirés comme nous, et qui ignoraient presque tous la langue allemande. L'effet n'en parut pas moins très satisfaisant : la voix caverneuse de l'orateur, sa grande figure maigre et blême, ses yeux caves; tout était en harmonie avec le temple dont il faisait retentir les voûtes. La cathédrale de Saint-Etienne, en effet, artistement sculptée au dehors, est obscure au dedans, et cette obscurité même, si favorable au recueillement, semblait ajouter quelque chose de sépulcral à la proclamation du prédicateur.

Commencée vers le douzième siècle, l'église métropolitaine de Vienne est au nombre des monuments les plus intéressants que l'art gothique ait produits, par la beauté des détails, la majesté et l'harmonie de son ensemble. La nef est soutenue par des piliers richement ornés : la chaire, les autels, les chapelles, sont décorés par une profusion extraordinaire de ciselures. Ce qui la rend surtout remarquable, c'est l'aiguille de son clocher qui a 470 pieds au-dessus du sol. Ce chef-d'œuvre de légèreté penche visiblement au sommet. Le bourdon, qui a 16 pieds de hauteur et 32 de circonférence, fut fondu avec les canons qui jadis foudroyèrent Vienne aux diverses époques où elle fut assiégée par les Turcs. A l'intérieur de l'église on remarque le mausolée de l'empereur Frédéric III ; plus loin est le somptueux monument que la princesse de Lichtenstein fit élever à son illustre parent le prince Eugène de Savoie, la gloire du règne de Charle VI. Là sont les tombes des guerriers, des héros qui défendirent l'Empire, et des hommes célèbres qui l'ont illustré. C'est pour ainsi dire l'histoire de la monarchie autrichienne.

« Eh bien ! me dit la princesse Hélène en sortant, que pensez-vous du prédicateur ?

— Je n'ai pu juger qu'en partie de son éloquence ; je ne dirai rien de sa morale ; je le crois irréprochable sur l'article du dogme. Mais, en vérité, son ton d'énergumène m'inspire peu le désir de faire connaissance avec ses œuvres théâtrales. Si vous m'en croyez, nous irons au théâtre de la Cour voir *Cinna* ou le *Misanthrope*. »

En nous séparant, nous nous promîmes de nous retrouver bientôt chez la princesse Marie Esterhazy, qui devait donner un bal d'enfants.

L'idée de cette fête, après les splendides réunions des souverains, ne pouvait manquer de piquer vivement la curiosité. Aussi, les salons de la princesse offraient-ils le tableau le plus animé et le plus gracieux. Tous les jeunes rejetons de la haute aristocratie avaient été conviés pour prendre part à cette partie de plaisir qui leur était dédiée. Les hôtes couronnés de Vienne, spectateurs cette fois, les illustrations politiques et militaires, se pressaient et faisaient cercle autour de ces groupes enfantins, et semblaient se délasser en contemplant leur gaieté naïve. Tous les appartements du palais étaient disposés de façon à ce que les jeunes invités marchassent de surprise en surprise. Des escamoteurs avec leurs prodiges, des ombres chinoises, des lanternes magiques, se succédaient de pièce en pièce. Partout la sollicitude de la princesse Marie s'était complu à varier les plaisirs du jeune âge, comme si chacun de ces enfants eût été un des siens. Quand tous ces joyeux passe-temps furent épuisés, on entra dans le grand salon disposé pour le bal; les danses commencèrent, dépourvues de régularité peut-être, mais non de grâce et d'abandon. Ceux qui ont vu des bals d'enfants costumés se feront une idée du piquant et du charme de ces quadrilles. Ces petits êtres que la nature a formés si gracieux, parés de tout ce que l'art, le goût ou le caprice ajoutent à la beauté de l'enfance, formaient un ensemble aussi complet que ravissant. Si quelque chose pouvait balancer l'attention commandée par ces charmants groupes, c'était l'expression d'orgueil, de tendresse, d'anxiété dont les reflets se peignaient sur le visage de tant de jeunes et gracieuses mères. Il fallait voir leurs regards brillants d'espérance et de fierté suivre, inquiets et charmés, les pas, les poses, les attitudes des jeunes danseurs. Il fallait voir cet instinct maternel, qui ne se trompe jamais, s'unir à leurs moindres mouvements, et jusqu'au bout de ce salon si vaste, distinguer le plus léger cri arraché à la douleur, ou échappé au plaisir de l'un de ses enfants.

Les costumes, comme on le pense bien, tous de la plus grande magnificence, turcs, chevaliers, albanaises, napolitaines, moyen âge, Louis XIV, russes, polonais, étaient portés quelquefois avec une importance bien comique par ces altesses lilliputiennes : c'étaient les jeunes princes et princesses Lobkowitz, Rosemberg, Schwartzemberg, Sinzendorff, Staremberg, Cohary et Colloredo. Quant aux princes Lichtenstein, ils y étaient en foule : la princesse Marie étant née Lichtenstein, n'avait pas manqué de convier à sa fête le ban et l'arrière-ban des différentes branches de son illustre famille. Au milieu de cet essaim de petits anges, il était facile de voir que le démon de l'orgueil commençait déjà auprès d'eux ses dangereuses séductions. Une de ces altesses féminines s'emporta avec un violent dépit contre une de ses compagnes d'un rang inférieur : la querelle alla même si loin, qu'aucune ne voulant céder, elle occasionna quelque trouble dans le bal. Cela me rappela cette anecdote que m'avait racontée lord Stair, et qui avait, quelques années auparavant, amusé l'Angleterre. C'était pendant l'enfance de la princesse de Galles : on lui avait donné pour compagne de jeu la fille d'un musicien qui s'était acquis une grande réputation en touchant l'orgue à l'église de Saint-Paul. Un jour les deux enfants se disputaient pour un jouet dont chacune voulait s'emparer ; enfin, la petite prolétaire opposant toujours les mêmes refus :

« Osez-vous bien me résister, dit la jeune princesse avec colère, ne savez-vous pas que je suis la fille du prince de Galles ?

— Et que m'importe, répondit l'autre enfant avec fierté, ne savez-vous pas vous-même que je suis la fille de l'organiste de Saint-Paul ? »

A Vienne comme à Londres, la querelle fut promptement apaisée, et un baiser cimenta la paix.

Les danses furent interrompues par l'arrivée des chanteurs tyroliens qui, à cette époque, faisaient fureur à Vienne. Ils étaient au nombre de sept, cinq hommes et deux femmes, et portaient le costume si pittoresque de leurs montagnes. Peu d'années auparavant, venus du Tyrol comme simples ouvriers horlogers, ils se réunissaient le soir, après les travaux de la journée, et exécutaient leurs chants nationaux. L'effet qu'ils produisaient était tel, qu'une foule immense de tout rang les suivait dans la rue ; la police était obligée de les escorter afin de prévenir le désordre. Les directeurs de la Wieden les engagèrent pour chanter sur leur théâtre. L'enthousiasme fut au comble, et tel qu'on leur faisait répéter jusqu'à six fois les mêmes airs. Les sociétés les plus élevées les appelaient dans leurs soirées, et partout ils recueillaient d'unanimes applaudissements. Ils avaient récemment parcouru une partie de l'Europe (1) et étaient, lors du Congrès, revenus sur le théâtre de leur première gloire. Leur chant possédait vraiment un charme indescriptible : c'étaient des mélodies d'une fraîcheur, d'une suavité, d'un rythme inconnus jusqu'alors. La pureté, l'expression et jusqu'aux hardiesses de leur exécution, ajoutaient encore à la gracieuse étrangeté de cette musique nationale.

On passa ensuite dans une salle qui jusque-là n'avait pas encore été ouverte. Un grand arbre à rameaux d'or y était chargé de jouets, de cadeaux de toute espèce, entre autres de ces jolies boîtes faites avec le pavé de Vienne. On tira une loterie de ces charmantes bagatelles. Ce fut alors un renouvellement de joie. Quand cette vive population fut chargée de ces dons si délicatement offerts, on passa dans la salle du banquet. Tout ce que Vienne avait pu offrir de friand et d'exquis fut livré à la gourmandise et à l'appétit de ces jeunes hôtes. Pendant le souper, les mêmes chanteurs tyroliens, placés dans une pièce voisine, firent encore entendre quelques-unes de leurs variations les plus capricieuses, dont les sons, affaiblis dans le lointain, ressemblaient à l'écho d'une mélodie céleste.

Enfin, avant de rendre au sommeil tous ces jeunes

---

(1) Le succès et la fortune les accompagnèrent partout. Lorsqu'ils vinrent à Londres, George IV les fit chanter au pavillon de Brighton. Enivrée par les éloges souverains, la tête tourna à l'une de ces jeunes filles : après un morceau que le roi daignait vivement applaudir, elle sauta au cou de Sa Majesté et l'embrassa comme elle eût fait d'un bon bourgeois à Inspruck. (*Note de l'Auteur.*)

danseurs, on les réunit dans une valse générale. C'était vraiment quelque chose de merveilleux que cette confusion de têtes emportées çà et là par le rapide tourbillon : leurs cris, leur gaieté, leur vivacité, formaient le plus ravissant coup d'œil. Les souverains et toute la cour semblaient prendre leur part de ces joies enfantines et reposer leurs esprits parfois si agités sur ces tableaux d'innocence et de bonheur. Seule l'impératrice Elisabeth de Russie portait sur ses traits une expression plus prononcée de mélancolie. On voyait qu'elle enviait les joies de la maternité, et que ce spectacle renouvelait ses regrets (1). Telle était l'affection que cette princesse portait à l'empereur, que, quand elle rencontrait la fille qu'il avait eue de Mme Narischkin, elle la couvrait de baisers et de caresses, cherchant à tromper ainsi sa douleur d'épouse et de mère.

La princesse Esterhazy, qu'on appelait à si juste titre l'exemple et l'ornement de la cour, s'était surpassée dans ce rout enfantin : elle avait renchéri encore, s'il est possible, sur cette aménité qui la distinguait et qui était devenue proverbiale à Vienne. Une jeune femme charmante qui réunissait à la beauté de sa tante, la reine de Prusse, les grâces de sa mère, la princesse Paul Esterhazy, née de la Tour-et-Taxis, partageait avec sa belle-mère le soin de faire les honneurs de ce bal. Elle y apportait cette affabilité gracieuse et ce goût exquis qui la distinguent, sentiment indéfinissable que tant de chances concourent à former.

Enfin le bal se termina ; mais le souvenir reconnaissant en sera sans doute resté longtemps gravé dans la mémoire de ces enfants en leur rappelant une époque brillante, et dans le cœur de leurs jeunes mères comme une soirée de triomphe et de bonheur.

A quelque opinion politique qu'on appartienne, on ne peut rester indifférent aux récits qui font connaître

---

(1) On sait que, n'ayant pas d'enfants, l'empereur Alexandre Ier eut pour successeur son troisième frère, Nicolas, Constantin ayant renoncé, dès 1822, à ses droits au trône.

les personnages qui ont occupé la scène du monde. On aime à les suivre dans les détails familiers de la vie et dans le cercle de leur intimité. Grâce au Congrès de Vienne, il m'a été donné d'approcher et de connaître quelques-uns des hommes qui ont fourni des pages à l'histoire contemporaine. Les anecdotes que je raconte ne seront donc pas sans intérêt.

Par une belle journée de février, nous parcourions, Zibin, Lucchesini et moi, la résidence du duc de Saxe-Teschen. Dans la foule d'objets précieux que ce palais renferme, on cite une collection unique d'à peu près douze mille dessins originaux et de cent trente mille gravures exécutées d'après les artistes des divers pays. Nous avions été reçus fort obligeamment par M. Lefèvre, conservateur de ces trésors, dont il allait, nous dit-il, publier une description détaillée par ordre de chronologie et d'écoles. A l'extrémité d'une galerie disposée pour contenir toutes ces raretés, nous aperçûmes l'archiduc Albert qui faisait les honneurs de son palais à l'empereur Alexandre qu'accompagnaient le général Ouwaroff et le prince Eugène. Nous nous approchâmes pendant qu'ils étaient occupés à examiner une collection de cartes et de plans militaires, qui passe pour la plus complète de ce genre en Europe.

« Les cités sont détruites, disait l'archiduc Albert, les empires sont renversés, la tactique a changé de face ; mais les positions militaires sont toujours les mêmes. »

Il ajouta plusieurs comparaisons prouvant que les mêmes chances ont souvent amené les mêmes résultats. Néanmoins, c'était particulièrement sur le théâtre des dernières campagnes que l'attention de ses hôtes semblait fixée. Rien ne peut égaler l'intérêt des remarques dont l'empereur Alexandre accompagnait l'inspection de ces divers plans de batailles. Ceux pour qui la vérité n'a qu'un langage apprécieront tout le piquant de ces quelques mots recueillis à la hâte.

« Là, disait-il, en l'indiquant du doigt, tel corps a fait telle faute, cette batterie a été mal placée, telle charge a décidé de l'action : ici, à Austerlitz, nous eussions pu ramener la partie ; mais Kutusoff s'arrêta trop devant Mortier. Et ces lacs glacés d'Augerd et de Monitz, en s'abîmant sous vingt mille hommes et cinquante pièces de canons, achevèrent nos désastres.

— Et cependant, reprit le prince Eugène, nous eussions peut-être perdu la bataille, si l'empereur eût attaqué quelques heures plus tôt : à quoi tiennent les chances de la guerre !

— Là, à Friedland, continua Alexandre, tout fut perdu par une fausse manœuvre de cavalerie dont profita Ney, et par la retraite de Korsakoff sur Friedland : par suite, tout son corps d'armée fut enveloppé ; et cherchant une issue à travers les flots de l'Alle, il n'y trouva que la mort. Au total, nous nous battions bien ; mais nous avions affaire à de trop habiles joueurs. »

Il passa alternativement des campagnes d'Italie à celles d'Allemagne, évitant, par un tact de bienveillance qui lui était particulier, de parler de la guerre si funeste de Russie.

L'empereur et le prince Eugène firent assaut de courtoisie. L'archiduc y mit fin en leur montrant un catalogue descriptif fait par lui, et que, malgré son grand âge, il s'occupait encore à retoucher. Il aurait fallu le copier en entier pour énumérer les richesses rassemblées dans cette galerie. Quelques-uns des dessins remontent à l'année 1420. On en comptait plus de cent cinquante d'Albert Durer, la plupart exécutés à la plume, et dont les figures étaient richement coloriées, particulièrement quelques oiseaux d'un fini admirable. Un intérêt plus vif se rattachait aux gravures de cet illustre maître, en ce qu'elles avaient autrefois formé sa collection particulière Le duc nous fit remarquer plusieurs dessins de Raphaël, cinquante esquisses de Claude Lorrain. Enfin, cette collection nous parut à tous d'une valeur inestimable pour l'histoire des arts, du dessin et de la gravure.

L'empereur s'approcha de nous alors, parla à Zibin avec beaucoup de bonté, et le présenta au prince Eugène, comme le plus jeune chevalier de Saint-George. Ayant entendu prononcer le nom de Lucchesini, il lui demanda si son père était le même qui avait été plénipotentiaire au célèbre Congrès de Sistow sous Frédéric II.

« Oui, sire.

— Et où est-il maintenant?

— Dans ses terres près de Lucques.

— S'il y retrace ses souvenirs, reprit Alexandre, ils auront de l'intérêt, car il a beaucoup vu. »

Nous visitâmes ensuite les appartements somptueusement décorés : dans une des pièces, un panharmonicon, composé de cent cinquante instruments à vent, exécutait des symphonies et des marches qu'un trompette automate accompagnait avec une admirable précision. Nous laissâmes l'archiduc continuer à faire les honneurs de ses innombrables trésors à ses illustres visiteurs, et nous fûmes de là au Belvéder voir une collection de tableaux enrichie par Joseph II, lors de la suppression de quelques couvents. Ils sont au nombre de quatorze cents, et sont distribués dans vingt-trois salles, selon les écoles italienne, allemande et hollandaise. La plupart sont d'une admirable beauté et du plus grand prix.

Le palais du Belvéder, situé dans le faubourg de Remeveg, a été construit par le célèbre prince Eugène de Savoie, qui en a cédé la propriété à la maison impériale. Une partie est bâtie sur une éminence d'où l'œil découvre une vaste perspective, la ville de Vienne, ses environs et le cours du Danube : c'est ce qu'on nomme le haut Belvéder. L'autre partie du palais, entre cour et jardin, est au niveau de la rue du Remeveg, et n'a qu'un rez-de-chaussée élevé, surmonté d'un entre-sol. Nous y trouvâmes le roi de Bavière accompagné de son chambellan de Rechberg. Personne mieux que le comte Charles ne possède un goût sûr et délicat dans les arts, si opposé à l'aridité des démonstrateurs à gages : aussi, son souverain semblait prendre beaucoup de plaisir à se faire expliquer par lui les sujets, et signaler les beautés des tableaux dont il lui nommait les maîtres.

Nous le suivîmes, ce qui nous mit à même d'apprécier toute la valeur de cette riche collection. Le conservateur, M. Fuger, peintre distingué d'histoire et de portraits, avait bien voulu nous guider aussi. Il arrêta particulièrement nos regards et notre attention sur divers ouvrages du Titien et sur des Rubens si nombreux que deux pièces ont été consacrées entièrement à les recevoir. Nous y vîmes également plusieurs chefs-d'œuvre de Van Dyck. Mais, comme un catalogue publié en 1781 décrit scientifiquement tous ces tableaux du Belvéder, je m'abstiendrai de tous détails à leur égard. Ce que je remarquai cependant avec plaisir, c'est que dans chaque salle on trouvait une liste explicative des tableaux, avec les noms des maîtres auxquels ils sont attribués, précaution qui augmente l'intérêt qu'ils inspirent, et dont on serait privé quand on n'y trouve pas, comme nous, des *cicerone* aussi habiles que le comte Charles ou le professeur Fuger.

Pendant que ces deux connaisseurs discutaient fort savamment sur la prééminence des galeries de l'Europe, et qu'ils énuméraient les peintres et les écoles, le faire des uns, la manière des autres, la touche de tous, je m'aperçus que l'heure approchait où j'avais donné rendez-vous à Griffiths dans une des avenues du Prater. Nous laissâmes donc cette galerie de peinture pour aller nous-mêmes faire partie d'une galerie vivante.

Le soir, nous étions réunis comme de coutume chez la comtesse Fuchs. Au nombre des assistants se trouvait le prince Eugène. La conversation roulait sur la Malmaison. Le prince Gagarin, et le colonel Brozin, aide de camp de l'empereur Alexandre, qui souvent y avaient accompagné leur souverain dans les visites qu'il rendait à l'impératrice Joséphine, parlaient avec enthousiasme de ce beau lieu, du luxe de ses galeries, où étaient rassemblés les chefs-d'œuvre de toutes les écoles de peinture et les plus belles statues de Canova, de la richesse des serres où fleurissaient les plantes les plus rares des deux mondes, enfin de cet ensemble parfait où se révélait le goût de celle qui s'y était fait chérir.

CHAPITRE XXI

Ypsilanti. — Promenade au Prater. — Premier bruit du départ de Napoléon. — Projets pour la délivrance de la Grèce. — Le comte Capo d'Istria. — Les Hétairites. — Rencontre d'Ypsilanti en 1820. — Ses tentatives, ses revers. — Il est désavoué par la Russie. — Sa captivité, sa mort.

Depuis assez longtemps je ne rencontrais plus Ypsilanti dans les salons, et rarement je l'apercevais dans les promenades où sa figure soucieuse révélait les profondes occupations de son âme. J'attribuais cette rêverie habituelle à un sentiment d'amour plus vif que ceux avec lesquels il avait badiné jusqu'alors. Je ne pouvais attacher une sérieuse importance à ses projets pour la délivrance de la Grèce, dont nous avions toujours parlé comme d'un beau rêve, ni croire que ce fût la cause qui l'éloignât de ses amis. Au moment où le Congrès travaillait à consolider la paix générale, la réalisation de ce généreux dessein me semblait s'éloigner de plus en plus : il était peu probable que l'Europe laisserait, par intérêt pour la patrie de Miltiade et de Thémistocle, rompre l'équilibre et remettre en question le repos du monde.

Un matin, je faisais une promenade à cheval dans les avenues du Prater. La veille, un violent ouragan avait éclaté sur la ville de Vienne. La terre était jonchée de branches et de débris ; cependant le ciel était sans nuages, et les rayons d'un vif soleil de mars perçaient au travers des grands arbres encore dépouillés de feuilles. J'aperçus Ypsilanti non loin d'une allée où je l'avais revu pour la première fois cinq mois auparavant. Il allait au pas, et paraissait errer au gré de sa monture, dont il laissait flotter les guides. Comme d'ordinaire, son front était soucieux. Croyant le moment favorable pour lui demander une explication sur un éloignement dont souffrait mon amitié, je l'abordai,

« Ce qui m'occupe, répondit-il à mes premières questions, est encore un secret qui n'appartient pas à moi seul. Je sais quelle affection nous unit, et je ne balancerai pas à vous faire connaître ma pensée, dès que je le pourrai, sans craindre de nuire à une cause sacrée, et de manquer à la foi jurée. »

Ce ton solennel me surprit : j'insistai pour qu'il s'ouvrît davantage. Mais, à mes pressantes questions, il n'opposait que le silence. Sa tête était penchée sur sa poitrine : son esprit était absorbé dans le travail d'une réflexion qu'il ne pouvait dominer. Tout à coup il appelle son cosaque, saute à bas de son cheval, m'invite à l'imiter. Nous laissons nos deux montures et nous nous enfonçons dans une allée déserte.

Nous avions fait quelques pas : il s'arrête, fixe sur moi des yeux flamboyants, et me serrant fortement la main.

« Napoléon a quitté l'île d'Elbe, me dit-il.

— Ah! cher prince, quelle nouvelle! repris-je stupéfait.

— Elle est exacte : un courrier expédié de Florence à l'ambassade anglaise l'a apportée ce matin : l'empereur Alexandre et M. de Nesselrode en ont été informés à l'instant. On ignore le surplus.

— Mais, c'est l'embrasement de l'Europe, c'est la lutte plus terrible que jamais que vous m'annoncez.

— Oui, nous touchons au moment de quitter l'opéra pour la tragédie. L'instant est venu où je dois agir. Je vous ai parlé de mes desseins pour la délivrance de la Grèce : désormais, à la faveur de ce grand événement, je vais travailler à briser son joug et à la replacer au rang des nations.

— Plan noble, sans doute, sublime peut-être. Mais avez-vous bien songé aux moyens nécessaires pour en assurer l'exécution?

— Je n'en puis douter. Ce rêve de mes jeunes années, dont si souvent nous avons discuté la possibilité à Pétersbourg lorsque Dolgorouki, Vielhorski, vous et moi, nous formions ensemble des plans pour son indépendance future, ce rêve sera bientôt une réalité. La guerre va remuer encore une fois l'Europe entière. Des amis fidèles, ainsi que moi, n'attendent qu'un signal.

— Il y a longtemps, cher Alexandre, que j'ai reconnu en vous cet enthousiasme motivé, si semblable à une seconde âme, si nécessaire au succès d'une grande entreprise. Je me rappelle cette ardeur bouillante, cette soif des périls, cette belliqueuse émotion qu'excitait en vous à Pétersbourg votre fanatisme militaire. Pardonnez à ma sincère affection : aujourd'hui, comme alors, j'admire ce dévouement patriotique ; mais j'ose, je dois vous faire envisager les dangers d'un pareil projet, et l'improbabilité de la réussite.

— Improbabilité, dites-vous, dangers personnels ! Eh ! rien de semblable doit-il entrer en balance avec le résultat que j'espère, quand peut-être la présence seule d'un chef décidera la chance de ce mémorable événement ? C'est la grandeur de la cause, et non pas celle des moyens qui conduit à la véritable renommée ; et l'*honneur a fait dans tous les temps la partie la plus solide de la gloire*. Écoutez-moi attentivememt, et jugez ensuite. Depuis ma plus tendre enfance, je n'ai respiré que rendre la liberté à mon pays opprimé, et venger ma famille lâchement immolée à des soupçons politiques. Ce sont ces sentiments qui m'ont fait supporter patiemment l'apprentissage du métier des armes en Russie, lorsque j'y servais comme enseigne dans le régiment des chevaliers-gardes ; endurer, je dirai même dévorer les affronts des supérieurs dans les rangs, que j'étais bien loin de considérer comme mes égaux dans le monde ; me soumettre enfin à la discipline minutieuse du grand-duc Constantin, dont l'anecdote du bal de la cour (1), risible, si elle n'eût été mortifiante, pourrait donner la mesure.

---

(1) Ypsilanti dansait une polonaise avec la princesse Jeannette Czerwertinska : son chapeau d'uniforme tourna un peu de côté sur sa tête.

« Ypsilanti, ce n'est pas là la forme, » lui dit Constantin, lorsqu'il passa devant lui.

Le prince retourne son chapeau et l'enfonce sur ses yeux. Le chapeau, trop petit sans doute, se dérange encore.

Ces sentiments se sont développés et accrus avec l'âge. Ils m'ont suivi dans les camps, à la cour, à l'armée ; ce sont eux qui sans cesse me représentaient mon père victime de la trahison de lâches courtisans, de ces vils flatteurs qui, mesurant l'ingratitude à la grandeur de ses bienfaits, sollicitèrent et obtinrent du divan sa déposition et le sacrifice de sa vie. Ce sont eux encore qui me rappelaient le serment fait à ma mère sur son lit de mort, serment d'une haine éternelle aux sanguinaires sectateurs de l'islamisme, aux monstres qui venaient à Constantinople de faire tomber la tête de son père, le dernier des Comnènes, sous la hache des bourreaux. Quelques flots qui aient été répandus de ce sang généreux, il n'est pas entièrement tari. Les sentiments qui m'animent, vivent au fond du cœur chez tous ceux que le fer a épargnés. Pensez-vous que la population entière de la Moldavie et de la Valachie, puisse rester sourde à la voix de la liberté, quand ce sera le fils de leur hospodar qui la leur fera entendre ?

— Je sais, mon ami, quelle réputation et quels souvenirs votre père a laissés dans un pays qu'il a gouverné avec tant d'habileté et de sagesse (1). J'ai pu juger naguère moi-même combien son nom y est vénéré, et quelle estime vous environne depuis que, par votre seul mérite, vous vous êtes élevé au rang de général dans les armées russes. Je sais que les sympathies des peuples

« Ypsilanti, je vous ai dit que votre chapeau n'était pas selon la forme, » lui répète le grand-duc furieux.

Au troisième tour, le malheureux chapeau n'en tient pas plus compte. A cette vue, Constantin ordonne au prince de quitter le bal et l'envoie pour trois jours aux arrêts.

« Allez-y apprendre, lui dit-il, à faire tenir votre chapeau sur votre tête selon la forme. »

(1) Ce prince est le seul qui ait fait regretter son administration. Parmi les traits dont un législateur pourrait s'honorer, on cite celui-ci : Arbitre de la vie de ses sujets, sachant bien qu'un despotisme aveugle, guidé souvent par la passion, peut commettre des cruautés, Ypsilanti, pour en tempérer la rigueur, avait ordonné que l'armasse gouverneur des prisons, avant de faire exécuter la sentence de mort d'un criminel, se présenterait à trois reprises devant le prince en répétant solennellement :

« Persistes-tu à répandre le sang humain ? » (*Note de l'Auteur.*)

accueilleront votre généreuse entreprise. Cependant, lorsque votre âme si candide encore se livre aux flatteuses espérances qui peuvent l'illusionner, avez-vous bien pensé aux conséquences possibles de votre projet ? Appelé à guider au combat des bandes fanatisées, le succès, et toujours du succès, peuvent seuls légitimer votre hardiesse. Mais qu'un seul revers vienne décourager vos partisans, et vous verrez peut-être traiter d'insensé ce rêve que nous regardons aujourd'hui comme sublime. Vous seul alors, supportant ces terribles conséquences, vous tomberez victime de votre dévouement. Depuis vingt-cinq ans que notre révolution a presque volcanisé l'Europe, j'ai vu trop souvent ce qu'on nommait la bonne cause la veille, être le lendemain la cause criminelle, et la postérité même ne juger que par les résultats. Loin de moi la pensée de vous détourner d'un projet que j'admire : mais il est du devoir de mon amitié de vous engager à ne rien précipiter, et de prémunir votre âme ardente contre l'enthousiasme souvent nuisible par sa sublimité même. Rappelez-vous combien de tentatives ont échoué, qui eurent aussi pour objet l'affranchissement de la Grèce ; entre autres, Catherine envoyant Orloff dans la Méditerranée attaquer la puissance ottomane. Quelle fut la suite de l'expédition du Péloponèse ? Les Grecs excités à se soulever par les promesses des Moscovites, en furent bientôt lâchement abandonnés et livrés sans défense à la vengeance implacable de leurs maîtres.

— Les temps sont bien changés : la cause des Grecs va devenir européenne : c'est la cause de la religion aussi bien que celle de l'humanité.

— Oui, la philanthropie a mille fois tracé le tableau révoltant des excès auxquels ces barbares se sont portés dans les provinces soumises. De toutes parts un cri d'indignation s'est élevé contre eux. De fortes et sages représentations leur ont été adressées par les cabinets de l'Europe pour faire cesser l'effusion du sang. Mais, dans leur stupide ignorance, ils ne sont pas sans savoir que leur existence politique est indispensable à la balance de l'Europe : et c'est là effectivement la seule cause qui les fait tolérer au Bosphore. Refoulés en Asie, à qui écherraient les Dardanelles? La philosophie en gémissant cède à cette considération politique.

— Non, mon ami, les temps sont accomplis : il en est de la vie des peuples comme de la vie des hommes : le bras caduc de l'islamisme doit laisser tomber en de plus jeunes mains le sceptre de la Grèce.

— L'empire ottoman n'est pas encore à l'heure de son agonie. Je viens de le parcourir, et j'ai cru reconnaître en lui des principes de vitalité et de force. Mais songez, cher prince, quelle ingratitude il y aurait en ce moment à se prononcer contre les Turcs et à les chasser de l'Europe, tandis que la paix signée à Boukharest, entre la Porte et la Russie, a mis seule cette dernière en état de réunir toutes ses forces contre l'invasion de Napoléon. Au mépris de cette paix et des immenses avantages qu'elle en a retirés, l'Europe pourrait-elle déchirer les lois de son équilibre et mentir aux principes qu'elle proclame ici par la voix de ses souverains? »

Ypsilanti parut réfléchir quelques instants.

« Quelles sont ces vaines craintes? reprit-il avec émotion. Je ne vous reconnais plus. Où sont donc les sentiments qui jadis sympathisaient si bien avec les miens et cimentaient notre affection?

— Ils ne sont pas changés, mon cher Alexandre ; mais quelques années, telles que celles qui viennent de s'écouler, les ont peut-être mûris avant le temps : car on vit bien vite dans notre siècle. Quant à moi, spectateur de mille scènes diverses, j'ai voulu en étudier les acteurs, juger leurs plans de conduite, et leurs passions. Eh bien! ce dont j'ai appris à me défier le plus, c'est l'exaltation, sous quelque dénomination qu'elle se montre.

— C'est cependant elle seule qui produit les grands résultats : elle est à un cœur généreux ce que sont les voiles à un navire ; elles le submergent quelquefois ; sans elles, il ne pourrait voguer. La cause que j'ai embrassée ne peut se soutenir et vivre que par l'enthousiasme. Pour elle, il n'est pas un Grec qui ne se montre jaloux de verser tout son sang.

— Hélas, mon ami, que de fois je vous ai blâmé de vouloir juger les hommes d'après vous-même, lorsque, dans l'exaltation de vos souvenirs, vous me traciez à Pétersbourg le portrait de quelques individus de votre nation ? A peine arrivé à Constantinople, j'ai pu me convaincre moi-même que vous aviez quitté votre pays à un âge trop tendre pour les avoir jugés autrement que dans le cercle de votre famille, ou d'après les documents historiques. Quels caractères, en effet, que ceux de ces ambitieux du Fanar? Il faut les voir, s'astreignant par folle vanité à ramper sans cesse devant les êtres qu'ils méprisent, leur prodiguant leurs trésors en échange de quelque fonction souvent avilissante, pour finir comme la mouche écrasée dans son propre miel. C'est auprès d'eux qu'on peut juger combien l'intrigue est dangereuse dans des cœurs corrompus : chez eux, tout cède au besoin de dominer, et dussent-ils être pulvérisés au moment même, à tout prix il leur faut s'élever au-dessus des grains de sable parmi lesquels ils sont confondus. Enfin, ils sont tellement dégénérés et flétris par l'opprobre et l'asservissement où ils vivent, que, semblables aux Israélites, ils murmureraient, je pense, contre leurs libérateurs.

— Le tableau est sévère ; je dirai même injuste, reprit vivement Ypsilanti. Mais les faits parlent toujours plus haut que les raisonnements : le temps mieux encore vous convaincra que je n'ai pas agi sans réflexion. Croyez-moi, mon ami, il y a du fait de l'homme dans les grandes révolutions sociales, comme il y a de la fatalité dans la vie intime et individuelle. Eh bien ! quand je m'interroge, je trouve en moi une sorte de mystère, une secrète et irrésistible influence. C'est elle qui pèse sur ma vie et la pousse en avant. Je le sais ; plus l'homme s'agrandit, plus il présente de surface et de prise aux coups du destin. Mais faudra-t-il, par un lâche désir de repos et d'indépendance, se restreindre, se mutiler, s'effacer, se faire petit devant le sort? Oh ! non, non. Dussé-je y perdre la vie, j'obéirai à la loi de mon existence ! Et si jamais un peu de gloire s'attache à mon nom, au nom de mes amis, je partirai sans regrets... Regardez, ajouta-t-il, en me montrant les débris des arbres séculaires du Prater, brisés par l'ouragan de la veille : hier la tempête, aujourd'hui le soleil radieux. »

Je contemplais avec une sorte de respect cette noble figure à laquelle l'enthousiasme patriotique semblait prêter une nouvelle beauté. Ses dernières paroles avaient été prononcées avec une émotion qui se communiquait à moi : car, s'il était brave, il était éloquent aussi. Tout à coup, au détour d'une allée, nous aperçûmes deux cavaliers. Je crus reconnaître dans l'un d'eux le comte Capo d'Istria.

« Oh ! s'écria Ypsilanti, ils m'on tenu parole. A bientôt... nous nous reverrons. »

Il s'élança sur son cheval et le mit au galop ; en quelques instants je l'eus perdu de vue. Retournant à Vienne, je me rendis chez le prince Koslowski, impatient de connaître les détails de cette nouvelle qui allait bientôt devenir la grande nouvelle: le départ de Napoléon de l'île d'Elbe.

Au milieu des graves intérêts qui s'agitaient alors, ou qui surgissaient chaque jour, la question grecque paraissait inaperçue. Mais, depuis que cette cause a grandi et éveillé les sympathies de l'Europe, l'histoire a recueilli avec soin tout ce qui se rattache à cette glorieuse émancipation. Elle a divulgué les secrets qu'Ypsilanti ne pouvait dévoiler même à l'amitié : et j'ai connu plus tard quels étaient ces amis sur le dévouement desquels il comptait pour seconder ses efforts.

Depuis la désastreuse insurrection de 1770, cette généreuse pensée de la délivrance de la Grèce n'avait pas cessé de germer dans les esprits. Les persécutions, le sang répandu semblaient lui donner de nouvelles forces. Aussi, vingt années ne s'étaient pas écoulées, lorsqu'on vit éclore la première association formée pour briser le joug de l'islamisme, et chasser entièrement les Turcs de l'Europe. Un jeune poète nommé Righas, plein de verve et d'enthousiasme, en était le créateur. La Révolution française venait d'éclater : ses principes se propageaient avec une incroyable rapidité. Righas les adopta ardemment et conçut le projet d'en faire l'appui de son entreprise. De la Grèce ses relations s'étaient étendues en Italie et en Turquie. Il avait donné à son association le nom d'Hétairie du mot grec εταιρα qui signifie amie. Cette expression servait autrefois chez les Grecs à désigner leurs épouses, leurs maîtresses, leurs courtisanes mêmes : c'est ainsi qu'on appelait Laïs, Aspasie, Phryné.

Righas avait composé un hymne de liberté qui, pendant longtemps, servit à guider ses compatriotes dans les combats. Nouveau Tyrtée, il allait lever l'étendard de l'indépendance, il allait entrer en Grèce pour inviter les populations à rompre leurs fers, lorsqu'il fut arrêté par ordre du gouvernement autrichien. Livré aux Turcs, il subit le supplice du pal.

C'est en Italie que se forma la seconde hétairie : Napoléon était alors à l'apogée de sa puissance et de sa gloire. Les fondateurs de la nouvelle association imaginèrent de lier leurs projets à ceux qu'on lui supposait. Il ne s'agissait plus pour eux de délivrer seulement la Grèce, mais bien de reconstituer sur ses anciennes bases l'empire d'Orient, allié naturel de la France. Napoléon, maître de l'Italie septentrionale, de l'Illyrie, de la Dalmatie, devait, dans leur pensée, seconder cette vaste entreprise. l'Europe eût été ainsi comme entourée d'une ceinture à la disposition de la France ; la Russie eût été bridée vers la mer Noire : l'influence anglaise était anéantie dans le Levant. Bonaparte eut-il connaissance de ces gigantesques desseins ? on peut en douter. Il n'aimait pas, et avec raison, les associations secrètes. et il ne suivait guère d'autres plans que ceux qu'il avait conçus lui-même. Quoi qu'il en soit, les désastreux résultats de la campagne de Russie firent avorter la seconde hétairie.

Lorsque l'Europe réunie au Congrès de Vienne amena l'idée d'un remaniement général, une troisième association se forma aussitôt. Les circonstances étaient, il faut l'avouer, on ne peut plus favorables. Si on veut l'étudier avec soin, ce plan d'une Grèce indépendante, réalisé plus tard, cessera de paraître chimérique. Les Turcs, on l'a dit bien souvent, ne sont que campés en Europe. Depuis quatre siècles, aucune fusion ne s'était opérée entre eux et les peuples qu'ils ont soumis. Religion, coutumes, langages, institutions locales, ces derniers avaient tout conservé. Le commerce, la navigation, l'industrie, étaient dans leurs mains : plusieurs populations n'étaient qu'à demi subjuguées : les vainqueurs eux-mêmes semblaient ne se considérer que comme des maîtres temporaires.

Une profonde habileté procéda à la constitution de la troisième hétairie. Les deux premières avaient obéi à l'influence des idées qui régnaient alors : celle-ci, rêvant l'appui de l'empereur Alexandre, s'organisa sous la bannière de la religion. Déjà Mme de Krudner, qui plus tard acquit une si grande influence sur l'esprit du czar, commençait à lui faire goûter ses rêveries et son ascétisme. La défense du christianisme outragé, tel parut le but de l'association. Ses statuts étaient intitulés *hétairie des Philomusès;* son symbole était un anneau sur lequel on avait gravé un hibou et le centaure Chiron. On sait que le hibou était l'attribut de Minerve ; le centaure représentait l'être fabuleux qui formait les héros. L'uniforme était entièrement noir, avec un bonnet à la valaque portant au devant une tête de mort sur des os posés en croix ; la cocarde noire, blanche et rouge. Le drapeau était blanc, traversé d'une croix rouge avec ces mots du Labarum : *In hoc signo vinces.*

L'hétairie compta bientôt plus de soixante mille membres. Elle se divisait en quatre classes, selon les degrés d'initiation : un secret à peu près impénétrable enveloppait son existence. Cependant, l'empereur Alexandre la connaissait, et, sans s'expliquer ouvertement, semblait en favoriser l'essor. Un des plus ardents promoteurs fut le patriarche Ignatius : Ypsilanti avait été l'un des premiers initiés. Mais le personnage qui lui servait d'intermédiaire auprès du czar, et qui, tout en se tenant à l'écart et dans l'ombre, en était pour ainsi dire le chef, fut le comte Capo d'Istria (1).

C'est ici le lieu de dire quelques mots de cet homme d'Etat, célèbre par son élévation et sa fin, dont la conduite influa si puissamment sur les résolutions de mon infortuné ami Ypsilanti. Parmi les sommités politiques qui, avec MM. de Metternich, de Talleyrand, de Nesselrode, se disputaient, lors du Congrès de Vienne, le pouvoir si fascinant du langage, on citait M. Capo d'Istria que recommandait à la considération générale l'affection dont l'honorait l'empereur Alexandre. Sa conversation qu'il variait avec une facilité merveilleuse, son aptitude pour les affaires, avaient captivé la confiance et l'amitié de ce prince. Consulté sur tout, initié aux secrets les plus intimes, il déployait une rare dextérité dans les questions les plus épineuses. Cependant quelque chose de mystérieux se répandait sur sa personne : bien qu'il fût l'oracle des salons et des conférences, il mettait autant de soin à s'effacer que d'autres à se produire. Dans cette sphère d'élévations de tout genre, il était le seul qui n'attachât à son nom aucun caractère officiel. Alors âgé de quarante ans, il avait parcouru à grand'peine la carrière diplomatique. Né à Corfou, un désir d'ambition l'avait conduit à Pétersbourg, où ses

---

(1) Jean-Antoine, comte Capo d'Istria (1776-1831), né à Corfou, élevé en Italie, prit du service en Russie, organisa en 1800 l'administration des Iles Ioniennes et fut ministre de cette république de 1802 à 1807. Il fut chargé, par l'empereur Alexandre, de plusieurs missions en Turquie, en Allemagne et en Suisse, fut un de ses plénipotentiaires au deuxième traité de Paris et ministre des affaires étrangères avec Nesselrode. Il se retira en 1822, prêta son appui aux Grecs insurgés contre la Porte, et prit la direction de leur gouvernement en 1827, au détriment d'Ypsilanti. Les chefs influents le jalousèrent, l'accusèrent de vouloir étouffer la liberté hellénique. Petro Mauromichaelis, bey des Maïnotes, ayant été incarcéré à la suite de troubles dans sa principauté, son fils Georges et son frère Constantin attirèrent Capo d'Istria dans un guet-apens et l'assassinèrent (9 octobre 1831).

talents déjà remarquables et toute la faveur du grand chancelier Romanzoff n'avaient abouti qu'à lui faire obtenir un grade subalterne dans la diplomatie russe. Découragé, il songeait à passer en Amérique, lorsque son intimité avec Mme de Krudner, dont il imitait le mysticisme, le servit mieux que son mérite pour le placer dans le jour qui lui convenait. Dès qu'Alexandre fut à même de le connaître, il l'apprécia, mais ne s'aperçut pas que, sous les dehors de la modestie, il cachait l'ambition la plus exagérée, puisqu'elle ne visait à rien moins qu'à la souveraineté de la Grèce. A son arrivée à Vienne, il fut adjoint au comte Razumowski, encore sans titre ni fonctions. C'est lui qui répondit par écrit dans les discussions qui s'élevèrent entre les ministres anglais et la Russie, alors que le Congrès livrait carrière à ces inextricables difficultés qu'il eût si facilement résolues par les premiers moments de l'enivrement de la victoire. Ces écrits obtinrent le plus grand succès.

Le même mystère signala toute sa conduite dans la formation de l'hétairie qui, à Vienne, se fonda véritablement sous ses auspices. De grands personnages y étaient affiliés ; M. Capo d'Istria ne leur laissait entrevoir qu'une partie des plans de l'association ; surtout il prenait bien soin de leur dissimuler les siens. Plus tard, les discours ambigus d'Ypsilanti m'ont ouvert les yeux. Il m'a été démontré que le comte Capo d'Istria n'avait organisé l'hétairie et n'excitait l'enthousiasme de mon ami, en le poussant à la révolution, que pour en recueillir les fruits.

Déjà on peut rapprocher quelques circonstances qui parlent assez haut. Ainsi, on voit, en 1814, M. Capo d'Istria, à Vienne, au milieu des occupations les plus ardues, travailler à réunir les débris de l'hétairie dispersée, l'organiser, lui gagner l'appui d'Alexandre, lui donner cette couleur religieuse qui devait en assurer le succès. Jusqu'en 1820, il en est l'âme, l'âme invisible, il est vrai. A cette époque arrive le moment de se décider. La guerre entre le sultan et le fameux Ali, pacha de Janina, venait d'être terminée; les principaux hétaïrites s'assemblèrent et résolurent de nommer un chef qui se plaçât à leur tête. Leur choix flottait entre Ypsilanti et Capo d'Istria. On décida que le mandat de lever le drapeau de liberté serait offert à tous les deux, et dévolu au premier acceptant. Le comte Capo d'Istria repoussa ces offres avec colère; Ypsilanti accepta avec enthousiasme. Enfin, quand la politique changea de face, ce fut Capo d'Istria qui, par l'ordre d'Alexandre, rédigea le manifeste qui désavouait Ypsilanti. Quelques années plus tard, il était paisiblement élu président de la Grèce; Ypsilanti mourait consumé par la vie des cachots. Au premier le pouvoir, les succès!... Les dangers, l'admiration à Ypsilanti!

Nous nous reverrons, telles avaient été les dernières paroles de ce noble ami. Hélas! je ne devais le revoir qu'une fois, ce compagnon de mes jeunes années à Pétersbourg, ce guerrier au cœur enthousiaste, dont j'avais reçu les premières confidences, et que j'avais si souvent cherché à prémunir contre l'excès de son exaltation.

C'est en 1820 qu'eut lieu cette rencontre. Depuis peu de jours, j'avais quitté les bains de Carlsbad, en Bohême, où ceux qui ont trop hâté la vie accourent de toutes les parties de l'Europe chercher le plaisir ou la santé. Après m'être arrêté quelques instants à Egra et à Wunsiedel, je me rendis à Alexanderbad, dans le cercle du Haut-Mein, en Bavière, dont j'avais entendu vanter la situation pittoresque. J'y arrivai par une belle soirée de printemps. Je donnai peu d'attention à la source ferrugineuse qui doit sa célébrité au margrave Alexandre, et au château dans lequel rien ne semble avoir été oublié pour contribuer à l'efficacité des eaux. Demandant un guide, je me fis conduire à la montagne de Louisebourg, qui était le but de mon voyage. Bientôt, j'admirai un des sites les plus pittoresques que la nature se soit plu à former. Ce sont des masses de rochers roulées tumultueusement les unes sur les autres, et n'offrant que l'aspect de ce désordre, dont le génie de nos artistes peut à peine approcher, quand ils veulent reproduire les grands effets de la nature. La succession des années fixant l'équilibre de ces blocs, des plants d'arbres divers, le sapin, le bouleau, ont enfoncé leurs racines entre leurs fissures et en ont consolidé les bases. Des mousses, des plantes grimpantes et parasites se sont glissées sur les flancs de ces rochers et tapissent leurs anfractuosités.

Des degrés sinueux, pratiqués dans le roc, conduisent vers une continuité de grottes qui toutes se communiquent et forment un chemin souterrain. Le jour y pénètre par quelques fentes rares, au travers desquelles se glissent des mousses à longues chevelures. Les yeux, fatigués de ces instants d'obscurité, retrouvent avec charme une lumière pure et des aspects riants dans une vaste enceinte où de hauts pins contemporains de ces rochers agitent leur sombre feuillage, où le chevreuil agile vient brouter la bruyère.

Guidé par un sentiment mélancolique, on se dirige vers des rochers inclinés en voûte, que l'on pourrait nommer la grotte des larmes. Une inscription en lettres d'or, sur une table de marbre noir, annonce sa touchante destination :

Une sœur inconsolable à l'habitant des cieux.
.... 13 août 1816. Thérèse à Louise.

C'est Thérèse qui pleure Louise ; c'est la princesse de la Tour-et-Taxis (1), la sœur de la reine de Prusse et mère de la princesse Esterhazy qui a élevé ce monument de la douleur. Ah ! la douleur ni la mort n'ont plus ni faste ni rang, mais le cœur a des larmes !

Au travers d'une large ouverture de cette grotte silencieuse, on aperçoit, suspendue entre deux rochers, la place où Louise aimait à s'asseoir. Une inscription y rappelle cette reine chérie, dont le passage rapide sur ces montagnes, comme dans la vie, donne à ce lieu une

---

(1) Fille du duc Charles de Mecklembourg-Strelitz et de Caroline de Hesse-Darmstadt.

teinte prolongée de mélancolie. Combien on aime à la suivre, brillante de jeunesse et de beauté, parmi ces sentiers où elle venait s'égarer solitaire, sur ces bancs de mousse où, distraite de ses rêveries par la voix du malheur, elle savourait tout le charme d'être reine par le bien qu'elle pouvait répandre autour d'elle. La fleur fragile de la montagne a survécu à ce beau lis brisé par le vent de la mort ; mais, dans ces lieux solitaires, consacrés par la douleur de sa sœur, on aime à penser que son ombre erre encore sur ces rochers ; que, bercée par la brise du soir, elle vient recueillir des larmes moins données à la mémoire de Louise, reine de Prusse, qu'à la Louise si regrettée des rochers de Louisebourg.

Suivant une rampe de bouleau blanc, on parvient en grimpant près d'un mur de rochers qui paraissait ne pouvoir être franchi, ainsi que l'atteste cette inscription : *non plus ultra*, 1794. Ce ne fut qu'en 1805, qu'en se glissant sous un bloc de granit, on découvrit l'issue souterraine qui servait aux chevaliers de Luxbourg à masquer leurs sorties. Il fallut faire usage de la mine pour agrandir cette entrée, par laquelle on ne pénétrait jadis qu'en rampant. Elle conduit maintenant, par des degrés restés intacts depuis le treizième siècle, aux ruines du fort de Luxbourg. La nature semblait unie à l'art pour rendre cette position inexpugnable : aussi, les chevaliers qui l'habitaient, certains de l'impunité, exerçaient un brigandage continuel dans toute la contrée. D'accord avec les seigneurs des châteaux voisins, ils attaquaient les voyageurs, pillaient les monastères et emmenaient captifs tous ceux qui ne pouvaient leur payer une rançon.

Sur les ruines d'une tour orgueilleuse s'élève maintenant un ermitage couvert de chaume que surmonte une croix expiatrice.

A gauche, un sentier bordé d'arbustes conduit le voyageur à un jardin entouré de tous côtés de masses de granit, qui ne laissent deviner ni entrée ni issue. Là sont plantés avec goût le sureau aux grappes éclatantes, le pin, le sorbier, le bouleau. Quelques plantes grimpantes s'échappent des intervalles de ces murs naturels et se jouent sur le granit, qu'elles semblent enlacer comme d'une chaîne légère.

En quittant cette place, on se hâte de franchir les derniers rochers, et l'on parvient à la cime de Louisebourg. Elle est surmontée d'une grande croix qui semble consoler cette nature déchirée, comme la religion console le cœur des malheureux. On aperçoit cette croix d'une distance très éloignée, et, dans ce chaos des éléments, elle sert encore de guide au voyageur qui s'égare : grande pensée du chrétien d'avoir placé le signe de sa croyance au point le plus élevé du rocher, comme un intermédiaire entre les souffrances de la terre et l'espoir d'un autre avenir.

Depuis plusieurs heures, j'errais à l'aventure dans ces beaux lieux, admirant tour à tour la main de la nature et celle de l'homme, quand, parvenu au sommet, j'aperçois un étranger assis au pied de la croix.

Un large manteau l'enveloppait ; il tenait dans sa main un livre sur lequel il semblait écrire, et qu'il ferma à mon approche. Le bruit de mes pas lui fit aussitôt tourner la tête vers moi : je le regarde, c'était Ypsilanti. Je ne l'avais pas vu depuis le Congrès de Vienne ; que ces cinq années avaient laissé sur son visage des traces profondes ! Ce n'était plus le jeune et brillant militaire habitué aux succès des salons. La réflexion avait ridé son front et creusé ses yeux ; mais la même exaltation animait encore sa belle physionomie.

Il se lève, me reconnaît, et se précipite dans mes bras.

« Cher Alexandre, lui dis-je, par quel hasard vous trouvé-je ici ? Combien je m'applaudis d'un pèlerinage dont la plus inopinée rencontre devait si bien compenser la fatigue ! Mais pourquoi êtes-vous en Bavière, lorsque je vous croyais à Pétersbourg ?

— Mes blessures, me répondit-il, ont nécessité ce voyage à Carlsbad. Je devais, en outre, y rencontrer quelques amis, qu'il m'était nécessaire de voir. Ils n'y étaient pas ; j'ai profité de leur retard pour visiter Louisebourg, que le roi de Prusse m'a vanté avec raison comme un des lieux les plus pittoresques de l'Europe..... Ah ! mon ami, ajouta-t-il, déjà cinq ans se sont écoulés depuis que je me croyais au moment de briser les fers de ma patrie, et depuis cinq ans le joug s'est appesanti sur elle. Mais, grâce à Dieu, il ne peut être éloigné ce moment décisif.

— Je le sais, cher prince ; vous n'attendez que l'instant d'agir. Je viens de laisser à Dresde la princesse Hélène Souwaroff. Ainsi que moi, elle n'ignore aucun de vos projets ; elle n'a pas craint de m'apprendre que c'est le soin de leur exécution qui vous a si subitement éloigné de Pétersbourg.

— Oui, l'heure de l'émancipation a sonné pour la Grèce : de toutes les provinces de ce pays opprimé, des cris de liberté se font entendre vers nous. Mes amis et moi, nous ne serons pas sourds à cet appel. Dans les deux principautés de Moldavie et de Valachie, on s'apprête à arborer l'étendard de l'indépendance ; des agents sûrs y répandent des proclamations auxquelles les habitants répondent en courant aux armes ; les boyards donnent l'exemple et se mettent à la tête de leurs vassaux. Dans quelques jours je les aurai rejoints. Outre les amis dévoués qui se groupent autour de moi, j'ose dire encore que je puis compter sur l'assistance d'un grand souverain, l'ami naturel des Grecs.

— Je crains de vous comprendre, mon ami, et je reconnais bien en vous cette aveugle confiance que j'ai tant de fois blâmée. Ici, comme à Vienne, j'admire la sublime générosité de vos desseins ; aujourd'hui, comme il y a cinq ans, je ne puis croire à leur réussite. Vous comptez, dites-vous, sur l'appui d'un puissant monarque. Je ne nie pas qu'en cas de succès, les sympathies d'Alexandre ne vous soient acquises. Mais en cas de revers.....

— En cas de revers, nous aurons au moins servi une cause digne de la protection du ciel, sinon des hommes ;

et, s'il faut périr en la défendant, notre exemple du moins trouvera des imitateurs pour nous suivre et nous venger. Pourvu que la Grèce lève sa tête indépendante.....

— Détrompez-vous encore : je suppose que le succès couronne vos efforts, croyez-vous que la Russie vous permette de constituer un Etat indépendant dans la Grèce, c'est-à-dire dans les plus belles provinces de l'empire turc ? Mais ouvrez donc les yeux aux leçons du passé. Depuis que Potemkin a fait luire aux regards de Catherine cette brillante espérance de la conquête de l'empire turc, Constantinople est la seconde capitale désignée de la Russie, le futur pendant de Pétersbourg. Croyez-m'en : sous l'apparence de la modération, cette pensée d'agrandissement n'a cessé de germer depuis lors. Le gouvernement russe est aujourd'hui maître de la Pologne : ce premier pas le conduit à un autre. Il aspire au moment de planter son drapeau sur le dôme de Sainte-Sophie. Si, fidèle à son système de lente décomposition et d'envahissement progressif, il vous laisse détacher de la domination du sultan les populations chrétiennes de la Grèce, soyez persuadé que vous aurez travaillé, non pour votre patrie, mais pour la Russie. Quand cette dernière puissance le voudra, elle brisera ou abandonnera à lui-même l'instrument aveugle qui, en ôtant quelques pierres à l'édifice de la puissance ottomane, aura préparé seulement la grandeur de sa rivale et l'exécution de ses desseins. C'en sera fait alors de l'indépendance éphémère de la Grèce.

— Vous êtes bien injuste pour Alexandre, et vous connaissez bien peu son généreux caractère.

— Les gouvernements, mon cher Ypsilanti, obéissent non pas à l'impulsion d'un souverain, mais aux lois d'une politique qui leur est tracée d'avance. Depuis le Congrès de Vienne, les idées de l'empereur se sont étrangement modifiées. Mais Alexandre ne doit pas régner toujours. Vous savez après lui en quelles mains le pouvoir doit tomber, et si les grands mots de liberté, de religion, de patrie auront cours auprès de son successeur Constantin ; méfiez-vous donc de cette protection de la Russie.

— La pensée de tous les peuples de l'Europe se tourne vers la Grèce comme vers la patrie de l'antique civilisation, de la poésie, de la liberté. N'en doutez pas. En Allemagne, en France, en Angleterre, des cœurs généreux répondront à notre appel : indépendamment de ce bataillon sacré de *frères* que vous avez vu s'organiser à Vienne, lors du Congrès, les soldats ne manqueront pas à une si noble cause. Mais enfin, si une coalition d'intérêts oppressifs tentait d'arrêter l'essor de la Grèce, et de la rejeter dans les liens de la servitude, le cri des nations s'élèverait pour faire justice de cet égoïsme politique.

— Les nations se borneront à des vœux stériles ; quelques individus peut-être, plus enthousiastes, joindront leurs efforts aux vôtres ; le reste demeurera spectateur de la lutte. Il faut maintenant de grands intérêts pour remuer les masses, mais surtout des intérêts directs et actuels. La passion religieuse s'efface de jour en jour avec l'affaiblissement des croyances ; la Grèce ne tient plus à l'Europe que par le souvenir.

— Ah ! du moins ce souvenir est-il le plus beau que nous ait légué l'histoire.

— J'admets, cher prince, que, protégé par cette auréole de la religion, de l'humanité, du souvenir enfin, vous réussissiez à briser les fers de la Grèce, quelle forme de gouvernement lui donnerez-vous ? Voudrez-vous la faire passer tout à coup des chaînes d'un esclavage avilissant à l'indépendance d'une nation éclairée ? C'est une œuvre impossible. Tenterez-vous d'introduire chez ces peuplades abruties par l'ignorance les garanties des gouvernements constitutionnels ? Prenez-y garde : les sympathies de l'Europe libérale ne vous seront promises qu'à ce prix. Partout et sans acception de temps, de lieux, elle veut introduire ces formes hors lesquelles il n'est point pour elle de peuple libre. Ou vous obéirez à l'impulsion, vous donnerez à la Grèce une constitution, alors, je le crains, étourdie par ce passage subit, elle aura peine à se préserver des excès de sa liberté ; ou bien, vous ne l'appellerez pas immédiatement à la pratique de son indépendance, et dans ce cas vos propres partisans vous accuseront d'ambition ; ils diront que vous n'avez travaillé que pour vous seul. Qui sait alors quelle récompense vous réserverait l'avenir? Voyez-vous d'ici la ville de Wunsiedel?

— Sans doute.

— Voyez-vous à gauche cette maison blanche entourée d'un rideau de peupliers ?

— Eh bien !

— Eh bien ! cette maison est celle où est né Sand, qu'un fanatisme politique arma d'un poignard pour assassiner un vieillard sans défense, et répandre le sang de Kotzebuë.

— Mais quel rapport peut-il exister entre un crime inutile et la délivrance de la Grèce ?

— Aucun sans doute de direct : mais les innovations de ce genre sont toujours marquées par des forfaits. Toute révolution amène des déceptions : il est des individus exaltés qui ne veulent tenir aucun compte des exigences de la politique et du gouvernement ; et quiconque ne suit pas inexorablement la ligne de leur aveugle passion est un traître à leurs yeux. »

Je m'arrêtai à ces mots : Ypsilanti, tout pensif, marchait près de moi, sans me répondre, comme s'il eût été frappé de la vérité d'une prédiction qui cependant ne devait pas se réaliser pour lui (1).

« Tout est prévu, s'écria-t-il après quelques minutes de silence. Cependant, pour rassurer votre amitié, retournez à Carlsbad avec moi. Là, je vous produirai des preuves qu'autant la cause est sainte, autant le plan qui doit en assurer la réussite est sagement conçu.

(1) Ce fut le comte Capo d'Istria qui périt sous les coups d'un assassin, malgré les immenses et réels services qu'il avait rendus à la cause de sa patrie. Mauromichaelis, qui lui avait tiré à bout portant un coup de pistolet, se réfugia dans la maison de mon ami, M. Rouen. M. Rouen, attaché à l'ambassade française lors du Congrès de Vienne, était alors ministre de France en Grèce. (*Note de l'Auteur.*)

— Je ne puis, prince ; je dois, ce soir, quitter Alexanderbad, et cette nuit même être à Bayreuth, où m'attend le prince Eugène. Mais, si notre conférence se termine aussi promptement que je le pense, je vous promets de me rendre en Bohême avant la nuit de demain. Quoi qu'il en soit, en quelque lieu que je puisse être, songez bien que vous y avez un ami ; et que là où vous serez, ses vœux vous suivront.

— J'en étais certain, me dit Ypsilanti. » Et nous nous jetâmes dans les bras l'un de l'autre.

Nous descendions la montagne, en contemplant ensemble les effets de cette nature étonnante. Je tenais son bras pressé contre moi, et nous marchions en admirant. Je craignais de rompre le silence alors : j'étais tellement absorbé par ce que je venais d'entendre, par mes craintes pour mon ami, que tout ce que je lui aurais dit eût été froid en comparaison de ce que j'éprouvais. J'étais comme un voyageur qui crie à son compagnon, suspendu sur le bord d'un abîme sans fond, pour y cueillir un fruit : « *Arrête* », quand il roule déjà de précipice en précipice et va s'engloutir dans un lac sans rivages.

Nous atteignions le bas de la montagne : déjà le soleil quittait l'horizon, les fleurs exhalaient leurs parfums du soir ; le bêlement des troupeaux, le chant des laboureurs, annonçaient la fin des travaux de la journée. Le pâtre du vallon faisait retentir les échos de Louisebourg des sons du chalumeau rustique.

« Il faut partir, me dit Ypsilanti, et bientôt nous quitter. »

Cependant, se tournant encore vers ces masses imposantes que nous abandonnions sans doute pour toujours :

« Vous voyez, me dit-il : du plus grand désordre peut naître la plus sublime harmonie. Des milliers d'années se sont écoulées depuis que la nature, par un déchirement prolongé, a repoussé de son sein ces immenses rochers : mais ne vous semble-t-il pas voir la main du Créateur s'étendre et commander le repos à ces éléments bouleversés ? Ainsi, pour les peuples, l'ordre naît des révolutions.

— Oui, ces terribles aspects inspirent des réflexions bien profondes, et les secousses de la nature ressemblent à celles non moins énigmatiques de notre destinée. Qui pourra pénétrer le profond mystère de l'homme ? il semble qu'une force indépendante de lui le menace ou le protège selon des lois invisibles. Naguère encore, froissée par tant d'intérêts divers, suspendue entre l'espérance et la crainte, l'Europe entière, transformée en un vaste champ de carnage, voyait porter, de Cadix à Moscou, tous les fléaux que l'ambition entraîne à sa suite : les contrées dévastées, les villes détruites, l'industrie paralysée, le commerce languissant, toutes les sources de la vie et du bonheur attaquées dans leur germe. Les peuples imploraient la Providence, et la Providence semblait sourde à leur voix. Ah ! ne tremblez-vous pas, mon cher Alexandre, en songeant qu'il ne faut peut-être qu'une étincelle pour rallumer ce volcan mal éteint, et que vous tenez dans vos mains le brandon qui peut tout embraser ?

— Il faut des crises pour retremper l'âme des peuples : le moment d'une régénération, peut-être violente, est arrivé pour la Grèce. Des siècles s'écouleront ensuite sur mon pays radieux ; et si je contribue à lui rendre une part de cette gloire dont tant de malheurs l'avaient déshérité, du moins je ne mourrai pas tout entier...... Croyez-vous que je n'entrevoie pas les obstacles qui vont surgir ? Mais, mon ami, je m'enveloppe de mon courage comme d'un manteau et, bravant l'orage, je marche toujours en avant..... Cependant, me dit-il après un intervalle de silence et me pressant la main avec émotion, vous avez eu raison de le dire ; on juge si sévèrement les actions des hommes : la calomnie est si active à verser ses poisons, semblable au charbon qui noircit tout ce qu'il ne consume pas, que l'on donnera peut-être de fausses interprétations à mes desseins. Oh ! alors, je compte sur vous. N'est-ce pas, vous me défendrez contre de viles attaques? Vous connaissez depuis si longtemps mon cœur, vous ne le laisserez pas accuser: jamais rien de bas, jamais une vue d'ambition personnelle n'y eut accès. Aussi, dans l'exécution de mon patriotique dessein, je suis inébranlable. *Frangor, non flector*..... Voici un manuscrit que je vous remets : il contient des détails sur les principaux événements de ma vie, sur cette association de frères qui a pris naissance à Vienne, enfin, sur les causes qui ont amené ma résolution actuelle. Je vous le confie : des documents officiels y sont joints : si je succombe, il vous servira à justifier de la pureté des sentiments qui me guident. »

Je le reçus de ses mains en lui promettant de ne le rendre public que lorsqu'il m'y aurait autorisé. Nous étions arrivés aux portes du château : il fallut nous séparer. J'embrassai mon ami, et mes regards, l'attendrissement de ma voix, durent sans doute lui dire combien cet adieu m'était pénible. Hélas! je l'avais vu pour la dernière fois.

Appelé, ainsi que je l'ai dit, par l'hétairie grecque pour diriger l'entreprise dont le but était l'émancipation nationale, il se rendit en Bessarabie au mois de janvier 1821. Ses amis l'y attendaient. Il concerta ses mesures avec eux. On admit dans le secret l'hospodar de Moldavie, Michel Soutzo, qui promit une entière coopération. Sur ces entrefaites, un Valaque, nommé Théodore Wladimiresko, levait l'étendard de l'insurrection à Bukharest; bientôt il parvint à réunir un corps de quinze à seize mille hommes, composé en majeure partie de pandours et d'Arnautes. Ypsilanti conçut l'espoir de s'appuyer sur les insurgés de la Valachie, et crut qu'il était temps de hâter sa propre entreprise en agissant de concert avec Wladimiresko. Il arriva donc à Yassi à la tête de deux cents Grecs armés en Bessarabie, et y publia une proclamation dans laquelle il s'annonçait comme l'avant-coureur des armées russes : ce factum se terminait par ces mots :

« Si quelques Turcs désespérés faisaient une incursion sur votre territoire, ne craignez rien, car une grande puissance est prête à punir leur insolence. »

Tous les aventuriers grecs, ainsi que beaucoup de Moldaves et de Valaques se joignirent à lui : dans peu de temps il eut formé un corps de quatre mille hommes. La Moldavie, et bientôt après la Valachie, se déclarèrent en sa faveur. Fort de ces appuis, il marcha sur Boukharest.

Cependant, le rapprochement entre les compagnons d'Ypsilanti et les corps de Wladimiresko avait été très froid. Les aventuriers qui le composaient s'étaient plutôt réunis pour piller et ravager le pays que pour servir la cause nationale, et leur chef ne cessait point d'agir de concert avec les Turcs. Ypsilanti, certain de sa trahison, envoya à Pitesck, où il se trouvait, un parti de trois cents Arnautes sous les ordres du capitaine Ghiorgaki. Ce dernier surprit Théodore dans sa tente, l'arrêta et le conduisit enchaîné au quartier général. Traduit devant un conseil de guerre, le traître fut immédiatement condamné et fusillé.

Les pachas du Danube avaient réuni à la hâte toutes les troupes disponibles, et envoyèrent vingt mille hommes contre Ypsilanti. Manœuvrant avec habileté, le prince voulait éviter une bataille générale et se retirer peu à peu jusqu'à des montagnes inaccessibles à la cavalerie turque. Il fut attaqué à Tergovitz par l'armée ottomane. Un moment la victoire parut se décider en sa faveur : mais un corps de Valaques, commandé par Kaminari-Sava, passa du côté de l'ennemi, ce qui occasionna la déroute des insurgés. Bientôt après ce revers arriva la défection de Constantin Dukas. Enfin, une nouvelle bataille fut livrée à Dragaschan. Le premier corps en ligne était ce fameux bataillon sacré, composé uniquement d'hétairies. Il repoussa d'abord avec intrépidité à la baïonnette l'attaque de l'infanterie : mais, au moment où la cavalerie ottomane tombait sur ses flancs, un corps d'Arnautes et de pandours, commandés par Basile Caravia, au lieu de soutenir les braves Hellènes, se rejette brusquement sur les troupes placées en arrière ; celles-ci se sauvèrent en désordre au delà de l'Oltau. Cependant le bataillon sacré, si lâchement abandonné, vendit chèrement sa vie : enveloppé de toutes parts, réduit au nombre de quatre à cinq cents hommes, il repoussa à plusieurs reprises les charges de la cavalerie et les attaques de l'infanterie. Mais, accablés par le nombre, ils succombèrent comme leurs aïeux aux Thermopyles.

Ypsilanti, voyant que la résistance était impossible, se retira suivi de quelques chefs. Bientôt délaissé par ses troupes, il ne perdait pourtant pas courage, et songeait à rejoindre son frère Démétrius qui l'avait précédé dans le Péloponèse. C'est alors qu'il adressa à ses lâches compagnons cette proclamation où il exhalait son ressentiment et son mépris :

« Vos trahisons, leur disait-il, m'obligent de vous quitter. Vous avez foulé aux pieds vos serments ; vous avez trahi Dieu et la patrie. Vous m'avez abandonné au moment où j'espérais vaincre ou mourir glorieusement avec vous. Nous sommes séparés pour toujours. Allez joindre les Turcs, seuls amis dignes de vous. Quittez les bois où vous êtes cachés, descendez des montagnes qui ont servi de retraite à votre lâcheté. Hâtez-vous de vous réunir aux Turcs : baisez leurs mains d'où découle encore le sang des chefs de votre Eglise, de vos patriarches, de vos évêques, de vos frères innocents inhumainement égorgés........ Mais vous, ombres des vrais Hellènes du bataillon sacré, qui avez été trahis, et qui vous êtes sacrifiés pour la délivrance de la patrie, recevez par moi les remercîments de votre nation. Bientôt des monuments rendront vos noms immortels. Ceux des amis qui me sont restés fidèles sont gravés au fond de mon cœur en traits de feu. Leur mémoire sera partout la seule consolation de mon âme. J'abandonne au mépris des hommes, à la justice divine les traîtres et parjures Kaminari-Sava, Dukas, Basile, Barda, Georgio Mano, qui ont déserté de l'armée et en ont amené la dissolution. »

Cependant, au commencement de cette levée de

boucliers, Ypsilanti avait adressé à l'empereur de Russie une lettre où il lui apprenait les événements de Yassi et implorait son secours. Alexandre était en ce moment à Laybach. La nouvelle du soulèvement se répandit aussitôt et causa une vive sensation parmi les plénipotentiaires réunis à ce nouveau Congrès. On accusa la Russie d'avoir fomenté une insurrection qui pouvait remettre en question le repos de l'Europe, et d'avoir livré l'Orient à ces associations, sources de malheurs et de crimes. Alexandre, tout en défendant les hétairies, qu'il ne fallait pas, disait-il, assimiler à ces sociétés ténébreuses proscrites à juste titre, déclara qu'il ne pouvait considérer l'entreprise d'Ypsilanti que comme un effet de cette exaltation qui caractérisait l'époque actuelle, ainsi que de l'*inexpérience* et de la légèreté de ce jeune homme. Il ordonna de le rayer des contrôles de son armée. M. Capo d'Istria, fidèle à son rôle de duplicité, rédigea le manifeste de désaveu. Dès lors, Ypsilanti fut perdu. Pour se rendre en Transylvanie, il passa les monts Krapacks. Mais, arrêté par les autorités autrichiennes, il fut conduit à la forteresse de Mongatz (1).

Il y fut enfermé deux ans et demi, et quatre ans et demi dans celle de Theresienstadt, en Bohême. Tous les efforts de ses amis, pour obtenir sa liberté, furent vains. Leur voix même ne fut pas écoutée; ils durent cesser leurs réclamations pour ne pas empirer son sort ; Ypsilanti put alors se convaincre qu'en politique le malheur fait les criminels. Cependant, quand les grandes puissances convinrent de faire cesser l'effusion du sang grec par la voie des représentations ou des armes, l'empereur Nicolas demanda l'élargissement d'Ypsilanti ; on ne l'accorda que sous la condition expresse qu'il ne quitterait pas les Etats

---

(1) Le nom d'illustres infortunés semble, de siècle en siècle, se rattacher à cette prison. Le prince Ragotzki, les comtes Tekeli et Serri y ont langui captifs, victimes de leur courage malheureux. Mais ils avaient attaqué l'Autriche : Ypsilanti n'avait attaqué que l'ennemi commun des chrétiens. (*Note de l'Auteur.*)

autrichiens. En conséquence, on lui assigna Vérone pour résidence. Hélas ! la clémence autrichienne s'était trop fait attendre. Une lente agonie de sept années avait miné sa constitution et attaqué les organes de la vie. Passant par Vienne pour se rendre en Italie, il tomba malade, et après deux mois de souffrances aiguës, le 31 janvier 1828, n'étant âgé que de trente-six ans, il mourut entre les bras de la princesse R...ka. Cette dame lui fit rendre, dans l'église de Saint-Etienne, les honneurs funèbres dus à son rang, et dignes de l'estime qu'avaient inspirée son dévouement et ses malheurs.

Ainsi s'est terminée sa vie dans cette ville de Vienne, qui avait été, treize ans auparavant, le berceau de ses premières espérances pour la délivrance de la Grèce. Le rêve a fini aux lieux où il avait commencé. Maintenant, c'est aux amis de ce prince infortuné qu'il appartient de venger sa mémoire et de démasquer la politique tortueuse dont il fut victime. Il est un homme que la voix publique a accusé du meurtre moral d'Ypsilanti : cet homme est mort ; que la tombe protège sa mémoire ! C'est celui qui, au commencement de l'insurrection, avait refusé de venir combattre avec les hétairites ; c'est celui qui laissa Ypsilanti engager cette périlleuse partie, et qui, plus tard, recueillit le fruit d'une insurrection, dont un autre avait allumé les premières flammes. Mais, ce que j'avais prédit à Ypsilanti est arrivé. Les révolutions ne pardonnent pas ; elles ont cela de terrible que, nées d'un mouvement irrégulier, produites par l'exaltation, elles sont incessamment prêtes à briser celui qu'elles se sont donné pour chef, s'il tente d'imprimer au pouvoir la force qui lui est indispensable. Placé à la tête de la révolution grecque, M. Capo d'Istria voulut en modérer le cours ; sa fin fut encore plus déplorable que celle d'Ypsilanti.

La calomnie, qui disparaît à la mort de l'homme obscur, reste debout sur le tombeau de l'homme célèbre ; elle s'occupe encore, après des siècles, à remuer sa cendre avec un poignard. Ypsilanti a été une de ses victimes. Elle a dénaturé ses intentions, douté de son courage, de son patriotisme. Obéissant à cette voix passionnée, les partis n'ont pas craint de déverser le ridicule sur ce jeune infortuné, dont les souffrances n'ont cependant répandu que plus d'éclat sur sa noble et religieuse cause. Mais Ypsilanti fut digne de trouver des défenseurs comme il avait trouvé des amis. Confident de ses rêves à Pétersbourg, à Vienne, à Louisebourg, convaincu de la pureté de ses vues patriotiques, je voudrais qu'un hommage éclatant dédommageât sa mémoire des reproches et des insinuations perfides dont on a voulu ternir sa gloire. J'ai tâché au moins d'élever la voix, heureux si j'ai pu le montrer ce qu'il fut, un soldat sacrifiant son repos, sa fortune, son avenir à un enthousiasme religieux et patriotique, méritant l'admiration de la moitié du monde et la touchante pitié de l'autre. Mais, tôt ou tard, le courage et le malheur reconquièrent leurs droits. Le jour de la réhabilitation ne peut être éloigné pour Ypsilanti. La malveillance et la haine ont déjà cessé d'outrager sa mémoire; pour lui, la postérité a commencé.

Ypsilanti a brillé et disparu comme un rapide éclair dans la tempête. Son exemple, quelque grand et glorieux qu'il soit, n'est pas de ceux qu'on doive proposer à l'imitation. Fruit d'une organisation trop généreuse, son exaltation offre un terrible enseignement aux nobles âmes qui ne voient que le but, sans envisager les difficultés de la route.

CONCLUSION

Napoléon a quitté l'île d'Elbe. — Aspect de Vienne. — Spectacle à la Cour. — Mme Edmond de Périgord et la répétition. — Napoléon a débarqué à Cannes. — La danse interrompue. — Habile conduite de M. de Talleyrand. — Déclaration du 13 mars. — Fauche-Borel. — Le Congrès est dissous.

Ma tâche est bientôt achevée..... Vingt-cinq ans ont passé sur ces scènes magiques, dont j'ai essayé de reproduire une faible partie; combien d'amis manquent aujourd'hui à mon affection! combien d'acteurs manquent au drame! Et quand je songe à l'âge dont sont chargés quelques-uns de ceux qui ont survécu, je me dis que si pour eux aussi la toile est baissée, néanmoins ils me sauront gré d'avoir esquissé quelques détails de ce brillant panorama.

Il semble que, par une sorte de faculté rétrospective, l'éloignement même féconde la mémoire. Quant à moi, je l'ai souvent éprouvé et l'éprouve chaque jour dans le tracé de ces scènes qui sont à bon droit de l'histoire. J'y assiste, j'y évoque et réunis tous les personnages qui les animaient, et dont la plupart ne sont maintenant que cendre et poussière. Je les vois jeunes, beaux, enivrés de plaisirs, alors que le temps a flétri ou détruit chez eux cette brillante auréole. Telle est aussi la vive impression qui est restée dans l'esprit de tous les témoins de cette réunion unique du Congrès de Vienne. Aucun événement n'a peut-être parlé plus puissamment au souvenir, que ces six mois qu'on a si bien appelés un *entr'acte entre deux tragédies*.

Ce tableau offrant le contraste des fêtes les plus insoucieuses au milieu des plus graves affaires, j'ai pensé qu'il manquait. Le peu qu'on en a connu ne se compose que de vagues esquisses, sans suite et sans coloris. Pourtant, quelles scènes furent jamais plus palpitantes d'intérêt! Je ne parlerai même pas de l'intérêt politique, quoique cependant les actes du Congrès de Vienne forment encore la base de tout ce qui se fait aujourd'hui en Europe; mais je veux parler de cet intérêt qui s'attache aux tableaux de mœurs. Ce qu'on va chercher dans les chroniques du moyen âge, dans les féeries de Louis XIV, s'est trouvé là resserré dans l'espace de six mois et d'une seule capitale. Que de serments d'amour proférés par tout ce que le rang, la gloire, l'esprit ont de plus séduisant! Que de personnages illustres ont tenu dans leurs mains les destinées de l'Europe! Combien d'entre eux, placés alors en relief par cette haute mission, ne sont encore aujourd'hui que des sujets! Quelle étonnante réunion, enfin, de célébrités dans tous les genres, de monarques les plus puissants, d'hommes d'Etat les plus renommés et de femmes les plus spirituelles et les plus belles!

Beaucoup de noms étrangers ont trouvé place dans ces souvenirs. Qu'on ne croie pas cependant que j'en sois moins resté Français de cœur et de pensée. Oui, j'ai vu tous ces hommes de pays divers, j'ai vécu avec eux dans cette facile intimité du moment, j'ai rendu justice à leur caractère, à leurs talents. Mais jamais cette appréciation, que je crois encore très légitime, ne m'a aveuglé. Si j'ai su dire de ces amis de ma jeunesse ce que l'affection et la reconnaissance m'ont inspiré, que n'aurais-je pas dit de ces illustrations de ma patrie, si noblement célébrées par des plumes qui tracent pour l'avenir? Mais, au milieu des joies incessantes du Congrès de Vienne, le rôle de la France était un rôle sérieux : il devait l'être. Ses représentants, par un sentiment de haute convenance, l'avaient compris ainsi. Peu mêlés au mouvement général, ils se renfermaient dans une sorte de gravité appropriée à l'importance de la situation. Aujourd'hui, quand je me rappelle leur attitude si calme et si digne, j'y trouve un motif de reconnaissance envers ces hommes qui alors ont tant fait pour la France, et pour lesquels le jour de l'histoire semble n'être pas encore venu.

Le prince Koslowski me confirma la grande nouvelle qu'Ypsilanti m'avait annoncée le matin. Napoléon avait effectivement quitté l'île d'Elbe : le maître et le prisonnier de l'Europe, ainsi qu'on l'a énergiquement appelé, était sorti de sa prison, armé de sa gloire, et avait confié à une frêle barque *César et sa fortune.*

« La nouvelle, me dit Koslowski, a été apportée ici par un courrier que lord Burghess avait expédié de Florence. Le consul anglais à Livourne la lui avait transmise. Lord Stewart, qui l'a reçue, en a prévenu M. de Metternich et les souverains. Les ministres des grandes puissances en ont été informés aussitôt. On ignore quelle route Napoléon a prise. Se rend-il en France ? Veut-il, comme on l'a pensé, gagner les Etats-Unis ? On se perd en conjectures. Mais, qui le préservera de l'orage, amoncelé et grondant sur sa tête ? La fortune pourra-t-elle placer sur son front le fil conducteur pour en détourner l'orage ?..... Les hauts arbitres du Congrès désirent que cette nouvelle ne soit pas ébruitée avant qu'ils aient pu prendre quelques mesures dictées par la gravité des circonstances. »

Soit que le secret eût été gardé, soit que l'ivresse du plaisir l'emportât encore, la ville de Vienne avait conservé son aspect accoutumé. Les remparts et le faubourg de Léopoldstadt, qui conduit au Prater, étaient couverts de promeneurs impatients de jouir des premiers rayons du soleil. Rien n'annonçait encore que le coup de tonnerre eût retenti : partout l'insouciance, partout la joie.

Le soir, la troupe des comédiens amateurs devait donner, dans une des salles du palais, une représentation composée du *Barbier de Séville*, et, je crois, d'un vaudeville alors fort à la mode et intitulé : *La Danse interrompue*. Le prince Koslowski m'avait offert de l'accompagner à la résidence impériale. Curieux d'étudier la physionomie de l'illustre assemblée, dans l'espoir aussi de recueillir quelques nouveaux détails sur ce grand événement, j'avais accepté. L'assemblée était aussi nombreuse, aussi brillante que de coutume. Mais ce n'était déjà plus le calme insouciant de la journée : quelques nuages, légers encore, chargeaient les fronts. Des groupes s'étaient formés çà et là ; on y discutait avec chaleur sur les conséquences probables de ce départ.

« Il ne peut échapper aux croisières anglaises, disait l'un.

— M. Pozzo di Borgo a affirmé, répondait l'autre, que, s'il mettait le pied en France, il serait pendu à la première branche d'arbre (1). »

Ainsi chacun semblait vouloir se dérober à la réalité du réveil.

« Félicitons-nous, disaient quelques partisans des Bourbons de Sicile. En vérité, Bonaparte nous sert à souhait. Il ne peut se diriger que sur Naples. Le Congrès va se trouver dans la nécessité de prendre enfin des mesures pour expulser Murat, cet usurpateur, cet intrus. »

Cependant l'impératrice d'Autriche a donné l'ordre : on se place, la toile se lève.

« Nous allons voir, dis-je au prince Koslowski, si cet incident, qu'on était loin de prévoir, n'a pas apporté de la confusion et du trouble parmi l'illustre tripot comique.

— Détrompez-vous. Il faudra l'ennemi aux portes de Vienne et le bruit du canon pour dissiper ce sommeil obstiné. Ce matin, la nouvelle est parvenue à M. de Talleyrand au moment où il était encore couché. Assise au pied de son lit, Mme Edmond de Périgord conversait gaiement avec lui : on apporte une lettre de M. de Metternich.

« C'est sans doute pour m'annoncer l'heure de la conférence du Congrès, dit le prince. »

Cependant la belle comtesse ouvre machinalement la dépêche, y jette les yeux et lit la grande nouvelle. Or, elle devait se rendre dans la journée chez Mme de

---

(1) En apprenant ce mot, le duc de Dalberg dit : M. Pozzo n'est pas prophète. Dans peu, Napoléon sera à Paris. (*Note de l'Auteur.*)

Metternich pour y répéter *le Sourd ou l'Auberge pleine*.

« Bonaparte a quitté l'île d'Elbe, s'écrie-t-elle. Ah! mon oncle, et ma répétition!

— Elle aura lieu, madame, dit tranquillement le diplomate. »

La répétition a eu lieu. L'Europe est peut-être à la veille d'une conflagration générale. L'aplomb de nos comédiens ne se démentira pas pour si peu.

On étudiait les visages, d'ordinaire si impassibles, des notabilités diplomatiques : on interrogeait leurs regards, on scrutait leurs pensées. Tous affectaient une confiance sans doute bien loin de leur cœur. On remarquait l'absence de M. de Talleyrand, et l'air profondément préoccupé de l'empereur Alexandre.

Quelles causes avaient amené chez Napoléon cette grande résolution dont les suites furent si fatales pour la France? Espérait-il, malgré l'affaiblissement de son pays, tenir encore une fois tête à l'Europe coalisée? S'aveuglait-il sur la possibilité de vivre désormais en paix avec tous ces souverains auxquels il avait jadis dicté des lois, et qui avaient appris à connaître la route de Paris? Ou plutôt, le départ de l'île d'Elbe ne fut-il pas de sa part un coup de désespoir pour échapper à la captivité qui, six ans plus tard, le consuma sur le rocher de Sainte-Hélène?

Il est certain que la présence de l'empereur des Français au milieu de la Méditerranée, l'indépendance, l'ombre même de puissance qui lui étaient laissées, avaient, au Congrès de Vienne, excité des alarmes. On n'ignorait pas qu'il existait à Paris un vaste foyer de correspondance et d'intrigues, et qu'on y travaillait à préparer le retour du régime impérial. La reine Hortense était l'âme de ce complot que l'aveugle gouvernement des Bourbons était seul à ne pas voir. Pendant le séjour que l'ex-reine de Hollande avait fait au mois d'août 1814, Mme de Krudner, si célèbre depuis par sa liaison mystique avec l'empereur Alexandre, lui avait prédit le retour de Napoléon. Aussi, dès l'ouverture des conférences, fut-il question, même dans le plus grand secret, de lui choisir un autre lieu d'exil ou plutôt de déportation? L'île de Sainte-Hélène ne fut indiquée que vers la fin de janvier par M. Pozzo di Borgo. Il prétendait avoir reçu des lettres qui annonçaient qu'on avait arrêté à Gênes, à Florence, et sur toute la côte, des émissaires de Napoléon.

« L'Europe, avait-il dit, ne sera tranquille que lorsqu'elle aura mis l'Océan entre elle et cet homme. »

On assure que le prince Eugène dut à son intimité avec l'empereur de Russie la révélation de cet important secret, et qu'il s'empressa d'en avertir Napoléon. Celui-ci ne balança plus. Son retour en France fut décidé. A partir de ce moment, Alexandre ne témoigna plus à Eugène que de la froideur et de l'éloignement.

Vienne resta près de cinq jours sans nouvelles. Les réceptions, les fêtes reprirent leur cours. La préoccupation générale semblait se dissiper peu à peu. Mais enfin, il ne fut plus possible d'en douter: le tonnerre éclatait; Napoléon était en France. Cet aventurier, ainsi que l'avait osé appeler Pozzo di Borgo, était reçu par les populations enthousiasmées. Les soldats se précipitaient au-devant de leur général: rien ne s'opposait à sa marche triomphale. La chute du colosse, qui avait paru incompréhensible, était moins étonnante que la résurrection de son pouvoir.

On était au bal chez M. de Metternich quand on apprit le débarquement à Cannes et les premiers succès de Napoléon. L'annonce de cette nouvelle fut comme le coup de baguette ou le sifflet du machiniste qui change en un désert le jardin d'Armide. En vérité, les milliers de bougies semblèrent s'être éteintes toutes à la fois.

La nouvelle se propage avec la rapidité d'une étincelle électrique : la valse est interrompue ; en vain l'orchestre continue la mélodie commencée ; on se regarde, on s'interroge: ces quatre mots: *Il est en France!* sont le bouclier d'Ubalde qui, présenté aux yeux de

Renaud, détruit en un clin d'œil tous les enchantements d'Armide.

L'empereur Alexandre s'avance vers le prince de Talleyrand :

« Je vous avais bien dit que cela ne durerait pas. »

Le plénipotentiaire français reste impassible, et s'incline sans répondre.

Le roi de Prusse fait un signe au duc de Wellington : tous deux sortent de la salle de bal. Alexandre, l'empereur François et M. de Metternich les suivent aussitôt. Le plus grand nombre des invités s'éclipse et disparaît. Il ne reste dans les salons que quelques discoureurs effrayés.

Le prince Koslowski, que je vis dans la soirée, ne put rien ajouter aux détails déjà connus du public.

« Voilà, me dit-il, pour MM. les troubadours une excellente occasion de nous donner une seconde représentation du charmant vaudeville : *La Danse interrompue*. Le comte de Palfi, qui joue si plaisamment le rôle de Wasner, pourra nous chanter fort à propos :

> Enfin voilà la danse interrompue :
> Comment tenir à cet incident-là ?

Le refrain, il faut le craindre, sera peut-être bientôt accompagné du bruit de cent mille bouches à feu.

Cette nouvelle, continua-t-il, jetée comme une terreur au milieu d'un bal, vous rappelle sans doute que ce fut pendant la représentation d'un ballet où dansaient Henri IV et Sully, qui, cependant, ne fut jamais cité pour sa danse, qu'on vint annoncer la prise d'Amiens par les Espagnols.

« Ma maîtresse, dit le roi à la belle Gabrielle en lui prenant la main, il faut maintenant quitter nos danses et nos jeux, monter à cheval et commencer une autre guerre. Trêve aux joies de l'amour. »

Voilà une phrase qui va se traduire ici en bien des langues.

Il serait impossible de peindre la physionomie que prit, dès lors, la capitale de l'Autriche. Vienne ressemblait à un homme qui, bercé par des rêves d'amour ou d'ambition, se verrait violemment arraché à son sommeil par la crecelle du garde de nuit, ou le tintement du beffroi l'avertissant qu'un incendie dévore sa maison. Ces hôtes divers, réunis là de tous les pays de l'Europe, ne pouvaient se rappeler sans effroi les phases de l'époque qui venait de s'écouler : les désastres sans cesse renaissants de vingt-cinq ans de guerre, les capitales envahies, les champs de bataille jonchés de morts, le commerce et l'industrie si longtemps paralysés, le deuil des familles et des nations, venaient simultanément s'offrir à leur pensée. Tous ces fléaux s'éclairaient dans leur souvenir des flammes de Moscou. Sans doute on pouvait bien alléguer des représailles récentes encore : et la présence des troupes alliées à Paris prouvait assez que, pour avoir été invaincu, on n'est pas invincible. Mais c'est précisément ce qui rendait l'anxiété plus vive. Pour abattre le colosse, il avait fallu un tel assemblage de circonstances, et, plus encore, une réunion de sentiments et d'idées de tant de peuples divers : ensemble qui avait décuplé la force de chacun. Maintenant on s'observait : ce qu'on entrevoyait de plus réel, c'était la certitude de malheurs dont on s'était cru délivré pour toujours.

Dans ces circonstances graves, M. de Talleyrand déploya une habileté et une force de volonté qui surent tout entraîner. Jamais rôle ne fut plus difficile. Placé à la fois entre le gouvernement qu'il représentait, la France dont il voulait sauver les intérêts et la nationalité, et les puissances ennemies qui confondaient dans une même proscription et Napoléon et le pays qui venait de l'accueillir. Je n'étais pas à Paris lors de la première restauration : je n'ai pu connaître sa conduite à cette époque que par des récits contemporains, souvent mensongers. Mais, témoin à Vienne de ce qu'il fit au mois de mars 1815 pour son pays et les Bourbons, je ne balance pas un instant à dire que, si ceux-ci lui durent une seconde fois la couronne, la France lui a dû peut-être son existence comme nation. Il avait merveilleusement compris que ces deux faits se tenaient intimement et découlaient l'un de l'autre. De là, sa conduite et ses efforts pour obtenir la déclaration du 13 mars.

C'est ici que vient se placer cet acte fameux, si diversement apprécié. L'irritation à Vienne était au comble, entretenue par la perspective d'une guerre acharnée. L'enthousiasme que la présence de Napoléon avait excité, l'accueil des populations, la défection de l'armée, tout faisait considérer la nation française entière comme complice de la rupture de cette paix tant désirée. On s'effrayait aussi du retour des idées révolutionnaires, dont le délire avait épouvanté l'Europe. L'empereur d'Autriche s'adressant au czar lui avait dit :

« Voyez, sire, ce qu'il arrive d'avoir protégé vos jacobins de Paris.

— C'est vrai, avait répondu Alexandre, mais pour réparer mes torts, je mets ma personne et mes armées au service de Votre Majesté. »

La querelle allait donc s'engager entre la France d'une part, et d'autre part l'Europe tout entière, duel à mort qui ne pouvait finir qu'avec la vie d'un des deux combattants. J'ai entendu aussi prononcer le mot de *partage*, et l'exemple de la Pologne était là pour apprendre qu'une nation peut être rayée du livre de la famille européenne.

M. de Talleyrand, au contraire, posa en principe qu'en 1815, comme un an auparavant, l'Europe ne pouvait être en guerre qu'avec Napoléon, et non pas avec la France. Il manœuvra avec une telle adresse ou un tel bonheur, qu'il triompha de tous les obstacles, changea complètement les dispositions hostiles à la France, et obtint la consécration de ce principe. Vingt fois le Congrès fut sur le point de se séparer sans rien décider, si ce n'est une guerre aveugle ; vingt fois il rallia les opinions qui se choquaient entre elles. Je sais que des esprits absolus ne peuvent admettre ces transactions de la prudence. Mieux eût valu pour la France, a-t-on dit, une déclaration de guerre, une menace d'extermination qui se fût adressée à elle-même : le pays eût trouvé dans son désespoir une force surnaturelle ; il eût succombé à la lutte, ou il eût triomphé avec gloire.

M. de Talleyrand avait dans l'esprit une trop haute modération, il appréciait trop bien les ressources de la France affaiblie pour la jeter dans ces partis violents et extrêmes. Il voyait l'Europe soulevée : il la dirigea contre un homme et non contre un peuple. En cela il fit bien. Sa conduite fut, à Vienne, appréciée et admirée comme le triomphe de la raison et d'un patriotisme éclairé.

Parfois, au sortir de la conférence, il rentrait à son hôtel entièrement découragé. Le matin du 13 mars, jour où devait être signé cet acte si important, il doutait encore du succès. Cependant tout était là. Prêt à partir pour se rendre chez M. de Metternich, son entourage témoignait une inquiétude bien concevable.

« Attendez-moi, leur dit-il : pour ne pas retarder d'un instant votre impatience, guettez mon retour aux fenêtres de l'hôtel. Si j'ai triomphé, vous me verrez par la portière de ma voiture vous montrer le traité d'où dépendra le sort de l'Europe et de la France. »

Peu d'heures après, à son retour, il agitait le rouleau contenant les signatures des arbitres de la paix, redevenus les arbitres de la guerre. Un instant, cependant, cet accord si laborieusement obtenu parut être sur le point de se rompre. Ce fut quand on apprit la fuite de Louis XVIII et l'installation de Napoléon aux Tuileries sans coup férir. L'empereur Alexandre surtout ne pouvait comprendre que la famille des Bourbons n'eût tenté aucune résistance, et que pas un défenseur ne se fût levé pour elle.

Un matin je rencontrai le général Ouvaroff.

« Le czar, me dit-il, ne peut revenir de sa surprise. Il est las de la guerre : et tout à l'heure il vient de me répéter vingt fois : Non, non, jamais je ne tirerai l'épée pour eux. »

Il fallut encore chez M. de Talleyrand des prodiges

de patience et d'habileté pour renouer le faisceau et diriger vers un but commun toutes ces volontés divergentes.

Si les masses apercevaient avec effroi l'horizon se charger de nuages menaçants, les ambitieux voyaient avec joie revenir le bon temps de leur gloire. Car, on ne peut se le dissimuler, l'intrigue qui s'agitait déjà pour renverser Napoléon ou le soutenir, avait en perspective un prompt résultat de grandeur et de richesse.

Parmi tous ces ambitieux de divers étages qui alors accoururent en foule à Vienne, on vit arriver, un des premiers, l'inévitable Fauche-Borel (1). Il venait encore mettre sa fortune, son dévouement et jusqu'au sang de sa famille à la disposition d'une cause pour laquelle il avait tout sacrifié. Qui mieux que lui eût pu dire en parlant des rois : *ces illustres ingrats ?* Sa vie aventureuse, ses goûts dispendieux avaient promptement dévoré toutes les sommes qu'il avait reçues de la maison de Bourbon et du gouvernement anglais. Bizarre destinée ! La réussite de ses efforts avait été un désastre pour sa fortune personnelle. Pendant vingt ans, ses innombrables créanciers avaient attendu patiemment que le jour du succès arrivât pour lui. A peine les Bourbons furent-ils remontés sur le trône, dont il leur avait facilité l'accès, qu'on crut le malheureux libraire de Neufchâtel comblé d'or et d'honneurs. Pressé de toutes parts, mesquinement rémunéré, sa position fut mille fois plus cruelle qu'auparavant. Il allait donc recommencer cette vie d'intrigues et d'espérances. Si on voulait citer un exemple pour prémunir les ambitieux contre cette soif d'être et de paraître qui les dévore, où en trouver un plus frappant que celui de Fauche-Borel se punissant par le suicide des déceptions de son ambition, et scellant de sa mort tout ce qu'on a dit sur l'ingratitude des princes ?

« Le Congrès est dissous », avait dit Napoléon en touchant le sol français à Cannes. Cependant, le

(1) Agent secret des Princes pendant l'émigration; a publié de longs et fastidieux Mémoires.

11 mars, au milieu de l'effroi général, une troupe d'amateurs jouait encore dans la salle des redoutes. *Le Calife de Bagdad* et *les Rivaux d'eux-mêmes* composaient ce spectacle intempestif, auquel s'étaient rendus quelques curieux moins rares qu'on ne pourrait le croire.

Mais c'est la dernière lueur d'une lampe qui s'éteint, le dernier son affaibli d'un instrument qui se tait. Le plaisir a fui : *le Congrès est dissous.*

FIN.

INDEX ALPHABÉTIQUE

A

ADHÉMAR (*comte d'*), 121.
AÏSSÉ (Mlle), 355.
ALBERT D'AUTRICHE (*archiduc*), 154, 399, 400, 401.
ALEMBERT (*d'*), 122.
ALEXANDRE Ier (*empereur de Russie*), 3, 5, 15 à 18, 23, 28 à 35, 42, 49, 53, 56 à 60, 83, 84, 85, 88 à 95, 103, 108, 109, 110, 113, 132, 134, 135, 139 à 143, 154, 184, 189, 190, 197 à 203, 210, 214, 215, 216, 240, 242, 245, 247, 251, 252, 261, 262, 286, 298 à 302, 305, 310, 313, 314, 332 à 340, 346, 360, 363, 364, 371, 373, 380, 385, 398 à 404, 412 à 415, 419, 420, 428, 435 à 440.
ALEXANDRE II (*empereur de Russie*), 200, 380.
ALFIÉRI (*comte*), 173.
ALI (*pacha de Janina*), 415.
ANKASTROEM, 165.
ANNE IVANOWNA (*impératrice de Russie*), 159, 246, 309.
APPONYI (*comtesse Thérèse d'*), 36, 129, 306.
ARENBERG (*duc Louis d*), 68, 348.
ARENBERG (*prince d'*) 348.
ARIOSTE (*l'*), 117, 128.
ARNSTEIN *baron d'*), 195, 196, 197, 279, 348, 349, 376.
ARSTEIN (*baronne Fanny d'*), 196.
AUBER (*J.*), 246.
AUBUSSON DE LA FEUILLADE (*d'*) (*ambassadeur*), 174.
AUBUSSON DE LA FEUILLADE (*maréchal d'*), 174.
AUESBERG (*princesse d'*), 305.
AUGUSTE DE PRUSSE (*prince*), 4, 306.
AUGUSTEMBOURG (*princesse d'*) 290, 291, 292.

B

BACON (*François*), 117.
BAGRATION (*prince maréchal de*), 88.
BAGRATION (*princesse de*), 36, 88, 94, 200, 385, 389.
BARCLAY (*Jean*), 193.
BARCLAY DE TOLLY (*feld-maréchal*), 333.
BARRY (*comtesse du*), 122.
BATTHYANY (*comte*), 129.
BATTHYANY (*comtesse*), 139, 152, 306.
BAUFFREMONT (*duchesse de*), 174.
BÉATRIX D'ESTE (*archiduchesse*), 35, 154.
BEAUFFORT (*duchesse de*) 237.
BEAUHARNAIS (*prince Eugène de*), 15, 30, 38, 67, 83, 113, 134, 135, 142, 143, 154, 195, 239, 262, 306, 310, 311, 314, 316, 317, 354, 399, 400, 402, 428, 436.

BEAUMARCHAIS (baron de), 47, 350, 373.
BERNSDORFF (comte de), 161.
BERNSDORFF (Comtesse de), 35, 87.
BERRY (duc de), 56.
BERTHIER (maréchal), 223, 224.
BESNADIÈRE (de la), 55, 57, 60.
BEYLE (Henri), 126.
BEZENVAL (baron de), 121.
BIÈVRE (marquis de), 230.
BIGOTTINI, 145, 349.
BLANCHARD (aéronaute), 79.
BOIGNE DE FAYE, 51, 365.
BOMBELLES (comte de), 129.
BOMBELLES (marquis et marquise de), 129.
BONAPARTE (princesse Baciocchi, Elisa), 86, 173.
BONAPARTE (princesse Borghèse, Pauline), 45, 47, 48.
BONAPARTE (roi de Westphalie, Jérôme), 16, 264.
BONDY (de) (préfet), 43.
BONNAY (marquis de), 232.
BONNEVAL (comte de), 354.
BOSSUET, 392.
BOUFFLERS (maréchale duchesse de), 181.
BOUTARLIN (comtesse), 159.
BRIGNOLE (marquis de), 211.
BROC (baronne de), 311.
BROZIN (colonel), 339, 402.
BRUCE (Mme), 94.
BRUIX (amiral), 223, 224.
BÜHREN (duc de Courlande), 246.
BURDETT (sir Francis), 41.
BURGHESS (lord), 433.
BURKE (Edmond), 110.

C

CAGLIOSTRO (comte de), 273.
CAMPOCHIARO (duc de), 33.
CANNING (George), 61.
CANOVA, 202, 242, 402.
CAPO D'ISTRIA (comte), 3, 33, 95, 200, 303, 314, 410, 413, 414, 415, 422, 428, 429.
CARAVIA (Basile), 426, 427.
CARIATI (prince), 224.
CAROLINE DE BAVIÈRE (reine), 100, 154, 168, 194, 307, 345.
CAROLINE DE BRUNSWICK (reine d'Angleterre), 61.
CAROLINE DE HESSE-DARMSTADT (duchesse), 416.
CAROLINE DE SAXE (reine), 170.
CAROLINE-MATHILDE (reine de Danemark), 4, 293.
CARPINI (poète), 39, 188.
CARS (duc des), 165.
CASANOVA, 117, 126.
CASTLEREAGH (lady Emilie), 87, 152, 161, 192, 266, 306, 371, 372.
CASTLEREAGH (lord), 5, 7, 28, 29, 61, 84, 140, 141, 152, 161, 190, 195, 266, 267, 268, 300, 314, 339, 346, 371, 372, 385, 386.
CATHERINE Ire (impératrice de Russie), 243, 246, 342, 353.
CATHERINE II (impératrice de Russie), 3, 11, 56, 66, 67, 72, 93, 95, 96, 122, 123, 145, 159, 200, 203, 208, 231, 236, 240, 244, 246, 269, 270, 282, 305, 342, 356, 358, 361, 374, 375, 376, 407, 420.
CATHERINE D'OLDEMBOURG (reine de Wurtemberg), 16, 35, 83, 144, 154, 160, 184, 197 à 203, 242, 264, 305, 314, 338.
CATHERINE DE WURTEMBERG (reine de Westphalie) 16, 265.
CELLINI (Benvenuto), 114.
CHALANTON (l'abbé), 49.

INDEX

Chambonas (marquis de), 289, 290 à 293.
Charles (archiduc), 65, 76, 84, 154, 185, 306.
Charles II (duc des Deux-Ponts), 67, 278.
Charles VI (empereur d'Allemagne), 394.
Charles VII (empereur d'Allemagne), 243.
Charles X, 122.
Charles XII (roi de Suède), 169, 257.
Charles XIII (roi de Suède), 170.
Charles XIV (Bernadotte, roi de Suède), 59, 170, 257.
Charles d'Augustembourg (prince) 164.
Charles de Bavière (prince), 16, 286, 287.
Charles de Lorraine (prince), 185, 186, 240.
Charles-Gustave (roi de Suède), 120.
Charles-Louis-Frédéric (grand-duc de Bade), 274, 305, 345.
Charles-Quint, 98, 150, 239.
Charles-Théodore (électeur de Bavière), 67.
Charlotte de Bavière (impératrice d'Autriche), 198, 199.
Charlotte de Saxe-Cobourg (princesse), 130.
Chénier (André de), 223.
Chodkïewiez (comte), 138.
Christian VII (roi de Danemark), 30, 295.
Christian d'Augustembourg (prince), 170.
Christiane de Suède (reine), 104.
Cisternes (R. de), 56.
Clancarthy (lord), 5.
Clary (comte de), 14.

Clary (princesse), 13, 237, 238.
Cobentzel (comte de), 145, 231.
Cohari (comtesse de), 36.
Coigny (marquise de), 11, 12, 285.
Colbert, 141, 143.
Colloredo (princesse de), 87, 152.
Conflans (marquis de), 237.
Constantin-Paulowitz (grand-duc), 3, 23, 25, 92, 95, 189, 300, 301, 302, 398, 405, 406, 421.
Cornwallis (général), 273.
Corrège (le), 202.
Coupigny, 135,
Czartoryski (maréchal-prince), 59, 135.
Czartoryski (prince Adam), 303, 333, 334, 369.
Czerwertinska (Mme Narishkine, princesse), 91, 92, 95, 339, 360, 398, 405.

D

Dalberg (duc de), 4, 33, 38, 51, 52, 55, 56, 161, 314, 434.
Dalberg (duchesse de), 55,
Daneucourt, 223, 224.
Danilewski, 187.
Dante (le), 60.
Daschkoff (princesse), 246.
Daudet (Ernest), 56.
Davidoff (Mme), 61.
Davout (maréchal), 21.
Decazes (duc), 56.
Deffand (Mme du), 122.
Delille. 207.
Dietrichstein (prince Maurice), 349.
Dolgorouki (prince), 200, 340, 404.
Dolgorouki (princesse), 340.
Dorothée-Wilhelmine de Bade (reine de Suède), 164 à 171, 173, 176.

DOUDEAUVILLE (*duchesse de*), 237.
DUHESME (*général*), 177.
DUKAS (*Constantin*), 426, 427.
DUMOURIEZ (*général*), 289.
DUPATY (*J.-B.*), 8.
DUPORT (*danseur*), 218.
DUPRÉ (*architecte*), 166.
DURER (*Albert*), 400.
DURKHEIM (*comtesse Louise de*), 139, 152.
DUROC (*général*), 46, 41.

E

EDOUARD III (*roi d'Angleterre*), 152.
ELISABETH (*Impératrice de Russie*), 3, 6, 90, 92, 93, 100, 133, 160, 168, 189, 200, 236, 242, 298, 305, 314, 338, 342, 363, 373, 385, 398.
ELISABETH (*Madame*), 129.
ELISABETH (*reine d'Angleterre*), 192, 193, 331, 332.
ELLIOT (*lord*), 58, 59.
ENGHIEN (*duc d'*) 256, 257, 369.
ESCHERENZA (*duchesse d'*), 39, 147, 148.
ESKELES (*banquier*), 196.
ESTERHAZY (*prince Nicolas*), 131, 132, 148, 152
ESTERHAZY (*prince Paul*), 38, 132, 148.
ESTERHAZY (*prince Vincent*), 155.
ESTERHAZY (*princesse Marie*), 87, 94, 95, 130, 131, 132, 138, 152, 394, 395, 396, 398, 416.
ESTERHAZY (*princesse Paul*), 35, 36, 112, 152, 153, 153, 193, 398.
ESTERHAZY (*princesse Thérèse*), 217.
ESTRÉES (*Gabrielle d'*), 437.
ETIENNE (*Charles-Guillaume*), 217, 307.

EUGÈNE DE SAVOIE (*prince*), 11, 394, 401.

F

FALK (*baron de*), 195.
FAUCHE-BOREL, 286, 441.
FERDINAND Ier (*roi des Deux-Siciles*), 27, 140.
FERDINAND II (*empereur d'Allemagne*), 119, 185.
FERDINAND III (*grand-duc de Toscane*), 154, 172.
FERDINAND DE PRUSSE (*prince*), 387.
FERSEN (*comte Jean-Axel de*), 164, 166, 171, 289, 291.
FLEURY (*Aimée de Coigny, duchesse de*), 223.
FONERON (*banquier*), 270, 271, 273.
FONTENAY (*de*), 213.
FOUCHÉ (*duc d'Otrante*), 45 à 49.
FOURNIER (*Edouard*), 322.
FOX (*lord*(, 61.
FRANÇOIS Ier, 155.
FRANÇOIS Ier (*empereur d'Autriche*), 5, 26 à 31, 59, 67, 71, 73, 82, 83, 84, 97, 98, 100, 104, 122, 129, 133, 135, 154, 155, 160, 1 8, 198, 199, 241, 253, 263, 296 à 299, 305, 313, 314, 342, 345, 371, 372, 437, 439.
FRÉDÉRIC Ier (*roi de Wurtemberg*), 4, 5, 16, 28, 77, 100, 154, 160, 198, 263, 264, 265.
FRÉDÉRIC II (*roi de Prusse*), 31, 93, 122, 123, 145, 180, 185, 189, 225, 337, 401.
FRÉDÉRIC III (*empereur d'Allemagne*), 394.
FRÉDÉRIC VI (*roi de Danemark*), 4, 5, 28, 30, 31, 154, 160, 261, 283, 284, 288 à 295, 298, 305, 345, 363, 370, 371.

INDEX

FRÉDÉRIC-AUGUSTE Ier (roi de Saxe), 4, 42, 60, 61, 190.
FRÉDÉRIC-GUILLAUME III (roi de Prusse), 4, 5, 15, 28, 50, 34, 39, 84, 88, 86, 92, 95, 144, 154, 160, 161, 190, 240, 257, 281, 284, 298, 299, 300, 305, 314, 333, 336, 337, 363, 419, 437.
FRÉDÉRIC-GUILLAUME IV (roi de Prusse), 4, 306.
FRÉDÉRIC-LOUIS (prince de Galles), 293.
FRIES (comte de), 196.
FUCHS (comte de), 146.
FUCHS (comtesse Laure de), 38, 39, 40, 42, 51, 87, 132, 145, 146, 306, 310, 314, 315, 317, 331, 402.
FURSTENBERG (princesse de), 87.

G

GAGARIN (prince), 200, 340, 402.
GAGARIN (princesse), 200.
GALITZIN (prince), 200, 213, 214, 215, 389.
GARNERIN (aéronaute), 79.
GAULOT (Paul), 164.
GEFFROY, 165.
GENLIS (comtesse de), 197.
GENTZ (Frédéric de), 39, 148, 188, 240.
GEOFFRIN (Mme), 122, 369.
GEORGE II (roi d'Angleterre), 293.
GEORGE III (roi d'Angleterre), 4, 293.
GEORGE IV (roi d'Angleterre), 29, 61, 133, 278, 397.
GEY-MULLER (banquier), 196, 348.
GHIORGAKI (capitaine), 426.
GIRODET (Louis), 472.
GOLOWKIN (comte), 230 à 233.

GONZALVI (cardinal), 140, 152.
GOUBAULT (Mlle), 134.
GRAMONT (duc de), 277.
GRAEFFER (Frantz), 238.
GRIFFITHS (Jules), 7, 8, 195, 200, 230, 233, 254, 273, 274, 278, 373, 376, 385, 390, 402.
GUÉRIN (Pierre), 134.
GUILLAUME Ier (duc de Hesse-Cassel), 4.
GUILLAUME Ier (roi de Wurtemberg), 16, 29, 83, 197, 198, 199, 264, 275, 305.
GUSTAVE III (roi de Suède), 63, 165, 167, 170, 172.
GUSTAVE-ADOLPHE II (roi de Suède), 257.
GUSTAVE-ADOLPHE IV (roi de Suède), 161 à 172, 256, 257, 258.

H

HADICK (comte), 105, 106, 107.
HADICK (comtesse Constance), 105 à 108.
HAMILTON (lady), 27.
HARDENBERG (prince de), 4, 33, 60, 161, 189, 340, 387.
HAUGWITZ (comte de), 161.
HAYDN, 22, 131, 132, 134, 260, 299.
HÉDOUVILLE, 20.
HENRI II, 150.
HENRI IV, 244, 386, 437.
HESSE-PHILIPSTADT (princesse de), 134, 285, 286.
HILLER (général), 30.
HOHENWARTH (archevêque prince de), 298.
HOOD (amiral), 254.
HORTENSE (reine), 134, 135, 310 à 313, 327, 385, 435.

HUMBOLDT (baron Alexandre de), 4, 88, 161, 261, 386, 387.

I

ISABEY, 72 à 77, 112 à 116, 128, 296, 343, 385 à 388.
IVAN VI (empereur de Russie), 159.

J

JEAN VI (roi de Portugal), 36.
JEAN D'AUTRICHE (archiduc), 154.
JOHNSON (Samuel), 10.
JOSEPH Ier (empereur d'Allemagne), 119.
JOSEPH II (empereur d'Allemagne), 31, 76, 78, 119, 122, 184, 239, 259, 588, 401.
JOSÉPHINE (impératrice), 55, 115, 142, 350, 351, 385, 402.
JUAN D'AUTRICHE (don), 285.

K

KARA-MUSTAPHA (grand vizir), 119, 120, 306.
KINSKY (chanoisse), 38, 147.
KISSELEFF (comte Paul), 339, 340.
KLÉBER (général), 36.
KLINKOWSTRÖM (colonel), 164.
KOMAR (comte), 334.
KOREFF (docteur), 39, 187.
KORSAKOFF (général), 400.
KOSLOWSKI (prince), 4, 88, 92, 93, 95, 188, 202, 203, 245, 247, 248, 286, 307, 314, 370, 371, 373, 389, 410, 433, 434, 437.
KOTZEBUE (de), 422.
KOURAKIN (prince), 247.
KRASKOWITZ (aréonaute), 79.
KRAZINSKI (général), 333.
KRÜDNER, 364.

KRÜDNER (baronne de), 412, 414, 435.
KUTUSOFF (feld-maréchal), 200, 400.

L

LABRADOR (chevalier de), 33, 140.
LACROIX (Paul), 11, 12.
LAFONT (de), 220.
LA FONTAINE (Jean de), 121, 365.
LA GARDE (comte de), 10, 13, 17, 18, 62, 112, 197, 230, 314.
LA HARPE, 122.
LA LEYEN (princesse de), 250.
LAMBALLE (princesse de), 121.
LANNES (maréchal), 223, 224.
LANSKAROWSKA (comtesse), 334.
LAS-CASES (comte de), 20, 70.
LASCY (maréchal comte de), 122.
LA TOUR-DU-PIN (de), 5, 140, 298.
LAUDON (général baron de), 122.
LAUZUN (Armand de Biron, duc de), 12, 285.
LAVALETTE (comte de), 327.
LA VALLIÈRE (duchesse de), 94, 95, 133, 339.
LAZANSKI (comtesse), 305.
LEBRUN (Charles), 216, 217.
LEFORT (général François), 246.
LÉOPOLD Ier (empereur d'Allemagne), 119.
LÉOPOLD Ier (roi des Belges), 129, 130, 136, 155.
LÉOPOLD DE NAPLES (prince), 140, 298, 306.
LE SAGE, 47.
LESCURE (de), 285.
LESTOCQ (comte de), 246.
LESUEUR (Eustache), 237.
LEZENSKA (Isabel), 138.
LICHTENSTEIN (prince Charles de), 155.

INDEX

LICHTENSTEIN (*prince Jean de*), 147, 152.
LICHTENSTEIN (*prince Maurice de*), 158, 163, 349.
LICHTENSTEIN (*princesse Jean de*), 36, 87, 152, 163, 193, 218, 305, 394.
LIGNE (*Hélène-Massalska, princesse de*), 13, 122, 237.
LIGNE (*Louise de Duras, princesse de*), 237.
LIGNE (*maréchal Jean de*), 239.
LIGNE (*maréchal prince Charles-Joseph de*), 5, 10 à 18, 29, 34, 62 à 78, 89, 97, 108 à 121, 124, 125, 127, 130, 135, 138, 139, 143, 144, 145, 150, 152, 155, 158, 180 à 185, 204 à 208, 217, 218, 219, 229 à 240, 245, 263, 269, 270, 284, 285, 324, 338, 354, 357, 370.
LIGNE (*prince Charles de*), 13, 122, 237.
LIGNE (*prince Edouard de*), 237.
LIGNE (*prince Ernest de*), 237.
LIGNE (*prince Eugène-François Lamoral-Charles de*), 237.
LIGNE (*prince Louis de*), 13, 237.
LIVRY (*marquis de*), 350.
LOBKOWITZ (*prince*), 250.
LOEVENHIELM (*comte de*), 161.
LONDONDERRY (*marquis de*), 61.
LORRAIN (*Claude le*), 400.
LOUIS Ier (*roi de Bavière*), 16, 275, 286, 287, 306.
LOUIS Ier (*roi d'Etrurie*), 173.
LOUIS II (*roi d'Etrurie*), 173.
LOUIS X (*grand-duc de Hesse-Darmstadt*), 4, 6.
LOUIS XIII, 153.
LOUIS XIV, 41, 45, 53, 94, 95, 133, 137, 141, 163, 164, 252, 284, 339, 341, 369, 432.

LOUIS XV, 227, 354.
LOUIS XVI, 56, 59, 289, 296, 298, 299, 323, 345.
LOUIS XVIII, 55, 56, 58, 60, 300, 440.
LOUIS-PHILIPPE Ier, 235, 248, 314.
LOUISE DE PRUSSE (*reine*), 4, 92, 398, 416, 417.
LOWENDAHL (*comte de*), 289.
LUBOMIRSKA (*princesse Rosalie*), 137, 138, 152, 306, 334, 369.
LUBOMIRSKI (*prince*), 120.
LUCCHESINI (*comte de*), 140, 399, 401.
LUCCHESINI (*marquis de*), 86, 401.
LUYNES (*duchesse de*), 368.

M

MACK (*général*) 250.
MAINTENON (*marquise de*), 13, 88.
MALFATI (*docteur*), 148, 230 à 236.
MALTE-BRUN, 11.
MANO (*Georgio*), 427.
MANUG (*prince*), 152.
MARASSI (*comtesse*), 135, 139, 153, 217.
MARGUERITE DE BOURGOGNE, 285.
MARIALVA (*marquis de*), 140.
MARIE-ANTOINETTE (*reine*), 27, 112, 122, 123, 145, 145, 146, 230, 298, 308.
MARIE-CAROLINE (*reine de Naples*), 27, 347.
MARIE-LOUISE (*impératrice*), 55, 70, 71, 72, 74, 77, 129, 144, 154, 203, 250, 253, 313, 345.
MARIE-LOUISE (*reine d'Etrurie*), 173, 176.
MARIE-LOUISE D'ESTE (*impératrice d'Autriche*), 6, 29, 35, 84, 100, 101, 103, 105, 128, 132, 137, 139, 144, 160, 187, 298, 307, 314, 338, 434.

Marie-Stuart (reine), 39.
Marie-Thérèse (impératrice d'Autriche), 27, 69, 70, 72, 76, 98, 100, 106, 122, 186, 206, 259, 347, 388.
Marmont (maréchal), 33, 250.
Marmottan (Paul), 86, 173.
Massillon, 392.
Maupertuis (de), 238.
Maurepas (comte de), 208, 209.
Mauromichaelis (Constantin), 413.
Mauromichaelis (Georges), 413, 422.
Mauromichaelis (Petro), 413.
Maximilien Ier (empereur d'Allemagne), 26, 93.
Maximilien II (roi de Bavière), 287.
Maximilien d'Este (archiduc), 154.
Maximilien-Joseph Ier (roi de Bavière), 4, 15, 28, 30, 67, 88, 95, 135, 142, 154, 160, 168, 194, 199, 261, 262, 281, 282, 286, 298, 307, 314, 352, 363, 401.
Mazarin (cardinal de), 365.
Mazeppa, 243.
Mecklembourg-Strélitz (duc Charles de), 416.
Ménage (Gilles), 181.
Méneval (baron de), 75.
Menzikoff (général prince), 246.
Métastase, 117.
Metternich (prince de), 32, 33, 39, 74, 88, 161, 192, 211, 245, 250, 299, 302, 342 à 345, 368, 385, 413, 433 à 437, 440.
Metternich (princesse de), 128, 139, 152, 217, 344, 435.
Milton, 328.
Mirabeau (marquis de), 144.
Molière, 145, 231.
Moncrif (P. de), 220.
Montbel (comte de), 74.

Monte-Nuovo (prince de), 203.
Montesquieu, 65.
Montesquiou (Mme de), 71, 72, 74.
Montrond (comte de), 233.
Moreau (architecte), 128, 280, 296.
Mortier (maréchal), 400.
Mozart, 134.
Münnich (maréchal comte de), 153, 246.
Murat (roi), 140, 195, 346, 434.

N

Napoléon Ier, 2, 4, 13, 16, 20, 21, 33, 36, 40, 41, 45, 49, 55, 58, 60, 64, 70 à 77, 86, 110 à 117, 125, 131, 142, 148, 161, 184, 185, 197, 198, 199, 203, 248, 250, 253 à 257, 260, 265, 300, 302, 313, 318, 332, 345, 350, 351, 364, 369, 372, 385, 400, 404, 408, 410, 411, 433 à 441.
Narishkine (Alexandre), 89, 90, 91, 188, 200, 212, 220, 221.
Neil Campbell (sir), 74, 75.
Neipperg (comte de), 203.
Nelson (amiral), 27, 292, 295.
Nesselrode (comte de), 3, 33, 88, 161, 200, 334, 335, 386, 389, 404, 413.
Neukomm, 299.
Ney (maréchal), 400.
Nicolas Ier (empereur de Russie), 33, 40, 398, 428.
Noailles (comte Alexis de), 5, 140.
Nostitz (général), 39, 286.
Nowosilitzoff, 108, 109, 111.

O

O'Béarn, 275 à 278.
Ojarowski (général comte), 18, 129.

OLDEMBOURG (grand duc d'), 198.
OMPTEDA (baron d'), 39, 92, 145, 346, 347.
ORLÉANS (reine des Belges; princesse Louise d'), 130.
ORLOFF (Alexis), 159, 200, 407.
ORLOFF (général comte), 200.
ORLOFF (Grégoire), 159.
OSCAR II (roi de Suède), 170.
OSTROWSKI (comte), 333.
OUVRARD (Julien), 223, 224, 351.
OUWAROFF (général), 186, 240, 335, 339, 399, 440.
OXFORD (duc d'), 192.

P

PAHLEN (comte de), 38, 247.
PALFI (comte François), 105, 148, 286.
PALFI (comtesse), 13, 233, 237.
PALFI (Ferdinand de), 148.
PALLAIN (G.), 56.
PALMELLA (duc de), 33, 161.
PANKRATIEFF (général), 340.
PAOLI (général Pascal), 58, 59.
PARKER (amiral), 292.
PARR (comte de), 164, 165.
PARR (comtesse de), 139, 252.
PAUL Ier (empereur de Russie), 38, 56, 89, 90, 247.
PEREY (Lucien), 11, 122, 237.
PEREYRA (Mme), 349.
PÉRIGORD (comte Edmond de), 140
PÉRIGORD (comtesse Edmond de), 38, 41, 51, 54, 60, 62, 87, 129, 147, 152, 160, 366, 367, 434.
PETERSEN (comte), 129, 155.
PÉTRONE, 234.
PHILIPPE Ier (roi d'Espagne), 239.
PHILIPPE DE HESSE-HOMBOURG (prince), 5, 38, 39, 40, 84, 147, 152, 163, 240, 250, 281, 314, 315.

PICCINI (Nicolo), 172.
PIE V (pape), 120.
PIE VI (pape), 226.
PIE VII (pape), 226.
PIERRE Ier (empereur de Russie), 89, 159, 195, 243, 246, 337, 341, 374, 380, 390.
PIERRE III (empereur de Russie), 246.
PINTO (de), 86.
PIPER (comte) 171.
PITT (William), 39, 61.
PLETEMBERG (comte), 38.
PLETEMBERG (comtesse), 38.
POLIGNAC (duchesse Jules de), 121.
POMPADOUR (marquise de), 365.
POTEMKIN (prince), 11, 69, 95, 340, 342, 357, 420.
POTIER (Ch.), 47.
POTOCKA (comtesse Sophie), 17, 39, 42, 49, 62, 200, 230, 340, 352 à 364.
POTOCKA-WONZOWICZ (comtesse), 369.
POTOCKI (comte Alfred), 286.
POTOCKI (comte Arthur), 111, 130, 334.
POTOCKI (comte Félix), 212, 353, 357, 358, 359, 361, 362.
POTOCKI (comte Jean), 111, 363.
POTOCKI (comte Stanislas), 129, 286.
POZZO DI BORGO (général comte), 3, 56, 58, 59, 60, 88, 140, 302, 303, 389, 434, 436.
PRASLIN (duchesse de), 12.
PRATAZOFF (comtesse), 269, 270.
PROKESCH OTEN (comte de), 39, 74.

R

RACINE (Jean), 45, 134.
RADZIVILL (prince Antoine), 129, 135, 155, 217, 334.

RADZIVILL (*princesse Louise*), 387.
RAGOTZKI (*prince*), 428.
RAILY, 273, 274, 275, 278, 279, 376, 377, 378, 382, 383, 384.
RAPHAEL SANZIO, 202, 330, 400.
RAZUMOWSKI (*comte Alexis*), 243.
RAZUMOWSKI (*feld-maréchal Cyrille*), 189, 243, 244, 245.
RAZUMOWSKI (*ministre Alexis*), 245, 414.
RAZUMOWSKI (*prince André*), 56, 88, 186, 188, 189, 197, 200, 208, 241 à 246, 300.
RÉCAMIER (*banquier*), 322.
RÉCAMIER (*Mme*), 131, 143, 223, 317, 322 à 330.
RECHBERG (*comte Charles de*), 140, 261, 281, 282, 285, 287, 352, 383, 401, 402.
RÉGNIER D'AUTRICHE (*archiduc*), 154.
REICHSTADT (*duc de*), 19, 39, 66, 71 à 77, 116, 154, 230, 313, 345.
RÉMUSAT (*A. de*), 4.
REUSS (*prince de*), 92, 93, 147, 227, 228, 282.
RICHARD III (*roi d'Angleterre*), 262.
RICHELIEU (*duc de*), 13, 56, 57, 61, 240, 338, 389.
RICHELIEU (*maréchal de*), 56, 175.
RIGHAS (*poète grec*), 411.
RIOS (*chevalier de los*), 140, 187.
ROBESPIERRE (*Maximilien*), 351.
ROCHECHOUART (*général comte de*), 18, 56, 61, 360.
RODOCANACHI (*Emmanuel*), 86, 173.
RODOLPHE DE HABSBOURG (*empereur d'Allemagne*), 98, 109, 121.
ROHAN (*prince Louis de*), 367.
ROMANZOFF (*grand chancelier*), 247, 414.
ROSEMBERG (*prince*), 250, 274, 376.

ROSSI (*comte de*), 140.
ROSTAND (*Edmond*), 74.
ROUEN (*Achille*), 51, 187, 221, 222, 225, 226, 227, 365, 422.
ROUSSEAU (*Jean-Jacques*), 14, 65, 73, 123.
ROZEN (*comte de*), 166, 167.
RUBENS, 202, 402.
RUFFO (*commandeur Alvaro*), 33, 161.
RUYSDAEL, 82.
RZEWUSKI (*comte*), 138.

S

SABRAN (*Mgr de*), 369.
SAGAN (*duchesse de*), 38, 87, 112, 147.
SAINT-GERMAIN (*comte de*), 273.
SAINT-MARSAN (*comte de*), 44, 49, 140.
SAINT-SIMON (*duc de*), 194.
SALIÉRI, 63, 299.
SALISBURY (*Alix de*), 152.
SALM (*prince de*), 71.
SALVO (*marquis de*), 129.
SAND (*Ch.*), 422.
SAPIEHA (*prince Paul*), 334.
SAPIEHA (*princesse Paul*), 36, 334.
SAXE-TESCHEN (*duc de*), 399.
SAXE-WEIMAR (*grande duchesse Marie de*), 84, 154, 160, 305, 338.
SCHENYE (*Louis de*), 155.
SCHEREMTEFF (*prince*), 389.
SCHILLER, 129.
SCHOENBORN (*comte de*), 135.
SCHOENDORN (*comtesse de*), 139.
SCHOENFELDT (*comte de*), 134, 155, 217.
SCHWARTZENBERG (*Eléonore de*), 139.
SCHWARTZENBERG (*maréchal prince de*), 19, 20, 23, 30, 250, 314, 345, 348.

SCHWARTZENBERG (*Pauline de*), 139.
SCHWARTZENBERG (*prince Joseph de*), 19.
SCHWARTZENBERG (*princesse de*), 152.
SÉBASTIANI (*maréchal*), 12, 285.
SÉBASTIANI (*maréchale*), 12, 285.
SÉGUR (*maréchal de*), 231.
SERENT (*duc de*), 112.
SERRI (*comte*). 428.
SÉRURIER (*maréchal*), 20.
SÉVIGNÉ (*marquise de*), 193.
SHAKESPEARE (*William*), 8, 248, 259.
SIDNEY-SMITH (*amiral*), 36, 84, 137, 161, 254 à 258, 260, 263, 274, 275.
SIGISMOND (*empereur d'Allemagne*). 109.
SINCLAIR (*George*), 40, 41.
SINCLAIR (*sir John*), 40.
SINIAVIN (*amiral*), 303.
SINZENDORFF (*prince*), 250.
SOBIESKI (*Jean*), 109, 119, 120, 306.
SOUTZO (*Michel*), 425.
SOUWAROFF (*général*), 56, 89, 200.
SOUWAROFF (*princesse Hélène*), 89, 96, 139, 200, 388 à 394, 419.
SPIEGEL (*baronne*), 13, 237.
STACKELBERG (*comte de*), 3, 338, 339, 342, 386.
STAEL (*baronne de*), 11, 84, 124, 125, 369, 391.
STAHRENBERG (*prince de*), 250.
STAHRENBERG (*princesse de*), 152.
STAIR (*lord*), 396.
STANISLAS-AUGUSTE (*roi de Pologne*), 369.
STEIN (*baron de*), 33.
STERNE (*Lawrence*), 8.
STRUENZÉE (*J.-F.*), 4.
STRYIENSKI (*Casimir*), 138, 369.

STUART (*ambassadeur d'Angleterre, lord*), 83, 141, 191, 253, 331, 433.
SULLY (*duc de*), 245, 437.

T

TAIGNY (*Edmond*), 112.
TALLEYRAND (*Mme Grant, princesse de*), 223, 224, 225.
TALLEYRAND (*prince de Bénévent*), 5, 12, 33, 38, 51 à 56, 60 à 63, 89, 113, 140, 190, 195, 198, 221 à 228, 249, 296, 298, 299, 300, 302, 314, 340, 342, 365 à 368, 386, 413, 434 à 440.
TALLIEN, 350.
TALLIEN (*Mme*), 350, 351.
TALMA, 94.
TASCHER DE LA PAGERIE (*comte de*), 55.
TASSE (*le*), 128, 361.
TEKELI (*comte*), 428.
TÉNIERS (*David*), 82.
TETTENBORN (*général*), 3, 19 à 23, 44, 84, 187, 227, 239, 281, 388.
THÉODORE Iᵉʳ (*roi de Corse*), 260, 262.
THIERRY (*baron*), 138.
TITIEN (*le*), 402.
TOLSTOI (*comtesse*), 93.
TOLSTOI (*maréchal comte*), 93, 94, 341.
TORLONIA (*duc de*), 226, 227.
TORSTENSON (*comte de*), 168, 171.
TORSTENSON (*feld-maréchal*), 168.
TOUR-ET-TAXIS (*princesse de la*), 35, 87, 92, 137, 153, 416, 417.
TRAUTTMANSDORFF (*comte de*), 133, 134, 155, 157, 160.
TRAUTTMANSDORFF (*maréchal prince de*), 111, 128, 133, 134, 155, 194, 305.

TRAZEGNIES (marquis de), 237.
TREMBECKI (poète), 353, 362, 363, 364.
TRESSAN (comte de), 181.
TRESSAN (marquis de), 181.
TROUBETZKOI (prince), 200, 340.
TURACH (capitaine Albert), 294.
TURENNE (maréchal de), 116.
TZSKEWIEZ (Mme), 368.

U

URGATE (comtesse d'), 139.

V

VANDAL (Albert), 198, 354.
VAN DYCK, 202, 402.
VARNHAGEN, 39.
VATEL, 193.
VAUDÉMONT (princesse de), 368.
VAUDREUIL (comte de), 131.
VESTRIS, 349.
VIELHORSKI, 404.
VITZAY (comte), 271.
VOLKONSKI (prince), 88, 200.
VOLKONSKI (princesse), 95.
VOLTAIRE, 122, 123, 115, 259, 260.

W

WALLON, 138.
WALLUZEW (comtesse), 306.
WALMODEN (feld-maréchal), 38, 147, 152, 240.
WALSTEIN (comte de), 129, 217.
WALSTEIN (prince de), 126.
WALSTEIN (princesse de), 152.
WARGEMONT (vicomte de), 155.
WELLESLEY POOL, 372.
WELLINGTON (général duc de), 371, 372, 385, 386, 437.

WERMER (Zacharie), 392, 393.
WESSEMBERG (baron de), 161.
WILHEM (Mlle de), 137.
WINTZINGERODE (comte de), 33, 140, 198, 340.
WITT (comte Jean de), 42, 355 à 358.
WITT (général comte de), 4, 18, 39, 42, 43, 44, 49, 144, 145, 188, 229, 230, 240, 282, 284, 288, 292, 307, 308, 314, 335, 357.
WITT (princesse Lubomirska, comtesse de), 42.
WLADIMIRESKO (Théodore), 425, 426.
WOLZANG-MENZEL, 391.
WORONZOFF (chancelier), 159.
WORTZEL, 358.
WOYNA (comte Alfred de), 218.
WOYNA (comte Félix de), 41, 129, 134, 149, 155, 218.
WOYNA (comtesse Sophie de), 129, 139.
WRÈDE (maréchal prince de), 33, 314.
WURBNA (comte de), 136, 137, 306.
WURBNA (comtesse Flore de), 129.
WURMBRANDT (comte de), 150.

Y

YABLONOWSKA (princesse), 129, 134, 139.
YORK (duc d'), 29.
YPSILANTI (Alexandre), 4, 81, 84, 85, 96, 104, 124, 187, 216, 227, 240, 283, 314, 388, 389, 403 à 410, 413, 414, 415, 418 à 430, 433.
YPSILANTI, (Constantin), 85, 406.
YPSILANTI (Démétrius), 85, 427.

Z

Zaignelins (*l'abbé*), 298, 299.
Zamoyska (*comtesse*), 36, 135, 221, 334.
Zawadowski, 208 279.
Zohny (*comte*), 129.
Zibin (*colonel*), 17, 18, 84, 281, 284, 285, 399, 400.

Zichy (*comte Charles*), 129, 136.
Zichy (*comte François*), 306.
Zichy (*comtesse Julie*), 87, 112, 128, 129, 133, 134, 139, 249, 305, 314.
Zichy (*comtesse Sophie*), 153, 217, 306.

TABLE DES MATIÈRES

Notice sur le Comte de La Garde-Chambonas......... VII

CHAPITRE PRÉLIMINAIRE

Introduction. — Coup d'œil sur le Congrès. — Entrée des Souverains. — La première nuit à Vienne........................ 1

CHAPITRE PREMIER

Le prince de Ligne. — Son esprit et son urbanité. — Robinson Crusoé. — Le bal masqué de la Redoute. — Les Souverains en dominos. — L'Empereur de Russie et le prince Eugène. — Les Rois et les Princes. — Zibin. — Le général Tettenborn. Coup d'œil sur sa vie militaire. — Grande fête militaire de la paix. — Intimité des Souverains au Congrès. — Le palais impérial. — Mort de la reine Marie-Caroline de Naples. — L'Empereur Alexandre. — Anecdotes. — Cadeaux des Souverains. — Politique et Diplomatie. — La grande redoute. — La Valse.. 10

CHAPITRE II

Les salons de la comtesse de Fuchs. — Le prince Philippe de Hesse-Hombourg. — George Sinclair. — Annonce d'un carrousel. — La comtesse Edmond de Périgord. — Le général comte de Witt. — Les lettres de recommandations ou le poète-fonctionnaire et Fouché. — La princesse Pauline............. 38

CHAPITRE III

Réunion chez M. de Talleyrand. — Son attitude au Congrès. — Le duc de Dalberg. — Le duc de Richelieu. — Mme Edmond de Périgord. — M. Pozzo di Borgo. — Parallèle entre le prince de Ligne et M. de Talleyrand. — Le concert monstre......... 51

CHAPITRE IV

Le cabinet de travail du prince de Ligne. — Un pays conquis à la nage. — Le voyage en poste. — Souvenir de Mme de Staël. — Le palais de Schœnbrunn. — Le fils de Napoléon. — Son portrait. — Mme de Montesquiou. — Anecdotes. — Isabey. — Le champ de manœuvres. — La Fête du peuple à l'Augartein. 65

CHAPITRE V

Le Prater. — Le défilé des voitures. — La foule et les Princes. — Les Souverains incognito. — Alexandre Ypysilanti. — Les salons de Vienne. — La princesse Bagration. — La famille Nariskin. — Une loterie 81

CHAPITRE VI

Le château de Laxembourg. — Une chasse au héron. — L'impératrice d'Autriche. — Une chasse royale. — Fête au château de Ritterburg. — Souvenir de Christine de Suède. — Constance et Théodore, ou un mari aveugle. — La Pologne. — Projet pour son indépendance. — Le comte Arthur Potocki. — Le prince de Ligne et Isabey. — La maison du prince de Ligne sur le Kalemberg. — Conversation intime et Souvenirs. — L'Impératrice Catherine II. — La Reine Marie-Antoinette. — Mme de Staël. — Casanova............................... 97

CHAPITRE VII

Réunion à la Cour. — L'impératrice d'Autriche. — La Société des Troubadours. — La comédie de société. — L'impératrice de Russie. — Le prince Léopold de Saxe-Cobourg. — Les Esterhazy. — Les tableaux en action. — Romances de la reine Hortense. — Les moustaches du comte de Wurbna. — Les romances en action. — L'Orpheline des prisons. — Diplomatie et Danse. — Bal et souper à la cour....................... 128

CHAPITRE VIII

Le prince Eugène de Beauharnais. — Souvenirs du prince de Ligne. — Les théâtres de l'Ermitage et de Trianon. — Le baron Ompteda. — Quelques portraits. — Le Carrousel impérial. — Les vingt-quatre paladins. — Les « Belles d'amour ». — Souvenirs des tournois du Moyen-Age. — Les prouesses des chevaliers. — Fête et souper au palais impérial. — La table des Souverains... 142

CHAPITRE IX

Souvenir du carrousel de Stockholm en 1800. — Le comte de Fersen. — Le roi Gustave IV. — Le défi du chevalier inconnu. — Relation du jeu du pont à Pise.... 163

CHAPITRE X

Chanson du prince de Ligne sur le Congrès. — La vie sur le Graben. — La table d'hôte. — La chronique du Congrès. — Les petites nouvelles politiques. — Un pendant à la mort de

Vatel. — Le fromage de Brie proclamé le roi des fromages. — Fête chez le banquier Arnstein. — Fête donnée par l'empereur Alexandre pour la grande-duchesse d'Oldembourg. — Le prince royal de Wurtemberg. — La danse russe. — Le poète Carpani et le prince de Ligne.................................. 180

CHAPITRE XI

Dernier rendez-vous d'amour du prince de Ligne. — Retour sur le passé. — Z*** ou les suites du jeu. — Le jeu en Russie et en Pologne. — Le trompeur trompé. — Bal masqué de la redoute. — Le prince de Ligne et un domino. — Tableaux en action. — Le pacha de Surène. — Rencontre de deux dames masquées. — Souvenir du prince de Talleyrand............... 204

CHAPITRE XII

Maladie du prince de Ligne. — Le comte de Witt. — L'ambassadeur Golowkin. — Le docteur Malfati. — Progrès du mal. — Les dernières saillies du mourant. — Douleur générale. — Portrait du prince de Ligne. — Les Funérailles................. 229

CHAPITRE XIII

Incendie du palais de Razumowski. — Sa grande fortune. — Les Favoris. — Les élévations et les chutes en Russie. — Le prince Koslowski. — Souvenir du duc d'Orléans. — Un mot de M. Talleyrand. — Fête chez la comtesse Zichy. — Le prince..... — L'empereur Alexandre et les souhaits pour la paix. — Le jour de l'An 1815. — Grand bal dans la salle des redoutes. — Dîner pique-nique de Sidney-Smith à l'Augarten. — Sa vie aventureuse, ses missions et ses projets au Congrès. — Les Souverains au cabaret. — Le Roi de Bavière sans argent. — Départ et colère du Roi de Wurtemberg. — La reine de Westphalie. — Annonce d'une partie de traîneaux. — Un bal chez lord Castlereagh... 241

CHAPITRE XIV

Quelques originaux au Congrès. — M. Aïdé. — Bon mot du prince de Ligne. — Mme Pratazoff. — M. Foneron. — Le vieux Juif. — Sa noblesse et sa morale. — M. Raily. — Ses dîners et ses convives. — M. O'Bearn. — Les deux ducs. — La fin d'un joueur. — Bal à l'*Apollo-Sall*. — Les Souverains incognito. — Zibin et le roi de Prusse. — Charles de Reichberg et le roi de Bavière. — Le menuet. — Le Roi de Danemark. — Récit du bombardement de Copenhague. — La leçon d'allemand...... 268

CHAPITRE XV

Cérémonie funèbre pour l'anniversaire de la mort de Louis XVI. Réunion chez M. de Talleyrand. — Discussion au sujet de la

Saxe et de la Pologne. — Ordre du jour du grand-duc Constantin. — Un factum de M. Pozzo di Borgo. — Partie de traineaux. — Spectacle et fête au château de Schœnbrunn. — Le prince Eugène. — Souvenir de la reine Hortense. — L'impératrice Marie-Louise à la vallée de Sainte-Hélène. — Deuxième partie de traineaux. — Rencontre d'un convoi...... 296

CHAPITRE XVI

Soirée chez Mme de Fuchs. — Le prince Philippe de Hesse-Hombourg. — Les nouvellistes de Vienne. — Le village Français en Allemagne. — Le prince Eugène. — Souvenir du Consulat. — L'hôtel de Calais. — Tribulations de M. Denneville. — Mme Récamier. — Retour d'émigration. — Une amie d'enfance ou la magie d'un nom. — Bal chez lord Stewart. — Alexandre proclamé roi de Pologne. — Le prince Czartoryski. — Confiance des Polonais. — Le comte Arthur Potocki. — Les Révolutions de Pologne.. 315

CHAPITRE XVII

L'Empereur Alexandre, le roi de Prusse et l'officier de marine. — Surprise à l'impératrice de Russie. — Continuation des fêtes. — Un bal chez M. de Stackelberg. — Paul Kisselef. — Brozin. — Fête donnée par le prince Metternich. — Incendie de la salle de bal. — Fêtes et banquet à la Cour. — Ompteda. — Chronique du Congrès. — Le parfum accusateur. — Souvenir de l'impératrice Joséphine et de Mme Tallien. — Un roman à la Cour.. 335

CHAPITRE XVIII

Ouvrage du comte de Rechberg sur les gouvernements de l'Empire russe. — Le Roi de Bavière. — Poème polonais de Sophiowka. — Mme Potocka ou la belle Fanariote. — Son enfance. — Détails sur sa vie. — Coup d'œil sur le parc de Sophiowka. — Souscription des Souverains. — Etat actuel de Sophiowka... 352

CHAPITRE XIX

Déjeuner chez M. de Talleyrand pour l'anniversaire de sa naissance. — M. de Talleyrand et le manuscrit. — La princesse-maréchale Lubomirska. — Le carnaval. — Arrivée de nouveaux étrangers. — Le prince Koslowski. — Chaos de réclamations. — Les indemnités du roi de Danemack. — Bruits du Congrès. — Arrivée de Wellington à Vienne. — Le Carnaval. — Fête de l'empereur d'Autriche. — Une redoute masquée. — Le diadème, ou la vanité punie. — Un million : le jeu et l'esclavage, anecdote moscovite................................... 365

CHAPITRE XX

L'atelier d'Isabey. — Son dessin des plénipotentiaires au Congrès de Vienne. — La sépulture impériale aux Capucins. — Souvenir des tombes de Cravovie. — Le prédicateur Werner. — La cathédrale de Saint-Etienne. — Bal d'enfants chez la princesse Marie Esterhazy. — L'impératrice Elisabeth de Russie. — La galerie de tableaux du duc de Saxe-Teschen. — L'empereur Alexandre et le prince Eugène. — Les tableaux du Belvédère. — Le roi de Bavière. — Anecdotes.................. 385

CHAPITRE XXI

Ypsilanti. — Promenade au Prater. — Premier bruit du départ de Napoléon. — Projets pour la délivrance de la Grèce. — Le comte Capo d'Istria. — Les Hétairites. — Rencontre d'Ypsilanti en 1820. — Ses tentatives, ses revers. — Il est désavoué par la Russie. — Sa captivité, sa mort........................... 403

CONCLUSION

Napoléon a quitté l'île d'Elbe. — Aspect de Vienne. — Spectacle à la Cour. — Mme Edmond de Périgord et la répétition. — Napoléon a débarqué à Cannes. — La danse interrompue. — Habile conduite de M. de Talleyrand. — Déclaration du 13 mars. — Fauche-Borel. — Le Congrès est dissous.................. 431

INDEX ALPHABÉTIQUE... 443

TABLE DES MATIÈRES........... 457

ERRATUM :

Page 335, lire Chapitre XVII au lieu de Chapitre XX.

VERSAILLES

IMPRIMERIE HENRY LEBON

17, RUE DU POTAGER, 17

Publications de la Librairie Historique & Militaire H. Vivien
PARIS. — 51, RUE BLANCHE, 51. — PARIS

Les Batards de la Maison de France, par le Marquis de BELLEVAL, un vol. in-8°, br. 5 fr.

Cte FLEURY. — **Les Grandes Dames** *pendant la Révolution et sous l'Empire,* un vol. in-8°. 5 fr.

Cet ouvrage comprend : Mesdames de France pendant l'émigration, Les Vierges de Verdun, Madame de Custine, Les Effets du Divorce sous le Directoire. Les Femmes à l'armée, Madame de Lavallette.

BELLEVAL (MARQUIS DE). — **Les derniers Valois,** *François II, Charles IX, Henri III,* un vol. in-8°, 680 pages. 5 fr.

G. BERTIN. — **Mémoires d'un Prisonnier pendant trente-cinq ans,** *à la Bastille, à Vincennes, à Charenton et à Bicêtre* **(Henri Masers de Latude),** nouvelle édition publiée et annotée par G. Bertin, illustrée d'un portrait de Latude et d'une vue de la Bastille, in-12. 3 fr. 50

BELLEVAL (MARQUIS DE). — **Les Sceaux du Ponthieu,** un vol. grand in-8° tiré à 300 exemplaires numérotés sur papier de Hollande. 10 fr.

Mémoires de l'amiral Tchischagoff, un vol. in-12. 3 fr. 50

La Cour de Louis XV, racontée jour par jour, par M. le Duc DE LUYNES.

Années 1735-37, 1738-1739, 1739-1741, 1741-1743, 1743-1744, 1744-1745, 1745-1746, 1746-1748, 1748-1749, 1749-1750, 1751-1752, 1752-1753, 1755-1756. Nous vendons chaque année séparément, net. 2 fr. 25

BELLEVAL (MARQUIS DE). — **Souvenirs contemporains.** *le comte de Chambord, la duchesse de Parme, Napoléon III, Versailles et la Commune,* un volume in-8°. 3 fr. 50

PINEAU (H.). — **L'Hygiène de la Femme et de l'Enfant,** un beau vol. grand in-18. 4 fr.

BELLEVAL (MARQUIS DE). — **Lourdes et le Midi de la France,** *Récits de Voyages,* un vol. couverture illustrée. 2 fr.

G. BERTIN — *Campagne du Mexique 1862-1867,* **Journal d'un Officier de Chasseurs à pied,** un vol. in-12 av. un portr. 3 fr. 50

BONNAL DE GANGE. — *Origine de la Revanche Prussienne,* **La Reine Louise de Prusse,** un vol. in-12. 3 fr. 50

Costumes Militaires, Catalogues
des principales suites de Costumes Militaires Français,
parues tant en France qu'à l'Etranger,
depuis le règne de Louis XV jusqu'à nos jours,
et des suites de Costumes Militaires Etrangers parus en France
PAR UN MEMBRE DE LA SABRETACHE

Un beau volume in-8° raisin, orné de 3 planches gravées et coloriées à la main, d'un frontispice et d'une couverture illustrée par JOB.

Prix, broché : **15 fr.**

Il sera tiré à part 45 exemplaires numérotés avec une suite en noir et une suite coloriées dont :

15 sur papier de Hollande à **20 fr.**; 15 sur papier Vélin à **25 fr.**;
15 sur papier Japon à **30 fr.**

Ce volume, qui n'a pas de similaire, sera utile et nécessaire *aux écrivains spécialistes d'art militaire, aux collectionneurs, aux amateurs, marchands d'estampes, libraires, costumiers, peintres, dessinateurs, directeurs de théâtres, bibliophiles, bibliothèques publiques de France et étrangères, bibliothèques régimentaires, enfin à toutes les personnes qui s'occupent de la question militaire.*

www.ingramcontent.com/pod-product-compliance
Lightning Source LLC
Chambersburg PA
CBHW072105220426
43664CB00013B/2009